Mieder · Phrasen verdreschen

Gesellschaft für deutsche Sprache (Hrsg.)

Wolfgang Mieder

Phrasen verdreschen

Antiredensarten aus Literatur und Medien

Quelle & Meyer

Die Deutsche Bibliothek - CIP-Einheitsaufnahme

Phrasen verdreschen : Antiredensarten aus Literatur und
Medien / Gesellschaft für deutsche Sprache (Hrsg.). Wolfgang Mieder. –
Wiesbaden : Quelle und Meyer, 1999
ISBN 3-494-01281-4

Einbandgestaltung: Klaus Neumann, Wiesbaden
Druck und Verarbeitung: Präzis-Druck, Karlsruhe
Printed in Germany/Imprimé en Allemagne
ISBN 3-494-01281-4

Einleitung

„Geht einmal Euren Phrasen nach“

Nach den beiden bereits erschienenen Bänden *Ver-kehrte Worte. Antizitate aus Literatur und Medien* (1997) und *Verdrehte Weisheiten. Antisprichwörter aus Literatur und Medien* (1998) folgt nun der dritte Band im Bunde, wobei es sich diesmal um Auseinandersetzungen mit sprichwörtlichen Redensarten handelt. Das dieser Einleitung vorangestellte Motto ist eine Kürzung der provokativen Aufforderung „Geht einmal Euren Phrasen nach, bis zu dem Punkt, wo sie verkörpert werden“ aus Georg Büchners Revolutionsdrama *Dantons Tod* (*Werke*, S. 110). Büchner wollte mit dieser Aussage aus dem Jahr 1835 darauf hinweisen, daß die vielen festgeprägten Phrasen beziehungsweise sprichwörtlichen Redensarten nicht unbedingt harmlose Klischees sind, wenn man sie einmal auf ihren realistischen Sinn hin überprüft. Da entpuppen sich dann nämlich scheinbar harmlose Redensarten wie etwa „über Leichen gehen“ oder „jemanden an den Pranger stellen“ als grauenhafte Aussagen, die höchstens im metaphorischen Sinn zu ertragen sind. Ähnliches hatte Elias Canetti im Sinn, als er 1942 die gedankenlose Verwendung von formelhaften Redensarten aphoristisch anprangerte: „Wenn die Menschen vom Leben und Treiben in ihnen auch nur die leiseste und unverbindlichste Ahnung hätten, würden sie vor vielen Worten und Redensarten zurückschaudern wie vor Gift“ (*Aufzeichnungen*, S. 19). Lyrisch hat auch Walter Helmut Fritz solche Gedanken ausgedrückt, wobei folgendes kurzes Gedicht auf die unbesorgte Phrasendrescherei hindeutet:

Die Phrasen

Die Phrasen
galoppieren durch das Land,
als gäbe es keine Bangigkeit mehr.
Man kann nur versuchen,
manchmal ein paar Worte zu sagen,
damit es für Augenblicke
wieder still wird. (1976)

Walter Helmut Fritz, *Überfahrt*, S. 11.

Ein zweites Gedicht von Gerd Heyse nimmt ebenfalls kritisch Bezug auf die oft bedeutungslose Phrasendrescherei, die auf allen Kommunikationsebenen zu verzeichnen ist:

Kleine Anfrage

Hat sich überhaupt schon mal wer
ganz ernsthaft überlegt, daß man

Phrasen nur zu dreschen vermag,
wenn man sie zuvor angepflanzt,
sorgsam gehegt und schließlich
mit heiligem Eifer geerntet hat? (1983)

Gerd W. Heyse, *Musenschuß*, S. 47.

Das Redensartliche spielt im Werk Rose Ausländers, einer der größten Lyrikerinnen der modernen deutschen Literatur, eine große Rolle, und 1981 hat sie ein Gedicht um „Redensarten“ verfaßt. Für die Dichterin ist die Verwendung sprachlicher Fertigware in der Form von Redensarten freilich auch ein Ausdruck dafür, wie ratlos der moderne Mensch mit Phrasen auf die komplexe Gesellschaftsordnung reagiert:

Redensarten

Dieser Tag
vom Regen in die Traufe
Rosen im Garten
keine ohne Dornen
trinken den durstigen Tag
aus Rinnen strömt die
Zeit in die Gasse
sie redet nicht mit Engelszungen
Geduld bringt Rosen sagt sie
Geht geduldig weiter
der Regen
Ratlos
gehen wir weiter
in Redensarten.

Rose Ausländer, *Atem*, S. 131.

Ganz besonders aber haben sprachkritische Aphoristiker auf diese gedanken- und ratlose Verwendung von Redensarten reagiert, und zwar durch teils satirische und teils humorvolle Auseinandersetzungen mit diesem vorgeprägten Spruchgut. Daß sie sich solcher kultursoziologischen Sprachanalysen bewußt sind, zeigen ganz deutlich folgende chronologisch angeordnete „Phraseoaphorismen“:

Es gibt nichts Hemmenderes als Gemeinplätze und Redensarten. Jede Redensart ist die Fratze eigener Gedanken, ein „Mitesser“ im Zellengewebe des Denkers. (Vor 1914)

Christian Morgenstern, *Werke*, S. 394.

Die falschesten Redensarten haben den größten Reiz, solange es noch irgendwelche Leute gibt, die sie ernsthaft anwenden. (1945)

Elias Canetti, *Aufzeichnungen*, S. 90.

Im Anfang war das Wort – am Ende die Phrase. (Vor 1996)

Stanisław Jerzy Lec, *Buch*, S. 131.

So lange das neue Jahr durch die alten Phrasen angekündigt wird, kann es nur neues Unheil bringen. (1966)

Helmut Arntzen, *Prozeß*, S. 35.

Gleichgültige Redensarten sind für den Betroffenen gültige Redensarten. Allgemeine Redensarten sind für ihn gemeine Redensarten. (1977)

Gerhard Uhlenbruck, *Netz*, S. 43.

Der gute Ton in der Gesellschaft verlangt vor allem den lächelnden Gebrauch von nichtssagenden Phrasen. (1978)

Werner Sprenger, *Oasen*, S. 77.

Die Erlösung von Redensarten in guten Gesprächen. (1978)

Werner Sprenger, *Oasen*, S. 81.

Man spricht noch vom Mit-Menschen, aber man meint ihn nicht mehr mit. Darum kommt alles zu Redensarten herunter, was mit Menschen zusammenhängt. (1978)

Werner Sprenger, *Gedanken*, S. 19.

Phrasen verdreschen! (1978)

Jorg Schröder, *Findling*, S. 86.

Stehende Redensarten behindern den Verkehr. (1978)

Ulli Harth, *Un-Taten*, S. 6.

In leeren Köpfen finden Phrasen stärkeren Widerhall. (1979)

zarko Petan, *Kopf*, S. 14.

Ich bin auch für Phrasendreschen. Die haben's verdient. (1980)

Albert Wendt; zitiert aus André Brie et al., *Weisheit*, S. 110.

Volkstümlichen Phrasen muss man mit klaren Begriffen, unklaren Begriffen mit phrasenloser Volkstümlichkeit zu Leibe rücken. (1980)

Felix Renner, *Schwalben*, S. 32.

Vor lauter Redensarten hat man heute die Art des Redens verlernt. (1981)

Gerhard Uhlenbruck, *Masche*, S. 24.

Hauten wir wieder Worte in Stein, würden nicht mehr so viele Phrasen gedroschen. (Vor 1982)

Ingrid Annel; zitiert aus Eckart Krumbholz, *Blatt*, S. 27.

Wer Phrasen sät, wird Gähnen ernten. (Vor 1982)

Peter Tille; zitiert aus Eckart Krumbholz, *Blatt*, S. 45.

Aneinandergereihte Phrasen ergeben noch keine Linie. (1982)

André Brie, *Wahrheit*, S. 6. Auch in ders., *Wahrheit/Anfang*, S. 7.

Leere Redensarten geben sich immer volltönend. (1982)

André Brie, *Wahrheit*, S. 46. Auch in ders., *Wahrheit/Anfang*, S. 45.

Parolen und Phrasen. Worte im Wind. (1984)

Werner Mitsch, *Grund*, S. 51.

Abgedroschene Phrasen lassen auf Stroh im Kopf schließen. (1985)

Gerhard Uhlenbruck, *Eigenliebe*, S. 41.

Wovor sich die Phrase am meisten fürchtet:
daß man sie beim Wort nimmt. (Vor 1986)

Wolfgang Mocker; zitiert aus Ingetraud Skirecki, *Troja*, S. 81.

„Worte sind Taten" (Ludwig Wittgenstein). Und was sind Phrasen? Untaten natürlich, Untaten! (1987)

Felix Renner, *Leine*, S. 45.

Phrasen sind das Falschgeld der Kommunikation. (Vor 1988)

Dieter Stolte; zitiert aus Ernst Günter Tange, *Funk*, S. 75.

Wer Phrasen drischt, kann keine Lorbeeren ernten. (1990)

Werner Ehrenforth, *Alte Sitzbeschwerden*, S. 39.

Beim Phrasendreschen kommt selten ein Körnchen Wahrheit heraus. (1991)

Gerhard Uhlenbruck, *Diagnosen*, S. 10. Auch in ders., *Nichtzutreffendes*, S. 89.

Sprich wörtlich mit den Redensarten. (1991)

Ulrich Erckenbrecht, *Maximen*, S. 56.

Phrasendrescher vermögen selbst gesicherte Wahrheiten bis zur Unglaubhaftigkeit zu verstümmeln. (1992)

Manfred Strahl, *Hiebe*, S. 40.

Hinter jeder Redensart steht eine Denkungsart. (1995)

Kurt Tackmann, „Aphorismen“, S. 5.

Auch abgedroschene Phrasen enthalten ein Körnchen Wahrheit – über diejenigen, welche sie benützen! (1996)

Gerhard Uhlenbruck, *Nichtzutreffendes*, S. 30.

Worum es also diesen Aphoristikern geht, das ist das Wörtlichnehmen gängiger Redensarten. Deren Sprachbilder und Gedankeninhalte werden unter die redensartliche Lupe genommen. Es wird schwerlich Aphoristiker oder Lyriker geben, die nicht wenigstens in einigen Texten oder Gedichten diese Art der Sprach- und Gesellschaftskritik geübt hätten. Der bekannte Kulturkritiker Karl Kraus hat diese Arbeitsweise bereits 1919 bestens auf folgende Weise umschrieben:

> Ein Literaturprofessor meinte, daß meine Aphorismen nur die mechanische Umdrehung von Redensarten seien. Das ist ganz zutreffend. Nur hat er den Gedanken nicht erfaßt, der die Mechanik treibt: daß bei der mechanischen Umdrehung der Redensarten mehr herauskommt als bei der mechanischen Wiederholung. Das ist das Geheimnis des Heutzutag, und man muß es erlebt haben. Dabei unterscheidet sich aber die Redensart noch immer zu ihrem Vorteil von einem Literaturprofessor, bei dem nichts herauskommt, wenn ich ihn auf sich beruhen lasse, und wieder nichts, wenn ich ihn mechanisch umdrehe. (*Wort*, S. 332 f.).

Das Geheimnis der spaßigen oder ernsthaften, der spielerischen oder provokativen Umdrehung von Redensarten soll an den hier zusammengestellten Texten dargestellt werden. Dabei handelt es sich um Belege aus dem siebzehnten Jahrhundert bis zur Gegenwartsliteratur. Epigramme des Barockschriftstellers Friedrich von Logau stehen modernen Texten von Eugen Roth, Arnfrid Astel, Hansgeorg Stengel und Michael Augustin gegenüber. Zitate aus Prosaschriften und Dramen von Johann Wolfgang von Goethe, Moritz Gottlieb Saphir, Franz Grillparzer, Johann Nestroy, Heinrich Heine, Theodor Fontane, Gerhart Hauptmann, Arthur Schnitzler, Thomas Mann, Bertolt Brecht, Erwin Strittmatter, Ingeborg Bachmann, Günter Grass, Christa Wolf, Martin Walser, Gabriele Wohmann und Elfriede Jelinek beziehen sich auf innovative Verarbeitungen von sprichwörtlichen Redensarten. Dasselbe gilt für Gedichte von Rose Ausländer, Hans Magnus Enzensberger, Erich Fried, Walter Helmut Fritz, Manfred Hausin, Dieter Höss, Heinz Kahlau, Marie Luise Kaschnitz, Erich Kästner, Susanne Martinez, Liselotte Rauner, Hein-rich Schröter, Hans-Peter Schwöbel, Kurt Sigel, Volker von Törne, Rudolf Otto Wiemer und anderen. Auch die philosophischen Schriften von Georg Christoph Lichtenberg, Friedrich Nietzsche, Ludwig Marcuse und Elias Canetti weisen solche Auseinandersetzungen mit Redensarten auf, und natürlich gibt es im Prinzip keine Aphoristiker, die nicht wenigstens hin und wieder mit Redensarten „gespielt" haben. Besonders ergiebig sind diesbezüglich die redensartlichen Aphorismen von Elazar Benyoëtz, André Brie, Erwin Chargaff, Hans Leopold Davi, Horst Drescher, Marie von Ebner-Eschenbach, Ulrich Erckenbrecht, Wolfgang Funke, Karl Kraus, Gabriel Laub, Stanisław Jerzy Lec, Werner Mitsch, zarko Petan, Felix Renner, Manfred Strahl, Kurt Tucholsky, Gerhard Uhlenbruck und Ben Witter. Hinzu kommen freilich noch die zahlreichen anonymen Sprüche, die mündlich oder schriftlich in der Form von Spontisprüchen, Schlagzeilen, Werbeslogans und Graffiti weite Verbreitung gefunden haben. In all diesen unterschiedlichen Texten spürt man das satirische und zum Teil auch parodistische Manipulieren mit der formelhaften Sprache bekannter Redensarten. Denkmuster und Denkgewohnheiten werden hier kritisch beleuchtet, wobei sich gerade der sprachspielerische Aspekt vieler Belege als besonders aufschlußreich erweist. Der auf Deutsch schreibende israelische Aphoristiker Elazar Benyoëtz hat dieses sprachliche Vorgehen 1979 auf die Formel „Das Wortspiel ist ein Auskundschafter der Sprache" (*Eingeholt*, S. 39) reduziert, und in etwas längerer Form meinte der Aphoristiker Günther Cwojdrak vier Jahre später: „Zum Aphorismus gehört die Lust am Spiel: am Wortspiel, am Denkspiel. Und Spaß an der Suche nach Wahrheit, selbst dann, wenn die schließlich gefundene Wahrheit alles andere ist als spaßig" (*Namen*, S. 43).

In der Tat sind nicht alle der hier zusammengestellten redensartlichen Belege aus Literatur und Massenmedien unbedingt „spaßig", doch es finden sich selbstverständlich Texte, die mit viel Humor menschlich-allzumenschliche Schwächen bloßstellen. Redensarten als Formelsprache fordern regelrecht zum Widerspruch heraus, denn diese so oft gehörten oder gelesenen Sprüche können bei näherer Betrachtung auf den redensartlichen Wecker gehen. Ganz richtig heißt es daher bei Elazar Benyoëtz „Spruchreif – widerspruchswert" (*Worthaltung*, S. 60), und um solche Widersprüche auf Redensarten dreht es sich bei all den hier zusammengestellten Belegen. Im ganzen sind die 2819 Texte auf 243 deutsche Redensarten verteilt, so daß im Durchschnitt etwa 11,6 chronologisch angeordnete Belege pro Redensart zitiert werden. Für jede Redensart sind mindestens vier Antiredensarten verzeichnet, doch erhöht sich diese Zahl in vielen Fällen auf über zwanzig, dreißig, vierzig oder gar fünfzig Belege. Den Vogel abgeschossen hat die Redensart „ein Brett vor dem Kopf haben" mit 81 Belegen! Beachtlich auch die Zahl der Texte für folgende Redensarten: „gegen den Strom schwimmen" (54 Texte), „Luftschlösser bauen" (43), „das Ei des Kolumbus" (39), „mit dem Kopf durch (gegen) die Wand wollen (rennen)" (35), „im gleichen (selben) Boot mit jemandem sitzen" (34), „kein Blatt vor den Mund nehmen" (33), „ein Haar in der Suppe finden" (32), „mit den Wölfen heulen" (32), „seine Hände in Unschuld waschen" (30), „aus der Not eine Tugend machen" (30), „sich zwischen zwei Stühle setzen"; „zwischen zwei Stühlen sitzen" (30), „den Kopf in den Sand stecken“ (29), „ein Wolf im Schafspelz sein“ (29), „den Kopf verlieren“ (28), „das schwarze Schaf (der Familie) sein“ (28), „sich benehmen wie ein Elefant im Porzellanladen“ (27). Es sind dies besonders verbreitete Redensarten, und ihr Bildgehalt und ihre Botschaft stoßen eben immer wieder auf Widerspruch.

Hin und wieder gibt es unter den Sprücheklopfern selbstverständlich auch Wiederholungen. So ist zum Beispiel die Antiredensart „Wer heute den Kopf in den Sand steckt, knirscht morgen mit den Zähnen“ für den Zeitraum von 1983 bis 1988 immerhin dreizehnmal verzeichnet. Zu beachten ist dabei, daß diese wiederholte Reaktion auf die Redensart „den Kopf in den Sand stecken“ in dieser Sprachgestaltung wohl schon mehr oder weniger zu einem neuen Sprichwort geworden ist. Ähnliches liegt in dem zwischen 1979 bis 1996 zehnmal verzeichneten Unsinnsspruch „lieber Rosinen im Kopf als Haare im Kuchen“ vor. Eine gewisse Volksläufigkeit haben auch die folgenden auf Redensarten beruhenden Sprüche angenommen: „Wer den Teufel an die Wand malt, spart (die) Tapete(n)“ (6 Belege), „lieber ein Blatt vor dem Mund als ein Brett vor dem Kopf“ (für diesen und die folgenden Beispiele sind jeweils 5 Belege verzeichnet), „Wir sitzen alle in einem Boot, nur die einen angeln, und wir rudern“, „lieber am Busen der Natur als am Arsch der Welt“, „Wer seinen Kopf verliert, beweist damit noch lange nicht, daß er vorher einen hatte“, „Nicht jeder, der aus dem Rahmen fällt, war vorher im Bilde“, „Wer überall (zu allem) seinen Senf dazu gibt, kommt (gerät) leicht (schnell) in den Verdacht, (selbst) ein Würstchen zu sein“ und „Tote Fische schwimmen mit dem Strom“. Teilweise werden hier zwei Redensarten geschickt zu einem sprichwortähnlichen Sprachgebilde zusammengefügt, und überhaupt lassen sich solche „Doppeltexte“ recht oft finden. Auch solche Manipulationen zeugen von dem Spaß am Sprachspiel, wobei einige Mutationen sich gar als neue Sprichwörter entpuppen könnten.

Vor über dreißig Jahren hat Ingeborg Bachmann das, was all diesen Belegen aus Literatur und Massenmedien zugrunde liegt, auf die Formel „Keine neue Welt ohne neue Sprache“ (*Jahr*, S. 44) gebracht. Es ist also nicht verwunderlich, daß sprach- und gesellschaftskritische Schriftsteller und Sprücheklopfer formelhafte Redensarten in Frage stellen. Dies geschieht mit viel Satire, Ironie und Humor, und es gibt kaum ein Thema, das nicht an Hand einer innovativ verarbeiteten Redensart behandelt wird. Von der vielversprechenden Politikeraussage bis zur Wirtschaftsanalyse, vom sexuellen Graffitispruch bis zum manipulierenden Werbeslogan, von der informativen Schlagzeile bis zum witzigen Epigramm, vom feministischen Aphorismus bis zum philosophischen Ausspruch – alles dreht sich in diesen Antiredensarten um sprichwörtliche Redensarten, die auf immer neue Art und Weise eingesetzt werden. Zusammen ergeben diese Texte ein metaphorisches Bild für die vielen Fragen, denen sich die moderne Gesellschaft gegenübersieht. Allerdings zeigt sich gerade an diesen vielfältigen und vieldeutigen Antiredensarten trotz aller Kritik an sprachlicher Fertigware, daß die menschliche Kommunikation sich kaum völlig von solcher Formelsprache wird loslösen können. Redensarten und Antiredensarten sind zwei Seiten ein und derselben Sprachmedaille, und sie verleihen modernen Menschen traditionelle sowie innovative Kommunikationsmöglichkeiten.

Zur Organisation der vorliegenden Sammlung sei vermerkt, daß jeder der Belege mit einer abgekürzten Quellenangabe versehen ist. Das Datum, das in Klammern auf jeden Text folgt, bezieht sich immer auf die erste Quellenangabe zu der jeweiligen Antiredensart. Wo bis zu dreizehn Quellangaben für einen Beleg auftreten, sind diese chronologisch angeordnet und können im beigefügten „Quellenverzeichnis" aufgeschlüsselt werden. So ergibt sich eine historische Belegreihe, wobei zuweilen deutlich wird, daß eine Antiredensart zum ersten Mal bereits als „Eintagsfliege" im 19. Jahrhundert auftritt, um dann während der ausgeprägten Sprüchewelle der achtziger Jahre unseres Jahrhunderts erneut aufzutreten. Es gibt scheinbar selbst in der sprachspielerischen Manipulation vorgeprägter Formeln nichts Neues unter der Sonne. Selbstverständlich sind die Antiredensarten in den 243 Redensartengruppen ebenfalls chronologisch angeordnet, so daß sich ein sprach- und kulturhistorischer Überblick über die verschiedenen Interpretationen oder Umformulierungen dieser bekannten Redensarten ergibt. Dem umfangreichen Quellenverzeichnis folgt ein Literaturverzeichnis, das für die Thematik der Antiredensart und überhaupt der gesamten Phraseologie die wichtigste Sekundärliteratur bietet.

Die meisten der hier zitierten Antiredensarten habe ich selbst aufgefunden. Dahinter steht eine mehr als zwanzigjährige Sammeltätigkeit. Es gibt aber selbstverständlich auch genug Texte, deren Bekanntschaft ich Verwandten, Kollegen und Freunden verdanke, besonders Lisa Kahn, Dennis Mahoney, Barbara Mieder, Elfriede und Horst Mieder, Veronica Richel, Helga Schreckenberger, David Scrase, Monika und Harald Wallgrün, Helmut Walther und Beatrice Wood. Eine besondere Freude ist es immer, wenn mir ehemalige oder jetzige Studentinnen und Studenten Texte zukommen lassen, ist doch diese Art von Mitarbeit auch ein Zeichen dafür, daß die Lehre bei der jungen Generation auf fruchtbaren Boden fällt. Ohne die Hilfe all der lieben Mitmenschen wäre das vorliegende Buch nicht zustande gekommen, und ich bin ihnen allen zu großem Dank verpflichtet.

Auch nach fast vierzig Jahren des Wirkens in den Vereinigten Staaten widme ich mich mit großer Freude weiterhin der Erforschung der deutschen Sprache und Literatur und der deutschsprachigen Massenmedien. Gelten inzwischen auch viele meiner wissenschaftlichen Arbeiten dem angloamerikanischen Sprach- und Kulturgut, so tritt doch das Muttersprachliche immer wieder in den Vordergrund. Oft denke ich dabei an den Sommer des Jahres 1960 zurück, als es die lieben Eltern mir sechzehnjährigem Schüler erlaubten, auf eigene Faust nach Amerika auszuwandern. Während all meiner Jahre fern der Heimat haben sie sich doch immer mit liebevollem Interesse um mich gekümmert und hatten teil an den zahlreichen Projekten meiner wissenschaftlichen Tätigkeit. Ihnen verdanke ich meinen Frohsinn am Leben und die Freude an der Arbeit, und so sei dieses Buch mit großer Dankbarkeit meinen Eltern Horst und Elfriede Mieder gewidmet.

Winter 1997/98
Wolfgang Mieder

University of Vermont

A

„das A und O von etwas sein“

1. Das A und O ist Nervenkraft. (1978)

   Hörzu, Nr. 4/28. 1.–3. 2. 1978, S. 96. Werbung Vita-Konzentrat (Buerlecithin).

2. *A und O*

   Es kommt weniger auf ein Omen
   als auf das Amen an. (1980)

   Ron Kritzfeld, *Flexikon*, Bd. 7, S. 3.

3. Aber wie lange waren sie denn alle, die ihm immer vorhielten, das „proletarische Bewußtsein“ wäre nicht nur das A und O, sondern auch das Z des marxistischen Alphabets, wie lange waren sie echte Proletarier gewesen? (1980)

   Erwin Strittmatter, *Wundertäter*, Bd. 3, S. 237.

4. Die Frauen sind das Ah und Oh der Gesellschaft. (1982)

   André Brie, *Wahrheit*, S. 49. Auch in ders., *Wahrheit/Anfang*, S. 49.

5. Das A und O der Liebe: das „Ah“ und „Oh“ ... (1983)

   Jens Sparschuh, „Aphorismen,“ S. 168.

6. Kapitalist: einer, für den das A und O des Lebens „Aktien“ und „Obligation“ bedeutet. (1984)

   Jeannine Luczak, *Schweigegeld*, S. 21.

7. Das A und O einer Sache ist wichtiger als ihr ABC. (1990)

   Wolfgang Funke, *Wendehals*, S. 122.

ACHILLESFERSE

„jemanden an seiner Achillesferse treffen“; „Das ist seine Achillesferse.“

1. Die jetzigen Menschen sind zum Tadeln geboren.
   Vom ganzen Achilles sehen sie nur die Ferse. (Um 1880)

   Marie von Ebner-Eschenbach, *Aphorismen*, S. 7.

2. Man sollte ein Etablissement zur Beschuhung von Achillesfersen eröffnen. (1953)

   Erwin Chargaff, *Bemerkungen*, S. 45.

3. Achillesfersen verstecken sich gern in Tyrannenstiefeln. (1964)

   Stanisław Jerzy Lec, *Neue Gedanken*, S. 51. Auch in ders., *Buch*, S. 48.

4. Die meisten Menschen haben ihre Achillesferse woanders. (1973)

   Heinrich Nüsse, *Früh-Nachrichten*, o. Seitenz.

5. Die Achillesferse der Wahrheit – daß man sie verfälschen kann. (1978)

   Jorg Schröder, *Findling*, S. 81.

6. *Naiv*: der mit dem Achillesherzen. (1978)

   Arnfrid Astel, *Rechtsstaat*, S. 328.

7. Ein Seitensprung hat heute nichts mehr mit der Achillesferse einer Ehe zu tun. (1979)

   Gerhard Uhlenbruck, *Einfach*, S. 9.

8. Manchmal entdeckt man die Ferse des Achilles im Kopf. (1981)

   Aleksander Kumor, „Gedanken", S. 78.

9. Achilles ist eine Ferse. (1983)

   Hans Gamber, *Graffiti*, o. Seitenz.

10. *Blues*

    An manchen Tagen
    besteht der Mensch
    von Kopf bis Fuß
    aus einer Achillesferse. (1983)

    Michael Augustin, *Apfel*, S. 11. Auch in ders., *Denkpause*, S. 77.

11. Er hat mich mit seiner Achillesferse getreten. (1983)

    Žarko Petan, *Sintflut*, S. 6.

12. Der wunde Punkt vieler Menschen ist, daß sie keine Achillesferse besitzen. (1990)

    Werner Ehrenforth, *Alte Sitzbeschwerden*, S. 10.

13. Die Achillesferse erfolgreicher Frauen ist der Mann. (1991)

    Otto Wicki, *Sentenzen*, S. 11.

14. Amerika ist so übersät mit Achillesfersen, eine jede ihren eigenen Pfeil fordernd, daß die Gegner niemals den richtigen finden. (1992)

    Erwin Chargaff, „Nachträgliche Bemerkungen“, S. 333.

15. Mit seiner Achillesferse sollte man nicht aufstampfen. (1995)

    Kurt Tackmann, „Aphorismen“, S. 2.

16. Es ist tröstlich, daß jeder Pferdefuß auch eine Achillesferse hat! (1996)

    Gerhard Uhlenbruck, „Hirnbissig“, S. 456.

APFEL

„in den sauren Apfel beißen (müssen)“

1. Eßt mehr Obst! Ich beiße in den sauren Apfel. (1973)

    P. G. Hübsch; zitiert aus Dieter Hülsmanns u. Friedrich Reske, *Lüste*, o. Seitenz.

2. Es ist gesund, in den sauren Apfel zu beißen. (1977)

    Gerhard Uhlenbruck, *Netz*, S. 74. Auch in ders., *Medizinische Aphorismen*, S. 15; und ders., *Body*, S. 82.

APFEL 4

3. Lieber in den sauren Apfel beißen als sauren Regen schlucken. (1983)

   Morgenpost, 15. 1. 1983, o. Seitenz.

4. Lieber in den (einen) sauren Apfel beißen als einen auf (vor) die Birne kriegen. (1985)

   Richard Mahkorn, *Büro*, o. Seitenz.; *Bella*, Nr. 17/18. 4. 1986, S. 2; *Bild*, 1. 9. 1987, S. 2; *Bild*, 8. 8. 1988, S. 2; und *Dumme Sprüche für Gescheite 1990: Wandsprüch'-Kalender* (Sept.), München: Heye, 1990.

5. Besser in den sauren Apfel beißen, als mit einer weichen Birne herumlaufen. (1988)

   Bild, 6. 1. 1988, S. 2.

6. Wer nie in den sauren Apfel beißt, bekommt schlechte Zähne. (1990)

   Wolfgang Funke, *Wendehals*, S. 72.

7. Aus rein diätetischen Gründen sollte man im Alter in den sauren Apfel beißen – und zwar täglich: An apple a day keeps the doctor away! (1993)

   Gerhard Uhlenbruck, „Lebenslügen“, S. 519.

8. Heute ist keiner mehr bereit, in einen sauren Apfel zu beißen, es sei denn, er will sich auf Parodontose testen lassen. (1994)

   Gerhard Uhlenbruck, *Wahr*, S. 15.

9. Wer Schlange steht vorm Baum der Erkenntnis, muß in den sauren Apfel beißen. (1995)

   Ulrich Erckenbrecht, *Katzenköppe*, S. 20.

10. Schon Adam mußte in den sauren Apfel beißen und Eva dann heiraten. (1996)

    Gerhard Uhlenbruck, „Giftpfeile“, S. 178.

ARM

„jemanden auf den Arm nehmen“

1. Beschränkt sein Ä gut: den Horizont auf den Arm nehmen. (1966)

   Hans Peter Keller, *Panoptikum*, S. 23.

2. Manche Leute kann man nicht auf den Arm nehmen, weil man sie sonst fallen ließe. (1977)

   Gerhard Uhlenbruck, *Netz*, S. 11.

3. Ironie ist jemanden auf den Arm nehmen und in den Himmel heben. (1978)

   Wolfram Weidner und Karl Schwarzer, *Worte*, o. Seitenz.

4. Die schwierigste Kunst: Sich selbst auf den Arm zu nehmen, ohne die Balance zu verlieren. (Vor 1983)

   Peter Frankenfeld; zitiert aus Roland Michael, *Treffend*, S. 44.

5. Die schwierigste Turnübung ist, sich selbst auf den Arm zu nehmen. (1984)

   Eduard Moriz, *Intim*, o. Seitenz.

6. Die schwerste Freiübung ist, sich selber auf den Arm zu nehmen. (1986)

   Bella, Nr. 14/27. 3. 1986, S. 2.

7. Wer immer auf den Arm genommen wird, verliert den Boden unter den Füßen. (1990)

   Gerhard Uhlenbruck, *Darum*, S. 80.

ARSCH (a)

„jemandem in den Arsch kriechen"

1. der arsch, in den du kriechen kannst, steht vielen offen. (1979)

   Volker Erhardt, *Kannibale*, S. 112.

2. merkwürdig: die leute, die am lautesten auf ihre gute nase stolz sind, kriechen am ehesten anderen in den arsch. (1979)

   Volker Erhardt, *Kannibale*, S. 112.

3. Als Tucholsky schrieb:
„Es gibt Karrieren,
die geh'n durch den Hintern ...",
vergaß er anzumerken,
daß viele solcher Karrieren
oft auch schnell im Arsch sind.
Vielleicht ist es doch nicht immer
die beste Methode,
jemandem reinzukriechen ... (1982)

   Helmut Köhler, *Gästebuch*, S. 97.

4. Die Menschenfresser leben heute überwiegend von künstlicher Ernährung: von denen, die ihnen in den Arsch kriechen. (1984)

   Gabriel Laub, *Denken*, S. 78.

5. Die Anzahl der Ärsche, in die man kriecht, sollte die Zahl Null nicht wesentlich überschreiten. (1985)

   Ralf Bülow, *Phantasie*, o. Seitenz.

6. Wer anderen in den Arsch kriecht, darf sich nicht wundern, wenn er beschissen wird. (1985)

   Richard Mahkorn, *Büro*, o. Seitenz. Auch in Beate Steinmeyer, *Schoß*, o. Seitenz.; und Beate Kuckertz, *Büro*, o. Seitenz.

7. Griechische Liebe auf slowenisch:
   Einer kriecht dem anderen in den Arsch. (1990)

   Žarko Petan, *Herren*, S. 55.

8. Erbschleicher erkennt man daran, daß sie einem in den Arsch kriechen, bis sie einem zum Halse heraushängen. (1993)

   Gerhard Uhlenbruck, „Lebenslügen", S. 516.

ARSCH (b)

„jemanden am (im) Arsch lecken (können)"

1. Ich habe schon manchem den Arsch geleckt und mich später gewundert, warum ich ihn nicht mehr riechen konnte. (1960)

   Martin Kessel, *Gegengabe*, S. 125.

2. Gott kann mich im Arsche lecken? Noch nicht einmal das kann er! (1970)

   Rudolf Rolfs, *Inventur*, S. 173.

3. Wer heute will was Gutes schmecken,
   Der braucht mich bloß am Arsch zu lecken! (Vor 1980)

   Ernest Borneman, *Mist*, S. 45.

4. Mit jeder Minute meines Lebens erhöht sich zwangsläufig die Zahl derjenigen, die mich am Arsch lecken können! (1985)

   Bernd Thomsen, *Haste*, o. Seitenz.

5. Wenn alle täten, was sie mich könnten, käme ich überhaupt nicht mehr zum Sitzen! (1985)

Bernd Thomsen, *Haste*, o. Seitenz. Auch in Angelika Franz, *Nix*, o. Seitenz.

6. Wer mich am Arsch leckt, kann mich bestimmt nicht mehr riechen. (1987)

Angelika Franz, *Sprüche*, S. 226.

AST (a)

„sich den eigenen Ast absägen"; „(selbst) den Ast absägen, auf dem man sitzt"

1. Säge nicht am Ast, auf dem du sitzt, es sei denn, man wollte dich daran hängen. (1959)

Stanisław Jerzy Lec, *Unfrisierte Gedanken*, S. 10. Auch in ders., *Buch*, S. 54.

2. „Säge nicht am Ast, auf dem du sitzt!" ist ein kapitaler Beweis zugunsten Darwins. (Um 1960)

Stanisław Jerzy Lec, *Spätlese*, S. 89.

3. Der Phantast sägt so lange an seinem Ast, nicht bis der Ast, sondern bis die Säge entzwei ist. (1960)

Martin Kessel, *Gegengabe*, S. 176.

4. Man soll den Ast, auf dem man sitzt, nicht absägen. Gut, daß es Unfolgsame gibt, sonst hockte die Menschheit immer noch auf den Bäumen. (1974)

Hellmut Walters, *Abseits*, o. Seitenz.

5. Man sollte den Ast, auf dem man gerne einmal sitzen möchte, nicht ansägen. (1977)

Gerhard Uhlenbruck, *Netz*, S. 40.

6. Man sollte nur den absteigenden Ast, auf dem man sitzt, absägen. (1977)

Gerhard Uhlenbruck, *Netz*, S. 124.

7. Wer an dem Ast, auf dem er sitzt, sägt, schneidet schlecht ab. (1979)

Gerhard Uhlenbruck, *Einfach*, S. 64.

8. *Auf irgendeinen Satiriker*

Zu lang hast du herumgesägt
an deinem Aste, der dich trägt.
Du hast vom Sägen
keinen blassen Schimmer,
denn dieser Ast
trägt dich noch immer. (1980)

Heinz Kahlau, *Querholz*, S. 97.

9. *Die Dämonen*

Wer die Dämonen in sich trägt,
Kennt keine Rast.
Er sägt besessen, doch er sägt
Am eigenen Ast. (1981)

Gerhard Schumann, *Spruchbuch*, S. 72.

10. *Abstammung*

Der Mensch ist ein Affe, der sich den Ast, auf dem er saß, selbst abgesägt hat. (1982)

Gerhard Uhlenbruck, *Medizinische Aphorismen*, S. 1.

11. Wenn wir den Ast abschneiden, auf dem wir sitzen, benutzen wir die Nervensäge. (1985)

Gerhard Uhlenbruck, *Eigenliebe*, S. 31.

12. Wer an dem Ast, auf dem andere sitzen, sägt, kommt selbst auf einen grünen Zweig. (1986)

Gerhard Uhlenbruck, „Gedankensprünge", S. 187.

13. Wer an dem Ast sägt, auf dem er sitzt, schneidet schlecht ab. (1986)

Christian Roman, *Big Mäc*, o. Seitenz.

14. Säge nie an einem Ast, unter dem du selber sitzt! (1987)

Wolfgang Mocker, *Canossa*, S. 24.

15. *Lebensgestaltung*

Wer den Ast absägt, auf dem er sitzt, kommt nie auf einen grünen Zweig. (1988)

Hans Hollweg, *Kürze*, S. 106. Sehr ähnlich auch in Gerhard Uhlenbruck, *Aphorismen/Satz*, S. 70; und ders., *Darum*, S. 69.

16. Wenn Du mir immer den Ast absägst, kann ich ja nie auf einen grünen Zweig kommen. (1989)

Hans Hunfeld, *Sprichwörtlich*, S. 88.

17. Wir sägen an dem Ast, auf dem wir leben. Erst sterben die Bäume, dann die Tiere, dann die Menschen. (1991)

Ulrich Erckenbrecht, *Maximen*, S. 104.

AST (b)

„sich einen Ast lachen"

1. *Auf eigene Kosten*

Wenn du noch keinen hast,
lach dir 'nen Ast,
dann setz dich drauf
halb schräg
und säg und säg und säg!
Ganz herrlich ist das,
ein Erlebnis.
Das Publikum,
das lacht sich krumm
bei dem Ergebnis. (1963)

Martin Kessel, *Kopf und Herz*, S. 48.

2. Wer sich einen Ast gelacht hat, braucht sich nur noch einen Strick zu weinen. (1974)

Hellmut Walters, *Abseits*, o. Seitenz.

3. Der Satiriker lacht sich den Ast, an dem er sich erhängt. (1978)

Ludwig Fienhold, *Wider-Sprüche*, S. 8.

4. Er lacht sich einen Ast. Sein Frohsinn bringt mich auf die Palme. (1988)

Werner Mitsch, *Neue Hin-Sprüche*, S. 22.

5. Säge nicht an dem Ast, den du dir lachst. (1995)

Ulrich Erckenbrecht, *Katzenköppe*, S. 17.

AUGE (a)

„ein Auge zudrücken“

1. *Einem Ehemann*

   Hier liegt ein Ehemann
   In wohlverdienter Ruh;
   Erst drückt er eines, dann
   Das andre Auge zu. (1885)

   Max Kalbeck; zitiert aus Gerhard Neumann, *Epigramme*, S. 255.

2. Wer ab und zu ein Auge zudrückt, kann auch im Wachen träumen. (Vor 1966)

   Stanisław Jerzy Lec, *Letzte Gedanken*, S. 19.

3. Er beging Mundraub an ihr. Doch drückte sie gerne beide Augen zu. (1972)

   Heinrich Wiesner, *Kehrseite*, S. 59.

4. Damit Sie keine schlaflosen Nächte haben, drücken wir kein Auge zu. (1978)

   Für Sie, Nr. 10/27. 4. 1978, S. 89. Werbung für Schiesser-Kleidung.

5. „Man muß auch mal ein Auge zudrücken können“, sagte der Einäugige und verschied. (1978)

   Stern, Nr. 7/9. 2. 1978, S. 81.

6. will der einäugige könig bleiben,
   darf er kein auge zudrücken. (1979)

   Volker Erhardt, *Kannibale*, S. 78. Auch in Gerhard Uhlenbruck u. Hans-Horst Skupy, *Zitate*, S. 48.

7. Grosszügigkeit: ein Auge zudrücken, um das Unrecht nicht sehen zu müssen. (1982)

   Peter Maiwald; zitiert aus *Nebelspalter*, Nr. 50/14. 12. 1982, S. 15.

8. Er drückte oft ein Auge zu. – Immer, wenn er schoß. (1983)

   Sigbert Latzel, *Stichhaltiges*, S. 30.

9. Neutralismus: ein Auge zudrücken, wenn einem anderen beide zugedrückt werden. (1984)

   Jeannine Luczak, *Schweigegeld*, S. 25.

10. Als ich den Tatsachen ins Auge sah, drückten sie eins zu. (1985)

André Brie, *Anfang*, S. 22. Auch in ders., *Wahrheit/Anfang*, S. 89.

11. Der Tod drückt nie ein Auge zu. Immer gleich zwei. (Vor 1986)

Hans-Dieter Schütt; zitiert aus Ingetraud Skirecki, *Troja*, S. 136.

12. Wer immer ein Auge zudrückt, riskiert auch eines. (Vor 1986)

Ulf Annel; zitiert aus Ingetraud Skirecki, *Troja*, S. 11.

13. Lieber ein Auge zudrücken, als den Mund zu weit aufreißen. (1986)

Eduard Moriz, *Sauweich*, o. Seitenz.

14. Gerade unter vier Augen wird gern eins zugedrückt. (1987)

Wolfgang Mocker, *Canossa*, S. 14.

15. Lieber mal ein Auge zudrücken als dauernd den Mund aufreißen. (1988)

Bild, 5. 8. 1988, S. 2.

16. Der Einäugige drückt selten ein Auge zu. (Vor 1989)

Thomas Spanier; zitiert aus Gabriele Berthel, *Kurz*, S. 179.

17. Mitunter handelt man weitsichtig, wenn man im richtigen Moment beide Augen zudrückt. (1989)

Manfred Strahl, *Ausleg-Ware*, S. 40.

18. Unter vier Augen werden oft zwei zugedrückt. (1989)

Gerhard Uhlenbruck, *Body*, S. 5.

19. *gebrauchsfähiger spruch*

wir drücken
noch einmal ein auge
zu und wieder zu
bis es das andere
auge nicht mehr aushält
und zu fällt
(das funktioniert
bis zur blindheit)
aber es ist tag
in den augen
feige finster

dabei haben wir sie
angstvoll
aufgerissen. (1992)

Gabriele Scholz; zitiert aus Jörg André Dahlmeyer u. Hardy Krüger, *Deutschland*, S. 15.

20. Nachruf: Bei einem Toten drückt man beide Augen zu. (1997)

Gerhard Uhlenbruck, *Widersprüche*, S. 26.

Auge (b)

„ins Auge gehen“

1. Silvestergedanke: der Sektkorken wird nicht das Einzige bleiben, was ins Auge geht. (1973)

   Werner Schneyder, *Empfehlung*, S. 128.

2. Liebäugeln kann ins Auge gehen. (1977)

   Gerhard Uhlenbruck, *Netz*, S. 93.

3. Mir ist so viel ins Auge gegangen, daß mir kein Ophthalmologe der Welt mehr helfen kann. (1977)

   Gerhard Uhlenbruck, *Netz*, S. 126.

4. Paradox: So manches, was zuerst nicht in den Kopf geht, geht später ins Auge. (1983)

   Sigbert Latzel, *Stichhaltiges*, S. 52.

5. Es kann auch mal was ins zugedrückte Auge gehen. (1987)

   Wolfgang Mocker, *Canossa*, S. 50.

6. Wenn man ein Ziel fest im Auge hat, geht selten etwas ins Auge. (1997)

   Gerhard Uhlenbruck, *Widersprüche*, S. 46.

Auge (c)

„mit einem blauen Auge davonkommen“

1. Er ist noch mit einem blauen Auge davongekommen, der eine Blauaugigte heiratet. (Vor 1700)

   Georg Christoph Lichtenberg, *Sudelbücher*, Bd. 1, S. 709.

2. *Das blaue Auge*

   Es ängstigt und beunruhigt uns vieles, aber man brauchte oft nur zu sagen: „Laßt es Wirklichkeit werden!“ und wir wären über den Berg. Das Opfer, das es uns kostet, schafft Tatsachen, die uns wieder zurechtrücken, womit nicht gesagt ist, daß sie uns nicht auch vernichten könnten. Aber da liegt noch vieles dazwischen, zum Beispiel das blaue Auge, mit dem man davonkommt. (1960)

   Martin Kessel, *Gegengabe*, S. 17.

3. Er durfte froh sein, aus dieser Sache mit einem blauen und einem weinenden Auge herauszukommen. (1978)

   Hanns-Hermann Kersten, *Euphorismen*, S. 69.

4. *Bilanz*

   Seit
   neunundzwanzig Jahren
   bin ich
   mit zwei blauen Augen
   davongekommen. (1983)

   Michael Augustin; zitiert aus *Nebelspalter*, Nr. 11/15. 3. 1983, S. 43. Auch in ders., *Apfel*, S. 58.

5. Naivität: Wer zu blauäugig ist, kommt selten mit einem blauen Auge davon. (1983)

   Gerhard Uhlenbruck, *Nächstenhiebe*, S. 26.

6. Moderne Malerei: der Porträtierte kam mit einem blauen Auge davon. (Vor 1989)

   Ulf Annel; zitiert aus Gabriele Berthel, *Kurz*, S. 61.

7. Bei einer Scheidung ist es wie beim Boxen: Derjenige, der mit einem blauen Auge davonkommt, ist nicht immer der Sieger. (1996)

   Gerhard Uhlenbruck, *Nichtzutreffendes*, S. 19.

8. Schon bei meiner Geburt bin ich mit zwei blauen Augen davongekommen, später hat man mir wegen meiner Blauäugigkeit das Blaue vom Himmel versprochen. (1997)

   Gerhard Uhlenbruck, *Widersprüche*, S. 26.

AUGIASSTALL

„einen Augiasstall reinigen“

1. *Der preußische Zentrumsherkules am Scheidewege*

   „Helfe ich nun dabei, den Stall des Augias von dem roten Mist zu reinigen – oder erkläre ich mich mit dem Wust solidarisch?“ (1925)

   Kladderadatsch, Nr. 8/22. 2. 1925, Titelseite.

2. Mancher geht in den Augiasstall,
   Läßt uns dabei mit lautem Schall
   Glauben, daß er Herkules ist,
   Und vermehrt doch nur den Mist. (Vor 1939)

   Ludwig Fulda; zitiert aus Klemens Altmann, *Epigramme*, S. 74. Auch in Otto Böhmer, *Leben*, S. 48.

3. Das einzige, was er von einem Herkules hat, ist, daß er stark nach dem Augiasstall riecht. (1952)

   Erwin Chargaff, *Bemerkungen*, S. 37.

4. Nur wer sich im Mist des Augiasstalles wohl fühlt, kann die Metapher von den Nestbeschmutzern angemessen gebrauchen. (1966)

   Helmut Arntzen, *Prozeß*, S. 31.

5. Jetzt leert Sisyphus den Augiasstall aus, und es stinkt immer mehr und mehr auf der Welt. (1967)

   Erwin Chargaff, *Bemerkungen*, S. 115.

6. Er [Helmut Schmidt] mistet einen Augiasstall aus, den er selbst verdreckt hat. (1974)

   Rainer Barzel; zitiert aus Gerhard Spörl, *Nagel*, S. 39.

7. Wahlkampf: Die Redeflüsse von Parteien bemühen sich vergeblich, den Augiasstall festverwalteter Bürokratie auszumisten. (1977)

   Gerhard Uhlenbruck, *Netz*, S. 60.

8. *Kleine Anfrage*

Ob man
mit dem Wasser
der heutigen Flüsse
noch einen Augiasstall
reinigen könnte? (1986)

Michael Augustin, *Denkzettel*, S. 98.

BANK

„etwas auf die lange Bank schieben"

1. *Seine Rettung*

Der Völkerbund: „Diese lange Bank ist mein kostbarstes Requisit!" (1935)

Kladderadatsch, Nr. 33/18. 8. 1935, S. 9.

2. Das unnützeste Möbel ist – die lange Bank. (1938)

Charles Tschopp, *Aphorismen*, S. 30.

BANK 1

3. *Die lange Bank*

Ein kluger Mann, der mit der Zeit
Hinneigte zur Bequemlichkeit,
Und der nichts haßte, als das Muß
Zu einem eiligen Entschluß,
Erfand – dem Mann sei Lob und Dank –
Die sogenannte „lange Bank“,
Auf die er jeweils nach Belieben
Unangenehmes konnt' verschieben.
Doch da natürlich mit dem Trieb
Der Welt er manches schuldig blieb,
Hat man die Bank nach ein paar Tagen
Beschlagnahmt auf ein Amt getragen,
Wo, von Beelzebub gelobt,
Man hat das Teufelsding erprobt
Und hat, von dem Erfolg benommen,
Es schließlich dort in Dienst genommen.
Die lange Bank zählt offenbar
Seitdem im Amt zum Inventar! (1949)

Helmut Zech, *Bosheiten*, S. 127.

4. Katastrophen sind der Ausbruch von auf die lange Bank geschobenen Übeln. (1960)

Martin Kessel, *Gegengabe*, S. 65.

5. „Die Union muß vom hohen Baum herunter.“
Auf die lange Bank? (1976)

Die Zeit, Nr. 8/20. 2. 1976, S. 4.

6. *Verfahren*

Was ausgefressen
eingelocht
auf die lange Bank geschoben
und hinten runtergefallen. (1976)

Wolfgang Bittner, *Rechts-Sprüche*, S. 61.

7. „Und, was machen Sie mit Ihrem Leben?“
Ich schiebe es nicht auf die lange Bank! (1980)

Rudolf Rolfs, *Fragen*, S. 105.

8. „Was ist das Leben?“
Der Versuch, das Sterben auf eine Bank zu schieben, die man für lang halten möchte. (1980)

Rudolf Rolfs, *Fragen*, S. 93.

9. Alt werden. Den Tod auf die lange Bank schieben. (1982)

Werner Mitsch, *Bienen*, S. 69.

10. Ein grüner Tisch gehört ebenso zur Grundausstattung eines echten Büros wie eine lange Bank. (1983)

Peter Tille, *Sommersprossen*, S. 8.

11. Schieben Sie Ihr Haus nicht auf die lange Bank! (1985)

Der Spiegel, Nr. 11/11. 3. 1985, S. 8. Werbung für Hypo-Bank.

12. Wer alles auf die lange Bank schiebt, hat statt eines Chefsessels bald einen Schleudersitz. (1988)

Claudia Glismann, *Schäferstündchen*, o. Seitenz. Auch in Beate Kuckertz, *Büro*, o. Seitenz.

13. Abklärungen werden auf die lange Bank geschoben, um eine Aufklärung zu verhindern. (1995)

Hans Leopold Davi, *Wortwirbel*, S. 30.

BEIN (a)

„jemandem Beine machen“

1. wenn sie euch beine machen wollen: tretet aus! (1971)

Bert Berkensträter, *Zungen-Schläge*, S. 7.

2. Wir werden dir Beine machen
droht man in der Kaserne
wir werden dir Beine machen
tröstet man im Lazarett. (1973)

Liselotte Rauner, *Volksmund*, S. 27. Auch in dies., *Sorge*, S. 101.

3. „Faules Kamel, wir werden dir schon Beine machen.“ (1975)

Die Zeit, Nr. 29/18. 7. 1975, S. 12.

4. Seiner Gesundheit sollte man mal (muß man schon) Beine machen. (1977)

   Gerhard Uhlenbruck, *Netz*, S. 54 u. S. 146. Auch in ders., *Medizinische Aphorismen*, S. 29.

5. Kopflose wissen immer am besten, wie man andern Beine macht. (1980)

   Felix Renner, *Schwalben*, S. 35.

6. Man sollte sich gelegentlich einen Kopf machen, wie man Speichelleckern Beine machen könnte. (1982)

   André Brie, *Wahrheit*, S. 28. Auch in ders., *Wahrheit/Anfang*, S. 28.

7. Ehe man dir Beine macht, bewege die eigenen. (1990)

   Wolfgang Funke, *Wendehals*, S. 69.

BEIN (b)

„Mit beiden Beinen (fest) auf der Erde (dem Boden) stehen"

1. Kein Mensch steht mit beiden Beinen auf der Erde, weil er mit einem immer im Grab steht. (Um 1970)

   Klaus Frank, *Aphorismen*, S. 174.

2. Ich sah einen Flamingo, der einen eigenen Standpunkt vertrat. Mitten unter vielen Flamingos stand er auf beiden Beinen. (1973)

   Heinrich Nüsse, *Früh-Nachrichten*, o. Seitenz.

3. *Anarchist*

   Umstürzler, der mit beiden Beinen fest auf dem Boden des Unrechts steht. (1975)

   Ron Kritzfeld, *Flexikon*, Bd. 2, S. 4.

4. Man soll mit beiden Beinen auf der Erde stehen.
   Aber nicht auf jeder. (1976)

   Werner Schneyder, *Rückschläge*, S. 18. Auch in ders., *Gelächter*, S. 20.

5. Wer immer fest mit beiden Beinen auf der Erde steht, wird nie über seinen Schatten springen. (1977)

   Guido Hildebrandt, *Hohn*, S. 15.

6. *Grund und Boden*

Mit beiden Beinen
steht Franz Josef Strauß
auf dem Boden des Grundgesetzes.
Er tritt es mit Füßen. (1978)

Arnfrid Astel, *Rechtsstaat*, S. 424.

7. „Stehen Sie doch einmal mit beiden Beinen im Leben", beschwor mich der Chef.
Ich stellte mir das vor und fing an zu laufen. (1978)

Ben Witter, *Nebbich*, S. 65.

8. Wer immer mit beiden Beinen auf dem Boden steht, kommt nie auf einen grünen Zweig. (1978)

Werner Mitsch, *Spinnen*, S. 57.

9. Wer an den Himmel glaubt, steht mit beiden Beinen fest auf der Erde. (1979)

Gerhard Uhlenbruck, *Einfach*, S. 37.

10. Er steht mit beiden Beinen im Leben – herum. (1984)

Werner Ehrenforth, *Eintagsfliege*, S. 48.

11. Ich steh mit beiden Beinen fest in der Luft. (1984)

Iris Blaschzok, *Muse*, S. 22.

12. Radikaler – ein Mann, der mit beiden Beinen fest in der Luft steht. (1984)

Eduard Moriz, *Intim*, o. Seitenz.

13. Wer mit beiden Beinen auf der Erde stehen will, wird sich nie wie im Himmel fühlen. (1986)

Michael Rumpf, *Gedankensprünge*, S. 14.

14. Auf beiden Beinen steht zumeist, wer guten Grund hätte, zu bedauern, daß er nur einen Kopf hat. (1987)

Felix Renner, *Leine*, S. 10.

15. Ich stehe mit beiden Beinen fest
auf dem doppelten Boden des Grundgesetzes
solange ich nicht auf die Falltür trete. (1987)

Liselotte Rauner, *Schleifspuren*, S. 35.

16. Mit beiden Beinen steht er im Leben.
Allerdings meistens nur rum. (1988)

Hans-Dieter Schütt, *Haustür*, S. 86.

17. Man kann auch mit beiden Beinen auf dem Boden der Tatsachen stehen – in einem Fettnapf. (1990)

Gerhard Uhlenbruck, *Darum*, S. 104.

BERG (a)

„Berge versetzen (wollen)"

1. Die Berge, die du nicht versetzen kannst, mußt du ersteigen. Da hilft dir niemand. (1931)

Rudolf Alexander Schröder; zitiert aus Federico Hindermann u. Bernhard Heinser, *Aphorismen*, S. 314.

2. Berge versetzen – die Menschen für ein Linsengericht des Fortschritts. (1984)

Werner Ehrenforth, *Eintagsfliege*, S. 48.

3. Lust am Geröll.
Ich versetzte Berge. (1988)

Ben Witter, *Minutenpoesie*, S. 29.

4. So mancher will Berge versetzen und landet im Leihhaus. (1992)

Beate Kuckertz, *Büro*, o. Seitenz.

5. Er hielt hinter dem Berg: Um dahinter zu kommen, mußte man schon Berge versetzen. (1997)

Gerhard Uhlenbruck, *Widersprüche*, S. 71.

BERG (b)

„(noch nicht) über den Berg sein"

1. Wir sind über'n Berg, es geht abwärts. (1965)

Herbert Eisenreich, *Adam*, S. 11. Auch in Iris Blaschzik, *Ächt*, S. 64; Claudia Glismann, *Schüler*, o. Seitenz.; Angelika Franz, *Sprüche*, S. 405; und Beate Kuckerts, *Büro*, o. Seitenz.

2. *Konjunktur*

Wir sind übern Berg
Nun geht es abwärts
Mit uns. (1976)

Volker Törne, *Land*, S. 196.

3. Mancher, der „über den Berg ist", merkt gar nicht, dass es bergab geht. (1977)

Markus Ronner, *Moment*, S. 34.

4. Helft einem übern Berg, schon ist er über alle Berge. (1990)

Wolfgang Funke, *Wendehals*, S. 60.

BILD

„im Bilde sein"

1. Wer nicht im Bilde ist, fällt leicht aus dem Rahmen. (1980)

Peter Tille, „Pfefferkörner", S. 88. Auch in ders., *Sommersprossen*, S. 95.

2. Wir sind im Bild. Unsere Schädel sind gerahmt. (1980)

Felix Renner, *Schwalben*, S. 17.

3. Lieber im Bilde sein als aus dem Rahmen fallen. (1988)

Bild, 29. 6. 1988, S. 2.

4. Wer heute nicht im Bilde ist, fällt aus dem Rahmen. (1989)

Gerhard Uhlenbruck, *Aphorismen/Satz*, S. 86. Auch in ders., *Darum*, S. 58.

BLATT (a)

„ein unbeschriebenes Blatt sein"

1. Die alte Jungfer ist das ewig unbeschriebene Blatt der Liebe. (1929)

Richard Breckner, *Spinngewebe*, S. 35.

2. Eine Frau ist ein Blatt, welches sich immer so wendet und dreht, daß es unbeschrieben erscheint. (1977)

Gerhard Uhlenbruck, *Netz*, S. 31. Auch in ders., *Aphorismen/Satz*, S. 116.

3. Er war ein unbeschriebenes Blatt, aber sehr belesen. (1980)

Werner Mitsch, *Pferde*, S. 7.

4. *Journalisten*

Leute, von denen man sich einmal ein unbeschriebenes Blatt wünscht. (1980)

Ron Kritzfeld, *Flexikon*, Bd. 7, S. 16.

5. Während ein unbeschriebenes Blatt meist kein Wässerchen trüben kann, kann ein Wässerchen einem unbeschriebenen Blatt ganz schön zusetzen. (1982)

Helmut Köhler, *Gästebuch*, S. 99.

6. Diese Welt wird nie mehr ein unbeschriebenes Blatt sein, aber sie wird bald einmal ein ausradiertes Blatt sein. (1985)

Bruno Lamprecht, *Silberzwiebeln*, S. 36.

7. *Nachrichten*

Welch unbeschriebenes Blatt stellte das Lokalblatt ein! Nun steht's auf 'nem anderen Blatt, ob sich das Blättchen wendet und dieser Journalist für gewaltiges Rauschen im Blätterwald sorgt, indem er kein Blatt vor den Mund nimmt. (1988)

Hans Hollweg, *Kürze*, S. 123.

8. Wer sich für ein unbeschriebenes Blatt hält, kennt seine Kaderakte nicht. (1989)

Manfred Strahl, *Ausleg-Ware*, S. 74.

9. *Ein unbeschriebenes Blatt* kann zweierlei heißen: von der Sexualität oder von der Kriminalität nicht gezeichnet. Sie also wären die beiden Handschriften des Lebens. (1992)

Michael Rumpf, *Gedankenfäden*, S. 29.

10. Wer sich für ein unbeschriebenes Blatt hält, kennt seine Stasi-Akte noch nicht. (1992)

Manfred Strahl, *Hiebe*, S. 20.

11. Er schrieb seine Memoiren, weil er kein unbeschriebenes Blatt sein wollte. (1995)

Walter Richter, *Geige*, S. 35.

BLATT (b)

„kein Blatt vor den Mund nehmen“

1. Der rechte Mann sollt sich nit schämen, dem Weib das Blatt vom Leib, doch auch das Blatt vom Mund zu nehmen. (1960)

   Martin Walser, *Halbzeit*, S. 460.

2. Frechheit. Der Anstand nimmt das Blatt vom Mund. (1965)

   Heinrich Wiesner, *Lakonische Zeilen*, S. 34.

3. *Fall*

   Der Feigenbaum
   nimmt kein Blatt mehr
   vor den Mund.
   Ganz nackt
   steht er jetzt da. (1967)

   Arnfrid Astel, *Rechtsstaat*, S. 860.

BLATT (b) 6

4. *Warum* können die Frauen so häufig kein Blatt vor den Mund nehmen? *Weil* Eva ein solches an anderer Stelle hatte. (1972)

   Praline, Nr. 53/27. 12. 1972, S. 12.

5. *Oppositioneller in einer Diktatur*

   Weil er kein Blatt vor den Mund nimmt, wird sein Erscheinen eingestellt. (1975)

   Ron Kritzfeld, *Flexikon*, Bd. 2, S. 23.

6. Ein Blatt, das kein Blatt vor den Mund nimmt. (1976)

   Der Spiegel, Nr. 25/14. 6. 1976, S. 8. Auch ebd., Nr. 50/5. 12. 1977, S. 136. Werbung für Frankfurter Rundschau.

7. Lieber ein Blatt vor dem Mund als ein Brett vor dem Kopf. (1976)

   Hörzu, Nr. 11/13.–19. 3. 1976, S. 3. Auch in Werner Mitsch, *Spinnen*, S. 92; ders., *Wal*, o. Seitenz.; Hans Gamber, *Frech*, S. 7; und *Bild*, 6. 10. 1987, S. 2.

8. Es ist gar nicht so schwer, vom Blatt zu spielen, wenn man es nicht vor den Mund nimmt. (1977)

   Markus Ronner, *Moment*, S. 20.

9. Redner sollten einmal kein Blatt vor den Mund nehmen. (1977)

   Gerhard Uhlenbruck, *Netz*, S. 73.

10. Wenn ein Ostfriese schriftdeutsch redet, nimmt er kein Platt vor den Mund. (1978)

    Werner Mitsch, *Spinnen*, 1978.

11. Festredner sollten kein Lorbeerblatt vor den Mund nehmen. (1979)

    Gerhard Uhlenbruck, *Einfach*, S. 62. auch in ders., *Medizinische Aphorismen*, S. 38.

12. In der Wüste braucht man kein Blatt vor den Mund zu nehmen.
    Man kann es auch gar nicht. (1979)

    Helmut Lamprecht, *Lächerlichkeit*, S. 39.

13. wer nimmt heute noch ein feigenblatt vor den mund. (1979)

    Volker Erhardt, *Kannibale*, S. 84.

14. Ein richtiges Loseblattmaul. Nimmt ständig neue Blätter vor den Mund. (1980)

    Felix Renner, *Schwalben*, S. 33.

15. Im Herbst pflegt der Sommer kein Blatt mehr vor den Mund zu nehmen. (1980)

Werner Mitsch, *Pferde*, S. 77.

16. Es ist nicht gut, daß der Mensch ein Feigenblatt vor dem Mund habe. (1981)

Manfred Hinrich, „Sätze", S. 173.

17. Wer sich auf Geschichte beruft, sollte bedenken, daß Adam und Eva das Blatt nicht vor den Mund nahmen. (1982)

André Brie, *Wahrhe.* , S. 62. Auch in ders., *Wahrheit/Anfang*, S. 63.

18. *Blatt vorm Mund*

Das Blatt vor dem Mund
Ein Schatten der Haut

Das Blatt auf der Schulter
Dem Wind anvertraut

Von Mund und Schulter
Griff das Blatt der Wind

Der offene Mund
Zeigt wie zahnlos wir sind. (1983)

Christian Grosz, *Blatt*, S. 71.

19. *Naturheilkunde*

Das Blatt vor meinem Munde
hab ich ganz selbstvergessen
zum Nachtisch aufgefressen.
Es brauchte keinen Mut.

Man hat mich einst gelehret:
Nicht etwa zur Erbauung,
von wegen der Verdauung,
da täte solches gut.

Nun harre ich der Wirkung
ganz ohne alles Zagen.
Ich *will* die Lippe wagen,
drückt mich ein enger Hut. (1983)

Chris Hornbogen, *Blatt*, S. 5.

20. Er nahm das Blatt vor den Mund, um seine Blöße zu bedecken. (1985)

André Brie, *Anfang*, S. 30. Auch in ders., *Wahrheit/Anfang*, S. 98.

21. Es war einmal ein Redner, der nahm kein Blatt vor den Mund. (1985)

André Brie, *Anfang*, S. 14. Auch in ders., *Wahrheit/Anfang*, S. 80.

22. Er nahm kein Blatt vor den Mund.
Das brauchte er zum Ablesen. (Vor 1986)

Thomas Trautmann; zitiert aus Ingetraud Skirecki, *Troja*, S. 188.

23. *Zu spät?*

Wir dürfen vor den Mund kein Blatt mehr nehmen,
wenn's um die letzte Rettung uns'rer Wälder geht.
Wenn wir uns heute dazu nicht bequemen,
dann ist es morgen mangels Blättern schon zu spät! (1986)

Karl-Ludwig Bickerle, *Gedankensprünge*, S. 94.

24. Lieber kein Blatt vor dem Mund als ein Brett vor'm Kopf. (1987)

Andreas Bender, *Socken*, o. Seitenz.

25. Wer wie ein Buch redet, nimmt meist kein Blatt vor den Mund. (1988)

Werner Mitsch, *Neue Hin-Sprüche*, S. 77.

26. Die wenigsten Redner nehmen nur ein Blatt vor den Mund. (Vor 1989)

Ralph Grüneberger; zitiert aus Gabriele Berthel, *Kurz*, S. 144.

27. Das Blatt vorm Mund fällt nicht von allein. (1989)

Manfred Strahl, *Ausleg-Ware*, S. 82.

28. Es ist leicht, kein Blatt vor den Mund zu nehmen, wenn man nichts zu sagen hat. (1989)

Manfred Strahl, *Ausleg-Ware*, S. 80.

29. Man kann eine Rede ablesen und doch kein Blatt vor den Mund nehmen. (1990)

Wolfgang Funke, *Wendehals*, S. 106.

30. Wenn der Herbst des Lebens kommt, nimmt man immer häufiger vergilbte Blätter vor den Mund. (1990)

Gerhard Uhlenbruck, *Darum*, S. 22.

31. Der konsequente Ökologe nimmt kein Blatt vor den Mund. (1995)

Wolfgang Eschker, *Mitgift*, S. 84.

32. Hilfeleistung bei Aussageverweigerung: Man nimmt sich ein Blatt vor den Mund. (1995)

Walter Richter, *Aphorismen*, S. 25.

33. Wenn man alt wird, fallen die Blätter, die man bis dahin noch vor den Mund genommen hat. (1996)

Gerhard Uhlenbruck, *Nichtzutreffendes*, S. 41.

BLECH

„Blech reden“

1. Adolf – der Übermensch. Schluckt Gold und redet Blech. (1932)

Arbeiter Illustrierte Zeitung (Berlin 1932); zitiert aus Hans Dollinger, *Lachen streng verboten! Die Geschichte der Deutschen im Spiegel der Karikatur* (München: Südwest-Verlag, 1972), S. 245 (Karikatur von John Heartfield [Pseud. für Helmut Herzfeld]); auch abgedruckt in *New Yorker*, 1. 5. 1995, S. 53.

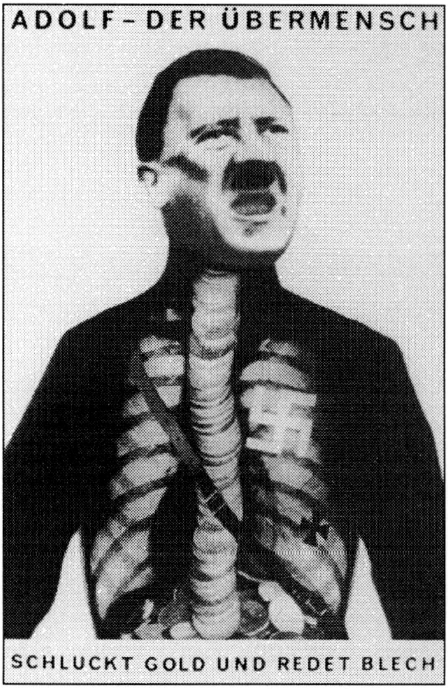

BLECH 1

2. Wer über Stahl diskutiert, der sollte kein Blech reden. (1978)

   Werner Mitsch, *Spinnen*, S. 36.

3. Autoverkäufer reden meist Blech. (1979)

   Gerhard Uhlenbruck, *Einfach*, S. 109.

4. Lieber eisern schweigen als Blech reden. (1989)

   Bild, 3. 3. 1989, S. 2.

5. Es gibt Ärzte, die reden Blech und verdienen Gold. (1991)

   Otto Wicki, *Sentenzen*, S. 24.

6. Wer Blech redet, für den ist Schweigen Gold. (1996)

   Gerhard Uhlenbruck, „Giftpfeile", S. 173.

7. Wenn einer Blech redet, sollte man nicht jedes Wort auf die Goldwaage legen. (1997)

   Gerhard Uhlenbruck, *Widersprüche*, S. 25.

BLUME

„durch die Blume sagen"

1. „Das muß anstrengend gewesen sein früher, als man seine Gefühle 'durch die Blume' ausdrücken mußte! Jetzt sagt man sich's einfach durch Schallplatte." (1936)

   Simplicissimus, Nr. 18/26. 7. 1936, S. 212.

2. Einmal sich durch die Blume sagen lassen, was eine blühende Stadt ist. (1974)

   Schweizer Illustrierte, Nr. 14/1. 4. 1974, S. 77.

3. Wer etwas durch die Blume sagen will, darf keine zu heikle wählen, sonst verwelkt sie, ehe es gesagt ist. (1975)

   Emil Baschnonga, *Blume*, o. Seitenz.

4. Die wahre Liebe sollte man immer durch die blaue Blume sagen. (1977)

   Gerhard Uhlenbruck, *Netz*, S. 103.

5. Gärtner! Sorgt dafür, daß wir ständig durch die Blume reden können. (Vor 1982)

   Bernd-Lutz Lange; zitiert aus Eckart Krumbholz, *Blatt*, S. 81.

6. Was du durch die Blume sagen mußt, sag durch die Schwertlilie. (1982)

André Brie, *Wahrheit*, S. 40. Auch in ders., *Wahrheit/Anfang*, S. 40.

7. Etwas durch die Blume sagen; etwas durch Blumen sagen. (1983)

Günther Cwojdrak, *Namen*, S. 62.

8. Wer etwas durch die Blume sagen will, der nimmt ein Blatt vor den Mund. (1983)

Gerhard Uhlenbruck, *Nächstenhiebe*, S. 39. Auch in ders., *Mensch*, S. 17; und ders., *Body*, S. 36.

9. Wenn wir etwas durch die Blume sagen wollen (sollen), nehmen wir ein Blatt vor den Mund. (1987)

Gerhard Uhlenbruck, *Kaffee*, S. 75. Auch in ders., *Aphorismen/Satz*, S. 19.

10. Lieber aufmüpfig als durch die Blume. (1992)

Beate Kuckertz, *Büro*, o. Seitenz.

11. Durch die Blume reden führt zu Stilblüten. (1995)

Ulrich Erckenbrecht, *Katzenköppe*, S. 20.

BOCK (a)

„den Bock zum Gärtner machen“

1. Es ist ein lächerlicher Irrtum zu glauben, daß ein älterer Ziegenbock nicht einen ganz passablen Gärtner abgeben würde. (1963)

Erwin Chargaff, *Bemerkungen*, S. 98.

2. In der Ehe wird mancher Bock zum Kindergärtner gemacht. (1977)

Gerhard Uhlenbruck, *Netz*, S. 3.

3. Beim Schäferstündchen sollte man nicht den Bock zum Gärtner machen. (1979)

Werner Mitsch, *Fische*, S. 75.

4. Die Gärtnerin ganz glücklich lachte,
als man den Bock zum Gärtner machte. (1981)

Dumme Sprüche für Gescheite 1981: Wandsprüch'-Kalender (Juli). München: Heye, 1981.

5. Wenn die Früchte der Erziehung Früchtchen sind, so liegt es fast immer am Mist der Böcke, die man zu Gärtnern gemacht hat. (1983)

   Sigbert Latzel, *Stichhaltiges*, S. 27.

6. Wenn der Gärtner zum Bock wird. (1986)

   Die Zeit, Nr. 50/12. 12. 1986, S. 7.

7. Wer den Bock zum Gärtner macht, der macht die Logik zur Schnecke. (1988)

   Werner Mitsch, *Neue Hin-Sprüche*, S. 23.

8. Wo der Bock zum Gärtner gemacht wird, hat man einfach keinen Bock mehr. (1989)

   Hans Hunfeld, *Sprichwörtlich*, S. 60.

9. Wenn man den Sündenbock zum Gärtner macht, wächst bald Gras über die verbockte Sache. (1997)

   Gerhard Uhlenbruck, *Widersprüche*, S. 21.

BOCK (b)

„einen Bock schießen"

1. Wenn der Richter einen Bock schießt, schlachtet der Advokat ihn ab. (Vor 1863)

   Friedrich Hebbel, *Werke*, Bd. 4, S. 53.

2. Die größten Böcke werden auf der Jagd nach dem Glück geschossen. (1900)

   Phia Rilke, *Ephemeriden*, S. 33.

3. Geschichte: geschossene Böcke, gezüchtete Sündenböcke. (1982)

   André Brie, *Wahrheit*, S. 68. Auch in ders., *Wahrheit/Anfang*, S. 68.

4. *Finale*

   Hast du, mein Freund, mal einen Bock geschossen,
   sei bitte mehr ermutigt als verdrossen,
   weil niemand mehr von diesem Zeitpunkt an
   das tote Vieh zum Gärtner machen kann. (1986)

   Hansgeorg Stengel, *Waltz*, S. 38.

5. Auch einen Bock sollte man so schießen, daß er sich nicht lange quält. (Vor 1989)

Stefan Tschök; zitiert aus Gabriele Berthel, *Kurz*, S. 112.

6. Hat man einen Bock geschossen, kann keiner ihn mehr zum Gärtner machen. (1990)

Wolfgang Funke, *Wendehals*, S. 60.

7. Den Bock, den man geschossen hat, anderen als Bären aufbinden. (1995)

Wolfgang Eschker, *Mitgift*, S. 53.

8. Bei der Jagd nach dem Glück werden die meisten Böcke geschossen. (1996)

Gerhard Uhlenbruck, „Hirnbissig", S. 460.

BOCK (c)

„(keinen) Bock haben auf etwas"; „null Bock haben"

1. *Abstinenz*: Er hatte keinen Bock darauf, seinem Freund Hörner aufzusetzen. (1982)

Gerhard Uhlenbruck, *Medizinische Aphorismen*, S. 2. Auch in ders., *Nächstenhiebe*, S. 10.

2. Hast Du keinen Bock, versuch's mal mit 'ner Ziege. (1988)

W. P. Küttner, *Stoßstange*, o. Seitenz.

3. Wer mit Ziegen zusammenarbeitet, hat meist keinen Bock. (1992)

Beate Kuckertz, *Büro*, o. Seitenz.

4. Null Bock = No Future! (1994)

Wolfgang Meyer, *Sprüche*, S. 41.

5. *Null-Bock-Generation*

Sie haben
keinen Bock auf:
Schule und Arbeit.

Am liebsten
würden
junge Menschen
ihre Zeit

im Lehnstuhl verbringen
und Rente beziehen. (1995)

Rita Reutter, *Sonnenstrahl*, S. 57.

6. Potenz: Wenn man Null Bock auf Sex hat, ist man eines Tages beim Sex als Bock eine Null! (1996)

   Gerhard Uhlenbruck, *Nichtzutreffendes*, S. 43.

7. Eifersucht: Man hat keinen Bock drauf, daß einem Hörner aufgesetzt werden! (1997)

   Gerhard Uhlenbruck, „Hirnbissig", S. 460.

8. Manche Menschen haben eine Kutscher-Mentalität: Sie sitzen auf dem Bock, den sie nicht haben, und spannen andere für sich ein. (1997)

   Gerhard Uhlenbruck, *Widersprüche*, S. 38.

BODEN

„den Boden unter den Füßen verlieren"

1. Wer nicht den Boden unter den Füßen verlieren kann, kann nie in den siebten Himmel kommen. (1977)

   Guido Hildebrandt, *Hohn*, S. 19.

2. kein wunder, daß die frau den boden unter den füßen verliert, wenn sie sich auf händen tragen läßt. (1979)

   Volker Erhardt, *Kannibale*, S. 23.

3. Er verlor oft den Boden unter den Füssen.
   Aber nie den Himmel über dem Kopf. (1984)

   Hans Leopold Davi, *Neue Distel*, S. 63.

4. Man kann auch den doppelten Boden unter den Füßen verlieren. (Vor 1989)

   Klaus Bernhardt; zitiert aus Gabriele Berthel, *Kurz*, S. 137.

5. Wer den Boden unter den Füßen verliert, hängt in der Luft. (1991)

   Gerhard Uhlenbruck; zitiert aus Hella Krahmann u. G. Uhlenbruck, *Bewegungstherapie*, S. 16.

6. Als man ihm den Boden unter den Füssen wegzog, lernte er fliegen. (1995)

   Hans Leopold Davi, *Wortwirbel*, S. 72.

7. Er stand kopf, nachdem er den Boden unter den Füßen verloren hatte. (1995)

Walter Richter, *Geige*, S. 15.

8. Manche Menschen haben keinen Halt mehr, weil sie den Boden unter den Füßen verloren haben – die Standhaftigkeit fällt dann schwer. (1996)

Gerhard Uhlenbruck, *Nichtzutreffendes*, S. 12.

9. Bei hochfliegenden Plänen darf man nicht abheben, sonst verliert man den Boden unter den Füßen. (1997)

Gerhard Uhlenbruck, *Widersprüche*, S. 120.

10. Wenn man angehimmelt wird, verliert man den Boden unter den Füßen und schwebt über den Wolken. (1997)

Gerhard Uhlenbruck, *Widersprüche*, S. 56.

BOOT

„im gleichen (selben) Boot mit jemandem sitzen“

1. Wir sitzen alle im gleichen Zug
und reisen quer durch die Zeit.
Wir sehen hinaus. Wir sahen genug.
Wir fahren alle im gleichen Zug.
Und keiner weiß, wie weit. (1932)

Erich Kästner, *Gedichte*, Bd. 1, S. 259.

2. „Wir sitzen im selben Boot, mein Alter; da kann man nicht so klanglos aussteigen und Schluß machen.“ (1959)

Siegfried Lenz, *Brot*, S. 83.

3. „Nicht schon wieder streiten, bitte. Wir sitzen alle im selben Rolls. Essen alle vom selben Ferkel, zum Wohl.“ (1966)

Martin Walser, *Einhorn*, S. 197.

4. aus seiner kabine tretend, beschwichtigt perikles die meuternden sklaven der galeere:
wir sitzen doch alle im selben boot. (1971)

Manfred Bosch, *Mordio*, o. Seitenz.

5. [...] außerdem könne man heute nicht mehr aussteigen aus dem System, wieso, ist „das System" ein Boot auf hoher See, wir sitzen alle in einem Boot, und es gibt keine Rettungsboote, und es gibt keine Inseln, denn selbst auf dem Mond werde man inzwischen Coca-Cola-Flaschen finden, [...]. (1973)

Karin Struck, *Klassenliebe*, S. 122.

6. *Konzertierte Aktion*

Wir sitzen alle in einem Boot.
Solange wir am Ruder sind,
sind der gesamten Besatzung
die Hände gebunden. (Vor 1975)

Fitz Kusz; zitiert aus Manfred Bosch, *Epigramme*, S. 72.

7. Wir sitzen alle im gleichen Kot. (1977)

Heinrich Schröter, *Lust*, S. 27. Auch in Bernd Thomsen, *Pissen*, o. Seitenz.; ders., *Polit*, o. Seitenz; und H. Schröter, *Worte*, 2. Aufl., S. 63.

8. *Im gleichen Boot*

Wir sitzen alle im gleichen Boot, einige Maler und Dichter mit ihren Frauen und ein Ruderer, der freilich steht und rudert, und wir wiegen uns im Rhythmus der sanften Stöße des kräftigen Ruderers und witzeln über seine Arbeit. (1978)

Arnfrid Astel, *Rechtsstaat*, S. 379.

9. *Der gewohnte Kurs*

Wir sitzen alle
im selben Boot.
Nur:
Die einen legen sich in die Riemen,
die anderen ans Steuer. (1978)

Oskar Cöster, „Schüsse", S. 132. Auch in ders., „Maulschellen", S. 170* f.; und ders., *Kämpfe*, S. 16.

10. Wir sitzen alle in einem Boot, sagen die Politiker, wenn sie ans Ruder kommen wollen. (1978)

Werner Mitsch, *Spinnen*, S. 48. Auch in ders., *Hin und Wider*, S. 7.

11. die unternehmer haben doch recht:
wir sitzen alle in einem boot.
aber es ist eine galeere. (1979)

Volker Erhardt, *Kannibale*, S. 36.

12. Wenn man das Steuer in der Hand hat, spricht man davon, daß man gemeinsam in einem Boot sitzt. (1979)

Gerhard Uhlenbruck, *Einfach*, S. 110.

13. Wer proklamiert, daß – gegenüber anderen – hier alle in *einem Boot* zu sitzen hätten, verschweigt, daß es auch Menschen gibt, die schwimmen können. (1979)

Klaus Sochatzy, *Adnotationen*, S. 43.

14. Sitzt man im selben Boot, küßt man den Teufel in der Not. (1980)

Gerhard Uhlenbruck, *Frust-Rationen*, S. 68.

15. Er hängt seine Jacke immer dicht an die meine. So, als wollte er sagen: wir sitzen beide im selben Boot. (1982)

Werner Mitsch, *Bienen*, S. 59.

16. Wir sitzen alle in einem Boot, nur die einen angeln, und wir rudern. (1982)

Torsten Capelle, *Dativ*, S. 31. Auch in Hans Gamber, *Graffiti*, o. Seitenz.; Eduard Moriz, *Nimm's leicht*, o. Seitenz.; Claudia Glismann, *Schüler*, o. Seitenz.; und Christian Roman, *Lieber*, o. Seitenz.

17. Diejenigen, die immer wieder klagen, daß unser Boot sinkt, wissen nicht, daß wir schon längst in einem U-Boot sitzen. (1983)

Žarko Petan, *Sintflut*, S. 31.

18. Wir sitzen alle im geistigen Rollstuhl. (1983)

Josef Meier O'Mayr, *Weisheiten*, S. 105.

19. *Erfolgsdeutsch*

Wir schwimmen alle
Wir schwimmen alle im selben Boot
Wir schwimmen alle im selben Boot,
  soweit wir drin sitzen
Wir schwimmen alle im selben Boot.
  soweit wir drin sitzen, bis es kentert
Wir schwimmen alle im selben Boot
– aber wohin? (1984)

Heinrich Waegner, *Deutsch*, S. 47.

20. Wir sitzen alle in einem Topf. (Alte Hühnerweisheit). (1984)

Werner Mitsch, *Grund*, S. 109.

21. Wir sitzen alle in ein und demselben Kot. (1984)

Claudia Glismann, *Edel*, o. Seitenz.

22. „Schließlich sitzen wir doch im selben Boot", sagt der Kapitän zum Maschinisten. Umgekehrt habe ich diesen Satz noch nicht gehört. (1985)

Hermann Funke, *Worte*, S. 42.

23. *in einem boot*

wir sitzen doch alle
in einem boot
klopft mir des öfteren
einer auf die schulter

aye aye käpt'n
habe ich dann zu antworten. (1987)

Manfred Hausin, *Verboten*, S. 141.

24. Diejenigen, die immer davon reden, daß wir doch alle in einem Boot sitzen, sind meist diejenigen, die sich rudern lassen. (Vor 1988)

Helmut Ruge; zitiert aus Winfried Maaß, *Worte*, S. 40.

25. Dafür, daß wir alle in einem Boot sitzen, müssen wir aber ganz schön rudern. (Vor 1989)

Lutz Häschel; zitiert aus Gabriele Berthel, *Kurz*, S. 193.

26. Nach dem Schiffbruch sitzen wir im selben Boot. (Vor 1989)

Peter Gruber; zitiert aus Gabriele Berthel, *Kurz*, S. 195.

27. „Ihr seid nun schon lange genug im gleichen Boot gesessen, doch jetzt ist es voll", sagte der Steuermann zu missliebigen Passagieren und stiess sie über Bord. (1994)

Felix Renner, *Worte*, S. 50.

28. Wir sitzen nicht alle in einem Boot.
Ordnung muss sein! (1994)

Felix Renner, *Worte*, S. 50.

29. Als er endlich ans Ruder kam, merkte er: ich sitze im falschen Boot. (1995)

Hans Leopold Davi, *Wortwirbel*, S. 53.

30. Wir alle sitzen im selben Boot. Aber nicht alle auf demselben Samtkissen. (1995)

Hans Leopold Davi, *Wortwirbel*, S. 7.

31. Wir saßen zwar im selben Boot, aber er hat gerudert. (1995)

Wolfgang Eschker, *Mitgift*, S. 132.

32. Wir sitzen alle *vor* demselben Boot. (1995)

Ulrich Erckenbrecht, *Katzenköppe*, S. 14.

33. *In der Krise*

Wir sitzen alle
im selben Boot!
sagte der Chef auf der
Weihnachtsfeier.

Stimmt! murmelte
der kleine Angestellte.
Aber leck ist leck. (1996)

Dieter Höss, *Weihnacht*, S. 53.

34. Wenn man schon im falschen Boot sitzt, sollte man dafür sorgen, daß man ans Ruder kommt – welches steuert. (1996)

Gerhard Uhlenbruck, *Nichtzutreffendes*, S. 77.

BREI

„(wie eine Katze) um den heißen Brei herumgehen"

1. Die Sprache geht sammetpfotig um den Brei, der nicht so heiß gegessen wird. (1933)

Karl Kraus, *Walpurgisnacht*, S. 93.

2. Manche Sehnsucht geht um den heißen Brei, auch wenn dieser schon kalt ist, immer in der Furcht, sich zu verbrennen. Aber nur Geduld! Die Hitze ist längst übergesprungen und verzehrt die Sehnsucht von innen. (1960)

Martin Kessel, *Gegengabe*, S. 175.

3. Wer immer um den heißen Brei herumgeht, lernt heißen Brei nie kennen! (1967)

Rudolf Rolfs, *Schlag*, S. 134.

4. Polonaise um den heißen Brei. (1976)

   Die Zeit, Nr. 9/27. 2. 1976, S. 1.

5. Diplomaten-Dialog: ein heißer Brei umschleicht den anderen. (1978)

   Hanns-Hermann Kersten, *Euphorismen*, S. 14.

6. *Appell*

   Bleib nicht stumm am Wegrand stehn.
   Kämpf mit Kopf und Tatzen!
   Um den heißen Brei zu gehn
   schickt sich nur für Katzen. (1980)

   Hansgeorg Stengel, *Stengelsgeduld*, S. 28.

7. Stehempfang: Bei kaltem Braten um den heißen Brei herumreden. (1982)

   Werner Mitsch, *Bienen*, S. 108.

8. Lieber um den heißen Brei schleichen als 'nen Eiertanz vollführen. (1986)

   Bernd Thomsen, *Neue Büro-Sprüche*, o. Seitenz. Auch in Beate Kuckertz, *Büro*, o. Seitenz.

9. Mancher Brei wird nicht so heiß gegessen, wenn man um ihn lange genug herumgeht. (1987)

   Gerhard Uhlenbruck, *Kaffee*, S. 93.

BRETT

„ein Brett vor dem Kopf haben"

1. Jeder Mensch hat ein Brett vor dem Kopf – es kommt nur auf die Entfernung an. (Um 1880; vgl. Nr. 79)

   Marie von Ebner-Eschenbach, *Werke*, Bd. 9, S. 68. Auch in Ralf Bülow, *Phantasie*, o. Seitenz.

2. Auch die Bretter, die mancher vor dem Kopf trägt, können die Welt bedeuten. (Vor 1963)

   Werner Finck; zitiert aus Agnes Emrich, *Zitatenlexikon*, S. 81.

3. Wir unterscheiden uns ein wenig auch durch die Art des Holzes, woraus die Bretter vor unserem Kopfe sind. (1970)

   Hans Kudszus, *Jaworte*, S. 91.

4. H. trug das Brett vor seinem Kopf mit solcher Selbstverständlichkeit, als sei er damit auf die Welt gekommen. (1971)

Eugen Gürster, *Narrheiten*, S. 75.

5. Das ist der Krieg. Daß wir angefangen haben: zugegeben. Auch daß die meisten hier ein Brett vorm Kopf hatten, vollkommen vernagelt waren mit ihrem Adolf. (1976)

Christa Wolf, *Kindheitsmuster*, S. 331.

6. Auf der Suche nach einer Frau haben viele Männer ein Wasch- oder Bügelbrett vor dem Kopf. (1977)

Gerhard Uhlenbruck, *Netz*, S. 17.

7. Beiliegend sende ich Dir das Brett, das ich kürzlich vor dem Kopf hatte! (1977)

Grußkarte von der Firma Susy Card, gekauft 1977 in Lübeck.

BRETT 7

8. Mit einem Brett vor dem Kopf kommt man viel leichter durch die Wand. (1977)

Gerhard Uhlenbruck, *Netz*, S. 127.

9. *privates*

das brett
vor dem kopf
meines nachbarn
ist mir schon lange
ein dorn im auge. (1977)

Jürg Moser, *Randbemerkungen*, S. 10.

10. Aach der hat e Brett vorm Kopp
awwer aans mit Gucklecher drin. (1978)

Kurt Sigel, *Gegenreden*, S. 46.

11. „Das ist ein Kerbholz, was?" pries der Abgeordnete die Qualität des Brettes vor seinem Kopf. (1978)

Winfried Thomsen, *Modell*, S. 26.

12. Der Psychiater sagte: „Sie sollten Ihr Gehirn jeden Morgen von dem reinigen, was es am Tage zuvor gegessen hat." Ich entwand ihm die Bürste und nagelte mir ein Brett vor den Kopf. (1978)

Ben Witter, *Nebbich*, S. 38.

13. [Ein Brett vor dem Kopf haben] ... aus Eichenholz mit Schwertern. (1978)

Der Spiegel, Nr. 2/9. 1. 1978, S. 48.

14. Fanatiker wollen mit dem Kopf durch das Brett, das sie vor ihm haben. (1978)

Wolfram Weidner u. Karl Schwarzer, *Vormerk*, o. Seitenz.

15. *Feuilleton:*

Blatt vorm Kopf. (1978)

Arnfrid Astel, *Rechtsstaat*, S. 10.

16. manche leute haben ein bett vorm kopf. (1978)

Harald Hauser, „Einfälle", S. 172.

17. Manche Menschen sind so engstirnig, daß man sich wundern muß wie das Brett, das sie vor dem Kopf haben, eigentlich hält. (1978)

Werner Mitsch, *Spinnen*, S. 51.

18. Wer ein Brett vor dem Kopf hat, ist nicht ganz astrein. (1978)

Werner Mitsch, *Spinnen*, S. 45 u. 93. Auch in ders., *Wal*, o. Seitenz.

19. Wer verliebt ist, sieht zwar das Holz vor dem Haus, aber nicht das Brett vor dem Kopf. (1978)

Werner Mitsch, *Spinnen*, S. 27. Auch in ders., *Neue Hin-Sprüche*, S. 120.

20. Eines Tages hat auch der Gescheiteste ein Brett vor dem Kopf: den Sargdekkel. (1979)

Gerhard Uhlenbruck, *Einfach*, S. 36.

21. Für manchen zählt das Brett vorm Kopf zu den Brettern, die die Welt bedeuten. (1979)

Klaus Lettke, *Achilles*, S. 21.

22. Viele Wissenschaftler haben ein Brett vor dem Kopf, und zwar das Trittbrett, auf dem sie mitfahren möchten. (1979)

Gerhard Uhlenbruck, *Einfach*, S. 6.

23. Wintersportmode: das Schneebrett vor dem Kopf. (1979)

Werner Schneyder, *Schlagkraft*, S. 95.

24. Der „Lebensart" entsprach das Brett, dem „Lebensstandard" entspricht die Wohnwand vor dem Kopf. (1980)

Felix Renner, *Schwalben*, S. 27.

25. Viele Ehemänner haben ein Seitensprungbrett vor dem Kopf. (1980)

Gerhard Uhlenbruck, *Frust-Rationen*, S. 22.

26. Wer ein Brett vor dem Kopf hat, nimmt leider selten ein Blatt vor den Mund. (1980)

Wolfgang Tilgner; zitiert aus André Brie et al., *Weisheit*, S. 135.

27. Die Entfernung zwischen Brett und Kopf nennen sie Horizont. (1981)

Werner Mitsch, *Hunde*, S. 24.

28. Die Windschutzscheibe. Das Brett vor dem Kopf ist durchsichtig geworden. (1981)

Werner Mitsch, *Hunde*, S. 6.

29. Hat einer ein „schönes“ Brett vor dem Kopf, so verlange er wenigstens keine importierten Holzwürmer. (1981)

Jupp Müller, *Gespitzt*, S. 88.

30. Lieber einen Stein in der Hand als ein Brett vorm Kopf. (1981)

Burkhard Scherer, Udo Schewietzek u. Helmut Schmid, *Spruch*, S. 106.

31. Wer Scheuklappen trägt, hat meistens auch ein Brett vor dem Kopf. (1981)

Jürg Moser, „Winke“, S. 15.

32. Aus dem Brett vor dem Kopf eine Waffe machen! (1982)

Die Zeit, Nr. 1/8. 1. 1982, S. 23. Auch in Willi Hau, *Kaputt*, o. Seitenz.; Christian Roman, *Lieber*, o. Seitenz.; und Bernd Thomsen, *Polit*, o. Seitenz.

33. Damals im alten Rom, als das Brett vor dem Kopf noch aus Marmor war. (1982)

Werner Mitsch, *Bienen*, S. 9.

34. Das Brett vor dem Kopf ist gelegentlich auch nur eine Maske. (1982)

André Brie, *Wahrheit*, S. 65. Auch in ders., *Wahrheit/Anfang*, S. 64.

35. Ein Brett vor der Stirn schont das Gehirn. (1982)

René Hildbrand, *Arbeit*, S. 51.

36. Eine Karriere zimmert man sich am besten aus den Brettern, die andere vor dem Kopf haben. (1982)

Peter Maiwald; zitiert aus *Nebelspalter*, Nr. 42/19. 10. 1982, S. 8. Auch als anonyme Aussage in Richard Mahkorn, *Büro*, o. Seitenz.; und Beate Kuckertz, *Büro*, o. Seitenz.

37. Lieber ein Brett vor dem Kopf, als gar keinen Schatten. (1982)

Werner Mitsch, *Bienen*, S. 118. Auch in ders., *Wal*, o. Seitenz.

38. Wo ein Kopf ist, ist meistens auch ein Brett! (1982)

René Hildbrand, *Arbeit*, S. 87. Auch in Richard Mahkorn, *Büro*, o. Seitenz.; Elisabeth Blay, *Tropfen*, o. Seitenz.; Beate Steinmeyer, *Schoß*, o. Seitenz.; und Beate Kuckertz, *Büro*, o. Seitenz.

39. Auf dem Brett vor seinem Kopfe stand in großen Lettern „Spezialist“. (1983)

Werner Mitsch, *Schwarze*, S. 98.

40. Beim Kegeln darf einer kein Brett vor dem Kopf haben. Gut Holz, trotzdem! (1983)

Werner Mitsch, *Schwarze*, S. 21.

41. Besser ein Brett vor dem Kopf als keines unter den Füßen. (1983)

Morgenpost, 10. 1. 1983, o. Seitenz.

42. Das Brett vorm Kopf ist oft ein altes Möbel, und man ist stolz darauf, es einem andren vor der Nase weggeschnappt zu haben. (1983)

Peter Tille, *Sommersprossen*, S. 124.

43. Ein alter Lehrer, dem übel mitgespielt worden ist, sagte mir einmal: Die Jurisprudenz hat keine Binde vor den Augen, sondern ein Brett vor dem Hirn. (1983)

Josef Meier O’Mayr, *Weisheiten*, S. 145.

44. Er hat ein derartiges Brett vorm Kopf, man könnte seinen Sarg draus zimmern. (1983)

Peter Tille, *Sommersprossen*, S. 97.

45. Manche Leute haben ein Brett vorm Kopf, das ihnen die Welt bedeutet. (1983)

Winfried Bornemann, *Blödel*, o. Seitenz. Auch in Christian Roman, *Big Mäc*, o. Seitenz.

46. Mit einem Brett vor dem Kopf kommt man leichter in den zweiten Frühling. (1983)

Werner Mitsch, *Schwarze*, S. 34.

47. *Randbemerkung*

Die Politiker der Gegenwart tragen die Bretter, welche die Welt bedeuten, direkt vor dem Kopf. (1983)

Nebelspalter, Nr. 15/12. 4. 1983, S. 32.

48. Vielfach ist ein präziser Begriff nichts anderes als ein präzises Brett vor dem Kopf. (1983)

Felix Renner, „Aphorismen“, S. 60.

49. Wenn wir mit einem Brett vor dem Kopf aufeinander losgehen, gibt es ein klapperndes Geräusch, aber keinen Dialog. (1983)

Helmut Kohl; zitiert aus Roland Michael, *Treffend*, S. 35.

50. Alle die, die angeblich wissen, „wo es lang zu gehen hat", halten ihr Brett vor dem Kopf für einen Wegweiser. (1984)

Klaus Sochatzy, *Widerworte*, S. 27.

51. Das Brett vorm Kopf:
Sprungbrett in die Karriere. (1984)

Ralf Bülow, *Graffiti*, o. Seitenz.

52. Ein Astloch im Brett vor dem Kopf erweitert den Horizont um ein Vielfaches. (1984)

Werner Mitsch, *Grund*, S. 19.

53. *Holzwege*

werden aus Brettern gezimmert,
die wir vor dem Kopfe haben. (1984)

Ron Kritzfeld, *Flexikon*, Bd. 9, S. 15.

54. Lieber eine Brille auf der Nase als ein Brett vor dem Kopf. (1984)

Claudia Glismann, *Schüler*, o. Seitenz. Auch in Renato Biscioni, *Kindersprüche*, S. 93.

55. Lieber 'ne Latte in der Hose als 'n Brett vorm Kopf. (1984)

Claudia Glismann, *Edel*, o. Seitenz. Auch in Bernd Thomsen, *Haste*, o. Seitenz.; Eduard Moriz, *Beziehungskiste*, o. Seitenz.; und Wolf Henschelsberg, *Tipp-Ex*, o. Seitenz.

56. 'n Brett vor'n Kopp macht noch keenen Tischler. (1984)

Luise Lemke, *Besser jut*, S. 43.

57. Besser ein Brett [Schachbrett] vor dem Bauch als ein Brett vor dem Kopf. (1985)

Bild, 26. 2. 1985, S. 3.

58. Dem Kleinbürger bedeutet das Brett vor dem Kopf die Welt. (1985)

André Brie, *Anfang*, S. 22. Auch in ders., *Wahrheit/Anfang*, S. 88.

59. Der geistige Horizont ist der Abstand zwischen Brett und Hirn. (1985)

Carola Jührs, *Matsch*, o. Seitenz.

60. Dogmatiker sind erst zufriedengestellt, wenn auf dem Brett vor ihrem Kopf eine Losung steht. (1985)

André Brie, *Anfang*, S. 34. Auch in ders., *Wahrheit/Anfang*, S. 100.

61. Ich teste Englisch und nicht die Dicke der Bretter vor Euren Köpfen. (1985)

Christian Roman, *Reden*, o. Seitenz.

62. Lieber ein Brett vor dem Kopf, als im Dunkeln tappen. (1985)

Richard Mahkorn, *Büro*, o. Seitenz. Auch in Beate Kuckertz, *Büro*, o. Seitenz.

63. Mit einem Brett vor dem Kopf sollte man nicht offene Türen einrennen. (1985)

Gerhard Uhlenbruck, *Eigenliebe*, S. 25.

64. In dem Brett vor dem Kopf kann man auch Astlöcher finden. (Vor 1986)

Thomas Trautmann; zitiert aus Ingetraud Skirecki, *Troja*, S. 191.

65. Wieder zerschlug sich eine gute Idee an den Brettern vorm Kopf. (Vor 1986)

Reinhard Gundelach; zitiert aus Ingetraud Skirecki, *Troja*, S. 40.

66. Von wegen Brett:
Honecker hat 'ne Mauer vor'm Kopp! (1986)

Eduard Moriz, *Sauweich*, o. Seitenz.

67. Wenn man schon ein Brett vor dem Kopf hat, dann sollte man doch wenigstens durch die Astlöcher sehen. (1986)

Karl-Ludwig Bickerle, *Gedankensprünge*, S. 70.

68. Wer schon ein Brett vorm Kopf hat, sollte auf gar keinen Fall ein Blatt vor den Mund nehmen. (1986)

Christian Roman, *Big Mäc*, o. Seitenz.

69. Ein Brett vorm Kopf wird auch dadurch nicht kleidsamer, daß es die Gestalt eines Kreuzes bekommt. (1988)

Hans Norbert Janowski, *Kürze*, S. 74.

70. Ist das Brett vorm Kopf zu breit,
gibt es im Gedränge Streit. (1988)

Claudia Glismann, *Schäferstündchen*, o. Seitenz. Auch in Beate Kuckertz, *Büro*, o. Seitenz.

71. Das Brett weg vom Kopf und zwischen die beiden Stühle gelegt! (Vor 1989)

Stefan Tschök; zitiert aus Gabriele Berthel, *Kurz*, S. 14.

72. Der ein Brett vorm Kopf hat, kann der Welt leicht die Stirn bieten. (Vor 1989)

Günter Hartmann; zitiert aus Gabriele Berthel, *Kurz*, S. 36.

73. Mancher hat auch ein Bücherbrett vor dem Kopf. (Vor 1989)

Olaf Trunschke; zitiert aus Gabriele Berthel, *Kurz*, S. 71.

74. Was nützt dir der Stein im Brett vor seinem Kopf? (Vor 1989)

Ronald Jannasch; zitiert aus Gabriele Berthel, *Kurz*, S. 148.

75. Die Mauer hat Löcher, aber die Bretter vorm Kopf bleiben! (1990)

Ewald Lang, *Wendehals*, S. 144.

76. Wenn man den Blick nicht hebt, wird die Schreibtischplatte zum Brett vorm Kopf. (1992)

Manfred Strahl, *Hiebe*, S. 45.

77. Bei Beziehungskisten ist man oft wie vernagelt und hat ein Brett vor dem Kopf! (1994)

Gerhard Uhlenbruck, „Homöopathie“, S. 536. Auch in ders., *Nichtzutreffendes*, S. 61.

78. „Die Bretter vor meinem Kopf hätte ich beseitigt“, meint ein Einsichtiger, „doch was mach ich bloss mit den heimtückischen Staubpartikeln auf meinen Brillengläsern?“ (1994)

Felix Renner, *Worte*, S. 28.

79. Marie von Ebner-Eschenbach, neu gelesen. – „Jeder Mensch hat ein Brett vor dem Kopf, es kommt nur auf die Entfernung an.“ Jedoch der Doppelsinn des Wortes ‚Entfernung‘ läßt hoffen. (1995; vgl. Nr. 1)

Ulrich Erckenbrecht, *Katzenköppe*, S. 89.

80. Scheuklappen sind die Voraussetzung dafür, daß die Leute schließlich auch noch ein Brett vor dem Kopf haben. (1997)

Gerhard Uhlenbruck, *Widersprüche*, S. 40.

81. Wenn man ein Brett vor dem Kopf hat, ist es schwer selbst offene Türen einzurennen. (1997)

Gerhard Uhlenbruck, *Widersprüche*, S. 69.

BRILLE

„alles durch eine (rosa)rote Brille sehen"

1. In die Sonne kannst du nur durch schwarze Brillen schauen, in den Tod durch rosige. (Vor 1950)

   Erwin Chargaff, *Bemerkungen*, S. 10.

2. Eltern sehen ihre Kinder durch eine rosarote Brille, Kinder ihre Eltern oft durch eine rote Brille. (1979)

   Gerhard Uhlenbruck, *Einfach*, S. 12.

3. Optimisten betrachten auch rote Zahlen noch durch eine rosarote Brille. (1980)

   Gerhard Uhlenbruck, *Frust-Rationen*, S. 82.

4. Wenn er blau war, sah er die Welt durch eine rosa Brille. (1980)

   Gerhard Uhlenbruck, *Frust-Rationen*, S. 71.

5. Wer nur durch die rosarote Brille schaut, wird blind. (1982)

   André Brie, *Wahrheit*, S. 66. Auch in ders., *Wahrheit/Anfang*, S. 66.

6. Nichts ist undeutlicher als die rosarote Brille. (1994)

   Walter Drechsel-Ritschel, *Gedankensplitter*, S. 13.

7. Der Blauäugige sieht die Welt durch eine rosa Brille. (1997)

   Gerhard Uhlenbruck, *Widersprüche*, S. 101.

BUSEN

„am Busen der Natur (ruhen)"

1. Den Busen der Natur sollte man nicht am Nabel der Welt suchen. (1979)

   Werner Mitsch, *Fische*, S. 73.

2. Wer den Busen der Natur sucht, muß heutzutage bis zum Arsch der Welt fahren. (1979)

   Werner Mitsch, *Fische*, S. 48.

3. Alle reden vom Busen der Natur. Von ihrem weichen Himbeerschoß spricht keiner. (1980)

Werner Mitsch, *Pferde*, S. 80.

4. Der Mensch von heute hängt zuviel am Telefon statt am Busen der Natur! (1982)

René Hildbrand, *Arbeit*, S. 8 f.

5. Lieber am Busen der Natur als am Arsch der Welt. (1983)

Eduard Moriz, *Nimm's leicht*, o. Seitenz. Auch in Karl Heinz Rauchberger u. Ulf Harten, *Club*, S. 18; *Die Weltwoche*, Nr. 17/26. 4. 1984, S. 55; Claudia Glismann, *Edel*, o. Seitenz.; und Andreas Bender, *Socken*, o. Seitenz.

BUSEN 5

CANOSSA

„nach Canossa gehen müssen"; „den Gang nach Canossa antreten"

1. Nach Kanossa gehen wir nicht, dafür aber nach Byzanz alle Tage. Auf die Länge wird das auch langweilig. (1877)

   Wilhelm Raabe; zitiert aus Karl Hoppe, „Aphorismen", S. 115.

2. Sohn, geh nach Canossa du,
   Ich bin schon zu alt dazu. (1880)

   Bismarck-Album des Kladderadatsch. Mit dreihundert Zeichnungen von Wilhelm Scholz. Ohne Hrsg. Berlin: A. Hofmann, 1890, S. 122.

«Also meinetwegen, ich bin bereit, den Breschnew zu empfangen!»

CANOSSA 5

3. Er fuhr nach Canossa – um dort zu bleiben. (1970)

   Wiesław Brudzinski, *Katz*, S. 42.

4. X legte den Weg nach Canossa in neuer Rekordzeit zurück. (1974)

   Wiesław Brudzinski; zitiert aus Antoni Marianowicz u. Ryszard Marek Gronski, *Denkspiele*, S. 76.

5. Ich kenne Leute, die zum Wochenende nach Canossa gehen. (1979)

   Žarko Petan, *Kopf*, S. 42.

6. Willkommen in Canossa. (1981)

   Nebelspalter, Nr. 12/24. 3. 1981, S. 7.

7. Urlaub in der Hochsaison?
   Müßiggang nach Canossa! (1987)

   Wolfgang Mocker, *Canossa*, S. 50.

8. Der Biergang nach Canossa: eine bayerische Starkbierballade. (1988)

   Hanns Fritz, *Der Biergang nach Canossa: eine bayerische Starkbierballade*. München: Baumgartner, 1988.

9. Der Weg nach Canossa war mit Vorurteilen gepflastert. (1990)

   Hans-Horst Skupy; zitiert aus Gerhard Uhlenbruck et al., *Kranker*, 3. Aufl., S. 111.

DACH (a)

„ein (kein) Dach über dem (überm) Kopf haben"

1. Am Wachstum hindert den Menschen oft das eigene Dach überm Kopf. (Vor 1966)

   Stanisław Jerzy Lec, *Letzte Gedanken*, S. 9. Auch in ders., *Buch*, S. 40.

2. Wer ein Dach über dem Kopf hat, sieht nicht mehr den Himmel über sich. (1970)

   Hans Kudszus, *Jaworte*, S. 42.

3. *situationskomik*

   ein fremdes dach
   über dem kopf
   und die füße
   unter einem fremden tisch

stelle ich
das besitzanzeigende fürwort
der ersten person
vor die hypothek
und die raten. (1977)

Jürg Moser, *Randbemerkungen*, S. 27.

4. Das Dach über dem Kopf ist uns wichtiger als der gestirnte Himmel über uns. (1979)

   Klaus Sochatzy, *Adnotationen*, S. 22.

5. Lieber ein Dach *über* als ein Brett *vor* dem Kopf. (1980)

   Werner Mitsch, *Pferde*, S. 177. Auch in ders., *Wal*, o. Seitenz.

6. *Das Leben*

   Ein Dach über dem Kopf,
   das Brett vor dem Kopf
   und der Holzweg unter den Füßen,
   sie geleiten uns sicher zu den sechs Brettern. (1981)

   Ron Kritzfeld, *Flexikon*, Bd. 8, S. 18.

7. *Das Dach überm Kopf*

   Immer auf der Suche
   nach dem Dach überm Kopf
   – ein Eingang, eine Treppe,
   einige Räume –
   aber gibt es das?
   Vielleicht gibt es das nicht,
   vielleicht gibt es tatsächlich
   nur das Dach unserer Träume. (1983)

   Walter Helmut Fritz, *Werkzeuge*, S. 22. Auch in ders., *Gedichte*, S. 72.

8. Ein allzu frühes Dach überm Kopf verhindert das Aufstocken. (1984)

   Hans Leopold Davi, *Neue Distel*, S. 31.

9. Das Angenehme am Gefängnis ist, daß man ein Dach über dem Kopf hat. (1991)

   Ulrich Erckenbrecht, *Maximen*, S. 108.

DACH (b)

„Einem aufs Dach steigen"

1. *Mietvertrag*

   Aufs Dach steigt mir keiner
   hier bin ich Herr im Haus. (Vor 1975)

   Fitz Kusz; zitiert aus Manfred Bosch, *Epigramme*, S. 11.

2. *Schornsteinfeger*

   Steigt fortwährend anderen aufs Dach und wird dafür auch noch bezahlt. (1975)

   Ron Kritzfeld, *Flexikon*, Bd. 2, S. 28.

3. „Ich trinke Jägermeister, weil alle Männer wollen, daß ich ihnen aufs Dach steige." (1976)

   Der Spiegel, Nr. 9/23. 2. 1976, S. 136.

4. Je höher die Paläste werden, desto schwerer kann man den Verantwortlichen aufs Dach steigen. (1978)

   Eberhard zur Nieden, „Schüsse", S. 100.

5. Die jemanden [*sic*] auf's Dach steigen sind nur ganz selten Dachdecker. (1990)

   Wolfgang Funke, *Wendehals*, S. 106.

DAMOKLESSCHWERT

„ein Damoklesschwert über sich hängen haben"

1. *Kleiner Rat für Damokles*

   Schau prüfend deckenwärts!
   Die Nähe des möglichen Schadens
   liegt nicht in der Schärfe des Schwerts,
   vielmehr in der Dünne des Fadens. (1929)

   Erich Kästner, *Gedichte*, Bd. 1, S. 322.

2. *Das Schwert des Damokles*

Am seid'nen Faden hing ein Schwert,
Sich auf mein Haupt zu laden.
Glaubt ihr, daß mich das Schwert gestört?
Mich schreckte nur der Faden. (1941)

Werner Finck, *Narr*, S. 164.

3. Die Apokalypse ein Damoklesschwert. Die Gläubigen warten nur auf den Fall. (1965)

Heinrich Wiesner, *Lakonische Zeilen*, S. 22.

4. Über dem Bett der Politiker schwebt ein Demoskopie-Schwert. (1979)

Gerhard Uhlenbruck, *Einfach*, S. 97.

5. Damokles-Hammer. (1980)

Der Spiegel, Nr. 35/25. 8. 1980, S. 93.

6. An das Damoklesschwert über dem Haupt kann man sich so gewöhnen, daß man, hört es auf zu kreisen, nach dem Reparateur ruft. (1980)

Sigmar Schollak; zitiert aus André Brie et al., *Weisheit*, S. 59.

7. Jetzt sind die Ärzte Verkäufer von Damoklesschwertern geworden. (1980)

Erwin Chargaff, *Bemerkungen*, S. 168.

8. Man kann wirklich mit dem Damoklesschwert leben, darf sich nur nicht damit abfinden. (Vor 1986)

Wolfgang Paulick; zitiert aus Ingetraud Skirecki, *Troja*, S. 99.

9. Bei den alten Griechen gab es einen Damokles. Der hatte sein Schwert über sich gehängt, damit er es immer schnell griffbereit hatte. (1991)

Michael Hallstatt, *Pferd*, S. 18.

10. *Nimbus-Modifizierung*

Vom Heiligenschein zum Damoklesschwert. (1993)

Gerd Heyse, *Medaille*, S. 87.

11. Das Nudelholz ist das Damoklesschwert der Ehe. (1996)

Gerhard Uhlenbruck, *Nichtzutreffendes*, S. 69.

DAUMEN

„jemandem den (die) Daumen drücken (halten)“

1. *Inquisition*

   man drückte ihr
   die daumen
   damit sie
   vom teufel abließ. (1971)

   Manfred Bosch, *Mordio*, o. Seitenz.

2. er sagte: „wir wollen ihm die daumen drücken“,
   und griff zu den daumenschrauben. (1979)

   Volker Erhardt, *Kannibale*, S. 110.

3. Wer anderen die Daumen drückt, ist selbst verrückt. (1979)

   Werner Mitsch, *Fische*, S. 93.

4. Jemandem die Daumen halten, kann zur Daumenschraube werden. (1983)

   Peter Tille, *Sommersprossen*, S. 137.

5. *lebensstellung*

   ich drücke
   unsrer liebe die daumen
   das ist
   eine lebensstellung. (1983)

   Manfred Hausin; zitiert aus Hans Kruppa, *Frust*, S. 139.

6. Ob mein Sturz das Luftloch zerriß?
   Ich drückte ihm die Daumen. (1988)

   Ben Witter, *Minutenpoesie*, S. 90.

7. Drückt mir die Daumen, sagte der Delinquent, als man ihm die Daumenschrauben anlegte. (1990)

   Wolfgang Funke, *Wendehals*, S. 62.

DECKE

„mit jemandem unter einer Decke stecken"

1. Es ist schlimm um eine Ehe bestellt, wenn Mann und Frau nicht unter einer Decke stecken. (Um 1970)

   Klaus Frank, *Aphorismen*, S. 169.

2. *Erlass, 1793*

   rote mützen,
   haare, köpfe.
   ab, ab!

   brüderlichkeit,
   freie liebe:
   konspirativ!
   wie alles
   wo zwei
   oder mehr
   unter einer decke
   stecken. (1971)

   Manfred Bosch, *Mordio*, o. Seitenz.

DECKE 4

3. Die Ehe ist der verzweifelte Versuch, zwei verschiedene Lebensstile und Rhythmen nicht nur unter eine Decke, sondern auch unter einen Hut zu bringen. (1977)

Gerhard Uhlenbruck, *Netz*, S. 39.

4. „Wie schön, daß wir unter einer Decke stecken..." (1977)

Brigitte, Nr. 26/15. 12. 1977, S. 74. Werbung für Diamant-Informationsdienst.

5. Wo Wärme ist, ist nicht immer Licht, sonst wüßte man, wer mit wem unter einer Decke steckt. (1977)

Gerhard Uhlenbruck, *Netz*, S. 109.

6. Nicht jeder, der mit einer Frau aus dem Ostblock unter einer Decke steckt, ist ein Spion. (1978)

Werner Mitsch, *Spinnen*, S. 41.

7. Man sollte keinem Ehepaar über den Weg trauen. Denn meist stecken beide unter einer Decke. (1979)

Werner Mitsch, *Fische*, S. 75.

8. Vorsicht!
Ich stecke mit mir unter einer Decke. (1984)

Ralf Bülow, *Liebe*, o. Seitenz.

9. Manche stecken liebend gerne unter einer Decke – andere gerne liebend. (1987)

Heinz Müller-Dietz, *Recht*, S. 32.

10. *Erwischt*

Wer unter einer Decke steckt,
Wird zur selben Zeit geweckt. (1988)

Hans Hollweg, *Kürze*, S. 55.

11. Was aus meinen Ängsten geworden ist?
Sie steckten mit der Gänsehaut unter einer Decke. (1988)

Ben Witter, *Minutenpoesie*, S. 73.

12. Viele Kleingeister können besonders gut unter einer Decke stecken. (Vor 1989)

Gudrun Piotrowski; zitiert aus Gabriele Berthel, *Kurz*, S. 80.

13. Eine beneidenswerte Frau. Kein Mann brachte sich für sie um. Lag es daran, daß sie mit ihnen oft unter einer Decke steckte? (1990)

Werner Ehrenforth, *Alte Sitzbeschwerden*, S. 19.

14. Dogmatiker stecken unter einer Schädeldecke. (1992)

Michael Rumpf, *Gedankenfäden*, S. 17.

DEUTSCH

„deutsch (mit jemandem) reden“

1. Man muß mit Deutschland deutsch sprechen. (1933)

Karl Kraus, *Walpurgisnacht*, S. 178.

2. Schreiben, um einmal deutsch zu reden. (1965)

Heinrich Wiesner, *Lakonische Zeilen*, S. 47.

3. *deutsch reden*

deutsch
haben wir geredet

wörter mit sprengköpfen
sätze mit zeitzündern
redens-arten mit tödlichem ausgang

beispiele unsrer grammatik

deutsch
reden wir
werden wir reden. (1971)

Rudolf Otto Wiemer, *Grammatik*, S. 5. Auch in ders., *Chance*, S. 70.

4. *Deutschstunde*

Sagt man zu ihnen: Ich spreche ganz offen,
dann sind sie auf einen Lügner getroffen.

Und sagt einer: Alles, was recht ist; dann
nehmen sie sich in acht vor dem Mann.

Sagt einer zu ihnen: Mein lieber Freund,
so ist das als eiskalte Drohung gemeint.

Doch sagt er: Jetzt werd ich mal deutsch mit dir reden,
dann laufen sie fort, dann geht's um ihr Leben. (1982)

Gerd Eggers, *Vorzimmer*, S. 111.

5. Deutsch reden! ist die deutscheste Drohung, die es gibt. (1983)

   Peter Tille, *Sommersprossen*, S. 35.

6. „Deutsch reden" – das hat nicht immer etwas mit Sprache zu tun. (1984)

   Hugo Ernst Käufer, *Kehrseiten*, S. 51.

7. Die meisten Völker verständigen sich in ihrer Sprache mit den Nachbarn, die Deutschen reden deutsch mit ihnen. (1990)

   Werner Ehrenforth, *Alte Sitzbeschwerden*, S. 64.

DICK

„durch dick und dünn gehen"

1. Durch dick und dünn. –
   Eine dünne Frau braucht man für die Ehe und ein dickes Fell. (1969)

   Arthur Hafink, *Hergebrachtes*, S. 32.

2. Mit mir kann man durch dick & dünn gehen.
   Ich bin bereit zum Pferdestehlen.
   Meine Toleranz ist unerschöpflich.
   Ich liebe die Menschen.
   Als der Psychiater meine Wohnung verließ,
   brach eine Welt zusammen. (1977)

   Gregori Latsch, *Denksplitter*, S. 36.

3. „Meine Heckenschere von Metabo geht durch dick und dünn." (1979)

   Bunte, Nr. 15/5. 4. 1979, S. 125.

4. Durch dick und dünn bis zur Fadenscheinigkeit. (1981)

   Elazar Benyoëtz, *Vielleicht*, S. 69.

5. Ehemänner, die sich freiwillig an der Abmagerungskur ihrer Frau beteiligen, gehen mit ihr wirklich durch dick und dünn. (Vor 1983)

   Heinz Rühmann; zitiert aus Roland Mahkorn, *Treffend*, S. 87.

DICK 3

DORF (a)

„Das sind mir böhmische Dörfer."

1. *Das Böhmische Dorf*

Palmström reist, mit einem Herrn v. Korf,
in ein – sogenanntes – Böhmisches Dorf.

Unverständlich bleibt ihm alles dort,
von dem ersten bis zum letzten Wort.

Auch v. Korf (der nur des Reimes wegen
ihn begleitet) ist um Rat verlegen.

Doch just dieses macht ihn blaß vor Glück.
Tief entzückt kehrt unser Freund zurück.

Und er schreibt in seine Wochenchronik:
Wieder ein Erlebnis, voll von Honig! (1965)

Christian Morgenstern, *Werke*, S. 241.

2. Manche böhmischen Dörfer haben bereits die Großstadtgrenze erreicht. (1977)

Wolfgang Eschker, *Gift*, S. 30. Auch in ders., *Mitgift*, S. 42.

3. *Deplaciert*

Auf dem Gemeinplatz
eines böhmischen Dorfes
wird eine Rede gehalten.
Die Bauern verstehen kein Wort.
Die Städter gähnen. (1978)

Arnfrid Astel, *Rechtsstaat*, S. 661.

4. Prag darf für Europa kein böhmisches Dorf werden. (1979)

Gerhard Uhlenbruck, *Einfach*, S. 67.

DORF (b)

„Das sind Potemkinsche Dörfer."

1. *Wahlzeit*

Bauboom für Potemkinsche Dörfer. (1974)

Ron Kritzfeld, *Flexikon*, Bd. 1, S. 23.

2. Viele Makler sind an „Potemkinschen Dörfern" reich geworden. (1977)

Hans-Horst Skupy, *Geistesblitze*, S. 68.

3. Potemkin ist für die meisten Menschen ein böhmisches Dorf. (1978)

Werner Mitsch, *Spinnen*, S. 12.

4. Wir haben die Potemkinschen Dörfer urbanisiert. (1979)

Žarko Petan, *Kopf*, S. 71.

5. Wir haben zuviel investiert in den Bau Potemkinscher Dörfer. (1979)

Žarko Petan, *Kopf*, S. 36.

6. Auf den Ministersessel für Aufbau des Kommunismus wurde Genosse Potemkin berufen. (1981)

   Žarko Petan, *Himmel*, S. 10.

7. Wer Potemkinsche Dörfer baut, sollte nicht auf den Putz hauen. (1982)

   André Brie, *Wahrheit*, S. 6. Auch in ders., *Wahrheit/Anfang*, S. 8.

8. Ein Potemkinsches Dorf im Weltall. (1987)

   Die Zeit, Nr. 9/27. 2. 1987, S. 3.

9. Was aus den Potemkinschen Dörfern wurde? Städte! (1989)

   Manfred Strahl, *Ausleg*, S. 16.

10. So viele
    folgenlose Wörter
    Potemkinsche Sätze
    so viel Sprachschaum
    wollte unser Hirn
    noch nie einschläfern. (1990)

    Clemens am Berg, *Herzdisteln*, S. 14.

DORN

„jemandem ein Dorn im Auge sein"

1. die apo ist ein dorn im auge des gesetzes, der scheints nur, unter zwinkern, zu krokodilstränen reizt. (1971)

   Bert Berkensträter, *Zungen-Schläge*, S. 6.

2. Heute ein Dorn im Auge. Morgen vielleicht ein Rosenstrauch im Garten. (1971)

   Hans Leopold Davi, *Distel*, o. Seitenz.

3. *Wandlung*

   Wir kamen heim
   ohne Rosen
   sie blieben im Ausland

   Unser Garten liegt
   begraben im Friedhof

Es hat sich
vieles in vieles
verwandelt

Wir sind Dornen geworden
in fremden Augen. (Um 1975)

Rose Ausländer, *Hügel*, S. 218.

4. Einem Pessimisten sind Rosen ein Dorn im Auge. (1978)

   Werner Mitsch, *Spinnen*, S. 11.

5. *Randbemerkung*

   Manchem Chef
   ist die Betriebsblindheit
   seiner Mitarbeiter
   ein Dorn im Auge. (1981)

   Nebelspalter, Nr. 13/31. 3. 1981, S. 52.

6. Meine *Neurose* ist mir ein Dorn im Auge. (1982)

   Gerhard Uhlenbruck, *Medizinische Aphorismen*, S. 43.

7. Lieber 'ne Brille auf der Nase als ein Dorn im Auge. (1983)

   Karl Heinz Rauchberger u. Ulf Harten, *Club*, S. 19.

8. Lieber 'ne Brille auf der Nase als dem Lehrer ein Dorn im Auge. (1984)

   Christian Roman, *Lieber*, o. Seitenz.

DRECK

„Dreck am Stecken haben"

1. Wer einmal Dreck am Stecken hat, der bleibt in diesem Dreck auch stecken. (1980)

   Gerhard Uhlenbruck, *Frust-Rationen*, S. 27.

2. Lieber Dreck am Stecken als im Dreck stecken. (1984)

   Claudia Glismann, *Schüler*, o. Seitenz. Auch in Bernd Thomsen, *Haste*, o. Seitenz.; ders., *Neue Büro-Sprüche*, o. Seitenz.; und Beate Kuckertz, *Büro*, o. Seitenz.

3. Lieber Eis am Stil als Dreck am Stecken. (1985)

   Bild, 12. 6. 1985, S. 2. Auch in *Frau aktuell*, Nr. 31/24. 7. 1985, S. 4.

4. *Lebenserfahrung*

Lebenserfahrene Menschen wissen, daß Dreck am Stecken mit der Zeit trocknet und abblättert. Man muß nur kräftig marschieren. (Vor 1990)

Horst Drescher, *Zirkus*, S. 140.

5. Ein Honoratiorenkartell zum Zweck des Rufmords an einem Verabschiedeten. „Der hat Dreck am Stecken", wird geraunt. Ja, was soll er denn anders, wenn er durch euren Morast waten muß? (1993)

Johannes Gross, *Fürwitz*, S. 46.

6. Seitdem alle wissen, daß er Dreck am Stecken hat, geht er am Stock. (1996)

Gerhard Uhlenbruck, „Giftpfeile", S. 172.

DRITTE, DER

„der lachende Dritte sein"

1. Der störende Dritte ist beseitigt. (1972)

Frau, Nr. 10/12. 5. 1972, S. 91.

2. Der lachende Dritte erstickte an der Heftigkeit seines Lachens. (1977)

Gregori Latsch, *Denksplitter*, S. 31.

3. Der lachende Dritte ist oftmals nur aus Verzweiflung lustig. (1978)

Gerd Heyse, *Hund*, S. 82.

4. Als seine Frau fremd ging, fiel es ihm schwer, den lachenden Dritten zu spielen. (1983)

Werner Mitsch, *Schwarze*, S. 24.

5. Logik ist jene Akrobatik, die das ausgeschlossene Dritte zum lachenden Dritten macht. (1984)

Jeannine Luczak, *Schweigegeld*, S. 40.

6. Der lachende Dritte hat nur das Pech, daß er nicht immer der dritte ist. (1991)

Zoltán Bezerédj, *Aphorismen*, S. 23.

7. Es hatten zwei Fahrer aus Witten
sich um einen Parkplatz gestritten.
Ab ging's ins Hospital.
Und so war endlich mal
Platz frei für den lachenden Dritten. (1996)

Dieter Höss, *Weihnacht*, S. 57.

Ei

„Das (ist das) Ei des Kolumbus."

1. Kolumbuseier sind selten frisch. (1927)

   Felix Joseph Klein, *Gedanken*, S. 5.

2. „Meine Herren, ich lege nur Ostereier. Für das erforderliche Kolumbus-Ei müssen Sie schon selber sorgen!" (1935)

   Simplicissimus, Nr. 4/21. 4. 1935, S. 37.

3. Ein richtiger Kolumbus sollte zwei Eier beanspruchen dürfen. (Um 1960)

   Stanisław Jerzy Lec, *Spätlese*, S. 8.

4. Nicht jedem Ei entschlüpft sogleich ein Kolumbus. (Um 1960)

   Stanisław Jerzy Lec, *Spätlese*, S. 30. Auch in ders., *Letzte Gedanken*, S. 29; und ders., *Buch*, S. 169.

5. *Rechenaufgabe für die Unterstufe*

   Im Museum
   sitzt Kolumbus
   und köpft stündlich sein Ei.
   Berechne,
   wieviel Geistesblitze
   Kolumbus der Menschheit schenkte
   seit 1493
   und wieviel davon fallen
   auf uns
   pro Kopf. (Vor 1964)

   Friedrich Christian Delius; zitiert aus Günter Bruno Fuchs, *Meisengeige*, S. 34. Auch in F. C. Delius, *Kerbholz*, S. 41.

6. *Kolumbus*

Als Kolumbus von seiner Amerikafahrt
nach Spanien heimkam mit Gold und mit Bart
und, hochgeehrt und umjubelt, schritt
durch die Hauptstadt des Landes, nämlich Madrid,
entdeckte er plötzlich da drüben rechts
eine hübsche Person femininen Geschlechts.
Bei ihrem Anblick – was war schon dabei? –
entschlüpfte ihm was und zwar das Wort „ei“ ...

Seitdem sind die Forscher sich darüber klar,
daß das das „Ei“ des Kolumbus war! (1974)

Heinz Erhardt, *Buch*, S. 14.

7. Wer bricht das Ei? Klumbus, der Anfeuerer, klopft auf den Tisch, wir starren aufs Ei, keiner bricht es. Will einer mir erklären, feuert Klumbus an, warum er das Ei nicht zu brechen vermag, dann ist das Ei gebrochen! Nichts. Die Schwierigkeiten, das Ei zu brechen, ohne das Ei zu brechen, scheinen enorm; nicht einmal die Spitze des Eiberges wird sichtbar, ehe das Ei nicht gebrochen wird; und wer bricht schon das Ei, wenn unter der Last des Südpols nicht einmal die klirrendste Fahne oder der eiseste Busen auftaut? Ich habe leicht reden jetzt, wenn wir unter uns sind, unter unserem eigenen hin- und hergletschernden Schweigen, das keiner bricht, eisern, es könnte zerbrechen. (1976)

Oskar Pastior, *Fleischeslust*, S. 62.

8. Das Ei des Tyrannen. (1977)

Die Zeit, Nr. 7/11. 2. 1977, S. 24.

9. Für Wissenschaftler mit einer vorgefaßten Meinung ist das Ei des Kolumbus hart gekocht. (1977)

Gerhard Uhlenbruck, *Netz*, S. 137.

10. das ei des kolumbus
ist immer ein knick-ei. (1979)

Volker Erhardt, *Kannibale*, S. 115.

11. Eines Tages wurde dem Kolumbus ein Ei untergeschoben, aus dem er dann Amerika ausgebrütet hat. (1979)

Werner Mitsch, *Fische*, S. 105. Auch in ders., *Wal*, o. Seitenz.

12. In dem Wort Ei-telkeit steckt das Ei des Kolumbus. (1979)

Gerhard Uhlenbruck, *Einfach*, S. 34.

13. Sie fand das Ei des Kolumbus. Und das andere auch! So genial war sie. (1979)

Nikolaus Cybinski, *Aphorismen*, S. 89.

14. Das Ei des Kolumbus war zwar nicht befruchtet, aber es hat ungeheuer befruchtend gewirkt. (1980)

Gerhard Uhlenbruck, *Frust-Rationen*, S. 2 u. 72. Auch in ders., *Nagel*, S. 25.

15. Reklame früher: „Go to work on a(n) egg!" Meine Meinung: „Jog to work on your leg!" Durch das Frühstücksei steigt der Cholesterinspiegel an, durch Dauerlauftrab sinkt er: Das Cholesterinspiegel-Ei des Kolumbus! (1980)

Gerhard Uhlenbruck, *Frust-Rationen*, S. 89.

16. Noch kein iranisches Ei des Motor-Columbus. (1981)

Die Weltwoche, Nr. 42/13. 10. 1981, S. 6.

17. Was war zuerst auf der Erde: das Ei oder der Columbus? (1981)

Werner Mitsch, *Hunde*, S. 119. Auch in ders., *Wal*, o. Seitenz.

18. Das Ei des Kolumbus
ist die geniale Erkenntnis,
daß wir einer runden Sache
erst mit Gewalt
eine Delle schlagen müssen,
damit sie endlich
auf dem Standpunkt *steht*,
der uns genehm ist. (1982)

Helmut Köhler, *Gästebuch*, S. 95.

19. Erst war die Henne, dann das Ei – des Kolumbus. (1982)

André Brie, *Wahrheit*, S. 15. Auch in ders., *Wahrheit/Anfang*, S. 16.

20. Vielleicht wäre es besser gewesen, Columbus hätte sein Ei verspeist, wie jeder andere auch. (1982)

Werner Mitsch, *Bienen*, S. 39.

21. *Gedankensprung*

Viele reden vom Schnellen Brüter.
Vom Ei spricht kaum einer.
Und Columbus ist eine Firma. (1983)

Nebelspalter, Nr. 3/18. 1. 1983, S. 21.

22. Es regnete. Und plötzlich war der Busen der Natur nicht mehr das Ei des Kolumbus. (1983)

Werner Mitsch, *Schwarze*, S. 83.

23. Bei Windstärke zehn ist eine Kreuzfahrt auch nicht gerade das Gelbe vom Ei des Kolumbus. (1984)

Werner Mitsch, *Grund*, S. 114.

24. Das mit dem Ei des Kolumbus wäre nie einem Hungrigen eingefallen. (Vor 1986)

Reinhard Gundelach; zitiert aus Ingetraud Skirecki, *Troja*, S. 38.

25. *Aus der Geschichte*

„Kolumbus wurde nicht ohne Grund dafür ausgewählt, Amerika zu entdekken. Bevor er lossegelte, hatte er bereits das Ei erfunden." (1986)

Christian Roman, *Big Mäc*, o. Seitenz. Auch in *Dumme Sprüche für Gescheite 1986: Wandsprüch'-Kalender* (Juli), München: Heye, 1986 .

26. Entdeckerfreude: Der Eiertanz um das Ei des Kolumbus. (1986)

Gerhard Uhlenbruck, „Gedankensprünge", S. 188. Auch in ders., *Kaffee*, S. 69.

27. *Kolumbus schreibt seine Memoiren*

wort auf wort, ab und zu
eine kurze pause,
zum beknabbern des füllers.
verliert kein sterbenswörtchen über amerika,
sondern macht das ei weltberühmt

eine kleine rache,
vespucci. (1986)

Rolf Bossert, *Milchstraße*, S. 29.

28. Auch das Ei des Kolumbus kann faul werden, wenn man nicht schnell genug darauf kommt. (1987)

Gerhard Uhlenbruck, *Kaffee*, S. 63.

29. Die Astronomie ist das Ei des Kopernikus. (1987)

Werner Mitsch, *Wal*, o. Seitenz.

30. Wer über dem Ei des Kolumbus brütet, darf sich durch ungelegte Eier anderer nicht aus dem Konzept bringen lassen. (1987)

Gerhard Uhlenbruck, *Kaffee*, S. 80.

31. Ein schneller Brüter
ist noch lange nicht
das Ei des Kolumbus.
Wer weiß schon,
was der ausbrütet.
Das Gelbe vom Ei
ist das sicher nicht. (1989)

Hans Hunfeld, *Sprichwörtlich*, S. 72.

32. Ei ist Ei. Was soll uns also Kolumbus? (1990)

Wolfgang Funke, *Wendehals*, S. 60.

33. Seine wissenschaftlichen Theorien waren wie aus dem Ei des Kolumbus gepellt. (1990)

Gerhard Uhlenbruck, *Darum*, S. 30.

34. Wer Kolumbuseier zustande bringen will, muß Gewalt anwenden. (1991)

Ulrich Erckenbrecht, *Maximen*, S. 104.

35. Manche möchten selbst das Ei des Columbus noch weich serviert bekommen. (1992)

Manfred Strahl, *Hiebe*, S. 56.

36. Kolumbus hat das Ei erfunden. (1993)

Wolf von Henschelsberg, *Tipp-Ex*, o. Seitenz.

37. Lehrer: „Wer war Kolumbus?"
Schüler: „Ein Vogel."
Lehrer: „Wieso?"
Schüler: „Na, er soll doch ein Ei gelegt haben." (1993)

Wolf von Henschelsberg, *Tipp-Ex*, o. Seitenz.

38. das ei des kolumbus wurde von hammurapi entworfen und in keilschrift an alleinunterhalter vermittelt; es ist somit jünger als sodom, aber älter als carmen von sevilla. (1994)

H. C. Artmann, *Register*, S. 19.

39. Das Ei des Kolumbus war ein Rotationsellipsoid. (1995)

Ulrich Erckenbrecht, *Katzenköppe*, S. 15.

EISEN (a)

„ein heißes Eisen anfassen (sein)"

1. *Unterschied*

Ein Mensch fand wo ein heißes Eisen
Und, um das Sprichwort zu erweisen,
Ließ er sich durchaus nicht verführen,
Das heiße Eisen anzurühren.
Ein andrer Mensch, auch sprichwortkundig,
Nahm die Gelegenheit für pfundig,
Zum Hammer griff er und zur Zange
Und schmiedete drauf los, so lange
Das Eisen warm war – und grad diesen
Hat man, als Glücksschmied, hochgepriesen.
Der Wahrheit drum sich jeder beuge:
'S hängt alles ab vom Handwerkszeuge! (1948)

Eugen Roth, *Menschen*, S. 169.

2. Es bleibt der Dummheit überlassen
ein heißes Eisen anzufassen.
Die Klugheit (obwohl auch nicht bange)
nimmt eine Zange. (Vor 1970)

Karl Heinrich Waggerl, *Werke*, Bd. 2, S. 645.

3. Die VW-Aktie bleibt ein heißes Eisen. (1975)

Die Zeit, Nr. 30/25. 7. 1975, S. 17.

4. Die heißen Eisen werden angepackt – und fallengelassen. (1976)

Hellmut Walters, *Zungenschläge*, S. 16.

5. Es brannte ihm auf den Nägeln, das heiße Eisen anzupacken. (1977)

Gerhard Uhlenbruck, *Netz*, S. 50.

6. Wer ein heißes Eisen anpackt, sollte aufpassen, daß er sich dabei nicht den Mund verbrennt und anschließend kalte Füße bekommt. (1977)

Gerhard Uhlenbruck, *Netz*, S. 48.

7. *TV-Journalismus*

Die Kunst
ein heißes Eisen
in den kalten Kaffee
fallen zu lassen. (1986)

Michael Augustin, *Denkzettel*, S. 45. Auch in ders., *Denkpause*, S. 69.

8. Wer ein heißes Eisen anpackt, verbrennt sich den Mund. (1987)

Gerhard Uhlenbruck, *Kaffee*, S. 84

9. Die Kunst der Politik besteht häufig darin, heiße Eisen mit fremden Fingern anzufassen. (1988)

Manfred Rommel, *Sprüche*, S. 57.

EISEN (b)

„mehrere Eisen im Feuer haben"

1. wer mehrere eisen im feuer hat,
kann sich häufiger die finger verbrennen. (1979)

Volker Erhardt, *Kannibale*, S. 97.

2. Man sollte nicht nur einige Eisen im Feuer haben, sondern auch ein paar Argumente auf Eis. (1980)

Peter Tille; zitiert aus André Brie et al., *Weisheit*, S. 88. Auch in P. Tille, *Sommersprossen*, S. 22.

3. Wer sein Glück schmieden will, muß mehrere Eisen im Feuer haben. (1980)

Gerhard Uhlenbruck, *Frust-Rationen*, S. 13.

4. Viele glauben ihr Glück zu schmieden, wenn sie mehrere Eisen im Feuer haben. (1984)

Gerhard Uhlenbruck, *Mensch*, S. 16.

5. Wer mehrere Eisen im Feuer hat, verbrennt sich leicht die Finger. (1986)

Bernd Thomsen, *Neue Büro-Sprüche*, o. Seitenz.

EISEN (c)

„zum alten Eisen gehören"

1. *Der Freigeist*

   Ein Mensch warf Gott zum alten Eisen,
   Um sich als Freigeist zu erweisen.
   Ein Unmensch aber, aus dem Schrott,
   Zog den verworfnen lieben Gott
   Und machte daraus tausend Gottchen,
   Im Auto baumelnd als Maskottchen.
   Der Mensch vertraut auf dies nun frech,
   Daß *ihn* es schütze – und sein Blech. (1964)

   Eugen Roth, *Der letzte Mensch*, S. 57.

2. Der gehört nicht so schnell zum alten Eisen. (1978)

   Der Spiegel, Nr. 10/6. 3. 1978, S. 6. Volkswagen-Werbung.

3. Kaum gehört man zum alten Eisen, kommt man auf's Abstellgleis! (1981)

   Stern, Nr. 16/9. 4. 1981, S. 188.

4. Wenn man zum alten Eisen gehört, wird man ein eiserner Alter. (1981)

   Gerhard Uhlenbruck, *Masche*, S. 25. Auch in ders., *Medizinische Aphorismen*, S. 24.

5. Hört den Lumpensammler!
   Gutgelaunt
   rülpst er in den Morgen.
   Trällernd
   wirft er sie zum alten Eisen,
   die neuen Königreiche
   Hinz und Kunz. (1984)

   Günter Bruno Fuchs, *Gemütlich*, S. 16.

6. Beim alten Eisen das neue fühlen. (1991)

   Werner Kraft, *Sätze*, S. 24.

7. Auch der eiserne Wille gehört eines Tages zum alten Eisen. (1994)

   Gerhard Uhlenbruck, *Medizinische Aphorismen*, 2. Aufl., S. 100.

8. Der gehört zum alten Eisen
sagt der Achtzigjährige
über den Neunzigjährigen. (1995)

Clemens am Berg, *Kopfdisteln*, S. 48.

ELEFANT

„sich benehmen wie ein Elefant im Porzellanladen“

1. *Trotz allem*

Ein Elefant im Porzellangeschäfte
nimmt sich trotz allem doch noch besser aus
als eine alte Meißner Tasse
im Elefantenhaus. (1950)

Erich Kästner, *Gedichte*, Bd. 1, S. 320.

2. Wenn ein Elefant einen Laden voller Porzellanscherben betritt und bei seinem Weggehen in den Vitrinen wieder lauter heiles Geschirr steht, so ist das Wunder geschehen, an das jeder Psychotherapeut glaubt. (1970)

Hans Kudszus, *Jaworte*, S. 36.

3. *Dickhäuter*

Man entferne Dickhäuter aus empfindlichen Bezirken!
Nämlich, es kann kein Erdbeben so durchschlagend wirken
Wie Elefanten, wenn sie durch einen Porzellanladen wandeln –
Mag es sich auch um porzellanliebende Elefanten handeln. (1972)

Henryk Keisch, *Gehauen*, S. 12.

4. Wussten Sie schon, dass sich in der Serengeti wegen der vielen Elefanten keine Porzellanläden halten können? (1972)

Schweizer Illustrierte, Nr. 44/30. 10. 1972, S. 140.

5. Wußten Sie schon, daß man eine Wendung wie „Politiker X benahm sich wie der Elefant im Porzellanladen“ nicht anders als höchst weingeistreich nennen kann? (1975)

Robert Gernhardt et al., *Welt*, S. 286.

6. Wer als Elephant im Porzellanladen auftreten will, muß auch ein dickes Fell haben, um sich nicht zu verletzen. (1977)

Gerhard Uhlenbruck, *Netz*, S. 22.

7. Die Großwildjäger sind die Elefanten im Porzellanladen der Natur. (1978)

Werner Mitsch, *Spinnen*, S. 72.

8. *Like a Bull*

Like a bull in a china shop,
wie ein Elefant im Porzellanladen
drischt die Polizei auf die Köpfe
der Demonstranten gegen Kernkraftwerke,
natürlich sind das keine Bullen, recht so? (1978)

Arnfrid Astel, *Rechtsstaat*, S. 123.

9. Es kann für die ganze Welt verhängnisvoll werden, wenn der russische Bär in den chinesischen Porzellanladen gerät. (1979)

Žarko Petan, *Kopf*, S. 83.

10. Jede Krankheit ist eine Art Elephantiasis im Porzellanladen der Harmonie. (1979)

Werner Mitsch, *Fische*, S. 15.

11. In manchen Porzellanläden sollte sich wirklich mal ein Elefant sehen lassen. (Vor 1982)

Fred Reinke; zitiert aus Eckart Krumbholz, *Blatt*, S. 79.

12. Wussten Sie schon, dass nur jene Elefanten, die aus Mücken gemacht sind, Porzellanläden aufsuchen? (1982)

Nebelspalter, Nr. 44/2. 11. 1982, S. 33.

13. Lieber eine ('ne) Fliege im Porzellanladen als einen Elefanten in der Suppe. (1983)

Karl Heinz Rauchberger u. Ulf Harten, *Club*, S. 18. Auch in *Bild*, 31. 1. 1986, S. 2; *Dumme Sprüche für Gescheite 1988: Wandsprüch'-Kalender* (Sept.), München: Heye, 1988; und *Die Weltwoche*, Nr. 21/25. 5. 1989, S. 69.

14. Wer im Porzellanladen sitzt, sollte nicht mit Elefanten werfen. (1983)

Winfried Bornemann, *Blödel*, o. Seitenz. Auch in Ralf Bülow, *Graffiti*, o. Seitenz.

15. Wer in einem Porzellanladen ist, sollte aus einer Mücke keinen Elefanten machen. (1985)

Gerhard Uhlenbruck, *Eigenliebe*, S. 18.

16. Sensibler Elefant im Porzellanladen seiner Gefühle. (1986)

Die Weltwoche, Nr. 3/16. 1. 1986, S. 3.

17. Wie ein Elefant aus dem Porzellanladen kommen. (1986)

Andreas Bender, *Gelegenheit*, o. Seitenz.

18. Jedem Elefanten seinen Porzellanladen. (1987)

Hans Gamber, *Frech*, S. 75.

19. Wer einen Porzellanladen hat, sollte aus einer Mücke keinen Elefanten machen. (1987)

Hans Gamber, *Frech*, S. 104.

20. Der öffentliche Klüngel gleicht einer Elefantenhochzeit im Porzellanladen. (1988)

Gerhard Uhlenbruck, *Klüngel*, o. Seitenz.

21. Was ist schlimmer als ein Elefant im Porzellanladen?
Ein Igel in der Kondom-Fabrik! (1988)

Stern, Nr. 3/21. 1. 1988, S. 161.

22. *Feststellung*

Ein Elefant im Porzellanladen wirft heutzutage weniger Probleme und Kosten auf als ein Porzellanladen im Elefanten! (1989)

Johannes Conrad, *Horn*, S. 105.

23. „Irgendwohin, wo's noch viele heile Porzellanläden gibt!" (1990)

Der Spiegel, Nr. 11/12. 3. 1990, S. 173.

24. Rat an Politiker: Wer im Porzellanladen ist, sollte aus einer Mücke keinen Elephanten machen! (1992)

Gerhard Uhlenbruck, „Hechtsprünge", S. 468. Auch in ders., *Nichtzutreffendes*, S. 52.

25. Der *gebildete* Elefant zieht den *Buch-Laden* vor. (1993)

Gerd Heyse, *Medaille*, S. 62.

26. Sprichwörter sind eine Art Arche Noah, auf der einige Tierarten überleben werden, wie zum Beispiel der Elefant im Porzellanladen. (1994)

Gerhard Uhlenbruck, *Wahr*, S. 24.

Irgendwohin, wo's noch viele heile Porzellanläden gibt! tz, München

ELEFANT 23

27. Große Koalition: Elefantenhochzeit im Porzellanladen. (1996)

    Gerhard Uhlenbruck, *Nichtzutreffendes*, S. 13.

28. Wenn ein Spezialist aus seinem Elfenbeinturm kommt, benimmt er sich wie ein Elefant im Porzellanladen. (1997)

    Gerhard Uhlenbruck, *Widersprüche*, S. 56.

ENDE

„Das dicke Ende kommt (folgt) nach."

1. Ums dicke Ende kommt keiner herum, ob er nun von vorn anfängt oder schlauerweise von hinten. (1960)

    Martin Kessel, *Gegengabe*, S. 8.

2. *Lebenslauf*

    Wie schön auch der Augenblick ist:
    „Verweile!" – doch unser Geschick ist,
    Neu täglich zu starten,
    Des Endes zu warten,
    Das meistens, so fürchten wir, dick ist! (1968)

    Eugen Roth, *Schwarze*, S. 10.

3. „Das dicke Ende kommt nach“, sagte der Mann, der mit dem Kopf durch die Wand ging. (1977)

   Stern, Nr. 13/17. 3. 1977, S. 84.

4. So manchem dicken Ende ging ein dünner Anfang voraus. (1978)

   Gerd Heyse, *Hund*, S. 38.

5. Das ist das Komische an Hochzeitsnächten, daß das dicke Ende immer am Anfang kommt! (1979)

   Nikolaus Cybinski, *Aphorismen*, S. 85.

6. Das dicke Ende kommt – nach wie vor. (1984)

   Werner Ehrenforth, *Eintagsfliege*, S. 53.

EULE

„Eulen nach Athen tragen“

1. Das heißt recht Eulen nach Athen oder Compendia nach Göttingen tragen. (Vor 1799)

   Georg Christoph Lichtenberg, *Sudelbücher*, Bd. 1, S. 241.

2. Das dringende Bestreben der Eulen, aus Athen auszuwandern, ist nicht erstaunlich. (Vor 1950)

   Erwin Chargaff, *Bemerkungen*, S. 28.

3. „In Athen friert man.“ – „Dafür gibt es keine Eulen in Newcastle.“ (Vor 1950)

   Erwin Chargaff, *Bemerkungen*, S. 20.

4. Er war sein ganzes Leben lang die Eule, die sich nach dem Weg nach Athen erkundigte. (1956)

   Erwin Chargaff, *Bemerkungen*, S. 58.

5. Sie sollten mehr reisen, riet die Gans der Eule.
Die großen Städte zum Beispiel: Rom,
London, Paris, Athen.
Athen, sagte die Eule und blinzelte, Athen;
davon habe ich, es ist längere Zeit her,
irgend etwas geträumt. (1966)

   Helmut Arntzen, *Prozeß*, S. 19.

6. Rom ist Griechenland? Sie brachten die Eule der Minerva nach Athen und machten sich lächerlich. (1969)

Erwin Chargaff, *Bemerkungen*, S. 120.

7. Säulen nach Athen tragen. (1977)

Heinrich Schröter, *Lust*, S. 43. Auch in Andreas Bender, *Gelegenheit*, o. Seitenz.; ders., *Socken*, o. Seitenz.; H. Schröter, *Worte*, 2. Aufl., S. 67; und ders., *Lebensworte*, S. 64.

8. Eulen muß man immer irgendwo hintragen. Die Gelder kommen von alleine. (1978)

Ludwig Fienhold, *Wider-Sprüche*, S. 7.

9. Ich will keine Säulen nach Athen tragen. (1982)

Nebelspalter, Nr. 31/3. 8. 1982, S. 47.

10. (H)eulen nach Athen. (1983)

Der Spiegel, Nr. 50/12. 12. 1983, S. 29.

11. Eulen nach Athen tragen – Schuld, daß viele Menschen zu nichts anderem mehr kommen. (1984)

Werner Ehrenforth, *Eintagsfliege*, S. 49.

(H)eulen nach Athen Rheinischer Merkur/Christ und We

EULEN 10

12. selbst in Athen
sind Eulen kaum zu finden. (1984)

Clemens am Berg, *Schneerosen*, S. 170. Auch in ders., *Kopfdisteln*, S. 20.

13. Keulen nach Athen tragen. (1986)

Andreas Bender, *Gelegenheit*, o. Seitenz.

14. Per Pkw nach Griechenland:
Beulen nach Athen tragen. (1986)

Eduard Moriz, *Sauweich*, o. Seitenz.

15. Für eine Auslandsreise würde er sogar Eulen nach Athen tragen. (1988)

Hans-Dieter Schütt, *Haustür*, S. 8.

16. Wir würden sogar Eulen nach Athen tragen.
Wenn die Griechen sie uns abkauften. (Vor 1989)

Gudrun Piotrowski; zitiert aus Gabriele Berthel, *Kurz*, S. 103.

17. Dumm, wenn Athen auf noch mehr Eulen hofft.
Noch dümmer, mit den Wölfen heulen oft. (Vor 1995)

Wilfried Hornstein; zitiert aus Karl Leberecht Nickel, *Schüttelsprüche*, S. 8.

FADEN (a)

„den Faden verlieren"

1. Puppenspieler du hast den Faden verloren
da fallen die Köpfe. (1966)

Hans Peter Keller, *Panoptikum*, S. 12.

2. *Rätselhafte Krankheit*

Ein Industrieller aus Dortmund,
Dem zu Dienst jede Phrase sofort stund,
Muß jetzt beim Diktieren
Den Faden verlieren:
Er leidet unheilbar an Wortschwund. (1968)

Eugen Roth, *Schwarze*, S. 39.

3. *komm gehn wir*

ich habe
den Faden verloren

du hast den Faden verloren
nun haben wir also den Faden
verloren

komm wir
lassen den Faden Faden sein
komm das wird unser
Leitfaden sein
gehn wir. (1969)

Hans Peter Keller, *Stichwörter*, S. 7.

4. Ein Spinner ist jemand, der seinen Faden verloren hat. (1979)

   Gerhard Uhlenbruck, *Einfach*, S. 13.

5. Schiller. Beim Schreiben von Balladen
   verlor er nie den Faden. (1983)

   Werner Mitsch, *Schwarze*, S. 118.

6. Wer zuviel spinnt, verliert den Faden. (1984)

   Siegfried Gloose, *Einfälle*, S. 33.

7. Rednerpech: Er verliert den Faden –
   und ist nicht glücklich über den
   gleich dazu passenden Knoten
   im Hals. (1987)

   Günter Radtke, *Gedanken*, S. 124.

8. *Knopflos*

   Wer immerfort den Faden verliert, kann keine Knöpfe annähen. (1988)

   Hans Hollweg, *Kürze*, S. 98.

9. Wenn der Teufel den Faden verliert, zitiert er seine Großmutter. (1988)

   Werner Mitsch, *Neue Hin-Sprüche*, S. 33.

10. Die meisten Menschen fangen an zu spinnen, wenn sie den Faden verloren haben. (1989)

    Gerhard Uhlenbruck, *Aphorismen/Satz*, S. 50. Auch in ders., „Geistesblitze“, S. 224.

11. Im Traum den Faden verlieren, an dem du hängst, könnte gefährlich sein. (1991)

    Werner Kraft, *Sätze*, S. 44.

12. Im Alter läßt keiner seine Masche fallen, denn sonst würde er den Faden verlieren. (1996)

Gerhard Uhlenbruck, *Nichtzutreffendes*, S. 15.

FADEN (b)

„der rote Faden"

1. Menschliche Beziehung:
   Erst zarte Fäden spinnen –
   und dann den roten Faden nicht finden. (Um 1970)

   Klaus Frank, *Aphorismen*, S. 168.

2. Der rote Faden der Weltgeschichte ist von Blut getränkt. (1977)

   Gerhard Uhlenbruck, *Netz*, S. 129. Auch in Ulrich Erckenbrecht, *Körnchen*, S. 26.

3. Ein Wissenschaftler sollte außer dem roten Faden nicht den Geduldsfaden und den Faden zu seinen Geldgebern verlieren. (1977)

   Gerhard Uhlenbruck, *Netz*, S. 111.

4. Er hing an seinem roten Faden. (1977)

   Gerhard Uhlenbruck, *Netz*, S. 20.

5. Manch roter Faden hat zu viele Knoten. (1977)

   Wolfgang Eschker, *Gift*, S. 76. Auch in ders., *Mitgift*, S. 94.

6. Der berühmte „rote Faden" zieht sich auch als Blutspur unschuldiger Opfer durch unsere Geschichte. (1984)

   Klaus Sochatzy, *Widerworte*, S. 28.

7. *Marxismus*

   Nicht jeder, der ein rotes Tuch schwenkt,
   hat darin den roten Faden entdeckt. (1984)

   Ron Kritzfeld, *Flexikon*, Bd. 9, S. 19.

8. Er folgte dem roten Faden blindlings. Ins Labyrinth. (1985)

   André Brie, *Anfang*, S. 49. Auch in ders., *Wahrheit/Anfang*, S. 116.

9. Denkpause beim Liebesspiel.
Ich suchte den roten Faden. (1988)

Ben Witter, *Minutenpoesie*, S. 12.

10. Den müssen wir unbedingt noch durchziehen, den roten Faden. (Vor 1989)

Stefan Tschök; zitiert aus Gabriele Berthel, *Kurz*, S. 112.

11. Risikoreich leben heißt, daß der rote Faden im Leben zum seidenen Faden geworden ist. (1990)

Gerhard Uhlenbruck, *Darum*, S. 54.

12. Schlimm, wenn unser roter Faden nur noch die Zündschnur ist. (1994)

Birgit Berg, *Worte*, S. 20.

13. Unser Leben hängt an dem roten Faden, der es durchzieht und zusammenhält. (1996)

Gerhard Uhlenbruck, *Nichtzutreffendes*, S. 74.

14. Der rote Faden einer Genesung: Der Geduldsfaden! (1997)

Gerhard Uhlenbruck, *Widersprüche*, S. 70.

FARBE

„Farbe bekennen“

1. Nicht blaß werden! Farbe bekennen! (1975)

Helmut Lamprecht, *Hörner*, S. 30.

2. Beim Wein muß der Zecher Farbe bekennen. (1978)

Werner Mitsch, *Spinnen*, S. 17.

3. Der Reißverschluß, der Farbe bekennt. (1978)

Für Sie, Nr. 6/2. 3. 1978, S. 211. Werbung für Opti-lon-Reißverschlüsse.

4. Es ist schon gemein, daß wir meist dann blaß werden, wenn wir Farbe bekennen müssen. (1979)

Nikolaus Cybinski, *Aphorismen*, S. 21.

5. Wenn ich Farbe bekennen muß, werde ich rot. (1979)

Gerhard Uhlenbruck, *Einfach*, S. 3.

6. Bekennst du Farbe, bist du schon Opfer der Nuancen. (1981)

   Elazar Benyoëtz, *Vielleicht*, S. 93.

7. Ehe du Farbe bekennst, male dir alle Schattierungen aus. (1981)

   Elazar Benyoëtz, *Vielleicht*, S. 29.

8. Ein Schmeichler wird nur rot, wenn er Farbe bekennen soll. (1982)

   André Brie, *Wahrheit*, S. 27. Auch in ders., *Wahrheit/Anfang*, S. 27.

9. In seiner Jugend bekennt man Farbe, im Alter färbt man sein Bekenntnis. (1983)

   Gerhard Uhlenbruck, *Nächstenhiebe*, S. 46.

10. Wenn Duckmäuser Farbe bekennen sollen, werden sie blaß. (1985)

    André Brie, *Anfang*, S. 24. Auch in ders., *Wahrheit/Anfang*, S. 92.

11. Als er Farbe bekennen mußte, wurde ihm schwarz vor Augen. (Vor 1986)

    Silvia Schubert; zitiert aus Ingetraud Skirecki, *Troja*, S. 117.

12. Von einem Chamäleon verlange man nicht, daß es Farbe bekenne. (Vor 1986)

    Silvia Schubert; zitiert aus Ingetraud Skirecki, *Troja*, S. 120.

13. Was nützt es schon, wenn ein Chamäleon Farbe bekennt? (1988)

    Hans Norbert Janowski, *Kürze*, S. 8.

14. Als er Farbe bekennen musste, schlüpfte er in ein Regenbogenkleid. (1995)

    Hans Leopold Davi, *Wortwirbel*, S. 38.

15. Wer malen will, muß Farbe bekennen. (1995)

    Kurt Tackmann, „Aphorismen“, S. 4.

16. Die meisten Menschen bekennen Farbe, indem sie die Wahrheit schönfärben. (1996)

    Gerhard Uhlenbruck, „Giftpfeile“, S. 164.

FEDER

„sich mit fremden Federn schmücken“

1. „Man soll sich nicht mit fremden Federn schmücken!“ rief der Hahn, bevor ihn der Indianerhäuptling verzehrte. (1964)

   Erwin Chargaff, *Bemerkungen*, S. 102.

2. *Er sagte*: „Fremde Federn schmücken am besten. Den eigenen sieht man die Last des Wachstums an.“ (1973)

   Dieter Leisegang, *Gründe*, S. 83.

3. Wussten Sie schon, dass es Mädchen gibt, die sich gern mit fremden Vettern schmücken? (1974)

   Schweizer Illustrierte, Nr. 17/22. 4. 1974, S. 140.

4. Wer sich mit fremden Federn schmückt, sollte wenigstens Geschmack haben. (1974)

   Albert Wendt, „Aphorismen“, S. 77.

5. *Ghostwriter*

   Führt die Feder, mit der Auftraggeber sich schmücken. (1975)

   Ron Kritzfeld, *Flexikon*, Bd. 2, S. 14.

6. Er schmückte sich mit dem, was fremde Federn geschrieben hatten. (1977)

   Gerhard Uhlenbruck, *Netz*, S. 20.

7. So manche Cousine schmückt sich gern mit fremden Vettern. (1986)

   Bernd Thomsen, *Pissen*, o. Seitenz.

8. Viele schmücken sich gerade mit den Federn, die andere haben lassen müssen. (1990)

   Gerhard Uhlenbruck, *Darum*, S. 38.

9. Ehrgeiz: Um sich mit fremden Federn zu schmücken, macht man nicht viel Federlesens. (1991)

   Gerhard Uhlenbruck, *Diagnosen*, S. 8.

10. Worte, die sich mit fremden Federn schmücken, Eindeutschungen. (1993)

    Peter Maiwald, *Wortkino*, S. 60.

FELL

„ein dickes Fell haben"

1. Er hatte so ein dickes Fell, daß er noch nicht einmal mehr eine Gänsehaut bekommen konnte. (1977)

   Gerhard Uhlenbruck, *Netz*, S. 21.

2. Wer oft von anderen eingewickelt wird, bekommt ein dickes Fell. (1977)

   Gerhard Uhlenbruck, *Netz*, S. 21.

3. Argumente gegen das Übergewicht scheitern am dicken Fell der Leute. (1979)

   Gerhard Uhlenbruck, *Einfach*, S. 65.

4. *eiskalt*

   zurück von einem spaziergang
   durch den eiskalten winterabend
   sehe ich die tagesschau
   und wünsche mir ein dickeres fell
   das möchte ich mir über die ohren ziehen
   die kalten. (1979)

   Manfred Hausin, *Stimme*, S. 86.

5. Manche verdecken ihre Blößen durch ein dickes Fell. (1981)

   Gerhard Uhlenbruck, *Masche*, S. 34. Auch in ders., *Body*, S. 10.; und ders., *Diagnosen*, S. 90.

6. Wer ein dickes Fell hat, fährt nicht aus der Haut. (1982)

   André Brie, *Wahrheit*, S. 21. Auch in ders., *Wahrheit/Anfang*, S. 21; und Gerhard Uhlenbruck, *Widersprüche*, S. 27.

7. Ein dickes Fell kommt eher mit heiler Haut davon. (Vor 1986)

   Franz Hannemann; zitiert aus Ingetraud Skirecki, *Troja*, S. 52.

8. Leute mit einem dicken Fell können nicht aus der Haut fahren. (1987)

   Gerhard Uhlenbruck, *Kaffee*, S. 68. Auch in ders., *Aphorisem/Satz*, S. 45.

9. *Ein dickes Fell*

   Wie eine Mücke
   auf dem Elefanten
   versuche ich

dein dickes Fell
zu durchbohren

Doch du saugst mich aus
und ziehst mir
das Fell
über die Ohren

Zurück bleibt
ein Stich
im Herzen
– was juckt dich das?! (1989)

Almut Adler, *Feuerlöscher*, S. 122.

10. Man kann auch ein dickes Fell bekommen, wenn einem täglich zuviel unter die Haut geht. (1989)

    Gerhard Uhlenbruck, *Aphorismen/Satz*, S. 24.

11. Die Politik hat ein dickes Fell,
    das Volk ein kurzes Gedächtnis,
    der Staat kein Gewissen. (1991)

    Heinrich Schröter, *Lebensworte*, S. 42.

FENSTER

„weg vom Fenster sein"

1. In der deutschen Sprache gibt es einen unheimlich erbarmungslosen Ausdruck, nämlich den Satz: „Er ist weg vom Fenster." (Vor 1988)

   Chris Howland; zitiert aus Ernst Günter Tange, *Funk*, S. 46.

2. Wer einmal vom Fenster weg ist, hat keine Aussichten mehr. (1989)

   Gerhard Uhlenbruck, *Aphorismen/Satz*, S. 61. Auch in Beate Kuckertz, *Büro*, o. Seitenz.

3. Zuweilen denke ich nach über die gängige Redensart „Weg sein vom Fenster", und ich bedenke mir das Umfeld zu dieser Redensart, und ich stelle mir das zugehörige Haus vor. Und das sind nicht meine heitersten Stunden. (Vor 1990)

   Horst Drescher, *Zirkus*, S. 225.

4. Wenn man weg vom Fenster ist, sollte man nicht mit dem Kopf gegen die Wand rennen. (1994)

   Gerhard Uhlenbruck, „Homöopathie", S. 535. Auch in ders., *Nichtzutreffendes* S. 59.

5. Platzangst: Wenn man vom Fenster weg ist, kommt man vor verschlossene Türen. (1996)

   Gerhard Uhlenbruck, *Nichtzutreffendes*, S. 15.

FETTNÄPFCHEN

„bei jemandem ins Fettnäpfchen treten"

1. Wer vom Fasten redet, tritt heute noch ins Fettnäpfchen. (1977)

   Gerhard Uhlenbruck, *Netz*, S. 74.

2. Wenn man schon ins Fettnäpfchen tritt, sollte man nicht noch darin ausrutschen; sonst hat man sein Fett weg. (1979)

   Gerhard Uhlenbruck, *Einfach*, S. 98.

3. *Begebenheiten*

   In einen Napf, gefüllt mit Milch der frommen Denkart, fiel unversehens ein Atheist, der kein Frosch war und gerade deshalb ein fabelhafter. Um sich zu retten, trat er die Milch mit Füßen. Als er nach einer Weile entdeckte, daß aus dem Napf ein Fettnäpfchen entstanden war, lächelte er „Alles in Butter!" Sprach's und hüpfte heraus. (1983)

   Ulrich Erckenbrecht, *Körnchen*, S. 14.

4. „Ich trinke Jägermeister, weil ich beim Pferderennen ins Wettnäpfchen getreten habe." (1983)

   Hörzu, Nr. 50/9. 12. 1983, hintere Umschlagseite.

5. Bei korpulenten Menschen tritt man besonders leicht ins Fettnäpfchen. (1985)

   Hörzu, Nr. 15/4. 4. 1985, S. 3.

6. Einer, der ins Fettnäpfchen getreten ist, bekommt hinterher leicht kalte Füße. (1985)

   Ehrfried Siewers; zitiert aus *Südwest-Presse*, 6. 7. 1985, o. Seitenz.

7. Wer häufig in's Fettnäpfchen tritt, macht sich zumindest seine Schuhe dicht. (1990)

   Wolfgang Funke, *Wendehals*, S. 120.

8. Es gibt Menschen, die kein Fettnäpfchen auslassen können und in Ermangelung eines solchen in jeden Spucknapf hineinsabbern. (1991)

   Ulrich Erckenbrecht, *Maximen*, S. 95.

9. Schmiergeld ist Geld aus den Fettnäpfchen, die das Finanzamt nicht entdeckt hat. (1996)

   Gerhard Uhlenbruck, „Hirnbissig", S. 457.

FEUER

„Feuer fangen"

1. Eine Strohwitwe fängt leicht Feuer – wenn man sich ihr mit feurigem Herzen nähert. (1980)

   Gerhard Uhlenbruck, *Nagel*, S. 15.

2. Sieht er Papier, fängt er Feuer. (1981)

   Elazar Benyoëtz, *Vielleicht*, S. 74.

3. Strohköpfe fangen leicht Feuer, Strohwitwen auch. (1983)

   Gerhard Uhlenbruck, *Nächstenhiebe*, S. 11. Auch in ders., *Aphorismen/Satz*, S. 117.

4. Nur Strohköpfe fangen Feuer. (1988)

   Claudia Glismann, *Schäferstündchen*, o. Seitenz.

5. Ein Kopf raucht auch, wenn das Stroh darin Feuer gefangen hat. (Vor 1989)

   Thomas Spanier; zitiert aus Gabriele Berthel, *Kurz*, S. 34.

FINGER

„sich die Finger verbrennen"

1. Für einen, der sich andauernd die Finger verbrennt, sollte man nicht die Hand ins Feuer legen. (1980)

   Werner Mitsch, *Pferde*, S. 40.

2. *Grenzen*

Erst die Finger verbrennen
An jedem Feuer?
Seine Grenzen nicht kennen,
Kommt teuer. (1981)

Gerhard Schumann, *Spruchbuch*, S. 72.

3. Auch am olympischen Feuer kann man sich die Finger verbrennen. (1983)

Žarko Petan, *Sintflut*, S. 51.

4. Napoleon streckte seine Hände nach Moskau aus. Aber wegen der furchtbaren russischen Kälte verbrannte er sich dort die Finger. (1991)

Michael Hallstadt, *Pferd*, S. 19.

5. Wer sich nicht die Finger verbrennen will, sollte einem Armleuchter auch nicht unter die Arme greifen. (1996)

Gerhard Uhlenbruck, „Giftpfeile“, S. 175.

FLINTE

„die Flinte ins Korn werfen“

1. *Voreilig*

Ein Mensch in seinem ersten Zorn
Wirft leicht die Flinte in das Korn,
Und wenn ihm dann der Zorn verfliegt,
Die Flinte wo im Korne liegt.
Der Mensch bedarf dann mancher Finte,
Zu kriegen eine neue Flinte. (1935)

Eugen Roth, *Menschen*, S. 29.

2. Geschäftssinn rät, die Flinte nicht ins Korn zu werfen – ehe geerntet ist. (1962)

Hans Kasper, *Abel*, S. 11. Auch in ders., *Revolutionäre*, S. 65.

3. So viel Korn gibt es gar nicht, in das ich all meine Flinten werfen möchte. (1975)

Helmut Lamprecht, *Hörner*, S. 19.

4. Weit und breit kein Korn für meine Flinte. (1977)

   Guido Hildebrandt, *Hohn*, S. 27.

5. Damit keiner die Flinte ins Korn werfen kann, säen (bauen) wir seit Jahren kein Korn mehr (an). (1979)

   Žarko Petan, *Kopf*, S. 32. Auch in ders., *Sintflut*, S. 25.

6. Man kann sich ja die Stelle markieren, wo man die Flinte ins Korn warf. (1980)

   Bernd-Lutz Lange; zitiert aus André Brie et al., *Weisheit*, S. 129.

7. Er warf die Flinte ins Korn, um keinen Finger mehr krumm machen zu müssen. (1981)

   Werner Mitsch, *Hunde*, S. 43.

8. *Bauernkrieg*

   Als
   die Bauern
   die Flinten ins Korn warfen
   gab es
   eine böse Ernte. (1982)

   Burckhard u. Gisela Garbe, *Ansichten*, S. 6.

9. Ein Berner namens Werner Zorn
   warf nie die Flinte feig ins Korn.
   Zwar sass er öfters in der Tinte,
   doch fehlte ihm zum Wurf die Flinte. (1982)

   Nebelspalter, Nr. 31/3. 8. 1982, S. 15.

10. Bald wird es mehr Flinten als Kornfelder geben;
    wohin dann mit den Waffen? (1984)

    Eduard Moriz, *Dings*, o. Seitenz.

11. Die Flinte ins Korn werfen – ist der Lieblingssport der Pessimisten. (1984)

    Werner Ehrenforth, *Eintagsfliege*, S. 50.

12. Zufall ist, wenn man die Flinte ins Korn wirft und sich dabei ein Schuß löst, der die Nadel in einem Heuhaufen trifft. (1984)

    Gerhard Uhlenbruck, *Mensch*, S. 17.

13. Man sollte die Flinte nicht gegen eine volle Flasche Korn werfen. (1985)

Bild, 17. 7. 1985, S. 2. Auch in Hans Gamber, *Frech*, S. 84.

14. Lieber eine Flinte im Korn als Waffen im Weltraum. (1987)

Angelika Franz, *Sprüche*, S. 392.

15. Pazifisten sollten die Flinte nicht ins Korn werfen. (1987)

Heinz Müller-Dietz, *Recht*, S. 52.

16. Wer eine nicht gesicherte Flinte ins Korn wirft, muß mit Querschlägern rechnen. (1995)

Walter Richter, *Aphorismen*, S. 13.

FREI

„Ich bin so frei."

1. Ich bin so frei, sagen die Dilettanten der Politik, und dann greifen sie zu, sich vollstopfend, bis ihr Bauch revoltiert und alles wieder herausbricht. (1960)

Martin Kessel, *Gegengabe*, S. 57.

2. *Freiheit*

Ich bin so frei, sprach der Chef,
und entließ seine Sekretärin. (1970)

Arnfrid Astel, *Kläranlage*, S. 47. Auch in ders., *Rechtsstaat*, S. 566.

3. „Ich bin so frei", sagte der Markt und erhöhte die Preise. (1976)

Werner Schneyder, *Rückschläge*, S. 43. Auch in ders., *Gelächter*, S. 83; und *Morgenpost*, 15. 1. 1983, o. Seitenz.

4. Ich bin so frei, sagte die Freiheit und suchte das Weite. (1984)

Werner Mitsch, *Grund*, S. 60.

5. Ich bin so frei, sagte er und nahm von der angebotenen Torte, die ihm zuwider war. (1984)

Siegfried Gloose, *Einfälle*, S. 22.

6. Ich bin so frei, sagte der freiende Freiherr, als sich die Freifrau freimachte. (1988)

Werner Mitsch, *Neue Hin-Sprüche*, S. 52.

FÜNF

„fünf gerade sein lassen“

1. Wer nicht bereit ist, einmal fünf gerade sein zu lassen, der hat auch kein Talent zum Glück. (1960)

   Martin Kessel, *Gegengabe*, S. 8.

2. Mitunter muß man fünfe auch ungrad sein lassen. (1965)

   Herbert Eisenreich, *Adam*, S. 18.

3. Man kann fünfe grad sein lassen.
   Aber Sex ist schöner. (1983)

   Nebelspalter, Nr. 10/8. 3. 1983, S. 55.

4. Wer fünfe gerade sein lassen kann, ist zwar ein guter Richter, aber nur ein mittelmäßiger Mathematiker. (1988)

   Werner Mitsch, *Neue Hin-Sprüche*, S. 17.

5. Du stehst immer da
   wie eine Eins.
   Laß doch mal
   fünfe gerade sein. (1989)

   Hans Hunfeld, *Sprichwörtlich*, S. 14.

6. Sex gerade sein lassen. (1990)

   Hans-Horst Skupy; zitiert aus Gerhard Uhlenbruck et al. *Kranker*, 3. Aufl., S. 103.

FUSS (a)

„auf großem Fuß leben“

1. Die Frauen haben gern einen kleinen Fuß und leben gern auf großem Fuße. (1923)

   J. Gössel, *Wortspiele*, S. 32.

2. *Fußkrank*

   Magst du nur immerfort
   nach Wohlstand streben,
   bleibst du dein Leben lang ein armer Tropf.

Es ist zwar schön,
auf großem Fuß zu leben,
doch besser wär,
du wärst ein großer Kopf! (1971)

Hansgeorg Stengel, *Stenglisch*, S. 46.

3. Wer auf großem Fuße lebt, muß mit Absatzsorgen rechnen. (1978)

Locus Vivendi – Sentenzen fürs Klo (Juni). München: W. Heye, 1978. Auch in Karl Heinz Rauchberger u. Ulf Harten, *Club*, S. 84; und Eduard Moriz, *Dings*, o. Seitenz.

4. nehmt euch in acht vor denen,
die auf großem fuß leben.
sie halten es für ihr naturrecht,
anderen auf die füße zu treten. (1979)

Volker Erhardt, *Kannibale*, S. 70.

5. *mit dem feuer spielen*

er lebte
so lange
auf großem fuße
bis ihm
der boden
unter den füßen
zu heiß wurde. (1981)

Dieter Fringeli, *Ohnmachtwechsel*, S. 63.

6. *Vorsicht:*

Der grosse Fuss, auf dem Sie heute leben,
könnte Ihnen morgen schwer im Magen liegen. (1982)

René Hildbrand, *Arbeit*, S. 71.

7. *Bestandsaufnahme*

Unsere Demokratie
steckt noch
in den Kinderschuhen,
lebt aber schon
auf großem Fuße. (1983)

Michael Augustin, *Apfel*, S. 36. Auch in ders., *Denkpause*, S. 27.

8. *Verschwender*

Wer auf zu großem Fuße lebt,
wird bald merken,
wo ihn der Schuh drückt. (1984)

Ron Kritzfeld, *Flexikon*, Bd. 9, S. 31.

9. Lieber auf großem Fuß leben, als zu lange Finger haben. (1985)

Bella, Nr. 1/27. 12. 1985, S. 2.

10. Wir leben auf grossem, doch leider tönernem Fuss. (1985)

Kurt Mari, *Schilfgräser*, o. Seitenz.

11. Wer auf großem Fuß lebt, vergrößert auch seine Achillesferse. (1994)

Gerhard Uhlenbruck, *Medizinische Aphorismen*, 2. Aufl., S. 1. Auch in ders., *Widersprüche*, S. 37.

FUSS (b)

„jemandem zu Füßen liegen"

1. Ich liege den Frauen zu Füßen, weil auch die schön sind. (1977)

Gerhard Uhlenbruck, *Netz*, S. 25.

2. Ich liege ihnen zu Füßen, weil ich ihnen ein Bein stellen will. (1978)

Ludwig Fienhold, *Wider-Sprüche*, S. 10.

3. Wenn einem jemand zu Füßen liegt, ist man oft gezwungen, auf der Stelle zu treten. (1978)

Eberhard zur Nieden, „Schüsse", S. 100.

4. Jemand, der einem anderen zu Füßen liegt, muß sich nicht wundern, wenn er getreten wird. (1980)

Gerhard Uhlenbruck, *Frust-Rationen*, S. 15. Auch in ders., *Nächstenhiebe*, S. 23.

5. Alle lagen ihr zu Füßen, aber keiner stand zu ihr. (1997)

Gerhard Uhlenbruck, *Widersprüche*, S. 26.

FUSS (c)

„kalte Füße bekommen (kriegen)"

1. Die Entropie des Weltalls: Gott kriegt kalte Füße; ihn fröstelt. (Vor 1950)

   Erwin Chargaff, *Bemerkungen*, S. 20.

2. Wo andere kalte Füße kriegen, behält IWKA kühlen Kopf. (1976)

   Der Spiegel, Nr. 24/7. 6. 1976, S. 107. Werbung für Industrie-Werke Karlsruhe-Augsburg.

3. Wer auf einem Vulkan tanzt, bekommt so leicht keine kalten Füße. (1986)

   Ehrfried Siewers; zitiert aus *Südwest-Presse*, 14. 6. 1986, o. Seitenz.

4. Wenn ich kalte Füße kriege, mache ich mich auf die Socken. (1990)

   Gerhard Uhlenbruck, *Darum*, S. 44. Auch in ders., *Nichtzutreffendes*, S. 47.

5. Wenn er nicht lief, bekam er in Bezug auf seine Gesundheit kalte Füße. (1997)

   Gerhard Uhlenbruck, *Widersprüche*, S. 57.

GEBET

„jemanden ins Gebet nehmen"

1. Statt ins Bett nahm sie ihn ins Gebet. (1975)

   Emil Baschnonga, *Blume*, o. Seitenz.

2. Vielleicht stünde es besser um uns, wenn wir uns gegenseitig (wörtlich) ins Gebet nähmen. (1976)

   Hellmut Walters, *Zungenschläge*, S. 25.

3. *Ermahnung*

   Wir nehmen Mitmenschen ins Gebet.
   Tun wir es! (1980)

   Ron Kritzfeld, *Flexikon*, Bd. 7, S. 11.

4. Als sie an Silvester so über sich nachdachten, glaubten sie, sie müßten einmal wirklich mit sich ins Gebet gehen. Aber sie kannten, Gott sei Dank, keines mehr. (1981)

   Klaus Sochatzy, „Reflexionen", S. 29.

5. Hat es eigentlich Sinn, einen Atheisten ins Gebet zu nehmen? (1987)

   Wolfgang Mocker, *Canossa*, S. 12.

6. Damit ihre Patienten nicht zu früh in den Himmel kommen, müssen die Ärzte sie manchmal ins Gebet nehmen! (1990)

   Gerhard Uhlenbruck, *Darum*, S. 87.

GEIGE

„die erste Geige spielen"

1. *Ministerialdirigent*

   Tonangebender im Orchester von Ministerialbeamten, die
   entweder
   die erste Geige spielen,
   auf die Pauke hauen oder
   andere nach ihrer Pfeife tanzen lassen wollen. (1976)

   Ron Kritzfeld, *Flexikon*, Bd. 3, S. 19.

2. Die falschen Töne in meinem Leben kommen daher, weil ich immer nur die zweite Geige gespielt habe. (1977)

   Gerhard Uhlenbruck, *Netz*, S. 141.

3. Ein Instrument, das auch unmusikalische Männer häufig spielen, ist die „zweite Geige". (1977)

   Robert Lembke, *Glashaus*, S. 59.

4. Auch die erste Geige hört sich allein verloren an. (1978)

   Ulli Harth, *Un-Taten*, S. 6.

5. Wer die erste Geige spielen will,
   muß schon genaue Uhrzeit haben. (1978)

   Stern, Nr. 44/26. 10. 1978, S. 297. Werbung für Texas Industries.

6. Ein Startrompeter ist ein Musiker, der in einem Blasorchester die erste Geige spielt. (1979)

   Werner Mitsch, *Fische*, S. 20.

7. Heute ist es nun einmal so, daß Menschen ohne Gehör die erste Geige spielen. (1979)

   Žarko Petan, *Kopf*, S. 88.

8. Wer die erste Geige spielen will, muß immer den richtigen Ton treffen. (1979)

Gerhard Uhlenbruck, *Einfach*, S. 84.

9. Wenn eine Frau die erste Geige spielt, so kann sie wenigstens nicht dirigieren. (1981)

Peter Reichenbach; zitiert aus *Nebelspalter*, Nr. 19/12. 5. 1981, S. 15.

10. Manch einer maßt sich an, die erste Geige zu spielen, weil er von Tuten und Blasen keine Ahnung hat. (Vor 1982)

Rolf Neuparth; zitiert aus Eckart Krumbholz, *Blatt*, S. 35.

11. „Für meinen Vater spielt Henkel die erste Geige." (1982)

Der Spiegel, Nr. 16/19. 4. 1982, S. 16. Werbung für Henkel-Chemie.

12. Wo jeder die erste Geige spielen will, gibt es kein Orchester! (1982)

René Hildbrand, *Arbeit*, S. 88.

13. *Fiedelitas*

Als Kind erhielt er seine erste Geige.
Und lange Zeit hat er sie dann gespielt.
Doch das Talent ging peu à peu zur Neige.
Nie wieder hat er ähnliches erzielt. (1984)

Wolfgang Funke, *Funksprüche*, S. 59. Auch in ders., *Wendehals*, S. 63.

14. Streß: Wer zart besaitet ist, kann nie die erste Geige spielen. (1984)

Gerhard Uhlenbruck, *Mensch*, S. 13.

15. Wo jeder die erste Geige spielen möchte, geht das beste Orchester flöten. (1984)

Werner Mitsch, *Grund*, S. 85.

16. Der dir die Flötentöne beibringen will
weil er die erste Geige spielen möchte
damit er dir den Marsch blasen kann
auf den kannst du pfeifen. (1985)

Liselotte Rauner, *Sorge*, S. 85.

17. Er träumte schon immer davon, einmal die erste Geige zu spielen. Und plötzlich war er der schnellste am Klavier. (1987)

Werner Mitsch, *Wal*, o. Seitenz.

GEIGE 22

Stuttgarter Zeitung

„Herr Direktor, die beiden Bewerber für die erste Geige sind da"

18. Es wollen immer diejenigen die erste Geige spielen, die von Tuten und Blasen keine Ahnung haben und (anderswo schon) mit Pauken und Trompeten durchgefallen sind. (1987)

    Gerhard Uhlenbruck, *Kaffee*, S. 111. Auch in ders., *Aphorismen/Satz*, S. 94.

19. Liebe ist, wenn der Verstand die zweite Geige spielt. (1988)

    Werner Mitsch, *Neue Hin-Sprüche*, S. 107.

20. Wer bei der SED nur Blockflöte gelernt hat, soll nach der Wahl nicht die erste Geige spielen! (1990)

    Ewald Lang, *Wendehals*, S. 171.

21. Wer die zweite Geige spielt, gibt zwar nicht den Ton an, aber er hat einen Stammplatz! (1990)

    Gerhard Uhlenbruck, *Darum*, S. 21.

22. „Herr Direktor, die beiden Bewerber für die erste Geige sind da." (1993)

    Der Spiegel, Nr. 23/7. 6. 1993, S. 43.

23. Viele spielen die erste Geige ohne Instrument. (1995)

    Walter Richter, *Geige*, S. 21.

24. Wer die erste Geige spielt, sollte Saitensprünge vermeiden. (1995)

Kurt Tackmann, „Aphorismen“, S. 4.

GELD

„Geld wie Heu haben“

1. Wer Geld haben will wie Heu, muss arbeiten wie ein Pferd. (1982)

   René Hildbrand, *Arbeit*, S. 26.

2. Ich kenne einen, der hat Geld wie Heu und Verstand wie Stroh. (1983)

   Fritz Herdi; zitiert aus *Nebelspalter*, Nr. 11/15. 3. 1983, S. 2.

3. Leute, die Geld wie Heu haben, dreschen viel leeres Stroh, wenn man sie danach fragt. (1989)

   Gerhard Uhlenbruck, *Aphorismen/Satz*, S. 77.

4. Wer Geld wie Heu hat, ist meist auch seelisch vertrocknet. (1989)

   Gerhard Uhlenbruck, *Aphorismen/Satz*, S. 75.

GESICHT (a)

„sein Gesicht verlieren“

1. Er kann ruhig sein Gesicht verlieren. Er besitzt mehrere. (1965)

   Heinrich Wiesner, *Lakonische Zeilen*, S. 11.

2. Er verlor sein Gesicht – nur weiß er nicht, welches. (1970)

   Wiesław Brudzinski, *Katz*, S. 124.

3. Wenn jemand seine Maske wechselt, sagen wir: „Er hat sein Gesicht verloren.“ (1970)

   Hans Kudszus, *Jaworte*, S. 28.

4. Mancher gewinnt, wenn er sein Gesicht verliert. (1976)

   Peter Benary, *Seiten*, o. Seitenz.

5. Es gibt Politiker, die Angst haben, ihr Gesicht zu verlieren. Dabei könnte ihnen gar nichts besseres passieren. (1977)

   Robert Lembke, *Glashaus*, S. 68.

6. Vor lauter Masken, die wir tragen, verlieren wir unsere Gesichter – aus den Augen, aus dem Sinn. (1978)

Werner Sprenger, *Oasen*, S. 63.

7. Der Urlauber verliert mit der Farbe auch sein Gesicht. (1979)

Gerhard Uhlenbruck, *Einfach*, S. 17.

8. Er hat sein Gesicht verloren: ein Januskopf ist kein Gewinn! (1979)

Peter Weingartner; zitiert aus *Nebelspalter*, Nr. 36/4. 9. 1979, S. 23.

9. Merkwürdig! Gerade jene fürchten ihr Gesicht zu verlieren, die deren zwei besitzen. (1980)

Jupp Müller, *Pfennigwahrheiten*, S. 43.

10. Besser die Hose verlieren als das Gesicht! (1981)

Tages-Anzeiger, 10. 11. 1981, S. 7.

11. *Maßstäbe*

Geld kannst du immer wieder gewinnen.
Mußt's nur richtig beginnen.
Dein Gesicht kannst du nur einmal verlieren.
Dann geht's an die Nieren.
Bleib dir treu. Behalt dein Gesicht.
Verkauf dich nicht. Es lohnt sich nicht. (1981)

Gerhard Schumann, *Spruchbuch*, S. 73.

12. *Kurznachruf*

Er verlor sein Gesicht nie,
denn er senkte es nie in etwas hinein. (1982)

Werner Reiser; zitiert aus *Nebelspalter*, Nr. 10/9. 3. 1982, S. 49.

13. Um das Gesicht nicht zu verlieren, riskierte er den Kopf. (1982)

Hans Derendinger; zitiert aus *Nebelspalter*, Nr. 16/20. 4. 1982, S. 43.

14. Das Gesicht zu verlieren – welche Entspannung! (1983)

Hans Derendinger; zitiert aus *Nebelspalter*, Nr. 33/16. 8. 1983, S. 13.

15. Um unser Image zu wahren, verlieren wir unser Gesicht. (1986)

Gerhard Uhlenbruck, „Gedankensprünge", S. 189.

16. *verlust*

weil er
sein gesicht nicht
verlieren wollte
verlor er
den kopf. (1987)

Manfred Hausin, *Verboten*, S. 157.

17. Wer sein Gesicht nicht verlieren will, hat vielleicht keine andere Maske. (1988)

Hans Norbert Janowski, *Kürze*, S. 72.

18. Wenn man sein Gesicht verloren hat, kann man anderen nicht mehr die Stirn bieten. (1989)

Gerhard Uhlenbruck, *Aphorismen/Satz*, S. 23. Auch in ders., *Diagnosen*, S. 134.

19. Nicht wenige verlieren auch noch das Gesicht, wenn sie den Kopf verloren haben. (1990)

Werner Ehrenforth, *Alte Sitzbeschwerden*, S. 30.

20. Wer eine Maske trägt, kann sein Gesicht nicht verlieren. (1995)

Hans Leopold Davi, *Wortwirbel*, S. 19.

GESICHT (b)

„sein Gesicht wahren"

1. Kunststück:
Kein Gesicht haben, aber es wahren wollen. (Um 1970)

Klaus Frank, *Aphorismen*, S. 166.

2. Als er sein Gesicht wahren wollte, merkte er, daß er gar keines hatte. (1977)

Oliver Hassencamp, *Klipp*, S. 71.

3. Manchmal kostet es den Kopf, wenn man sein Gesicht wahren will. (1977)

Wolfgang Eschker, *Gift*, S. 58.

4. daß
große männer
ihr gesicht wahren wollten,
hat viele

kleine leute
den kopf gekostet. (1979)

Volker Erhardt, *Kannibale*, S. 58.

5. Als er endlich sein Gesicht wahren wollte, konnte er es nicht finden. (1984)

   Siegfried Gloose, *Einfälle*, S. 9.

6. Es fiel ihm leicht, sein Gesicht zu wahren.
   Er hatte zwei. (1985)

   André Brie, *Anfang*, S. 68. Auch in ders., *Wahrheit/Anfang*, S. 135.

7. „Wir müssen das Gesicht wahren" – erst mal das Gesicht waschen – und dann zusehen, ob es da noch etwas zu wahren gibt. (1985)

   Hermann Funke, *Worte*, S. 14.

8. Mancher zeigt sein wahres Gesicht erst, wenn er den Kopf verliert. (1987)

   Wolfgang Mocker, *Canossa*, S. 38.

9. Wer sein Gesicht wahrt, zeigt nicht sein wahres Gesicht! (1989)

   Gerhard Uhlenbruck, *Aphorismen/Satz*, S. 12. Auch in ders., *Darum*, S. 57.

10. Wer sein Gesicht wahren will, darf seine Maske nicht fallen lassen. (1997)

    Gerhard Uhlenbruck, *Widersprüche*, S. 51.

GLOCKE

„etwas an die große Glocke hängen"

1. Es ist beklagenswert, daß die „große Glocke" nie in Scherben geht. (1900)

   Phia Rilke, *Ephemeriden*, S. 53.

2. Lieber an Gold Teefix hängen als an der großen Glocke. (1976)

   Frau im Spiegel, Nr. 4/15. 1. 1976, hintere Umschlagseite. Werbung für Gold Teefix.

3. Wenn man etwas an die große Glocke hängt, sollte man auch sicher sein, daß sie zur richtigen Zeit läutet. (1977)

   Gerhard Uhlenbruck, *Netz*, S. 24.

GLOCKE 2

4. Er hielt sich für besonders tüchtig, weil er alles nicht nur an die große Glokke, sondern selbst an die allerkleinste hing. (1978)

   Gerd Heyse, *Hund*, S. 27.

5. Er hängt es an die große alte Glocke Gott.
   Aber sind die neuen großen Glocken besser? (1979)

   Elias Canetti, *Aufzeichnungen*, S. 434.

6. *Randbemerkung*

   Wird etwas an die grosse Glocke gehängt, so steht die Kirche meist nicht mehr in der Mitte des Dorfes. (1983)

   Nebelspalter, Nr. 23/7. 6. 1983, S. 16.

7. Nicht jeder, der etwas an die große Glocke hängt, ist deswegen ein Glöckner von Notre-Dame. (1984)

   Eduard Moriz, *Intim*, o. Seitenz.

8. Du mußt nicht immer alles an die große Glocke hängen, wenn wir an einem Strang ziehen sollen. (1989)

   Hans Hunfeld, *Sprichwörtlich*, S. 86.

9. Wer etwas an die große Glocke hängt, darf sich nicht beschweren über das viele Hin und Her. (1994)

   Birgit Berg, *Worte*, S. 35.

10. Wer alles an die große Glocke hängt, muß sich nicht wundern, wenn andere etwas läuten hören. (1997)

    Gerhard Uhlenbruck, *Widersprüche*, S. 30.

GLÜCK

„Glück im Unglück haben"

1. Das Glück im Unglück ist, daß man auch im Unglück „ist". (1970)

   Hans Kudszus, *Jaworte*, S. 19.

2. Die Ausnahme und die Regel: Glück im Unglück und Unglück im Glück. (1977)

   Gerhard Uhlenbruck, *Netz*, S. 90.

3. Glück im Unglück – oder wie wir Lateiner zu sagen pflegen: Nonsens im Konsens. (1978)

   Werner Mitsch, *Spinnen*, S. 57.

4. Glück im Unglück, sagte der Specht. Überall wo ich anklopfe, ist der Wurm drin. (1978)

   Werner Mitsch, *Spinnen*, S. 23.

5. Wenn ein Mensch in der Ehe glücklich ist, können wir von ihm sagen, daß er Glück im Unglück gehabt hat. (1979)

   Žarko Petan, *Kopf*, S. 15.

6. Glück im Unglück, sagte der Mann mit dem Brett vor dem Kopf, als er ein Sägewerk erbte. (1984)

   Werner Mitsch, *Grund*, S. 109.

GOTT

„leben wie Gott in Frankreich"

1. „Er lebte wie Gott in Frankreich." Man sollte das abändern und sagen: „Er lebte wie ein deutscher Divisionskommandeur in Frankreich." (1931)

   Kurt Tucholsky, *Werke*, Bd. 3, S. 977. Auch in ders., *Schnipsel*, S. 114.

2. Einige Leute haben nur deshalb noch nie wie Gott in Frankreich gelebt, weil das ziemlich teuer ist. (1974)

   Der Spiegel, Nr. 11/11. 3. 1974, S. 41.

3. Der EWG beitreten, um so leben zu können wie Gott in Frankreich. (1983)

   Werner Mitsch, *Schwarze*, S. 47.

4. Er lebt nicht „wie Gott in Frankreich", sondern nur als avancierter politischer Beamter ohne Fortune, dem man deshalb nahegelegt hatte, um seine vorzeitige Pensionierung einzukommen. Er hat so sein Auskommen, daß er ohne Neid zusehen kann, wie Gott in Frankreich so lebt. (1984)

   Klaus Sochatzy, *Widerworte*, S. 74.

5. Mancher vorbildliche Atheist lebt wie Gott in Frankreich. (Vor 1986)

   Klaus Koch; zitiert aus Ingetraud Skirecki, *Troja*, S. 63.

6. Dubiose Burschen werden gefilzt, gewisse honorige Burschen leben von jenem Filz, den man inzwischen auch als „Connection" bezeichnet, wie Gott in Frankreich. (1994)

   Felix Renner, *Worte*, S. 79.

7. Schlemmen wie Gott in Frankreich. (1995)

   Die Weltwoche, Nr. 37/14. 9. 1995, S. 81.

GRAS (a)

„Darüber ist (das) Gras gewachsen."

1. *freizeit*

   rasenmäher, sonntag
   der die sekunden köpft
   und das gras.

gras wächst
über das tote gras
das über die toten gewachsen ist.

wer das hören könnt!

der mäher dröhnt,
überdröhnt
das schreiende gras.

die freizeit mästet sich.
wir beißen geduldig
ins gras. (1964)

Hans Magnus Enzensberger, *Blindenschrift*, S. 31.

2. *Zeitgenössische Literatur*

Über alles wächst Grass. (1975)

Helmut Lamprecht, *Hörner*, S. 44.

3. Mist düngt: Über faule Sachen wächst umso dichteres Gras. (1977)

Gerhard Uhlenbruck, *Netz*, S. 21.

4. *Grünanlagen*

Wir haben schon
so manches Gras
wachsen
gehört

das über so manches
gewachsen ist

Nun
wächst Gras
darüber

daß wir es
gehört haben. (1985)

Holdger Platta, *Grünanlagen*, S. 93.

5. Es gibt Sachen, über die wächst kein Gras, sondern Unkraut. (Vor 1986)

Daniel Textor; zitiert aus Ingetraud Skirecki, *Troja*, S. 171.

6. Es ist schon über so viele Dinge Gras gewachsen, daß man bald keiner Wiese mehr trauen kann. (1986)

Klaus von Welser, „Aphorismen“, S. 38.

7. Auch über Tschernobyl wird eines Tages verseuchtes Gras wachsen. (1988)

   Werner Mitsch, *Neue Hin-Sprüche*, S. 88.

8. Nur Schafe sind an dem Gras interessiert, das über eine Angelegenheit gewachsen ist. (1989)

   Manfred Strahl, *Ausleg-Ware*, S. 85.

9. Wenn über einen dummen Fehler endlich Gras gewachsen ist, kommt garantiert ein Kamel gelaufen und frißt alles wieder runter. (1992)

   Beate Kuckertz, *Büro*, o. Seitenz.

10. Umweltschutz: Man muß dafür Sorge tragen, daß auch in Zukunft noch Gras über eine Sache wachsen kann. (1994)

    Gerhard Uhlenbruck, *Medizinische Aphorismen*, 2. Aufl., S. 134.

11. Wenn unsere Kindheit stirbt, wird sie zur gefährlichen Altlast, über der kein Gras mehr wächst. (1994)

    Felix Renner, *Worte*, S. 30.

12. Auch das Gras, das über eine Sache gewachsen ist, beginnt von Zeit zu Zeit zu sprießen. (1995)

    Wolfgang Eschker, *Mitgift*, S. 174.

13. Darüber muss Gras wachsen. Obwohl darunter Leichen verwesen? (1995)

    Hans Leopold Davi, *Wortwirbel*, S. 77.

14. *Spuren von Korrekturen*

    Der Kluge tadelt nicht mit Übermaß.
    Er weiß: Auch über Fehler wächst das Gras.
    Doch allzu starke Korrekturen
    hinterlassen Spuren. (1995)

    Kurt Sachse, *Volkston*, S. 102.

GRAS (b)

„das Gras wachsen hören“

1. Wenn von der bewegten Vergangenheit einer Dame die Rede ist, darf man die Ohren spitzen, aber sie müssen begabt sein, das Gras über Begebenheiten wachsen zu hören. (1918)

   Richard Schaukal, *Gedanken*, S. 272.

2. Man darf nicht das Gras wachsen hören, sonst wird man taub. (Vor 1946)

   Gerhart Hauptmann, *Werke*, Bd. 6, S. 1007.

3. Menschen, die das Gras wachsen hören, haben es auch meist selbst gesät. (Vor 1963)

   Hildegard Knef; zitiert aus Agnes Emrich, *Zitatenlexikon*, S. 65.

4. Wer hört, wie das Gras wächst? Die Mäher. (Vor 1966)

   Stanisław Jerzy Lec, *Letzte Gedanken*, S. 48. Auch in ders., *Buch*, S. 56.

5. Man kann auch das Gras wachsen hören und bloß am Heu interessiert sein. (1966)

   Helmut Arntzen, *Prozeß*, S. 11.

6. Angst hört das Gras wachsen und die Steine schreien. (1970)

   Hans Kudszus, *Jaworte*, S. 38.

7. Manche hören aus dem Wachsen des Grases sogar den Butterpreis heraus. (1977)

   Wolfgang Eschker, *Gift*, S. 77. Auch in ders., *Mitgift*, S. 178.

8. Über unangenehme Sachen hört man gerne das Gras wachsen. (1979)

   Gerhard Uhlenbruck, *Einfach*, S. 16.

9. Wer das Gras wachsen hört, ist nahe dem Boden. (1980)

   Hans Kopp, *Jagdunfälle*, S. 65.

10. *Ich hör das Gras wachsen*

    Ich hör das Gras wachsen.
    Sieh doch sieh
    so hoch schon
    und höher noch
    atemschnell
    Erstickungsgefahr. (1981)

    Ute Zydek, *Haus*, S. 47.

11. Sein ganzes Leben lang hörte er das Gras wachsen. Nur gemäht hat er es nie. (Vor 1982)

    Gabriele Berthel; zitiert aus Eckart Krumbholz, *Blatt*, S. 35.

12. Er liebte es, das Gras wachsen zu hören – über seinen Fehlern. (1982)

André Brie, *Wahrheit*, S. 49. Auch in ders., *Wahrheit/Anfang*, S. 49.

13. Die Leute, die das Gras wachsen hören, sind meist dieselben, die es gesät haben. (Vor 1983)

Peter Frankenfeld; zitiert aus Roland Michael, *Treffend*, S. 92.

14. Ich höre schon das Gras wachsen, in das wir 'mal beißen werden. (1983)

Karl Heinz Rauchberger u. Ulf Harten, *Club*, S. 58. Auch in Ralf Bülow, *Graffiti*, o. Seitenz.

15. Viele hören das Gras wachsen, sehen aber vor lauter Bäumen den Wald nicht. (1983)

Nebelspalter, Nr. 11/15. 3. 1983, S. 25.

16. Clever. – Er hörte das Gras wachsen und machte Heu. (1984)

Hugo Ernst Käufer, *Kehrseiten*, S. 43.

17. Nicht immer sind die, die das Gras wachsen hören, auch bereit, es zu mähen. (1984)

Werner Mitsch, *Grund*, S. 14.

18. Wer das Gras wachsen hören will, der hüte sich vor Binsenweisheiten. (1984)

Werner Mitsch, *Grund*, S. 20.

19. Es wird zu spät sein, das Gras wachsen zu hören, wenn es über Gräbern wächst. (1985)

André Brie, *Anfang*, S. 65. Auch in ders., *Wahrheit/Anfang*, S. 132.

20. Todesängste: Man hört das Gras wachsen, in welches man glaubt beißen zu müssen. (1985)

Gerhard Uhlenbruck, *Eigenliebe*, S. 5. Auch in ders., *Body*, S. 72.

21. Kluge Bauern begnügen sich nicht damit, das Gras wachsen zu hören. (1990)

Werner Ehrenforth, *Alte Sitzbeschwerden*, S. 68.

22. Wer das Gras wachsen hört, weiß oft nicht, wie eine Wiese aussieht. (1990)

Wolfgang Funke, *Wendehals*, S. 75.

23. Wer hier das Gras wachsen hört, wird leicht taub. (1992)

Beate Kuckertz, *Büro*, o. Seitenz.

24. Das „stets überlegene“ Ohr hört das Gras ohne Verstärker wachsen. (1995)

Walter Richter, *Aphorismen*, S. 31.

25. Ein Hypochonder ist ein Mensch, der das Gras wachsen hört, in welches er glaubt, beißen zu müssen. (1996)

Gerhard Uhlenbruck, *Nichtzutreffendes*, S. 44.

GRAS (c)

„ins Gras beißen“

1. Zuerst kriegt der Mensch Zähne, um sich durchs Leben durchzubeißen, dann bekommt er eine Anstellung, um etwas zu beißen zu haben, dann erhält er eine Frau, um sich mit ihr herumzubeißen, dann einen Hausfreund, der ihn herausbeißt, dann einen Grabstein, wenn er ins Gras gebissen! Auch der Mensch, der gar nichts zu beißen hat, weiß eines sicher – daß er schließlich auch ins Gras beißen muß. (Um 1850)

Moritz Gottlieb Saphir, *Leier*, S. 68.

2. Ich biß ins Gras. Mit dem Geschmack auf der Zunge kam ich ins Krankenhaus. (1978)

Ben Witter, *Nebbich*, S. 37.

3. Ins Gras beißen, ist für eine Kuh die einzige Möglichkeit nicht ins Gras zu beißen. (1978)

Werner Mitsch, *Spinnen*, S. 42.

4. Wer nix mehr ze beiße hat
beißt doch – ins Gras. (1978)

Kurt Sigel, *Gegenreden*, S. 51.

5. Wer viel Grünes futtert, muß nicht vorzeitig ins Gras beißen. (1979)

Gerhard Uhlenbruck, *Einfach*, S. 71. Auch in ders., *Medizinische Aphorismen*, S. 15.

6. Wer ins Gras beißt, stirbt, so verschmutzt ist es heute. (1980)

Gerhard Uhlenbruck, *Nagel*, S. 44.

7. *gras*

über das gras
in das sie gebissen haben
ist gras gewachsen

ist das gras gewachsen
in das wir
beißen werden

über das gras
in das wir beißen werden
wird gras wachsen

wird das gras wachsen
in das ihr
beißen werdet

über das gras
in das ihr beißen werdet
wird gras wachsen. (1981)

Dieter Fringeli, *Ohnmachtwechsel*, S. 45.

8. *Trost*

Alle Ochsen beißen mal
ins Gras. (1981)

Ron Kritzfeld, *Flexikon*, Bd. 8, S. 32.

9. Das Gras, in das er beißen mußte, hatte er selbst gesät. (Vor 1982)

Ronald Keller; zitiert aus Eckart Krumbholz, *Blatt*, S. 59.

10. Bevor man ins Gras beißen muß, verliert man seine Zähne. (1982)

Gerhard Uhlenbruck, *Medizinische Aphorismen*, S. 69.

11. Man muß nicht unbedingt ins Gras beißen, um es wachsen zu hören. (1982)

Werner Mitsch, *Bienen*, S. 28.

12. Auch (die größten) Vegetarier beißen nicht gern ins Gras! (1983)

Karl Heinz Rauchberger u. Ulf Harten, *Club*, S. 70. Auch in Eduard Moriz, *Dings*, o. Seitenz.; und ders., *Intim*, o. Seitenz.

13. Nicht alle, die ins Gras beißen, sind Vegetarier. (1984)

Claudia Glismann, *Schüler*, o. Seitenz.

14. „Warum leben Eskimos eigentlich so lange?"
„Weil sie nicht ins Gras beißen können." (1984)

Klaus Frank, *Kalauer*, S. 107.

15. Wir werden in das Gras beißen, das wir über unsere Fehler wachsen lassen. (1985)

André Brie, *Anfang*, S. 40. Auch in ders., *Wahrheit/Anfang*, S. 107.

16. Nehmen Sie Dentagard, damit Sie auch morgen noch kräftig ins Gras beißen. (1987)

Angelika Franz, *Sprüche*, S. 354.

17. *Einem Vegetarier*

Nur Grünzeug aß er und Spinat,
Auch Kukurutz mit Hindernissen,
Jedoch trotz Kräuticht und Salat
Hat ungern er ins Gras gebissen. (Vor 1990)

Max Kalbeck; zitiert aus Otto Böhmer, *Leben*, S. 113.

18. Ins Gras beißen selbst Vegetarier nicht gern. (1990)

Wolfgang Funke, *Wendehals*, S. 71.

GROSCHEN

„Der Groschen ist gefallen."

1. Preise, Mieten und Dividenden steigen – weil der Groschen noch nicht gefallen ist. (1973)

Liselotte Rauner, *Volksmund*, S. 16.

2. Die Würfel fallen leichter als der Groschen. (1977)

Gerhard Uhlenbruck, *Netz*, S. 95.

3. Zum Verständnis des Bürgers fällt beim Staat nur der Steuergroschen. (1979)

Gerhard Uhlenbruck, *Einfach*, S. 67.

4. Bei manchem Handwerker fällt der Groschen erst, wenn man mit zehn Mark nachhilft. (1982)

André Brie, *Wahrheit*, S. 53. Auch in ders., *Wahrheit/Anfang*, S. 52.

5. Der Groschen fällt langsam; und wenn, dann in Automaten. (1983)

Ulrich Erckenbrecht, *Körnchen*, S. 11.

6. Am schnellsten fällt der Groschen, wenn man in einem Taxi sitzt. (1984)

   Gerhard Uhlenbruck, *Mensch*, S. 18.

7. Wenn der Groschen fällt, muß nicht automatisch auch ein Licht aufgehen: Bei manchen fällt der Groschen durch. (1985)

   Gerhard Uhlenbruck, *Eigenliebe*, S. 32. Auch in ders., *Wahr*, S. 104.

8. *Irrtum*

   Der Groschen ist gefallen – dummerweise war's Falschgeld. (1988)

   Hans Hollweg, *Kürze*, S. 91.

9. Markweise fällt bei vielen der Groschen leichter. (Vor 1989)

   Wolfgang Mocker; zitiert aus Gabriele Berthel, *Kurz*, S. 99.

10. Bei den meisten Menschen fällt der Groschen, wenn es ums Geld geht. (1989)

    Gerhard Uhlenbruck, *Aphorismen/Satz*, S. 70.

11. Wenn der Groschen nicht fällt, liegt es nicht immer am Geld. (1989)

    Gerhard Uhlenbruck, *Aphorismen/Satz*, S. 72. Auch in ders., *Diagnosen*, S. 20.

12. Der Groschen
    der längst fallen sollte
    wird in der Tasche behütet. (1995)

    Clemens am Berg, *Kopfdisteln*, S. 121.

13. Bei den Armen ist inzwischen der Groschen gefallen, daß die Reichen auch Gefallen an ihren Groschen haben. (1997)

    Gerhard Uhlenbruck, *Widersprüche*, S. 30.

GÜRTEL

„den Gürtel enger schnallen"

1. Auch ich bin dafür, den Gürtel enger zu schnallen, aber bitte nicht um den Hals. (1979)

   Žarko Petan, *Kopf*, S. 14.

2. Erst ziehen sie einem die Hosen aus, und dann soll man auch noch den Gürtel enger schnallen. (1979)

   Žarko Petan, *Kopf*, S. 25.

3. Den Gürtel enger schnallen
sollen wir
sagt von Zeit zu Zeit
der Staat.
Doch mehr
und teurere
Gürtel kaufen
wegen der
Zuwachsrate. (1980)

Werner Schneyder, *Gelächter*, S. 103.

4. *Krisenfest*

[...]
Gefordert,
den Gürtel enger zu schnallen,
verlangen sie die Subventionierung
von Hosenträgern.
[...] (1981)

Dieter Höss; zitiert aus *Die Zeit*, Nr. 17/24. 4. 1981, S. 21.

5. Wer den Gürtel enger schnallen will, muß sich am Riemen reißen. (1981)

Gerhard Uhlenbruck, *Masche*, S. 10. Auch in ders., *Body*, S. 74; ders. *Diagnosen*, S. 94; und ders., *Medizinische Aphorismen*, 2. Aufl., S. 1.

6. Es ist eine Illusion, wenn man glaubt, man könnte den Gürtel nur an einer bestimmten Stelle enger schnallen. Wo man auch schnallt, es drückt auf den ganzen Leib. (Vor 1983)

Gaston Roux; zitiert aus Roland Michael, *Treffend*, S. 52.

7. *Kriegsgefahr*

Wenn wir erst den Gürtel
enger schnallen sollen,
dann müssen wir bald auch
den Helm fester binden. (1984)

Ron Kritzfeld, *Flexikon*, Bd. 9, S. 18.

8. Dem Nudisten kann man leicht sagen:
Schnall den Gürtel enger! (1990)

Žarko Petan, *Herren*, S. 90.

9. Man kann den Gürtel nicht enger schnallen, solange die Bäuche dick sind. (1993)

   Johannes Gross, *Fürwitz*, S. 90.

10. Wir müssen den Gürtel enger schnallen, sagen wir und meinen vor allem jene, deren Gürtel schon sehr eng sitzt. (1995)

    Günther Hindel, *Rat*, S. 17.

11. Manche Männer müssen sich den Gürtel enger schnallen, weil sich der Bauch darüber zu wölben beginnt und der Gürtel rutscht! (1996)

    Gerhard Uhlenbruck, „Giftpfeile", S. 169.

HAAR (a)

„ein Haar in der Suppe finden"

1. *Das Haar in der Suppe*

   Mancher findet nur darum ein Haar in jeglicher Suppe,
   Weil er das eigene Haupt schüttelt, so lange er ißt. (Vor 1863)

   Friedrich Hebbel, *Werke*, Bd. 6, S. 444. Auch in Agnes Emrich, *Zitatenlexikon*, S. 35; und Angela u. Andreas Hopf, *Weisheiten*, S. 203.

2. Ein Haar in der Suppe mißfällt uns sehr,
   Selbst wenn es vom Haupt der Geliebten wär'. (Vor 1908)

   Wilhelm Busch, *Gesamtausgabe*, Bd. 5, S. 207. Auch in ders., *Weise*, S. 37.

3. Wo alles zur Gewohnheit wird, dort findet sich auch ein Haar in der Suppe. (1960)

   Martin Kessel, *Gegengabe*, S. 23.

4. Wer Katzenhaar in der Suppe nicht mag, kommt leicht in den Verdacht, ein Antitierschützer zu sein. (1967)

   Rudolf Rolfs, *Schlag*, S. 175.

5. *Antwort eines ungekämmten Kellners*

   Mir ist Hygiene nicht schnuppe,
   aber das eine ist klar:
   Besser ein Haar in der Suppe
   als eine Suppe im Haar. (1971)

   Hansgeorg Stengel, *Stenglisch*, S. 54. Die beiden letzten Zeilen auch in *Quick*, Nr. 22/24. 5. 1973, S. 38.

6. Die Haare, die man in der Suppe findet, stammen meist von den eigenen Zähnen. (1976)

   Hellmut Walters, *Zungenschläge*, S. 31.

7. Fairness: Beim Gegner ein Haar in der Suppe finden, aber darauf zu verzichten, es zu spalten. (1977)

   Gerhard Uhlenbruck, *Netz*, S. 19. Auch in ders., *Aphorismen/Satz*, S. 97.

8. In jeder Suppe fand sie ein Haar.
   Jetzt hat sie Haare auf den Zähnen. (1977)

   Wolfgang Eschker, *Gift*, S. 80. Auch in ders., *Mitgift*, S. 153.

9. Kritische Verwandte finden immer ein Haar in der Sippe. (1978)

   Werner Mitsch, *Spinnen*, S. 28.

10. Lieber ein Haar in der Suppe als Suppe im Haar. (1978)

    Udo Bracht, *Bilder*, S. 106. Auch in Iris Blaschzok, *Ächt*, S. 46; und Claudia Glismann, *Schüler*, o. Seitenz.

11. Manche finden Haare in jeder Suppe – und haben trotzdem eine Glatze. (1978)

    Peter Horton, *Saite*, o. Seitenz.

12. Lieber eine Feder am Hut, als ein Haar in der Suppe. (1982)

    Werner Mitsch, *Bienen*, S. 117.

13. Wenn ich feststellen will, ob das Haar in meiner Suppe von mir ist, muss ich nur nachzählen. (1982)

    Robert Lembke; zitiert aus *Nebelspalter*, Nr. 38/21. 9. 1982, S. 39.

14. Auch von der schönsten Frau wünscht man sich kein Haar in der Suppe. (1983)

    Peter Oprei, *Bedenkliches*, S. 45.

15. Lieber ein Haar in der Suppe, als gar keine Konversation. (1983)

    Werner Mitsch, *Schwarze*, S. 63. Auch in ders., *Wal*, o. Seitenz.

16. *Verwahrung*

    Eine Glatze zu haben,
    bedeutet noch lange nicht,
    sich über jedes
    Haar in der Suppe
    freuen zu müssen. (1983)

    Michael Augustin, *Apfel*, S. 24.

17. Der Gast ist empört: „Schauen Sie, Herr Ober, das ist nun schon das zweite Haar, das ich in der Suppe finde!"
„Moment", meint der Ober, „ich bringe Ihnen einen Kamm für die Suppe."
(1984)

Klaus Frank, *Kalauer*, S. 69.

18. Es gibt Leute, die würden das Haar in der Suppe am liebsten noch spalten. (Vor 1986)

Wolfgang Mocker; zitiert aus Ingetraud Skirecki, *Troja*, S. 78.

19. Mancher findet ein Haar in der Suppe und gibt nicht zu, daß er es vorher auf den Zähnen hatte. (Vor 1986)

Franz Hannemann; zitiert aus Ingetraud Skirecki, *Troja*, S. 49.

20. Mancher schüttelt so lange mit dem Kopf, bis er ein Haar in der Suppe findet. (1986)

Bella, Nr. 41/3. 10. 1986, S. 2.

21. Mich stört das Haar in meiner Suppe,
doch nie am Schoße meiner Puppe. (1986)

Bernd Thomsen, *Bett*, S. 13.

22. Glatze: Man freut sich schon über ein Haar in der Suppe. (1987)

Gerhard Uhlenbruck, *Kaffee*, S. 90.

23. *Nicht zu fassen!*

Jeden Tag – pfui, Teufel! –
finde ich Haare
in meiner Suppe.

Und dabei koche ich mir
als Junggeselle
täglich mein Essen selbst! (1987)

Theodor Weißenborn, *Alchimie*, S. 61.

24. Er wirkte so deplaziert wie ein graues Haar in einer Frühlingssuppe. (1988)

Werner Mitsch, *Neue Hin-Sprüche*, S. 33.

25. Ist am Kopf das Haar nicht dran,
such es in der Suppe, Mann! (1988)

Claudia Glismann, *Schäferstündchen*, o. Seitenz.

26. Ob das Haar in der Suppe ignoriert wird, hängt von der Attraktivität der Köchin ab und von der Kurzsichtigkeit des Gastes. (1988)

Werner Mitsch, *Neue Hin-Sprüche*, S. 74.

27. Er fand auch bei Steak mit Champignons ein Haar in der Suppe. (Vor 1989)

Stefan Tschök; zitiert aus Gabriele Berthel, *Kurz*, S. 170.

28. *Eifersucht* ist nicht das Haar, sie ist das Salz in der Liebessuppe. (1991)

Zoltán Bezerédj, *Aphorismen*, S. 27.

29. Nörgler: Pedant, der in einer ohnehin trüben Brühe auch noch nach Haaren sucht. (1994)

Felix Renner, *Worte*, S. 37.

30. Manch einer schätzt die Suppe erst dann, wenn er ein Haar darin gefunden hat. (1995)

Wolfgang Eschker, *Mitgift*, S. 111.

31. Wer bei anderen ein Haar in der Suppe findet, der spaltet es auch! (1996)

Gerhard Uhlenbruck, „Hirnbissig", S. 457.

32. Ein Mann ist viele Jahre verheiratet und all diese Jahre mit seiner Frau zufrieden gewesen. Eines Tages findet er ein Haar in der Suppe.

Nicht das Haar, sagt er zu seiner Frau, ist so schlimm, sondern daß es grau ist.

Soll ich meine Haare färben? fragt die Frau.

Ich weiß, wie ungerecht ich bin, sagt der Mann. Es hätte auch ein blondes Haar sein können oder ein weißes. Ich wollte ein Haar in der Suppe finden, und ich habe es gefunden.

Was tun wir jetzt? fragt die Frau.

Der Mann sieht seine Frau lange an, dann sagt er: Wahrscheinlich gäbe es viele Möglichkeiten. Aber ich glaube, wir müssen zusammen die Suppe auslöffeln. (1997)

Armin Ayren u. Eva Berberich, *Mann*, S. 150.

33. Eine Suppe, die man sich eigentlich selbst eingebrockt hat, untersucht man besonders gründlich auf ein fremdes Haar. (1997)

Gerhard Uhlenbruck, *Widersprüche*, S. 27.

HAAR (b)

„Haare auf den Zähnen haben"

1. Im Alter nehmen die Haare auf den Zähnen zu und auf dem Kopf ab. (1977)

   Gerhard Uhlenbruck, *Netz*, S. 47. Auch in ders., *Body*, S. 88; und ders., „Lebenslügen", S. 519.

2. „Ich trinke Jägermeister, weil die Haare, die mir ausfallen, meiner Frau auf den Zähnen nachwachsen." (1978)

   Stern, Nr. 38/14. 9. 1978, S. 14.

3. „Haare schneiden?" fragte der Zahnarzt die Frau. (1980)

   Peter Tille; zitiert aus André Brie et al., *Weisheit*, S. 90.

4. Wer Haare auf den Zähnen hat, findet in der Suppe leichter eins. (1980)

   Hans Kopp, *Jagdunfälle*, S. 66.

5. Manche Taktierer haben so viele Haare auf den Zähnen, daß sie die Zähne nicht mehr zeigen können. (1982)

   André Brie, *Wahrheit*, S. 41. Auch in ders., *Wahrheit/Anfang*, S. 41.

6. Lieber kurze Haare auf dem Kopf als lange auf den Zähnen. (1983)

   Karl Heinz Rauchberger u. Ulf Harten, *Club*, S. 20. Auch in Christian Roman, *Lieber*, o. Seitenz.

7. Lieber Haare auf den Zähnen als 'ne Wimper im Auge. (1985)

   Christian Roman, *Reden*, o. Seitenz.

8. Wer Haare auf den Zähnen hat, der frisiert auch, was er sagt! (1990)

   Gerhard Uhlenbruck, *Darum*, S. 68.

9. Hast du Haare auf den Zähnen, mußt du mal zum Schneiden gehen. (1992)

   Beate Kuckertz, *Büro*, o. Seitenz.

10. Manche haben sogar auf den dritten Zähnen Haare. (1992)

    Manfred Strahl, *Hiebe*, S. 38.

11. Manche haben im Alter sogar Haare auf den dritten Zähnen. (1993)

    Gerhard Uhlenbruck, „Lebenslügen", S. 517.

HAHN

„Hahn im Korbe sein"

1. Die Wurst, die Hahn im Korbe ist. (1980)

   Bunte, Nr. 38/11. 9. 1980, S. 28. Werbung für Gutfried-Wurst.

2. Wer Hahn im Korb ist, kann seinen Hühnern sogar einen Korb geben. (1981)

   Gerhard Uhlenbruck, *Masche*, S. 39.

3. Lieber Hahn im Korb als Hähnchen auf dem Grill. (1983)

   Karl Heinz Rauchberger u. Ulf Harten, *Club*, S. 16. Auch in *Bild*, 16. 12. 1983, S. 18; und *Neue Revue*, Nr. 8/17. 2. 1984, S. 32.

4. Lieber Hahn im Korb als Hähnchen im Wienerwald. (1984)

   Claudia Glismann, *Edel*, o. Seitenz. Auch in Angelika Franz, *Sprüche*, S. 341; Saskia Schlesinger, *Lenz*, o. Seitenz.; und *Bild*, 24. 8. 1988, S. 2.

5. Lieber Hahn im Korb, als Huhn im Topf. (1986)

   Else Zaiser; zitiert aus *Bild*, 11. 7. 1986, S. 2.

6. Lieber ein Hähnchen im Korb als eine Laus auf der Leber. (1987)

   Nebelspalter, Nr. 20/14. 5. 1987, S. 41.

7. Als er Hahn im Korb war, benahm er sich wie ein Hecht im Karpfenteich. (1989)

   Gerhard Uhlenbruck, *Aphorismen/Satz*, S. 62.

8. Als er sich
   wie der Hahn
   im Korb
   vorkam,
   machte sie ihn
   zum Hahnrei.
   Aber danach
   kräht heute kein
   Hahn mehr. (1989)

   Hans Hunfeld, *Sprichwörtlich*, S. 65.

9. Merke: Wer Hahn im Korb ist, muß nicht auch noch mit den Hühnern zu Bett gehen! (1992)

   Gerhard Uhlenbruck, „Hechtsprünge", S. 468. Auch in ders., *Nichtzutreffendes*, S. 51.

10. Dem Hahn im Korb sollte man ruhig einmal einen Korb geben. (1997)

Gerhard Uhlenbruck, *Widersprüche*, S. 47.

HALS

„Etwas hängt jemandem zum Halse heraus."

1. Leider hängen uns nicht alle Fahnen zum Halse heraus! (1977)

   Wolfgang Eschker, *Gift*, S. 56. Auch in ders., *Mitgift*, S. 118.

2. Doppelzüngigkeit hängt niemandem zum Halse heraus. (1978)

   Ulli Harth, *Un-Taten*, S. 2.

3. Was uns zum Halse heraushängt, hätte sich ebenso gut (oder noch besser) eine andere Öffnung wählen können. (1983)

   Peter Oprei, *Bedenkliches*, S. 19.

4. Wem eine Sache zum Halse heraushängt, der hat unter Umständen schwer daran zu schlucken. (1985)

   Ehrfried Siewers; zitiert aus *Südwest-Presse*, 6. 7. 1985, o. Seitenz. Auch ders. ebd., 8. 3. 1986, o. Seitenz.; und ders. in *Deutsche Post*, 20. 3. 1987, o. Seitenz.

5. Überdruß: Wer den Hals nicht voll genug kriegen kann, dem hängt eines Tages alles zum Hals heraus. (1997)

   Gerhard Uhlenbruck, *Widersprüche*, S. 28.

HAND (a)

„Hand und Fuß haben"

1. *St. Denis*

   Ein kopfloser Patron.
   Aber mit Hand und Fuß. (1970)

   Arnfrid Astel, *Kläranlage*, S. 13. Auch in ders., *Rechtsstaat*, S. 511.

2. Die meisten sind schon zufrieden, wenn eine Sache Hand und Fuß hat. Der Kopf ist halt Nebensache. (1971)

   Die Zeit, Nr. 44/2. 11. 1971, S. 20.

3. Er sprach amputiert. Ohne Hand und Fuß. (1978)

   Jorg Schröder, *Findling*, S. 84.

4. *Hand und Fuß*

   Der Invalide
   schreibt ein Gedicht.
   Das hat Hand und Fuß. (1978)

   Arnfrid Astel, *Rechtsstaat*, S. 663.

5. *Regimekritik*

   Hat sie Hand und Fuß,
   bringt es sie um Kopf und Kragen. (1978)

   Ron Kritzfeld, *Flexikon*, Bd. 5, S. 23.

6. Nicht alles, was Rang und Namen hat, hat auch Hand und Fuß. (1979)

   Werner Mitsch, *Fische*. S. 35.

7. Die Sache hat Hand und Fuß. Aber auch nur mittels Arm und Bein. (1983)

   Peter Oprei, *Bedenkliches*, S. 10.

8. *Physiognomie*

   Die Sache hat
   Hand und Fuß.
   Reicht das? (1983)

   Michael Augustin, *Apfel*, S. 5.

9. Ein Gottesbeweis sollte nicht Hand und Fuß haben, sondern Hände und Füße. (1984)

   Jeannine Luczak, *Schweigegeld*, S. 43.

10. Alles, was wir tun, hat Hand und Pferdefuß. (1985)

    André Brie, *Anfang*, S. 26. Auch in ders., *Wahrheit/Anfang*, S. 93.

11. Das hat Hand und Fuss
    sagen die Leute
    und merken nicht,
    wie kopflos es ist. (1985)

    Bruno Lamprecht, *Silberzwiebeln*, S. 16.

12. Auch Kopfarbeit sollte Hand und Fuß haben. (1986)

Bernd Thomsen, *Neue Büro-Sprüche*, o. Seitenz. Auch in Beate Kuckertz, *Büro*, o. Seitenz.

13. „Nicht alles, was Hand und Fuß hat, kommt einem gelegen", sagte der Jüngling, als er Vater wurde. (1986)

Werner Mitsch, *Hin und Wider*, S. 63.

14. Übrigens: Klassische Musik hat Händel und Füßel. (1987)

Werner Mitsch, *Wal*, o. Seitenz.

15. Wer weder Hand noch Fuß hat, der lasse sich nicht einreden, daß er nur Dinge vollbringen könne, die weder Hand noch Fuß haben! (1989)

Günter Rizy, *Funken*, S. 7.

HAND (b)

„seine Hände in Unschuld waschen"

1. „Ich trage keine Verantwortung für den Stand der Abrüstungskonferenz! Ich wasche meine Hände in Unschuld!" – „Oh, Marianne – ich finde nur, du wäschst sie recht oft!" (1935)

Simplicissimus, Nr. 6/5. 5. 1935, S. 63.

2. Der Henker wollte nach der Exekution seine Hände nicht waschen. „Bin ich etwa Pilatus?" empörte er sich standesbewußt. (Vor 1966)

Stanisław Jerzy Lec, *Allerletzte Gedanken*, S. 76.

3. *Immer wascht ihr eure Hände*

Immer wascht ihr eure Hände
in Unschuld
aber ihr habt tausend Hände

ich bin ein Tausendfüßler
der wäscht sich nie. (1969)

Anise Koltz, *Tag*, S. 16.

4. Ich wasche mir die Hände in Unschuld. Ach, wie schmutzig muss das Wasser seit der Zeit des Pilatus sein. (1971)

Hans Leopold Davi, *Distel*, o. Seitenz.

5. pilatus heute – er riebe sich die hände in unschuld. (1971)

Bert Berkensträter, *Zungen-Schläge*, S. 29.

6. *Weiße Weste*

In Unschuld wusch er sich die Hände,
der große Liedrian.
Er hatte keine Planrückstände
und hatte keinen Plan. (1971)

Hansgeorg Stengel, *Stenglisch*, S. 70.

7. Die Wasserverschmutzung hat ihren Grund darin, daß so viele Menschen ihre Hände in Unschuld waschen. (1974)

Hellmut Walters, *Abseits*, o. Seitenz.

8. *gewässerverschmutzung*

der weiße riese
meister proper
der general
und klementine
waschen ihre hände
in unschuld. (1977)

Jürg Moser, *Randbemerkungen*, S. 17.

9. Am liebsten wäscht man seine Hände in Unschuld, wenn man vorher andere eingeseift hat. (1978)

Ulli Harth, *Un-Taten*, S. 2.

10. Die größten Umweltverschmutzer waschen ihre Hände in Unschuld. (1978)

Der Spiegel, Nr. 22/29. 5. 1978, S. 71.

11. *Pilatus*

Wusch seine Hände in Unschuld, –
warum mußte er sie eigentlich waschen? (1978)

Ron Kritzfeld, *Flexikon*, Bd. 5, S. 21.

12. Er wusch seine Hände in Unschuld.
Seife wäre hygienischer gewesen. (1980)

Werner Mitsch, *Pferde*, S. 64.

HAND (b) 10

13. Ich wasche meine Wäsche in Unschuld! (1980)

    Nebelspalter, Nr. 18/29. 4. 1980, S. 36.

14. Unser Wasser ist im Eimer. Und jeder wäscht seine Hände in Unschuld. (1980)

    Werner Mitsch, *Pferde*, S. 8.

15. Wir waschen unsere Hände in Mitschuld. (1980)

    Werner Schneyder, *Gelächter*, S. 175.

16. Bevor er sich verkrümelte, wusch er seine Hände in Unschuld. Deshalb nannten sie ihn Pontius Spekulatius. (1981)

    Werner Mitsch, *Hunde*, S. 110. Auch in ders., *Wal*, o. Seitenz.

17. Es gibt Päpste, die waschen anderer Leute Füße und ihre eigenen Hände in Unschuld. (1981)

    Klaus Sochatzy, „Reflexionen", S. 65.

18. *Die Angeklagten*

Die Angeklagten
am Ufer
des uferlosen Wassers
waschen eifrig

Von Millionen Menschen
angeklagt
waschen eifrig
am Ufer
des uferlosen Wassers
die Angeklagten
ihre Hände
in Unschuld. (1982)

Rose Ausländer, *Tag*, S. 236.

19. Er wusch seine Hände in Unschuld.
Wir fragten uns, woher er diese Seife hatte. (1982)

Nebelspalter, Nr. 30/27. 7. 1982, S. 44.

20. Ich wasche meine Hände in Unschuld schuldig. (1982)

André Brie, *Wahrheit*, S. 60. Auch in ders., *Wahrheit/Anfang*, S. 60.

21. Wehe, die Unschuld verlässt einmal das Wasser, in dem sich so viele Hände gewaschen haben! (1982)

Peter Maiwald; zitiert aus *Nebelspalter*, Nr. 9/2. 3. 1982, S. 36.

22. Militärische Hygiene: Sich im Blut baden und danach die Hände in Unschuld waschen. (1983)

Sigbert Latzel, *Stichhaltiges*, S. 37.

23. Die Urteile unterschrieb der Automat. Das gab ihm jedesmal die Zeit, seine Hände in Unschuld zu waschen. (1987)

Nikolaus Cybinski, *Unfreiheit*, S. 26.

24. Wer seine Hände in Unschuld wäscht,
ist nur zu geizig, Seife zu kaufen. (1987)

Angelika Franz, *Sprüche*, S. 357.

25. Du kannst
nicht einfach
Deine Hände
in Unschuld

waschen.
Das wäre ja
allerhand. (1989)

Hans Hunfeld, *Sprichwörtlich*, S. 37.

26. Der *sauberste Trick*: die Hände in Unschuld waschen. (1991)

Zoltán Bezerédj, *Aphorismen*, S. 123.

27. Ich wasche meine Hände in Schuld. (1991)

Werner Kraft, *Sätze*, S. 55.

28. *Pilatus*

Bomben am Golf,
Tote in Bangladesh,
Fixer ins Nirwana gespritzt,

Die andern.

Welt kaputt,
Reiche lachen,
Arme verrecken,

Die andern.

Ich wasche meine Hände in –
Ach, schon besetzt. (1991)

Ellen B. Knerr; zitiert aus Axel Kutsch, *Wortnetze*, S. 287.

29. Lebte Pontius Pilatus heute, so könnte er Hüter der Verfassung werden. Er würde der Basis geben, was sie verlangt, und seine Hände in Unschuld waschen. (1993)

Johannes Gross, *Fürwitz*, S. 72.

30. Wer reines Wasser hat, braucht seine Hände nicht in Unschuld zu waschen. (1995)

Walter Richter, *Aphorismen*, S. 49.

HAND (c)

„Von der Hand in den Mund leben"

1. *Tanzmeister*

   Jeden ernährt sein Geschäft: *Der* schreibt, der andere hüpft euch,
   Jener lebt von der Hand – dieser vom Fuß in den Mund.
   (Vor 1890)

   Eduard von Bauernfeld; zitiert aus Gerhard Neumann, *Epigramme*, S. 227.

2. Zeitgenossen leben aus zweiter Hand in den Mund. (1919)

   Karl Kraus, *Wort*, S. 344.

3. Wie man von der Hand in den Mund lebt, so kann man auch vom Geist in die Seele denken und von der Seele in den Geist fühlen. (Vor 1931)

   Arthur Schnitzler, *Aphorismen*, S. 282.

4. Er lebt aus dem Herz in den Mund. (1954)

   Erwin Chargaff, *Bemerkungen*, S. 48.

5. Von der Hand in den Mund kann man nur solange leben, als die Hand etwas Genießbares zu finden imstande ist. (1971)

   Eugen Gürster, *Narrheiten*, S. 15.

6. Wussten Sie schon, dass Leute, die von der Hand in den Mund leben, enorme Schwierigkeiten beim Suppenessen haben? (1972)

   Schweizer Illustrierte, Nr. 46/13. 11. 1972, S. 140.

7. „Notfalls können wir von der Wand in den Mund leben!"
   Motto eines Gemäldesammlers. (1974)

   Hörzu, Nr. 43/26. 10. 1974, S. 3.

8. Übrigens: Wußten Sie, daß manche Philosophen vom Kant in den Mund leben? (1975)

   Quick, Nr. 41/2. 10. 1975, S. 83.

9. Zahnärzte leben nicht schlecht von der Hand in den Mund. (1977)

   Gerhard Uhlenbruck, *Netz*, S. 56. Auch in ders., *Body*, S. 88; und ders., *Diagnosen*, S. 123.

10. Zigarette: Ich lebe von der Hand in den Mund. (1977)

Hans-Horst Skupy, *Geistesblitze*, S. 62.

11. Die Wand ist oben
und die Decke unten.
Wir leben
von der Hand in den Schoß. (1978)

Arnfrid Astel, *Rechtsstaat*, S. 368.

12. Ein Politiker sollte nicht immer vom Land in den Bund leben. (1978)

Werner Mitsch, *Spinnen*, S. 38.

13. Früher lebte man aus der Hand in den Mund; jetzt stirbt man aus der Luft in die Lunge. (1978)

Erwin Chargaff, *Bemerkungen*, S. 157.

14. Manuskript: Von der Hand in den Mund leben. (1979)

Hans-Horst Skupy, „Buchkauf", S. 79.

15. von der hand in den mund
lebt man recht angenehm
nur als zahnarzt. (1979)

Volker Erhardt, *Kannibale*, S. 69.

16. wehrt euch!
freßt ihnen nicht länger aus der hand
in den mund. (1979)

Volker Erhardt, *Kannibale*, S. 69.

17. Der Arbeitslose lebt von der Hand in den Mund, wodurch ihm aber nicht das Maul gestopft werden sollte. (1980)

Gerhard Uhlenbruck, *Frust-Rationen*, S. 86.

18. Fußballer leben von dem Fuß in den Mund. (1981)

Žarko Petan, *Himmel*, S. 141.

19. Es ist wirklich zum Kotzen:
Wir leben vom Mund in die Hand. (1984)

Claudia Glismann, *Schüler*, o. Seitenz.

20. Philosophie-AG:
Vom Kant in den Mund leben. (1984)

Claudia Glismann, *Schüler*, o. Seitenz.

21. Man lebt neuerdings aus second hand in den Mund. (1985)

André Brie, *Anfang*, S. 36. Auch in ders., *Wahrheit/Anfang*, S. 103.

22. *Subsistenzwirtschaft*

Von der Hand
in den Mund
Wessen Hand
Wessen Mund. (1985)

Hans-Peter Schwöbel, *Individualisten*, S. 49.

23. Von der Hand in den Mund lebt sich's gar nicht schlecht, sagte der Zahnarzt. (Vor 1986)

Silvia Schubert; zitiert aus Ingetraud Skirecki, *Troja*, S. 113.

24. Manche leben nicht schlecht vom Mund in die Hand. (1988)

Gerd Heyse, *Gedanken*, S. 55.

HANSDAMPF

„Hansdampf in allen Gassen"

1. Hans Dampf der kleinen Klassen. Der Ford Fiesta. (1978)

Bunte Illustrierte, Nr. 13/22. 3. 1978, S. 186.

2. In einer Opiumhöhle ist Hanfdampf in allen Gassen. (1978)

Werner Mitsch, *Spinnen*, S. 45.

3. *Deutscher Dichter*

Hans Dumpf in allen Gossen. (1979)

Ron Kritzfeld, *Flexikon*, Bd. 6, S. 6.

4. Die englische Dampfmaschine geht auf das Konto von James Watt. Die deutsche aber auf das eines gewissen Hans Dampf in allen Gassen. (1981)

Werner Mitsch, *Hunde*, S. 111.

5. „Mensch Paule, die ist ja ein Hansdampf in allen Wänden!“ (1982)

   Der Spiegel, Nr. 24/14. 6. 1982, S. 207. Werbung für eine AEG-Bohrmaschine.

6. Karl Marx: Hans Dampf im Klassenkampf. (1983)

   Werner Mitsch, *Schwarze*, S. 119.

7. Hansdampf in allen Kassen. (1985)

   Die Zeit, Nr. 28/5. 7. 1985, S. 13 (deutsche Ausg.).

8. Wer nicht Hans im Glück ist, ist oft Hans Dampf in allen Gassen. (1997)

   Gerhard Uhlenbruck, *Widersprüche*, S. 22.

HANSDAMPF 5

HASE

„wissen, wie der Hase läuft“

1. Auf den Äckern von O.
sah ich
wie der Hase lief
Haken schlagend
wie Hegel
aus Angst vor dem Pfeffer
aber lebendig. (1966)

Harald Hartung, *Traum*, S. 9.

2. So wenig Natur ist uns geblieben, daß wir nicht einmal mehr wissen, wie der Hase läuft. (1977)

Gerhard Uhlenbruck, *Netz*, S. 29.

3. Wie gut, daß die Versuchskaninchen nicht wissen, wohin der Hase laufen soll. (1981)

Gerhard Uhlenbruck, *Masche*, S. 45.

4. Mit Nixdorf weiß jede Abteilung, wie der Hase läuft. (1985)

Der Spiegel, Nr. 22/27. 5. 1985, S. 178 f.

5. Hasenfüße wissen wenigstens, wie der Hase läuft. (Vor 1986)

Silvia Schubert; zitiert aus Ingetraud Skirecki, *Troja*, S. 115.

6. Die guten Jäger unterscheiden sich von den schlechten dadurch, daß sie nicht nur wissen, wie der Hase läuft, sondern auch, wie er schmeckt. (Vor 1989)

Thomas Spanier; zitiert aus Gabriele Berthel, *Kurz*, S. 116.

HAUBE

„unter die Haube bringen (kommen)“

1. *Kopfbedeckung*

Junge Mädln muß man trachten, unter die Hauben zu bringen, sonst kann man nicht genug auf der Hut sein. (Vor 1862)

Johann Nestroy, *Stichworte*, S. 88.

2. Manche Mädchen gehen so lange zum Friseur bis sie unter der Haube sind. (1978)

   Werner Mitsch, *Spinnen*, S. 28.

3. „Ich trinke Jägermeister, weil ich heute mindestens für zwei Stunden unter der Haube war." (1980)

   Stern, Nr. 36/28. 8. 1980, S. 221.

4. Es ist leichter, sieben Töchter unter die Haube zu bringen, als zweie unter einen Hut. (1984)

   Werner Mitsch, *Grund*, S. 13.

HÄUSCHEN

„aus dem Häuschen sein"

1. *Enteignung*

   kaum ist die hausbesetzung
   unter dach
   da sind die vermieter
   schon aus dem häuschen. (1971)

   Manfred Bosch, *Mordio*, o. Seitenz.

2. *Parlamentsdebatte*

   Wenn das Hohe Haus aus dem Häuschen ist. (1975)

   Ron Kritzfeld, *Flexikon*, Bd. 2, S. 24.

3. Manche Menschen sind ganz aus dem Häuschen, wenn sie im Freien übernachten. (1978)

   Werner Mitsch, *Spinnen*, S. 30.

4. Es gibt Wohnungen, da kann man wirklich aus dem Häuschen geraten. (1979)

   Gerhard Uhlenbruck, *Einfach*, S. 25.

5. Sie war ganz aus dem Höschen. (1986)

   Bernd Thomsen, *Pissen*, o. Seitenz.

6. Sie war ganz
   aus dem Häuschen,

als er ihr
den Hof machte. (1989)

Hans Hunfeld, *Sprichwörtlich*, S. 74.

HAUT (a)

„aus der Haut fahren“

1. *Korpulenz*

   Ich möcht’ aus der Haut fahren vor Freud’, aber ich bin zu dick, ich komm’ nicht heraus. (Vor 1862)

   Johann Nestroy, *Stichworte*, S. 88.

2. Die Bäume fahren im Frühling aus der Haut. (Vor 1908)

   Wilhelm Busch, *Gesamtausgabe*, Bd. 5, S. 205. Auch in ders., *Weise*, S. 80.

3. Fahre nicht aus der Haut, wenn du kein Rückgrat hast. (1959)

   Stanisław Jerzy Lec, *Unfrisierte Gedanken*, S. 40. Auch in ders., *Buch*, S. 119.

4. Der Drang nach Geschwindigkeit gründet im Drang, aus der Haut zu fahren. Wohin, ist ihnen gleich. (1962)

   Max Rychner, *Lavinia*, S. 55. Auch in Federico Hindermann u. Bernhard Heinser, *Aphorismen*, S. 392.

5. Wer aus der Haut fährt, dem paßt sie hinterher nicht mehr. (1962)

   Hans Kasper, *Abel*, S. 61.

6. Wer aus der Haut fuhr, lebt außer sich. (1965)

   Heinrich Wiesner, *Lakonische Zeilen*, S. 29.

7. „Es ist, um aus der Haut zu fahren“: die leere Drohung derer, die sich in ihrer Haut wohlfühlen, weil sie sich für eine alte, ehrliche halten. (1966)

   Helmut Arntzen, *Prozeß*, S. 20.

8. Aus der Haut will er fahren –
   als ob das Mißgeschick in der Haut läge. (1967)

   Thomas Niederreuther, *Mitleid*, S. 76. Auch in Gerhard Uhlenbruck u. Hans-Horst Skupy, *Zitate*, S. 110.

9. Wieviele würden gern aus ihrer Haut fahren, wenn sie nur wüßten, wohin! (1971)

Eugen Gürster, *Narrheiten*, S. 12. Auch in Gerhard Uhlenbruck u. Hans-Horst Skupy, *Zitate*, S. 110.

10. Wer bei dem nichtigsten Anlaß aus der Haut fährt, ändert sich nie. (1973)

Sigmund Graff, *Baum*, S. 60.

11. Will man sich von außen kennen lernen, so muß man ab und zu aus der Haut fahren. (1973)

Heinrich Nüsse, *Früh-Nachrichten*, o. Seitenz.

12. Wer aus seiner Haut fährt, muß sehen, wie er wieder hineinkommt. (1976)

Hellmut Walters, *Zungenschläge*, S. 11. Auch in Gerhard Uhlenbruck u. Hans-Horst Skupy, *Zitate*, S. 110.

13. *Temperamente*

Der eine fährt aus der Haut, weil der andere nicht aus der seinen kann. (1978)

Ron Kritzfeld, *Flexikon*, Bd. 5, S. 28.

14. Beim Juckreiz könnte man wirklich aus der Haut fahren. (1979)

Gerhard Uhlenbruck, *Einfach*, S. 22.

15. Räume wie eine falsche Haut, in denen man aus ihr fahren möchte. (1979)

Elias Canetti, *Aufzeichnungen*, S. 434.

16. *Wunderkinder*

Luftschiffer fliegen nicht, sie *fahren*.
Wir können aus der Haut fahren, in Kriegen
sterben wie die Fliegen oder die Schiffe
hinter uns verbrennen. Sie brennen schon ganz ordentlich.
Wir Wunderkinder! (1979)

Albert Ehrismann; zitiert aus *Nebelspalter*, Nr. 46/13. 11. 1979, S. 9.

17. Aus der Haut fahren – wir nie umsonst. (1984)

Werner Ehrenforth, *Eintagsfliege*, S. 56.

18. *Phlegmatiker*

fährt nicht aus der Haut,
weil sein Fell zu dick ist. (1984)

Ron Kritzfeld, *Flexikon*, Bd. 9, S. 24.

19. Wer nicht aus der Haut fährt, platzt vor Wut. (1987)

Gerhard Uhlenbruck, *Kaffee*, S. 38.

20. Schlecht fährt, wer aus der Haut fährt. (1991)

Otto Wicki, *Sentenzen*, S. 45.

21. Mutiger Vorsatz: Immer mal wieder ein bisschen aus der Zeit fahren – so, wie man immer wieder mal aus der Haut fährt. (1994)

Felix Renner, *Worte*, S. 38.

22. Denk an die Rückfahrkarte, bevor du aus der Haut fährst. (1995)

Wolfgang Eschker, *Mitgift*, S. 72.

23. Glück hat, wer aus der Haut fahren will und den Weg nicht findet. (1995)

Walter Richter, *Geige*, S. 17.

HAUT (b)

„nicht aus seiner Haut können"

1. Aus seiner Haut kann keiner – aus ihrer Klasse heraus können nur wenige. (Vor 1935)

Kurt Tucholsky, *Schnipsel*, S. 61.

2. Er kann nicht aus seiner Haut, auch wenn er gelegentlich aus der Haut fährt. (1972)

Heinrich Wiesner, *Kehrseite*, S. 43.

3. Er wollte nicht mehr aus seiner Haut, weil er einmal mit ihr heil davongekommen war. (1977)

Gerhard Uhlenbruck, *Netz*, S. 21.

4. Wem die Rolle, die er spielt, auf den Leib geschrieben ist, der kann schlecht aus seiner Haut. (1983)

Gerhard Uhlenbruck, *Nächstenhiebe*, S. 34.

5. Aus seiner Haut kann auch der nicht heraus, dem das Fell über die Ohren gezogen ist. (1987)

Heinz Müller-Dietz, *Recht*, S. 37.

6. Manch einer kann nur nicht aus seiner Haut, weil er nicht weiß wohin. (1992)

   Manfred Strahl, *Hiebe*, S. 50.

7. Ich würde ja ehrlich in mich gehen, aber ich fürchte, ich komme nicht aus meiner Haut heraus. (1996)

   Felicia Keitling, *Holographie*, S. 85.

HAUT (c)

„seine Haut zu Markte tragen"

1. Der Lyriker bringt seine Gefühle zu Markt wie der Bauer seine Ferkel. (Vor 1908)

   Wilhelm Busch, *Gesamtausgabe*, Bd. 5, S. 198.

2. Wer seine Haut zu Markt getragen, hat mehr Recht auf Empfindlichkeit, als wer dort ein Kleid erhandelt hat. (1912)

   Karl Kraus, *Wort*, S. 283.

3. Trage deine Knochen zu Markte, das Fleisch laß zu Hause. (1964)

   Helmut Reiter, „Sprichwörter", S. 81.

4. Teint ist die Art, wie die Frauen ihre Haut zu Markte tragen. (1977)

   Gerhard Uhlenbruck, *Netz*, S. 116.

5. Die Gesundheit zu Markte tragen. (1979)

   Die Zeit, Nr. 36/7. 9. 1979, S. 11.

6. Die einen
   tragen ihre haut
   aus reiner
   selbsterhaltung
   ahnungslos
   gutgläubig
   zu jenem markt
   den
   die anderen
   beherrschen. (1980)

   Peter Zumpf, *Klärungen*, S. 22.

7. Textproduzenten: Statt dass die Sprache sie trägt, tragen sie die Sprache zu Markte. (1980)

Felix Renner, *Schwalben*, S. 31.

8. *mummenschanz*

wir kleiden uns
in kleider und in worte
vermummen und verschanzen uns
im mummenschanz
lugen nur manchmal hervor
aus dem verkleidungsberg
und behaupten, daß es schön warm sei.
lieber warm und muffig
als kalt und entblößt.
immer noch kleiden wir uns
in sprichwörtern und leihgaben
anstatt unsre haut
zu markte zu tragen. (1981)

Dorothea Macheiner, *Splitter*, S. 47.

9. Das sind die schönsten Tage, an denen ich außer meiner Haut nichts zu Markte trage! (1987)

Nikolaus Cybinski, *Unfreiheit*, S. 15.

10. Seine Haut zu Markte tragen oder Marx ist veraltet. (1991)

Werner Kraft, *Sätze*, S. 11.

11. *Die Haut*

Er aber
trägt seine Haut nicht zu Markte
bewahrt sie sorgsam
vor dem Zugriff der Welt.

Unangetastet
wird sie jeden Tag
ein wenig kostbarer
ein wenig verletzlicher
ein wenig blasser

und schrumpft
wird allmählich zu eng
um aus ihr zu fahren. (1994)

Hans Cohn, *Sinne*, S. 43.

HERR

„sein eigener Herr sein“

1. „Ich bin mein eig’ner Herr!“ spricht zu der Gattin Er.
   Sie lispelt schlau: Und ich – meine eig’ne Frau. (Um 1860)

   Karl Friedrich Wilhelm Wander, *Sprichwörterbrevier*, S. 234.

2. Ich bin mein eigener Herr, sagte der Knecht und schnitt sich den Fuß ab. (1948)

   Bertolt Brecht, *Der kaukasische Kreidekreis*; *Gesammelte Werke*, Bd. 5, S. 2099.

3. Jeder sein eigener Hitler. (1977)

   Guido Hildebrandt, *Hohn*, S. 42.

4. Eine Lesbierin ist eine Dame, die ihr eigener Herr sein will. (1978)

   Werner Mitsch, *Spinnen*, S. 39.

5. Ist eine emanzipierte Frau ihr eigener Herr? (1979)

   Gerhard Uhlenbruck, *Einfach*, S. 65.

6. Kann man sein eigener Herr werden, ohne sein eigener Richter zu sein? (1986)

   Michael Rumpf, *Gedankensprünge*, S. 29.

HERZ (a)

„das Herz auf dem rechten Fleck haben“

1. Es kann einer das Herz „auf dem rechten Fleck“, aber eben nur dort, nicht überall haben. (1918)

   Richard Schaukal, *Gedanken*, S. 275.

2. *Die Hauptsache*

   Du fährst auf einer anderen Spur
   Als ich. Was tut’s? Wen schert’s?
   Links oder rechtswärts. Hast du nur
   Am rechten Fleck das Herz! (1981)

   Gerhard Schumann, *Spruchbuch*, S. 74.

3. Man muß das Herz auf dem rechten Fleck haben. Besonders, wenn man links steht. (1983)

   Werner Ehrenforth, *Neue Sitzbeschwerden*, S. 44.

4. Sie glaubte ihr Herz am rechten Fleck, aber sie trug es auf der Zunge. (1985)

   André Brie, *Anfang*, S. 61. Auch in ders., *Wahrheit/Anfang*, S. 128.

5. Wie kann man das Herz auf dem rechten Fleck haben, wenn es links schlägt? (1987)

   Heinz Müller-Dietz, *Recht*, S. 37.

HERZ (b)

„ein Herz und eine Seele sein"

1. Schenken Sie ihr einen Pelzmantel. Dann sind Sie bestimmt wieder ein Nerz und eine Seele. (1975)

   Praline, Nr. 28/7. 7. 1975, S. 16.

2. „Wir sind doch ein Herz und eine Seele", seufzte sie und blickte zu mir auf. Ich machte mich kleiner. (1978)

   Ben Witter, *Nebbich*, S. 21.

3. Ein Herz und keine Seele? Fragen zur Verpflanzung des künstlichen Herzens. (1982)

   Die Zeit, Nr. 51/24. 12. 1982, S. 19.

4.

Sie		Sie
waren		waren
ein		ein
	Herz	
und		und
eine		eine
	Seele	

siamesische Zwillinge. (1982)

   Burckhard u. Gisela Garbe, *Ansichten*, S. 113.

5. Ehekrise: Sie waren ein Herz und eine Seele – weil beides dem Partner fehlte! (1985)

   Gerhard Uhlenbruck, *Eigenliebe*, S. 8.

6. Monika ist mit ihrem Chef ein Nerz und eine Seele. (1986)

   Bernd Thomsen, *Neue Büro-Sprüche*, o. Seitenz.

7. Schöne Frauen sind ein Nerz und eine Seele. (1986)

   Bernd Thomsen, *Pissen*, o. Seitenz.

8. Sie waren ein Herz und eine Seele. Mit Gütertrennung. (1988)

   Werner Mitsch, *Neue Hin-Sprüche*, S. 60.

9. Freude: ein Herz und eine Kehle. (Vor 1989)

   Reinhard Gundelach; zitiert aus Gabriele Berthel, *Kurz*, S. 169.

HERZ (c)

„jemandem das Herz brechen"

1. Es gibt auch Herzen, die sich *mehr* als einmal brechen lassen. (1900)

   Phia Rilke, *Ephemeriden*, S. 14.

2. *Gründliche Torheit*

   Die menschlichste der Schwächen
   Ist, über das, was uns das Herz gebrochen,
   Noch obendrein den Kopf uns zu zerbrechen. (Vor 1914)

   Paul Heyse; zitiert aus Klemens Altmann, *Epigramme*, S. 187. Auch in Gerhard Neumann, *Epigramme*, S. 246.

3. Das Herz wächst, indem es bricht. (Vor 1950)

   Erwin Chargaff, *Bemerkungen*, S. 25.

4. Besser zehn Herzen als ein Genick gebrochen. (1977)

   Guido Hildebrandt, *Hohn*, S. 19.

HERZ (d)

„Jemandem rutscht das Herz in die Hose."

1. Man sagt, daß einem das Herz in die Hose rutschen kann, es kann einem aber auch genauso gut zu Kopfe steigen. (1977)

   Gerhard Uhlenbruck, *Netz*, S. 35.

2. Der Anblick täuschte. Das Herz war ihm in die Hose gerutscht. (1979)

Nikolaus Cybinski, *Aphorismen*, S. 60.

3. Sein Herz rutschte ihm in die Achillesferse. (1982)

Milovan Vitezović; zitiert aus *Nebelspalter*, Nr. 24/15. 6. 1982, S. 39.

4. Manche Eltern nehmen sich die Reden über falsche autoritäre Erziehung so zu Herzen, daß es ihnen in die Hose fällt. (1983)

Josef Meier O'Mayr, *Weisheiten*, S. 49.

5. Wenn einem das Herz in die Hose rutscht, schlägt es automatisch höher. (1985)

Gerhard Uhlenbruck, *Eigenliebe*, S. 17.

6. *angst*

das herz
in der hose
vorsicht
vor taschendieben. (1987)

Manfred Hausin, *Verboten*, S. 41.

7. Er hatte das Herz in der Hose auf dem rechten Fleck. (Vor 1989)

Ulf Annel; zitiert aus Gabriele Berthel, *Kurz*, S. 150.

HERZ (e)

„jemandem sein Herz schenken"; „sein Herz verschenken"

1. Früher schenkte man sein Herz. Heute spendet man es. (1972)

Heinrich Wiesner, *Kehrseite*, S. 64.

2. Wer heutzutage sagt: „Ich schenk' dir mein Herz", läuft Gefahr, daß der andere den Operateur holt. (1973)

Werner Schneyder, *Empfehlung*, S. 92.

3. Man kann sein Herz auch verschenken, indem man es in andere Ohren ausschüttet. (1977)

Gerhard Uhlenbruck, *Netz*, S. 20.

4. Wer sein Herz verschenkt, muß sich nicht wundern, wenn er Kreislaufbeschwerden bekommt. (1977)

   Gerhard Uhlenbruck, *Netz*, S. 26. Auch in ders., *Body*, S. 9.

5. Wenn man sein Herz verschenkt, dann sagt man, daß man es verloren hat. (1979)

   Gerhard Uhlenbruck, *Einfach*, S. 18.

6. In der Liebe verschenkt die Frau ihr Herz, behält aber ihren Kopf, während der Mann seinen Kopf verliert, aber sein Herz behält – um es eventuell nochmals verschenken zu können. (1985)

   Gerhard Uhlenbruck, *Eigenliebe*, S. 21.

7. Sie schenkte mir ihr Herz. Ich nahm den Rest in Kauf. (1988)

   Werner Mitsch, *Neue Hin-Sprüche*, S. 42.

8. Liebe: Sein Herz kann man nicht halbherzig verschenken! (1996)

   Gerhard Uhlenbruck, „Hirnbissig“, S. 459.

HERZ (f)

„sein Herz an jemanden verlieren“

1. *Semmeringlandschaft beim Orthof*

   Man verliert sein Herz an so vieles, da kann man es doch auch einmal an etwas gewinnen! (1932)

   Peter Altenberg, *Auswahl*, S. 314.

2. Verstand und Gefühl sind zwei so verschiedene Dinge nicht: Wie käme es sonst, daß man mit dem Herzen auch immer den Kopf verliert? (1977)

   Gerhard Uhlenbruck, *Netz*, S. 115.

3. Wenn die Menschen sagen, sie hätten ihr Herz verloren, ist es meistens nur der Verstand. (1977)

   Robert Lembke, *Glashaus*, S. 57.

4. die meisten verlieren ihr herz,
   wenn es ihnen in die hose gerutscht ist. (1979)

   Volker Erhardt, *Kannibale*, S. 25.

5. Verlierst du nie dein Herz, wie willst du dein Gesicht bewahren können. (1982)

Elazar Benyoëtz, *Nahsucht*, o. Seitenz.

6. *Mutprobe*

Er stahl für sie im Stadtpark eine Rose.
Und weil der junge Mann zuvor
noch nie sein Herz im Park verlor,
geschah's ihm jetzt: Es rutschte in die Hose. (1990)

Wolfgang Funke, *Wendehals*, S. 33.

7. Schnell verliert sein Herz, wer den Verstand verloren hat. (1995)

Kurt Tackmann, „Aphorismen", S. 6.

HERZ (g)

„sich ein Herz fassen (nehmen)"

1. Dem Morgen graute vor dem Tag; so nahm er sich ein Herz und sprang mitten in ihn hinein. (1960)

Erwin Chargaff, *Bemerkungen*, S. 83.

2. Er nahm sich ein Herz, um sich ihr Herz zu nehmen, so herzlos war er. (1977)

Gerhard Uhlenbruck, *Netz*, S. 92. Auch in ders., *Einfach*, S. 21.

3. Sich zu oft ein Herz fassen, führt zum Infarkt. (1977)

Oliver Hassencamp, *Klipp*, S. 58.

4. Liebe: Man faßt sich ein Herz – und will es dann behalten. (1983)

Gerhard Uhlenbruck, *Nächstenhiebe*, S. 7.

5. Seit ich ahne, dass ich bin, hab' ich mir ein Herz gefasst, hie und da zu denken. (1987)

Felix Renner, *Leine*, S. 13.

6. Ich faßte mir ein Herz.
Es packte den Groll in Plüsch. (1988)

Ben Witter, *Minutenpoesie*, S. 38.

HIMMEL (a)

„den Himmel auf Erden versprechen“; „der Himmel auf Erden sein“

1. Er versprach ihr den Himmel auf Erden. Dann schickte er sie zum Teufel. (1977)

   Wolfgang Eschker, *Gift*, S. 28. Auch in ders., *Mitgift*, S. 20.

2. Ein Comfort-Teppich ist der Himmel auf Erden. (1978)

   Stern, Nr. 42/12. 10. 1978, S. 304. Werbung der Europäischen Teppichgemeinschaft.

3. Wer den Himmel auf Erden verspricht, lügt das Blaue vom Himmel herunter. (1986)

   Bern Thomsen, *Neue Büro-Sprüche*, o. Seitenz. Auch in Beate Kuckertz, *Büro*, o. Seitenz.

4. Die Zimmerdecke brach über mich herein.
   Ich lag in meinem Himmel auf Erden. (1988)

   Ben Witter, *Minutenpoesie*, S. 95.

HIMMEL (b)

„Der Himmel hängt voller Geigen.“

1. Wenig Geigen am Himmel. (1974)

   Die Zeit, Nr. 49/6. 12. 1974, S. 9.

2. Und der Himmel hängt voller Pläne. (1977)

   Die Zeit, Nr. 28/8. 7. 1977, S. 7.

3. Der Himmel hängt voller Geigen? – Noch keinem ist eine Stradivari auf den Kopf gefallen! (1978)

   Gerd Heyse, *Hund*, S. 76.

4. Der Himmel hängt voller Geigen, wenn man die erste Geige spielt. (1994)

   Gerhard Uhlenbruck, *Wahr*, S. 30.

HIMMEL (c)

„im sieb(en)ten Himmel sein“

1. Viele Menschen riskieren Hölle und Fegefeuer für ein paar Minuten im siebenten Himmel. (1978)

   Werner Mitsch, *Spinnen*, S. 87.

2. Die Beine einer Frau sind der Weg zum siebenten Himmel. (1979)

   Werner Mitsch, *Fische*, S. 87.

3. Der siebte Schreibmaschinenhimmel fängt mit einer Canon an. (1983)

   Der Spiegel, Nr. 40/3. 10. 1983, S. 11. Werbung für Canon-Schreibmaschinen.

4. Im siebenten Himmel sein – wollen viele schon, wenn sie erst im sexten sind. (1984)

   Werner Ehrenforth, *Eintagsfliege*, S. 49.

HIMMEL (c) 3

5. Wer im siebenten Himmel ist und noch einen achten fordert, wird wohl auch im neunten nicht im siebenten Himmel sein. (1984)

   Hans Leopold Davi, *Neue Distel*, S. 53.

6. Als sie den Lift im siebten Himmel verlassen wollten, traten sie ins *Leere.* (1993)

   Gerd Heyse, *Medaille*, S. 65.

7. Amors Lift: Auf ihrem Weg in den siebten Himmel blieben die beiden bereits im ersten stecken. (1993)

   Gerd Heyse, *Medaille*, S. 54.

8. Die Ketzerei der Liebenden: Ganze sechs Himmel werden einfach ignoriert. (1993)

   Gerd Heyse, *Medaille*, S. 67.

9. Erst fühlten sie sich im siebenten Himmel, dann fielen sie aus allen Wolken. (1995)

   Wolfgang Eschker, *Mitgift*, S. 89.

HINTERN

„jemandem in den Hintern kriechen"

1. *Der Kriecher*

   Aus Liebe tut er's nicht,
   Der dir in den Hintern kriecht.
   Viel lieber würd er – wetten? –
   Dir in den Hintern *treten*! (1981)

   Gerhard Schumann, *Spruchbuch*, S. 64.

2. Wenn Sie glauben, dem Chef in den Hintern kriechen zu können, haben Sie sich getäuscht: es steckt schon ein anderer drin! (1982)

   René Hildbrand, *Arbeit*, S. 75.

3. Wer andern in den Hintern kriecht, muß aufpassen, daß er ihm nicht eines Tages zum Hals raushängt. (1984)

   Christian Roman, *Lieber*, o. Seitenz.

4. Ist man seinem Chef erst in den Hintern gekrochen, braucht man keine gute Nase mehr. (1985)

   André Brie, *Anfang*, S. 18. Auch in ders., *Wahrheit/Anfang*, S. 86.

5. Wer dem Chef in den Hintern kriecht, muß damit rechnen, daß er ihm eines Tages zum Hals raushängt. (1986)

   Bernd Thomsen, *Neue Büro-Sprüche*, o. Seitenz. Auch in Beate Kuckertz, *Büro*, o. Seitenz.

6. Wenn man anderen zu weit in den Hintern kriecht, muß man sich nicht wundern, wenn man ihnen eines Tages zum Hals heraushängt. (1989)

   Gerhard Uhlenbruck, *Body*, S. 6.

HOF

„jemandem den Hof machen“

1. Junggesellen wissen, daß man einer Frau nicht zu lange den Hof machen darf, weil man ihn sonst kehren muß. (Vor 1916)

   Jack London; zitiert aus Roland Michael, *Treffend*, S. 52.

2. Das Haus des Mannes ist bald abgetragen, wenn sich die Frau den Hof machen läßt. (1927)

   Felix Joseph Klein, *Gedanken*, S. 5.

HOF 4

3. Sie hielt Hof mit allen, die ihr den Hof machten. (1977)

Gerhard Uhlenbruck, *Netz*, S. 18.

4. Früher machte ich ihr den Hof. Jetzt mache ich ihr die Treppe! (1978)

Hörzu, Nr. 17/29. 4. 1978, S. 3.

5. Er wollte ihr den Hof machen. Leider hatte sie keinen. (1981)

Werner Mitsch, *Hunde*, S. 96.

6. Früher machte ich meiner Frau den Hof – jetzt (heute) mache ich auch die Treppe. (1983)

Morgenpost, 22. 1. 1983, o. Seitenz. Auch in *Bild*, 19. 2. 1986, S. 2.

7. Er kehrte seiner Frau den Rücken, weil sie ein Besen war, und machte einer anderen den Hof. (1986)

Gerhard Uhlenbruck, „Gedankensprünge", S. 189.

8. Früher machte er mir den Hof, heute mache ich ihm das Bett. (1987)

Angelika Franz, *Sprüche*, S. 32.

9. Paradox ist, wenn ein Bauer seiner Magd den Hof macht. (1988)

Bild, 14. 1. 1988, S. 2.

10. Gleichberechtigung: Sie macht ihm das Haus und er ihr den Hof. (Vor 1989)

Thomas Spanier; zitiert aus Gabriele Berthel, *Kurz*, S. 130.

HOLZWEG

„auf dem Holzweg sein"

1. In Sackgassen und auf Holzwegen wandern ist nur mit wirklichen Freunden möglich, Freunden, die jederzeit wissen, wo die Idee der Hauptstraße liegt. (1960)

Martin Kessel, *Gegengabe*, S. 103.

2. *Schwarzwald*

Umstellt von Stämmen
ohne Markierung,
laß den Kuckuck zum Kuckuck,
suche ein Schindeldach.

Tannzapfen, Baumrinde, Nadeln
beweisen dir trocken:
Du bist auf dem Holzweg. (1969)

Rainer Brambach, *Namen*, S. 16.

3. Daß es in einem Wald viele Holzwege gibt, ist kein Beweis, daß es einen richtigen Weg gibt. Daß man eine Aufgabe verfehlt, beweist nicht, daß ein anderer sie lösen kann. (1971)

   Eugen Gürster, *Narrheiten*, S. 23.

4. *Falsche Erziehung*

   Ein Mensch lernt in der Kinderzeit,
   Des Lasters Straßen seien breit,
   Jedoch der Tugend Pfade schmal
   In diesem irdischen Jammertal.
   Der Mensch, bei seinem Erdenwandern,
   Geht einen Holzweg nach dem andern,
   Weil er auf Straßen, breit gebaut,
   Sich einfach nicht mehr gehen traut. (1971)

   Eugen Roth, *Genau*, S. 28.

5. Die meisten Holzwege enden in einer Sackgasse. (1977)

   Markus Ronner, *Moment*, S. 48. Auch in Angelika Franz, *Sprüche*, S. 392.

6. Holzwege bleiben Holzwege. Auch wenn sie asphaltiert werden. (1978)

   Werner Mitsch, *Spinnen*, S. 57. Auch in ders., *Hin und Wider*, S. 8.

7. Holzwege führen zu nichts. (1978)

   Werner Mitsch, *Spinnen*, S. 90. Auch in ders., *Wal*, o. Seitenz.

8. Was unsere Umwelt betrifft, sind die Plastikhersteller auf dem Holzweg. (1978)

   Werner Mitsch, *Spinnen*, S. 77.

9. Wer sich hölzern ausdrückt, muß sich nicht auf dem Holzweg befinden. (1979)

   Gerhard Uhlenbruck, *Einfach*, S. 13.

10. Gerade die auf dem Holzweg sind, benehmen sich wie die Axt im Walde. (1980)

    Jupp Müller, *Pfennigwahrheiten*, S. 11.

11. *Querwaldein*

Gern will ich
mit Dir auf unserem
Holzweg
bleiben
der weich uns trägt
bis zur Härte des Betons
wo Du wieder
Ermutigungen brauchst
weiterzugehen
bis Holzwege
locken
wieder
weich. (1980)

Susanne Martinez, *Sprachspäne*, S. 8.

12. *Anmerkung zu Heidegger*

Bald gibt es die berüchtigten
Holzwege nicht mehr.
Alle Wege werden asphaltiert sein. (1982)

Nebelspalter, Nr. 30/27. 7. 1982, S. 45.

13. Wer nur
noch
auf Beton
baut
befindet
sich
ganz
auf
dem
Holzweg. (1982)

Susanne Martinez, *Frau Lot*, S. 51.

14. Fortschritt im Straßenbau: Wir haben asphaltierte Holzwege. (1983)

Sigbert Latzel, *Stichhaltiges*, S. 60.

15. Die (einzige) Alternative zur Sackgasse heißt (ist der) Holzweg. (1984)

Werner Mitsch, *Grund*, S. 57. Auch in Bernd Thomsen, *Neue Büro-Sprüche*, o. Seitenz.

16. Kehr um und schlage Kapital aus Deinen Holzwegen! (1984)

Werner Mitsch, *Grund*, S. 21.

17. Viel zu viele Hauptstrassen und bald keine Holzwege mehr. Die Hauptstrasse ist jetzt der Holzweg. (1985)

Felix Renner, „Sprüche", S. 87. Auch in ders., *Leine*, S. 75.

18. Wenn eine Regierung auf dem Holzwege ist
gewinnt sie immer mehr Ähnlichkeit
mit einer Porzellankiste:
Vorsicht zerbrechlich – nicht stürzen! (1985)

Liselotte Rauner, *Sorge*, S. 61. Auch in dies., *Schleifspuren*, S. 34.

19. *Holzweg*

Natürlich leben! Holz an alle Wände!
Die Umwelt stirbt! Baut Holz um euch herum!
Laßt die Chemie! Spuckt sauber in die Hände!
Und baut mit Holz! Und legt die Wälder um! (1986)

Wolfgang Funke, *Funkenflug*, S. 56.

20. Konsequenz ist, wenn man auch einen Holzweg zu Ende geht. (1986)

Christian Roman, *Big Mäc*, o. Seitenz.

21. „Ja. Mit Poliboy war ich noch nie auf dem Holzweg." (1987)

Bunte, 29. 10, 1987, S. 161. Möbelpflege-Werbung.

22. Er war konsequent: Auch den Holzweg ging er bis zum Ende. (1988)

Hans-Dieter Schütt, *Haustür*, S. 46.

23. Wer auf dem Holzweg ist, kann nicht mit Steinen werfen. (1988)

Claudia Glismann, *Schäferstündchen*, o. Seitenz.

24. Karrieristen scheuen selbst den Holzweg nicht, um voranzukommen. (1989)

Manfred Strahl, *Ausleg-Ware*, S. 14.

25. Das Waldsterben sorgt dafür, daß wir uns in Zukunft nicht mehr auf dem Holzweg befinden werden. (1994)

Gerhard Uhlenbruck, *Wahr*, S. 102.

26. Manch einer kommt auf dem Holzweg bis an die Wurzeln. (1995)

Wolfgang Eschker, *Mitgift*, S. 113.

HORN

„sich die Hörner abstoßen“

1. Die Hörner, die man sich abgestoßen hat, werden einem nachher wieder aufgesetzt. (1974)

   Hellmut Walters, *Abseits*, o. Seitenz.

2. In die Hörner, die ich mir bei anderen abstoßen mußte, blasen sie nun. (1977)

   Gerhard Uhlenbruck, *Netz*, S. 116.

3. den männern,
   die sich erst ihre hörner abstoßen,
   werden diese meist schnell wieder
   aufgesetzt. (1979)

   Volker Erhardt, *Kannibale*, S. 26.

4. Pubertät: Man stößt sich die Hörner ab, indem man sie anderen aufsetzt. (1980)

   Gerhard Uhlenbruck, *Frust-Rationen*, S. 7. Auch in ders., *Aphorismen/Satz*, S. 117.

5. Wir werden immer erst Teufel, wenn wir uns die Hörner abgestoßen haben. (1982)

   André Brie, *Wahrheit*, S. 60. Auch in ders., *Wahrheit/Anfang*, S. 60.

HOSE

„die Hosen anhaben“

1. Jungs, jetzt haben wir die Hosen an! (1979)

   Stern, Nr. 14/29. 3. 1979, S. 238 f. Werbung für Mustang Jeans & Jackets.

2. Männer, deren Frauen die Hosen anhaben, haben in der Regel Freundinnen, die Pelzmäntel tragen. (1979)

   Robert Lembke; zitiert aus *Nebelspalter*, Nr. 47/20. 11. 1979, S. 35.

3. *Nachträgliche Bekleiderscheinung*

   Am FKK-Strand lernten sie sich kennen,
   verliebten sich und wurden Frau und Mann.

Doch bald beschloß er, sich von ihr zu trennen:
Zu Hause hatte sie die Hosen an. (1982)

Hansgeorg Stengel, *Extrakt*, S. 110.

4. Beidi händ jetzt d Hose-n-a! (1983)

Nebelspalter, Nr. 24/14. 6. 1983, S. 3.

5. Frauen sind unter der Bedingung bereit, die Höschen auszuziehen, daß sie in der Ehe die Hosen anhaben dürfen. (1983)

Žarko Petan, *Sintflut*, S. 13.

6. „Ich trinke Jägermeister, weil ich zwar Hosen trage, sie aber keineswegs anhabe.“ (1984)

Für Sie, Nr. 18/15. 8. 1984, S. 9.

Beidi händ jetzt d Hose-n-a!

HOSE 4

7. Meine Frau hat die Hosen an, aber die Schürze bleibt mein! (1985)

Bild, 27. 11. 1985, S. 2.

8. Arbeitsteilung: Sie hat die Hosen an, er die Pantoffeln. (1987)

Heinz Müller-Dietz, *Recht*, S. 32.

9. In einer guten Beziehung hat gar keiner die Hosen an! (1988)

Bild, 8. 6. 1988, S. 2.

10. *Eheleute*

Sie war um ihn besorgt und zog sich die Hosen an.
Er war hilfsbereit und nahm ihr die Pantoffeln ab.
Sie waren rücksichtsvoll zueinander und tauschten
von Zeit zu Zeit Hosen und Pantoffeln. (1995)

Walter Richter, *Geige*, S. 33.

HUHN

„mit den Hühnern zu (ins) Bett gehen"

1. Wer mit den Hühnern schlafengeht, darf keine Angst vor harten Eiern haben! (1976)

Locus Vivendi – Sentenzen fürs Klo. München: W. Heye, 1976 (April).

2. Mit de Hihner schlafe gehje
und bei ner Kuh uffwache sowas gibts. (1978)

Kurt Sigel, *Gegenreden*, S. 46.

3. Sex-Problem der midlife-crisis: er ging mit den jungen Hühnern zu Bett. (1979)

Gerhard Uhlenbruck, *Einfach*, S. 40.

4. *bauernfrühstück*

wer mit den hühnern
ins bett geht
der wundere sich nicht
fehlen ihm morgens
die eier. (1983)

Manfred Hausin, *Hausinaden*, S. 19.

5. Lieber ins Kloster als mit den Hühnern ins Bett. (1984)

   Eduard Moriz, *Dings*, o. Seitenz.

6. *ferien auf dem lande*

   ich lasse
   die gänse schnattern
   und gehe
   mit den hühnern ins bett. (1987)

   Manfred Hausin, *Verboten*, S. 136.

7. Wer mit dem Teufel zu Bett geht, wird die Engel singen hören. (Vor 1989)

   Peter Gruber; zitiert aus Gabriele Berthel, *Kurz*, S. 101.

HUND (a)

„auf den Hund kommen“

1. Ich weiß, wodurch ich auf den Hund gekommen,
   Der Bürger stöhnt's in seiner Kassenqual.
   Ich habe dem Proleten Gott genommen,
   Nun nimmt er meinen mir, das Kapital. (Vor 1945)

   Franz Werfel, *Das lyrische Werk*, S. 614.

2. Ein Kuß der allein bleibt kommt auf den Hund. (1966)

   Hans Peter Keller, *Panoptikum*, S. 56.

3. *Hund un Worscht*

   Kimmt aaner mit de Worscht
   wedelt de Hund mit em Schwanz
   kimmt aaner mit em Hund
   wedelt die Worscht mit em Schwanz
   wedelt de Hund mit de Worscht
   kimmt de Schwanz uff n Hund
   iss de Hund uff n Schwanz gekomme
   iss die Worscht uff n Hund gekomme
   wenn de Schwanz zu de Worscht kimmt
   iss de Hund uff n Hund gekomme. (1968)

   Kurt Sigel, *Feuer*, S. 43.

4. Wer auf den Hund gekommen ist, kann viele Hunde nennen, auf die er noch nicht gekommen ist. (1970)

Hans Kudszus, *Jaworte*, S. 28.

5. Durch Wohlstand auf den Hund gekommen, entdecken wir wieder das Pferd. (1972)

Heinrich Wiesner, *Kehrseite*, S. 67.

6. Auf den Mensch gekommen – Erfahrungen mit Leuten. (1974)

Die Zeit, Nr. 51/20. 12. 1974, S. 13.

7. „Auf den Hund kommen" – Sodomie. (1977)

Hans-Horst Skupy, *Geistesblitze*, S. 116. Auch in Gerhard Uhlenbruck et al., *Kranker*, 3. Aufl., S. 118.

8. Menschen, die auf den Hund kommen, fangen an zu jaulen. (1977)

Gerhard Uhlenbruck, *Netz*, S. 24.

9. Wir kommen nicht auf den Hund, sondern auf den Schweinehund. (1977)

Gerhard Uhlenbruck, *Netz*, S. 82.

10. Damit Herrchen nicht auf den Hund kommt. (1978)

Frankfurter Allgemeine Zeitung, 8. 11. 1978, S. 34. Werbung für Vereinigte Versicherungsgruppe.

11. Demokratische Nabelbeschau bringt die beste Demokratie auf den Hund. (1978)

Ilse Tönnies, *Spiegel*, S. 34.

12. Ehen ohne Kinder kommen auf den Hund. (1978)

Jorg Schröder, *Findling*, S. 85.

13. Manche Politiker halten die Hunde, auf die sie gekommen sind, für Gedanken. (1978)

Winfried Thomsen, *Modell*, S. 24.

14. Tierfreunde sind auf den Hund gekommene Humanisten. (1978)

Werner Mitsch, *Spinnen*, S. 9. Auch in *Hörzu*, Nr. 2/7. 1. 1983, S. 3. Auch in W. Mitsch, *Neue Hin-Sprüche*, S. 111.

15. Wer für die Katz arbeitet, kommt auf den Hund. (1978)

Werner Mitsch, *Spinnen*, S. 91.

16. Der Wolf ist auf den Hund gekommen – der Mensch ist Wolf geblieben. (1980)

Felix Renner, *Schwalben*, S. 16. Der erste Teil auch in Werner Mitsch, *Bienen*, S. 112; und ders., *Wal*, o. Seitenz.

17. *Sprüche unter Tierfreunden*

Wir sind auf den Hund gekommen.
Euer halbes Leben
ist für die Katz.
Jetzt bräuchten wir alle
wenigstens soviel Schwein,
daß zwischen
Schappi und Kittekat
auch noch ein Schnitzel
für uns abfällt. (1982)

Helmut Köhler, *Gästebuch*, S. 78.

HUND (a) 14

18. Wer ständig hetzt, hat nichts zu lachen.
Man sollte auch mal Pause machen,
sonst kommt man erstens auf den Hund,
und das ist zweitens ungesund! (1982)

René Hildbrand, *Arbeit*, S. 22.

19. Wenn man draufkommt, so hat man doch wenigstens den Hund. (1983)

Peter Oprei, *Bedenkliches*, S. 10.

20. Wer immer knurrt, kommt auf den Hund. (1984)

Siegfried Gloose, *Einfälle*, S. 33.

21. Mancher muß erst auf den Hund kommen, um des Pudels Kern zu entdekken. (Vor 1986)

Klaus Bernhardt; zitiert aus Ingetraud Skirecki, *Troja*, S. 24.

22. Ich ziehe es vor, meine Hunde nachts jaulen zu lassen, anstatt selber auf den Hund zu kommen. (1986)

Pascal Märki, *Denkbar*, S. 61.

23. Man muß erst auf den Hund kommen, um zu merken, daß alles für die Katz war. (1987)

Bild, 17. 10. 1987, S. 2.

24. *Verbissene Ausnahme*

Der Hund
auf den ich
gekommen war
war leider
der eine
der noch nicht wußte
daß Hunde
die bellen
nicht beißen. (1988)

Erich Fried; zitiert aus Claudia Hahm u. Karl-Heinz Pröve, *Sagen*, S. 39. Auch in E. Fried, *Einbruch*, S. 46.

25. Wer das Kätzchen liebt, kommt nicht auf den Hund. (1993)

Jan Christian Blohm, *Dachluken*, S. 84.

HUND (b)

„vor die Hunde gehen“

1. *Das Genie*

   Der Mensch, der in die Zukunft springt,
   der geht zugrunde.
   Und ob der Sprung mißglückt, ob er gelingt,
   der Mensch, der springt,
   geht vor die Hunde. (1950)

   Erich Kästner, *Gedichte*, S. 336.

2. *Zivilcourage*

   Ein Mensch erfährt, daß unsre Zeit
   Voll sei von Rücksichtslosigkeit.
   Doch sieht aus Feigheit, aus bequemer,

HUND (b) 3

Er ringsum lauter Rücksichtnehmer.
Die Freiheit geht wohl doch im Grunde
Aus solcher Rücksicht vor die Hunde. (1971)

Eugen Roth, *Genau*, S. 38.

3. Geht Dr. [Albert] Schweitzers Erbe vor die Hunde? (1974)

Schweizer Illustrierte, Nr. 19/6. 5. 1974, S. 1.

4. Jäger und Gejagte: Entweder man geht hinter die Hunde oder vor die Hunde. (1977)

Gerhard Uhlenbruck, *Netz*, S. 99.

5. Sodomie ist, wenn der Mensch vor die Hunde geht. (1978)

Werner Mitsch, *Spinnen*, S. 55.

6. Wer vor den Kadi geht, geht nicht selten vor die Hunde. (1981)

Ulli Harth, „Sprach-Einbrüche", S. 196.

7. *Ein Hundeleben* oder *Wie weit darf die Satire gehen?*

Da wir doch alle
vor die Hunde gehen werden –
züchtet Hunde, züchtet Hunde: Hundeleben
sind die zukunftsreichsten Leben hier auf Erden! (1982)

Albert Ehrismann; zitiert aus *Nebelspalter*, Nr. 11/16. 3. 1982, S. 16.

8. Der Mensch geht vor –
so hieß das Gebot der Stunde.
Tatsächlich: der Mensch ging vor
die Hunde. (1984)

Hans Ritz, *Ringelsternchen*, S. 70. Auch sehr ähnlich in ders., *Katzenköppe*, S. 131.

9. Ich geh vor die Hunde,
gehst du mit? (1987)

Saskia Schlesinger, *Lenz*, o. Seitenz.

HUNDERTSTE, DAS

„vom Hundertsten ins Tausendste kommen“

1. Die modernen Naturwissenschaften kommen vom Hundertsten ins Tausendstel. (1975)

   Erwin Chargaff, *Bemerkungen*, S. 145.

2. Er fiel vom Hundertsten ins Tausendste.
   Kurzum, er konnte nicht bis drei zählen. (1981)

   Werner Mitsch, *Hunde*, S. 26.

3. Wer vom Hundertsten ins Tausendste kommt, gerät in den Verdacht, ungenügend auf Nullen zu achten. (1981)

   Jupp Müller, *Gespitzt*, S. 84.

4. Der Phantasievolle kommt vom Hundertsten ins Tausendste, der Phantasielose klebt am Hundertsten, weil er vom Tausendsten keine Ahnung hat. (1987)

   Felix Renner, *Leine*, S. 11.

5. In Null Komma nichts kam er vom Hundertsten ins Tausendste. (1989)

   Hans Hunfeld, *Sprichwörtlich*, S. 15.

HUNGERTUCH

„am Hungertuch nagen“

1. von den satten werden sie ratten genannt – die am hungertuch nagen. (1971)

   Bert Berkensträter, *Zungen-Schläge*, S. 14.

2. Mancher, der behauptet, am Hungertuch zu nagen, verschweigt, dass es aus Damast ist. (1977)

   Markus Ronner, *Moment*, S. 47.

3. Nachdem er sein Hungertuch zernagt hatte, blieb ihm nur noch sein Leichentuch. (1977)

   Wolfgang Eschker, *Gift*, S. 55. Auch in ders., *Mitgift*, S. 113.

4. Am Hungerduch naache un trotzdem fett werrn. (1978)

   Kurt Sigel, *Gegenreden*, S. 44.

5. Ich hab' es ja prophezeit: Nach diesen Festtagen haben wir wieder monatelang am Hungertuch zu nagen! (1981)

Nebelspalter, Nr. 3/20. 1. 1981, S. 22.

6. Ich kenne Leute, die nagen sich vom Hungertuche einen Bauch an. (Vor 1982)

Bernd-Lutz Lange; zitiert aus Eckart Krumbholz, *Blatt*, S. 34.

7. Das Hungertuch, an dem sie früher nagten, benutzen sie heute bei ihren Fressereien als Tischdecke. (1982)

Nikolaus Cybinski, *Lande*, S. 55.

8. Jahrelang habe ich am Hungertuch genagt. Dann hatte ich es satt, ich stopfte den ganzen Lappen auf einmal in den Mund. (1984)

Eduard Moriz, *Intim*, o. Seitenz. Auch in W. P. Küttner, *Stoßstange*, o. Seitenz.

9. Lieber am Hummertuch nagen, als mit Hammer und Sichel essen. (1987)

Angelika Franz, *Sprüche*, S. 394.

HUT (der)

„unter einen Hut bringen (kommen)"

1. Die Deutschen lassen sich leicht unter eine Hut bringen; aber unter *einen* schwer. Sie sind nur einig, wo es etwas zu leiden gibt, wo zu tun, niemals. (Vor 1837)

Ludwig Börne, *Schriften*, Bd. 2, S. 286.

2. *Deutschlands Zukunft*

Kommt es unter einen Hut? „Ich glaube,
s kommt eher unter eine Pickelhaube." (Um 1875)

Deutscher Bundestag (Hrsg.), *Frage an die deutsche Geschichte.* Bonn: Presse- und Informationszentrum, 1981. S. 209.

3. Wie Sie Linienflug und Urlaub unter einen Hut bringen. (1975)

Der Spiegel, Nr. 9/24. 2. 1975, S. 41. Lufthansa-Werbung.

4. Für einen Hochschullehrer ist es schwer, alle unter einen Doktorhut zu bekommen. (1977)

Gerhard Uhlenbruck, *Netz*, S. 120.

5. Wie doch der Hut, unter den man alles bringen zu müssen glaubt, der sprichwörtlichen Mütze Schlaf ähnelt! (1982)

   Peter Maiwald; zitiert aus *Nebelspalter*, Nr. 50/14. 12. 1982, S. 15.

6. Demokratie: Der vergebliche Versuch, ein Volk von Egoisten unter einen Hut zu bringen. (1984)

   Werner Mitsch, *Grund*, S. 8.

7. Wie bringe ich das unter einen Hut?
   Die alten schimpfen über die Torheiten der Jugend
   und brüsten sich mit ihren Jugendtorheiten. (1985)

   Bruno Lamprecht, *Silberzwiebeln*, S. 12.

8. Wir sind behütet
   sagen die Spötter
   Wohlbehütet
   Alle
   unter einem Hut. (1985)

   Willy Kramp, *Gesehen*, 29.

9. Um alle unter einen Hut zu bringen, muß man sie erst alle über einen Kamm scheren. (1989)

   Gerhard Uhlenbruck, *Body*, S. 76. Auch in ders., *Wahr*, S. 121.

HUT (die)

„auf der Hut sein“

1. Du bist auf der Hut vor mir,
   Ich hüte mich vor dir,
   So trauen sie einer dem andern nicht,
   Man nennt's das europäische Gleichgewicht. (Vor 1890)

   Eduard von Bauernfeld; zitiert aus Klemens Altmann, *Epigramme*, S. 78. Auch in Otto Böhmer, *Leben*, S. 50.

2. Vor guten Taten soll man auf der Hut sein. Oft sind sie das Ergebnis schlechter Überlegungen. (1977)

   Gregori Latsch, *Denksplitter*, S. 6.

3. Vor Helmen muß man auf der Hut sein. (1978)

   Ulli Harth, *Un-Taten*, S. 7.

4. Sei auf der Hut, daß dir nicht der Feind mit einem Lob in den Rücken fällt. (1982)

   André Brie, *Wahrheit*, S. 62. Auch in ders., *Wahrheit/Anfang*, S. 61.

5. Man sollte auf der Hut sein, damit man keinen auf den Deckel bekommt. (1983)

   Gerhard Uhlenbruck, *Nächstenhiebe*, S. 24. Auch in ders., *Kaffee*, S. 104.

6. Heute sind die jungen Mädchen auf der Hut, daß sie nicht unter die Haube kommen. (1985)

   Gerhard Uhlenbruck, *Eigenliebe*, S. 38.

JACKE

„Das ist Jacke wie Hose."

1. Die Wahl eines Hemdes ist nicht Jacke wie Hose. (1974)

   Stern, Nr. 42/10. 10. 1974, S. 27. Werbung für Bayer-Textilfasern.

2. „Das ist Jacke wie Hose", sagte der Nudist und fuhr aus der Haut. (1975)

   Stern, Nr. 43/16. 10. 1975, S. 67.

JACKE 1

3. Nackt stehst du da,
wenn sie im Arsch ist,
Jacke wie Hose die Kultur. (1978)

Arnfrid Astel, *Rechtsstaat*, S. 442.

4. Das ist Kacke wie Hose. (1986)

Bernd Thomsen, *Pissen*, o. Seitenz. Auch in Angelika Franz, *Sprüche*, S. 235.

5. Zwangsjacke wie Hose. (1990)

Hans-Horst Skupy; zitiert aus Gerhard Uhlenbruck et al., *Kranker*, 3. Aufl., S. 114.

KALB

„der Tanz um das (ums) goldene Kalb"; „das goldene Kalb anbeten"

1. Viele studieren jahrelang die Zoologie und wissen schließlich doch nur – vom „goldenen Kalbe" zu sprechen. (1900)

Phia Rilke, *Ephemeriden*, S. 35.

2. *Der Tanz um das goldene Kalb*

... und sie merkten nicht, daß es aus Papier war. (1919)

Simplicissimus, Nr. 36/3. 12. 1919, S. 508.

3. Wo um das goldene Kalb getanzt wird, gibt's auch Metzger darunter. (Um 1960)

Stanisław Jerzy Lec, *Spätlese*, S. 47.

4. Das goldene Kalb wird, wenn es nicht angebetet wird, sofort zu Blech. (1961)

Erwin Chargaff, *Bemerkungen*, S. 92.

5. Vielleicht haben die Argonauten unter dem goldenen Vlies das goldene Kalb vermutet? (Vor 1966)

Stanisław Jerzy Lec, *Allerletzte Gedanken*, S. 31.

6. Der Tanz ums Goldene Kalb ist das älteste Ballett der Menschheit, dessen letzte Figur am Vorabend des Jüngsten Tages getanzt wird. (1971)

Eugen Gürster, *Narrheiten*, S. 18.

7. Rindviecher sind's, die ums Goldene Kalb tanzen. (1977)

Hans-Horst Skupy, *Geistesblitze*, S. 110.

8. Der Tanz um das goldene Kalb führt zum Tanz um den eisernen Metzger. (1983)

Ulrich Erckenbrecht, *Körnchen*, S. 48.

9. *Damenschmuck*

Medaillon vom goldenen Kalb. (1984)

Ron Kritzfeld, *Flexikon*, Bd. 9, S. 7.

10. Kommunismus und Kapitalismus heißen zwei Schritte beim Tanz um das goldene Kalb. (1984)

Jeannine Luczak, *Schweigegeld*, S. 21.

11. Das Goldene Kalb: die heilige Kuh der Industrienationen? (1988)

Werner Mitsch, *Neue Hin-Sprüche*, S. 33.

12. Auch das angebetete Goldene Kalb wird eines Tages ein altes Rindvieh. (1990)

Wolfgang Funke, *Wendehals*, S. 133.

13. *Ubi bene – ibi patria*

Ein neuer Hymnus geht im Lande um.
Die Bundesbank druckt zu dem Lied die Noten.
Ein Volkstanz. Um das goldne Kalb herum.
Wir Deutsche sind famose Patrioten. (1990)

Wolfgang Funke, *Wendehals*, S. 16.

14. Mein sozialer Traum: Das Goldene Kalb windet sich in Krämpfen und krepiert. Leider gibt es überall Ochsen. (1993)

Werner Kleinhardt, *Lachen*, S. 150.

KARRE(N)

„den Karren (die Karre) aus dem Dreck ziehen"

1. Der im Dreck steckende Karren ist eine Verfahrungstatsache. (1973)

Werner Schneyder, *Empfehlung*, S. 9.

2. Der kleine Mann wird gern benutzt
den Karren aus dem Dreck zu ziehn
dann findet man ihn stark verschmutzt
und man fährt weiter ohne ihn. (1973)

Liselotte Rauner, *Volksmund*, S. 11. Auch in dies., *Sorge*, S. 71.

3. *Konzentrierte Aktion*

Wir ziehen alle an einem Strick
den Karren aus dem Dreck.
Dann sitzen wir auf der Straße. (Vor 1975)

Fitz Kusz; zitiert aus Manfred Bosch, *Epigramme*, S. 71.

4. *Bildungselite*

Den wenigsten
gelingt es,
ihre Lehren
aus dem Dreck
zu ziehen. (1989)

Michael Augustin, *Denkpause*, S. 32.

5. Er ließ sich vor keinen fremden Karren spannen.
Er zog grundsätzlich nur den eigenen Mist. (1993)

Gerd Heyse, *Medaille*, S. 124.

6. Wer den Karren nicht aus dem Dreck ziehen kann, dem bleibt zum Schluß immer noch die Möglichkeit, ihn ins Lächerliche zu ziehen. (1995)

Ulrich Erckenbrecht, *Katzenköppe*, S. 101.

7. Es ist immer schwer, den Karren aus dem Dreck zu ziehen, wenn der Karren voller Dreck ist! (1996)

Gerhard Uhlenbruck, „Giftpfeile", S. 178.

8. Wer sich als Zugpferd vor anderer Leute Wagen spannen läßt, ist ein Esel, der die Karre aus dem Dreck ziehen soll. (1997)

Gerhard Uhlenbruck, *Widersprüche*, S. 24.

KARTE

„mit offenen Karten spielen"

1. Spielen wir mit offenen Karten. Das ist erst ein Glücksspiel! (Um 1960)

   Stanisław Jerzy Lec, *Spätlese*, S. 52.

2. Gegen Politiker keinen Argwohn bitte. Sie spielen ihre gezinkten Karten doch offen aus. (1972)

   Heinrich Wiesner, *Kehrseite*, S. 51.

3. Wer verlangt, daß mit offenen Karten gespielt wird, hat gewöhnlich alle Trümpfe in der Hand. (Vor 1983)

   Graham Greene; zitiert aus Roland Michael, *Treffend*, S. 67.

4. Es ist leicht, unter dem Tisch mit offenen Karten zu spielen. (1983)

   Žarko Petan, *Sintflut*, S. 18.

5. Wer mit offenen Karten spielt, gilt nicht selten als Spielverderber. (1988)

   Hans-Dieter Schütt, *Haustür*, S. 36.

6. Wer seine Karten offen legt, hat seine Trümpfe schon aus der Hand gegeben. (1997)

   Gerhard Uhlenbruck, *Widersprüche*, S. 97.

KATER

„einen Kater haben"

1. An Haustieren halte ich nur den moralischen Kater. (1981)

   Žarko Petan, *Himmel*, S. 10.

2. Mein moralischer Kater ist sehr unmoralisch. (1981)

   Žarko Petan, *Himmel*, S. 10.

3. Daß die Liebe ein Rauschzustand ist, merkt man daran, daß man anschließend einen Kater hat. (1983)

   Gerhard Uhlenbruck, *Nächstenhiebe*, S. 1.

4. *Am nächsten Vormittag*

Wenn die Ernüchterung kommt, reagieren die mit dem Kater leicht gereizt gegenüber allen, die nicht mitgesoffen haben. (1983)

Horst Drescher, „Notizen“, S. 577.

5. Ehefrau zur Nachbarin: „Mein Mann ist sehr tierlieb – jeden Morgen hat er einen Kater.“ (1984)

Klaus Frank, *Kalauer*, S. 15.

6. *Tierliebhaber*

Wer einen Kater hat,
kommt leicht auf den Hund. (1984)

Ron Kritzfeld, *Flexikon*, Bd. 9, S. 29.

7. Nach Wahrheit dürsten und Wissen saufen, das gibt einen Kater ohne Rausch. (1985)

Herbert Eisenreich, *Groschenweisheiten*, S. 116.

8. Manch einer hat einen Kater, weil er die Katze im Sack gekauft hat. (1987)

Gerhard Uhlenbruck, *Kaffee*, S. 75.

9. Mit einem anständigen Kater arbeitest du für die Katz. (1992)

Beate Kuckertz, *Büro*, o. Seitenz.

10. Wer einen Kater im Büro hat, ist deshalb noch lange nicht tierlieb. (1992)

Beate Kuckertz, *Büro*, o. Seitenz.

KATZE (a)

„alles für die Katz“

1. Er schrieb für eine Hundezeitschrift. Aber alles, was er schrieb, war für die Katz. (1978)

Werner Mitsch, *Spinnen*, S. 74.

2. Nicht für die Schule lernen wir, sondern für die Katz. (1978)

Werner Mitsch, *Spinnen*, S. 113. Auch in Christian Roman, *Lieber*, o. Seitenz.; und Angelika Franz, *Sprüche*, S. 262.

3. Viele Männer tun alles für die Katz – die süße, die sie geheiratet haben. (1980)

   Gerhard Uhlenbruck, *Nagel*, S. 15. Auch in ders., *Frust-Rationen*, S. 74.

4. Wer (immer nur) für die Katz arbeitet, kommt (schnell) auf den Hund. (1981)

   Quick, Nr. 7/5. 2. 1981, S. 74. Auch in Werner Mitsch, *Wal*, o. Seitenz.; und Gerhard Uhlenbruck, *Wahr*, S. 27.

5. Ein Mäuseleben. Am Ende war alles für die Katz. (1982)

   Werner Mitsch, *Bienen*, S. 27.

6. Tempo 30 – für die Katz? (1982)

   Die Zeit, Nr. 37/17. 9. 1982, S. 21.

7. *Teleologie*

   Die ersten fünf Jahre Neros,
   heißt es,
   waren gute Jahre.
   Und dann?
   Alles für die Katz,
   sagen die Philosophen.
   Wieso eigentlich? (1984)

   Hartmut Schaefer, *Wegmarken*, S. 34.

8. Wenn der Job für die Katz ist, muß man nur noch auf die Mäuse warten. (1992)

   Beate Kuckertz, *Büro*, o. Seitenz.

9. Wenn wir nachher nicht mehr Welt erahnen als vorher, war die Lektüre eines Buches für die Katz. (1994)

   Felix Renner, *Worte*, S. 46.

KATZE (b)

„die Katze aus dem Sack lassen“

1. Die meisten Menschen lassen die Katze erst aus dem Sack, nachdem sie gejungt hat. (1974)

   Hellmut Walters, *Abseits*, o. Seitenz.

2. Als es um die Mäuse ging, ließ er die Katze endlich aus dem Sack. (1981)

Werner Mitsch, *Hunde*, S. 8.

3. Die Menschen haben verlernt zu plaudern. Sie müssen immer gleich die Katze aus dem Sack lassen. (1983)

Werner Mitsch, *Schwarze*, S. 18.

4. „Los, höchste Zeit zur Kanzlerwahl, die Katzen lassen wir dann hinterher raus!" (1987)

Nebelspalter, Nr. 12/19. 3. 1987, S. 18.

5. Katze aus dem Steuersack. (1990)

Der Spiegel, Nr. 48/26. 11. 1990, S. 22.

6. Die meisten Menschen lassen erst die Katze aus dem Sack, wenn sie keine Mäuse mehr haben! (1996)

Gerhard Uhlenbruck, *Nichtzutreffendes*, S. 18. Ähnlich auch in ders., *Widersprüche*, S. 29.

Katze aus dem Steuersack

KATZE (b) 5

7. Offenbarungseid: Wenn man keine Mäuse mehr hat, muß man die Katze aus dem Sack lassen. (1997)

Gerhard Uhlenbruck, *Widersprüche*, S. 121.

KATZE (c)

„die Katze im Sack kaufen"

1. Sorgsam fand ich jetzt alle Käufer, und alle haben listige Augen. Aber seine Frau kauft auch der Listigste noch im Sack. (Um 1900)

   Friedrich Nietzsche; zitiert aus Agnes Emrich, *Zitatenlexikon*, S. 28.

2. In schwierigen Zeiten kauft man die Katze im Sack, um wenigstens in den Besitz eines Sackes zu gelangen. (1960)

   Martin Kessel, *Gegengabe*, S. 129.

3. Heiraten heißt, zu der Katze, die man im Sack gekauft hat, hineinkriechen und den Sack dann zubinden und versiegeln lassen. (1977)

   Gerhard Uhlenbruck, *Netz*, S. 56.

4. „Schau, Liebling, du sollst keine Katze im Sack kaufen!" (1978)

   Praline, Nr. 32/3. 8. 1978, S. 12.

5. Lieber eine Katze im Sack als eine Attrappe in der Hose. (1981)

   Werner Mitsch, *Hunde*, S. 97.

6. Das Mädchen möchte einen Arzt heiraten und zeigt Figur, damit der künftige Arzt weiß, was er bekommt. Er braucht nicht die Katze im Sack zu kaufen. (1983)

   Elfriede Jelinek, *Klavierspielerin*, S. 40.

7. Lieber eine Katze im Sack, als einen Kater am Aschermittwoch. (1983)

   Werner Mitsch, *Schwarze*, S. 49.

8. Lieber eine Katze im Sack als einen Kater im Kopf. (1983)

   Morgenpost, 8. 1. 1983, o. Seitenz. Auch in *Dumme Sprüche für Gescheite 1988: Wandsprüch'-Kalender* (Aug.), München: Heye, 1988 .

9. Lieber eine Katze im Sack als den Igel im Ärmel. (1984)

   Werner Mitsch, *Grund*, S. 37.

10. Lieber eine Katze im Sack als einen Kater am Morgen. (1987)

Nebelspalter, Nr. 36/3. 9. 1987, S. 33.

11. Wer die Katze im Sack kauft, kann sie schneller ertränken. (1987)

Angelika Franz, *Sprüche*, S. 432.

12. Wer die Katze im Sack kauft, muß sich nicht wundern, wenn er anschließend einen Kater bekommt. (1989)

Gerhard Uhlenbruck, *Aphorismen/Satz*, S. 24.

13. Manch einer kauft die Katze im Sack, nur um sie anschließend wieder herauslassen zu können. (1995)

Wolfgang Eschker, *Mitgift*, S. 88.

14. Spannungs- und Überraschungsaufschub:
Der Kauf der Katze im Sack. (1995)

Walter Richter, *Aphorismen*, S. 21.

KATZE (d)

„um etwas herumgehen (schleichen) wie die Katze um den heißen Brei"

1. Er umging sie wie Brei eine heiße Katze. (1977)

Gerhard Uhlenbruck, *Netz*, S. 39.

2. *Appell*

Bleib nicht stumm am Wegrand stehn.
Kämpf mit Kopf und Tatzen!
Um den heißen Brei zu gehn
schickt sich nur für Katzen. (1980)

Hansgeorg Stengel, *Stengelsgeduld*, S. 28.

3. Der Vorsichtige schweigt um den heißen Brei herum. (Vor 1989)

Rolf Seiffert; zitiert aus Gabriele Berthel, *Kurz*, S. 146.

4. Geh nicht wie
die Katze
um den heißen Brei!
Laß doch endlich

die Katze
aus dem Sack. (1989)

Hans Hunfeld, *Sprichwörtlich*, S. 69.

5. Die kluge Maus meidet den heißen Brei – wegen der Nähe der Katze! (1990)

   Gerhard Uhlenbruck, „Geistesblitze", S. 223. Auch in ders., *Darum*, S. 59.

6. Um heißen Brei so lang die Katze tippelt,
   bis sie den Napf mit ihrer Tatze kippelt. (Vor 1995)

   Hanna Seidel; zitiert aus Karl Leberecht Emil Nickel, *Schüttelsprüche*, S. 6.

7. *Katzentritte*

   Ich schleiche um den heißen
   Brei meiner Fragwürdigkeit
   Katzentritte ganz lautlos.
   Irgendwann werde ich mir
   auf die Schliche kommen
   vielleicht mich einfangen
   mit Schlinge und Knoten
   mich einsperren aber die
   Käfigtür offen lassen.

   Hol mir doch mal einen
   Löffel ich will den heißen
   Brei probieren. Vermutlich
   werde ich mir wieder mal
   die Zunge verbrennen. (Vor 1996)

   Heinz Gotenbruck; zitiert aus Bundesverband Deutscher Schriftsteller-Ärzte (Hrsg.), *Welt*, S. 47.

8. Manche sind so vorsichtig, daß sie wie eine Katze nur um den kalten Brei herumschleichen. (1996)

   Gerhard Uhlenbruck, *Nichtzutreffendes*, S. 33.

KIND (a)

„das Kind (die Dinge) beim (rechten) Namen nennen"

1. Etwas beim Namen nennen heißt Macht darüber gewinnen. (Vor 1936)

   Oswald Spengler; zitiert aus Ernst Hauschka, *Handbuch*, S. 104.

2. Nenne die Dinge nicht beim Vornamen, wenn du ihren Nachnamen nicht kennst. (1959)

Stanisław Jerzy Lec, *Unfrisierte Gedanken*, S. 8. Auch in ders., *Buch*, S. 63.

3. Nenne das Ding beim Namen, aber auch beim Pseudonym. (1964)

Stanisław Jerzy Lec, *Neue Gedanken*, S. 8. Auch in ders., *Buch*, S. 111.

4. Vertraulichkeiten sind unfein; nenne das Ding lieber nicht beim Namen. (1970)

Wiesław Brudzinski, *Katz*, S. 121.

5. *Anonym*

Wie nenne ich das Kind beim Namen?
Die Frage ist für manche Damen
die kleinste Sorge, denn sie können
den Vater nicht beim Namen nennen. (1979)

Klaus Lettke, *Achilles*, S. 19.

6. Unter Kollegen darf man das Rind nicht beim Namen nennen. (1979)

Gerhard Uhlenbruck, *Einfach*, S. 44.

7. Wer die Dinge beim Namen nennt, erreicht bestenfalls, dass man mit Fingern auf seinen Namen zeigt. (1979)

Beat Läufer (eigentl. Felix Renner); zitiert aus *Nebelspalter*, Nr. 45/6. 11. 1979, S. 6.

8. Die Dinge, mit denen wir uns einen Namen machen wollen, nennen wir selten beim Namen. (1983)

Gerhard Uhlenbruck, *Nächstenhiebe*, S. 40.

9. Wer Fabeln schreibt, läßt Tiere dort agieren, wo er selbst nicht den Mut hat, die Dinge bei ihrem Namen zu nennen. (1984)

Klaus Sochatzy, *Widerworte*, S. 32.

10. In dieser Firma darf man das Rind nicht beim Namen nennen. (1986)

Bernd Thomsen, *Neue Büro-Sprüche*, o. Seitenz. Auch in Beate Kuckertz, *Büro*, o. Seitenz.

11. *Einbildung*

Wer betont, er nenne das Kind beim rechten Namen, setzt voraus, recht zu haben. (1988)

Hans Hollweg, *Kürze*, S. 47.

12. Wer seine Muttersprache nicht voll beherrscht, ist gezwungen, die Dinge beim Namen zu nennen. (1989)

    Manfred Strahl, *Ausleg-Ware*, S. 16.

13. Nenne die Dinge beim Namen, und man wird sich deinen gut und gern merken. (1993)

    Gerd Heyse, *Medaille*, S. 74.

14. *Vaterschaftsprozesse*

    Es ist nicht immer leicht, das Kind beim Namen zu nennen. (1994)

    Gerhard Uhlenbruck, *Medizinische Aphorismen*, 2. Aufl., S. 124.

KIND (b)

„das Kind mit dem Bade ausschütten"

1. Moral ist die Tendenz, das Bad mit dem Kinde auszuschütten. (1912)

    Karl Kraus, *Wort*, S. 191.

2. Ich habe lange nach einer Entsprechung für das deutsche Sprichwort „das Kind mit dem Bade ausschütten" gesucht, eine Vorstellung, die in Polen weit verbreitet ist. Ich schlage vor: „Jemandem den Splitter im Auge zusammen mit dem Auge entfernen." (Vor 1944)

    Karol Irzykowski; zitiert aus Karl Dedecius, *Bedenke*, S. 85.

3. Die mit dem Bad ausgeschütteten Kinder haben die Erde bevölkert. (1952)

    Erwin Chargaff, *Bemerkungen*, S. 36.

4. Über die Besorgnis, das Kind etwa mit dem Bad auszuschütten, haben viele Gelehrte vergessen, was das Kind ist und was das Bad. (1954)

    Erwin Chargaff, *Bemerkungen*, S. 46.

5. Ich möcht mir – denn's wär schad – ausbitten:
    Das Kind nicht mit dem Bad ausschütten! (1968)

    Eugen Roth, *Schwarze*, S. 111.

6. Berufstätige Mutter: Ich habe das Kind mit dem Bade ausgeschüttet – da war der Ausguß verstopft, und ich mußte wieder mal auf die Handwerker warten. (1972)

    Henning Venske, *Werke*, S. 41.

7. Man soll auch das Kind im Manne nicht mit dem Bade ausschütten. (1977)

Gerhard Uhlenbruck, *Netz*, S. 78.

8. Das Kind wird so lange mit dem Bade ausgeschüttet, bis es in den Brunnen fällt. (1978)

Werner Mitsch, *Spinnen*, S. 94.

9. Es ist nicht zu glauben, wieviel Kinder mit einer einzigen Badewanne ausgeschüttet werden können. (1978)

Robert Lembke; zitiert aus *Nebelspalter*, Nr. 38/19. 9. 1978, S. 28.

10. Wehe, das Kind hat sich im Badewasser aufgelöst! (1980)

Erwin Chargaff, *Bemerkungen*, S. 164.

11. Clevere Hebammen, die nur die häßlichen Kinder mit dem Bade ausschütten. (1983)

Werner Mitsch, *Schwarze*, S. 16.

12. *Kindersauber-*
haltenheute

Schütte das Kind
nicht mit dem
Bade aus
bade es
bade das
Kind sorgfältig
badedas
im Badedas

Jetzt weiss ich es wieder. (1983)

Nebelspalter, Nr. 23/7. 6. 1983, S. 17.

13. Kommunalpolitiker sollten die Kirche nicht mit dem Bad ausschütten. (1983)

Werner Mitsch, *Schwarze*, S. 64.

14. Paradox: Wenn ein Schwimmlehrer das Kind mit dem Bad ausschüttet. (1983)

Fritz Herdi; zitiert aus *Nebelspalter*, Nr. 24/14. 6. 1983, S. 2. Auch in ders., *Witz*, S. 39.

15. Wer das Kind mit dem Bade ausschüttet, hat kein gutes Verhältnis zur Humanität. (1983)

Werner Mitsch, *Schwarze*, S. 93.

16. „Bevor du das Kind mit dem Bade ausschüttest ... sieh nach, ob überhaupt eins drin ist.“ (1987)

Dumme Sprüche für Gescheite 1987: Wandsprüch'-Kalender (April), München: Heye, 1987.

17. Wer das Kind mit dem Bade ausschüttet, rettet es vielleicht vor dem Ertrinken? (Vor 1989)

Ulf Annel; zitiert aus Gabriele Berthel, *Kurz*, S. 52.

KIRCHE

„die Kirche im Dorf lassen“

1. Wenn die Kirche im Dorf gelassen ist, wenn einer in die Grube gefallen ist, die er einem anderen grub, wenn sich das Sprichwörtliche erfüllt und alle Voraussagen über Mondwechsel und Sonnengang wieder einmal recht behalten haben – mit einem Wort, wenn die Rechnung vorläufig aufgeht und alles, was im All fliegen soll, fliegt, dann muß er den Kopf schütteln und denken, in welcher Zeit er lebt.
Er ist, wie alle, nicht gut vorbereitet; er weiß nur den geringsten Teil und jeder weiß ja nur einen allergeringsten Teil von dem, was vorgeht. (1961)

Ingeborg Bachmann, *Jahr*, S. 28.

2. Die Kirche im Dorf lassen und das Dorf nicht zur Kirche machen. (1967)

Rudolf Rolfs, *Schlag*, S. 84.

3. *Landflucht*

Adieu ihr
vielen Kirchen,
ich laß euch im Dorf. (1968)

Arnfrid Astel, *Notstand*, S. 8. Auch in ders., *Rechtsstaat*, S. 622.

4. Man muß die Kirche im Dorf lassen. Nur die Steuern gehen nach Rom. (1977)

Hans-Horst Skupy, *Geistesblitze*, S. 84.

5. Man soll zwar die Kirche im Dorf lassen, aber öfter den Pfarrer wechseln. (1977)

Gerhard Uhlenbruck, *Netz*, S. 27.

6. Merr soll die Kersch im Dorf lasse
und de Parrer bei de Kechin. (1978)

Kurt Sigel, *Gegenreden*, S. 45.

7. Wer in die Stadt zieht, sollte die Kirche im Dorf lassen. (1978)

Werner Mitsch, *Spinnen*, S. 84.

8. *Die Verstädterung*
Bewirkt, daß viele
die Kirche im Dorf lassen. (1979)

Ron Kritzfeld, *Flexikon*, Bd. 6, S. 31.

9. laß die kirche im dorf.
die leute ziehen in die stadt. (1979)

Volker Erhardt, *Kannibale*, S. 15.

10. Man läßt heute die Kirche auf dem Dorfe. (1980)

Gerhard Uhlenbruck, *Frust-Rationen*, S. 1.

11. Wer's zum Stadtpfarrer bringen will,
muß die Kirche im Dorf lassen können. (1980)

Werner Mitsch, *Pferde*, S. 71.

12. Man sollte die Kirche im Dorf lassen, denn vielleicht möchte auch dort jemand mit ihrer Hilfe Karriere machen. (1983)

Gerhard Uhlenbruck, *Nächstenhiebe*, S. 46.

13. Man sollte die Kirche so lange im Dorf lassen, bis der Pfarrer aus dem Schneider ist. (1983)

Werner Mitsch, *Schwarze*, S. 7.

14. Laßt die Kirche im Dorf. Und den Dom in Rom. (1984)

Werner Mitsch, *Grund*, S. 56.

15. Den Sozialismus aufbaun heißt Gott zum Teufel jagen, aber die Kirche im Dorf lassen. (1987)

Wolfgang Mocker, *Canossa*, S. 21.

16. Die Kirche bleibt solange im Dorf, als Nichtbetroffene darüber entscheiden, wo und wieweit Betroffene sich herausnehmen dürfen, betroffen zu sein. (1987)

Felix Renner, *Leine*, S. 67.

17. Moderne Zeiten. Sie lassen die Kirche im Dorf und ihre Kinderstube zu Hause. (1988)

Werner Mitsch, *Neue Hin-Sprüche*, S. 36.

18. Wer die Kirche im Dorf läßt, macht die Kirchturmpolitik übersichtlicher. (1988)

Werner Mitsch, *Neue Hin-Sprüche*, S. 37.

19. Du siehst ja doch nicht weiter
als bis zur nächsten Kirchturmspitze.
Also laß mal
die Kirche im Dorf. (1989)

Hans Hunfeld, *Sprichwörtlich*, S. 86.

20. Bei allem Zweifel an der Existenz Gottes. Man sollte die Kirche dabei im Dorf lassen. (1990)

Werner Ehrenforth, *Alte Sitzbeschwerden*, S. 28.

21. *Die Kirche im Dorf*

Laß die Kirche im Dorf,
so sagten unsere Väter.
Ohne auf das Zentrum zu blicken,
verlierst du den Halt.

Diese Weisheit ist uralt.
Leben aus der Mitte nennen wir es heute.
Doch zu allen Zeiten gab es wissende Leute.
Sich auf sich selber zu konzentrieren,
ohne die anderen aus dem Auge zu verlieren.

Bleibt die Kirche im Dorf,
gehst du niemals wirklich fort.
Du ruhst in dir selber,
egal, wo du bist.
Sieh zu, daß du deine „Kirche" im Dorf
niemals vergißt! (1992)

Ingrid Zimmermann, *Impfbuch*, S. 55.

KIRSCHE

„Mit jemandem ist nicht gut Kirschen essen."

1. Einen Obsthändler sollte man nicht anpflaumen oder veräppeln, sonst ist mit ihm nicht gut Kirschen essen. (1979)

   Gerhard Uhlenbruck, *Einfach*, S. 51.

2. Mit fremden Zähnen ist nicht gut Kirschen essen. (1979)

   Werner Mitsch, *Fische*, S. 95. Auch in ders., *Wal*, o. Seitenz.

3. Warum Adam ausgerechnet einen Apfel mit Eva verspeiste? Weil mit ihr schlecht Kirschenessen war. (1980)

   Sigmar Schollak; zitiert aus André Brie et al., *Weisheit*, S. 131.

4. Mit Hexen ist nicht gut Besen reiten. (1982)

   Werner Mitsch, *Bienen*, S. 39.

5. *Eva*
   reichte Adam den Apfel,
   weil sonst mit ihm nicht gut
   Kirschen essen war. (1984)

   Ron Kritzfeld, *Flexikon*. Bd. 9, S. 10.

KLEE

„jemanden (etwas) über den grünen Klee loben"

1. Man sollte nicht jeden Boxer über den braunen [Cassius] Clay loben! (1974)

   Hörzu, Nr. 47/23. 11. 1974, S. 3.

2. Die „Grünen Parteien" hatte man vorschnell über den grünen Klee gelobt. (1979)

   Gerhard Uhlenbruck, *Einfach*, S. 63.

3. Einen Roten über den grünen Klee loben. (1987)

   Andreas Bender, *Socken*, o. Seitenz.

4. *Nachruf*

Bruder Leichtfuß
Hahnenfuß
Hasenfuß
Hahnenklee.
Über den grünen
Klee lobte man
ihn erst
als jener ihn deckte. (1987)

Heinz Müller-Dietz, *Recht*, S. 24.

5. Sie lobte ihn dauernd
über den grünen Klee,
obgleich er oft
den Wald
vor lauter Bäumen
nicht sah. (1989)

Hans Hunfeld, *Sprichwörtlich*, S. 88.

KNOTEN

„den gordischen Knoten durchhauen (lösen)"

1. Die Schicksalsfäden der Parzen gestalten sich gar oft zum gordischen Knoten. (1900)

Phia Rilke, *Ephemeriden*, S. 9.

2. *Über den Nachruhm*

Den unlösbaren Knoten zu zersäbeln,
gehörte zu dem Pensum Alexanders.
Und wie hieß jener, der den Knoten knüpfte?
Den kennt kein Mensch.
Doch sicher war es jemand anders ... (1946)

Erich Kästner, *Schriften*, Bd. 7, S. 69.

3. Lyrik ist ein Knoten, der erst gordisch wird, wenn man ihn zerschneidet. (1957)

Erwin Chargaff, *Bemerkungen*, S. 70.

4. Ein gordischer Knoten, in dem der eigene Kopf steckt, läßt sich auf die übliche Art nicht lösen. (Vor 1966)

Stanisław Jerzy Lec, *Allerletzte Gedanken*, S. 31.

5. Daß der Gordische Knoten eine Dauerexistenz in unserer Zeit gefunden hat, liegt einzig und allein daran, daß das Schwert als Waffe zum alten Eisen zählt. (1977)

Gregori Latsch, *Denksplitter*, S. 22.

6. Die gordische Erdgas-Röhre. (1982)

Der Spiegel, Nr. 30/26. 7. 1982, S. 17.

KNOTEN 6

7. Was, wenn der gordische Knoten das Schwert hält, das ihn zerschlagen soll? (1982)

André Brie, *Wahrheit*, S. 34. Auch in ders., *Wahrheit/Anfang*, S. 34.

8. *Über Knoten*

Da Alexander der Große den Gordischen Knoten durchschlug,
blieben ihm zwei Enden Strippe, keines lang genug
zu nützlicher Verwendung. Man sollte den Alexandern sagen:
Nicht jede Art Knoten eignet sich zum Durchschlagen! (1983)

Henryk Keisch, *Denk-Zettel*, S. 54.

9. *Der Gordische Knoten*

Das also, das wars, das war das Geheimnis, zu dem sie aufgebrochen waren, durch Felslabyrinthe, Dickichte, enge Gänge. Lehmiges Wasser tropft von Decke und Wänden. Nun, nachdem sie endlich hier standen, waren die Schwerter der Sklaven schwarzschartig, so viele Äste mußten zerhauen werden, soviel Schutt weggeräumt, so viele Durchgänge gegraben werden. Nur Alexander holte mit seinem Zweihänder aus, geschont wie eine Reliquie, und zerschlug triumphierend das längst zu Moder zerfallene Tauwerk. (1985)

Axel Schulze, *Vogelbilder*, S. 66.

10. Je verknoteter die Verhältnisse,
desto begehrter sind Simplifikationen.
Zuschlechterletzt drückt man uns
das Schwert eines
ideologischen Schlagworts
in die Hand, um mit ihm
die Knoten durchhauen zu können. (1985)

Kurt Marti, *Schilfgräser*, o. Seitenz.

11. *Dieser Knoten*

Jeder kennt seinen gordischen Knoten; ein Leben lang knibbeln wir daran herum; sind eben keine Alexander. (Vor 1990)

Horst Drescher, *Zirkus*, S. 73.

12. *Jedermannspiel*

Lebenslanger Versuch
mich aus der Schlinge zu ziehen
indem ich sie knüpfe

mein schöner gordischer Knoten
einzig in seiner durch-
schlagenden Lösung

mit aller Verstrickung
nur auf Anhieb zu retten
endlich für immer
durch Tod. (1992)

Margot Scharpenberg, *Rahmenwechsel*, S. 120.

KOPF (a)

„den Kopf hängen lassen“

1. Wenn Köpfe rollen, lasse deinen nicht hängen. (Vor 1966)

   Stanisław Jerzy Lec, *Buch*, S. 193.

2. Er ließ den Kopf hängen – später behaupteten die Zeugen, er habe Zustimmung genickt. (1970)

   Wiesław Brudzinski, *Katz*, S. 123.

3. Laßt einmal den Kopf hängen – schon habt ihr zugestimmt. (1978)

   Eberhard zur Nieden, „Schüsse“, S. 100. Auch in Christian Roman, *Big Mäc*, o. Seitenz.

4. Wer einen steifen Hals hat, sollte nicht den Kopf hängen lassen. (1978)

   Werner Mitsch, *Spinnen*, S. 25.

5. Ich lasse den Kopf hängen, weil ich soviel am Hals habe. (1979)

   Gerhard Uhlenbruck, *Einfach*, S. 29.

6. Wer den Kopf hängen läßt, reizt zu weiteren Nackenschlägen. (1980)

   Gerhard Uhlenbruck, *Nagel*, S. 55. Ähnlich auch in ders., *Diagnosen*, S. 34.

7. „Deshalb brauchst du jetzt nicht auch noch deinen Kopf hängen zu lassen“, sagte sie tröstlich-verzeihend und zog die Bettdecke über sich. Doch es half ihm nichts: Irgendwie mußte er deshalb auch an seine Arbeitskraft denken, an seine Kollegen, an seinen Chef. (1981)

   Klaus Sochatzy, „Reflexionen“, S. 46.

8. Wenn Kriecher den Kopf oben behalten können, darf der Aufrechte ihn nicht hängenlassen. (1985)

   André Brie, *Anfang*, S. 70. Auch in ders., *Wahrheit/Anfang*, S. 137.

9. Wenn man den Kopf hängenläßt, so kann das auch am Inhalt liegen. (1990)

   Gerhard Uhlenbruck, *Darum*, S. 42.

KOPF (b)

„den Kopf in den Sand stecken“; siehe auch VOGEL-STRAUSS-POLITIK

1. Der einzige, der den Kopf nicht in den Sand steckt, ist der Strauß. (1962)

   Der Spiegel, Nr. 28/11. 7. 1962, S. 12.

2. notwendiger zusammenhang: den kopf in den sand stecken – mit den zähnen knirschen. (1971)

   Bert Berkensträter, *Zungen-Schläge*, S. 32.

3. Durchschnittshaltung: man steckt den Kopf in den Sand und wirft der Zeit Lichtmangel vor. (1974)

   Hellmut Walters, *Abseits*, o. Seitenz.

4. Wer den Kopf in den Sand steckt, muß sich nicht wundern, wenn er in den Hintern getreten wird. (1977)

   Gerhard Uhlenbruck, *Netz*, S. 24. Auch in ders., *Body*, S. 49.

5. Wer den Kopf in den Sand steckt, wird sich anschließend die Augen reiben. (1977)

   Gerhard Uhlenbruck, *Netz*, S. 91.

6. Es gibt gut dienende und gut verdienende Leute, die, um besser sehen zu können, die Köpfe in den Sand stecken. Und haben sie ein paar Jahre gut ge- und verdient, bekommen sie für ihre Dienste die Orden, die sie sich erdient haben. (1978)

   Werner Schneyder, *Gedanken*, S. 78.

7. Politiker, die den Kopf in den Sand stecken, sollte man in die Wüste schikken. (1978)

   Werner Mitsch, *Spinnen*, S. 27.

8. Politisches Bewusstsein: Sie stecken den Kopf in den Sand – ihres Getriebes. (1979)

   Werner Schneyder, *Schlagkraft*, S. 51. Auch in ders., *Gelächter*, S. 33; und Bernd Thomsen, *Polit*, o. Seitenz..

9. Wo Sand ist, ... steckt häufig auch ein Kopf ... (1980)

   Nebelspalter, Nr. 34/19. 8. 1980, S. 45. Werbung für Zeitschrift *Nebelspalter*.

10. Zwar steckt S. öfter den Kopf in den Sand, dafür knirscht er dort recht mutig mit den Zähnen. (1981)

Jupp Müller, *Gespitzt*, S. 90.

11. *Betonlandschaft*

Es wird
immer schwieriger,
den Kopf
in den Sand
zu stecken. (1982)

Michael Augustin; zitiert aus *Nebelspalter*, Nr. 30/27. 7. 1982, S. 22. Auch in ders., *Apfel*, S. 47; ders. in Helmut Lamprecht, *Eis*, S. 203 (dtv-Ausgabe, S. 239); und Bernd Thomsen, *Polit*, o. Seitenz.

12. Wer heute den Kopf in den Sand steckt, knirscht morgen mit den Zähnen. (1983)

Iris Blaschzok, *Ächt*, S. 30. Auch in Hans Gamber, *Graffiti*, o. Seitenz.; Ralf Bülow, *Graffiti*, o. Seitenz.; Eduard Moriz, *Dings*, o. Seitenz.; Christian Roman, *Reden*, o. Seitenz.; *Bild*, 3. 2. 1986, S. 2; *Bild*, 12. 4. 1986, S. 2; *Bild*, 14. 5. 1986, S. 2; *Bild*, 24. 11. 1986, S. 2; Angelika Franz, *Sprüche*, S. 98; *Bild*, 6. 6. 1988, S. 2; *Dumme Sprüche für Gescheite 1988: Wandsprüch'-Kalender* (Aug.), München: Heye, 1988; und *Bild*, 1. 11. 1988, S. 2.

KOPF (b) 16

13. Wer Läuse hat, sollte den Kopf nicht in den Sand stecken! (1983)

Werner Mitsch, *Schwarze*, S. 88.

14. Bei Biedermanns: „Darf ich bitte meinen Kopf in Ihren Sand stecken?" (1984)

Werner Mitsch, *Grund*, S. 19.

15. Wer den Kopf in den Sand steckt, dem kann keiner mehr Sand in die Augen streuen. (1984)

Ehrfried Siewers, *Fränkischer Tag*, 11. 8. 1984, o. Seitenz. Auch ders. in *Südwest-Presse*, 12. 10. 1985, o. Seitenz.

16. Wer den Kopf steckt in den Sand,
wird am Hinterteil erkannt. (1984)

Karl Heinz Rauchberger u. Ulf Harten, *Sprüche*, S. 60. Auch in Carola Jührs, *Matsch*, o. Seitenz.

17. Entweder den eigenen Kopf in den Sand stecken oder anderen Sand in die Augen streuen. (1985)

Klaus Frank, *Aphorismen*, S. 165.

18. Er hatte sich lebendigen Leibes begraben.
Er hatte den Kopf in den Sand gesteckt. (1985)

André Brie, *Anfang*, S. 33. Auch in ders., *Wahrheit/Anfang*, S. 100.

19. *Glaubensregeln*

Du mußt nicht alles
glauben wollen,
was dir
die Angst nehmen könnte!
Wie immer sie
sich Mühe geben,
die es besser wissen sollten,
glaubhaft zu sein –
sie wissen es
doch auch nicht.
Sogar der Sand
ist nicht mehr
sauber genug,
als daß man
seinen Kopf
hineinstecken könnte. (1985)

Heinz Kahlau, *Querholz*, S. 49. Auch in ders., *So*, S. 90 f.

20. Leute, die den Kopf in den Sand stecken, betreiben anschließend auch noch Augenwischerei. (1985)

Gerhard Uhlenbruck, *Eigenliebe*, S. 28. Auch in ders., *Wahr*, S. 109.

21. Sie stecken den Kopf in den Sand und glauben an blinden Alarm. (1985)

André Brie, *Anfang*, S. 34. Auch in ders., *Wahrheit/Anfang*, S. 102.

22. Wer den Kopf in den Sand steckt, bekommt einen tiefen Einblick in unsere Umweltverschmutzung. (1985)

Gerhard Uhlenbruck, *Eigenliebe*, S. 28. Auch in ders., *Wahr*, S. 110.

23. Mit dem Kopf im Sand blickt man nicht tiefer. (Vor 1986)

Kurt Tackmann, *Troja*, S. 156.

24. So manche Schöne du verpaßt,
Wenn du den Kopf im Sande hast. (1986)

Reinhard von Normann, *Sprüche*, S. 12.

25. Die Menschheit möchte ununterbrochen den Kopf in den Sand stecken, muß aber immer befürchten, daß just dort das Dioxin gelagert ist. (1988)

Werner Schneyder, *Herz*, S. 40.

26. Er wurde völlig
kopflos
und steckte sofort
den Kopf in den Sand. (1989)

Hans Hunfeld, *Sprichwörtlich*, S. 26.

27. Tief*leistung*: den Kopf in den Sand stecken. (1991)

Zoltán Bezerédj, *Aphorismen*, S. 77.

28. Psychoanalyse: Man steckt den Kopf in den Sand, in den man sein Leben gesetzt hat! (1994)

Gerhard Uhlenbruck, *Medizinische Aphorismen*, 2. Aufl., S. 96. Auch in ders., „Homöopathie“, S. 538; und ders., *Nichtzutreffendes*, S. 63.

29. Der Rufer in der Wüste wird selten gehört, weil um ihn herum alle gekommen sind, um den Kopf in den Sand zu stecken. (1997)

Gerhard Uhlenbruck, *Widersprüche*, S. 98.

KOPF (c)

„den Kopf verlieren“

1. In der Liebe verlieren die beiden Liebenden den Kopf, und da die Liebe blind ist, so können sie den Kopf nicht wieder finden. (Um 1850)

   Moritz Gottlieb Saphir, *Leier*, S. 101.

2. Wer seinen Kopf verlor, dem tut er oftmals weh. (1959)

   Stanisław Jerzy Lec, *Unfrisierte Gedanken*, S. 23.

3. Wer seinen Kopf verliert, der verspielt – lehrt die Französische Revolution. (Vor 1966)

   Stanisław Jerzy Lec, *Letzte Gedanken*, S. 41.

4. Vor Halsabschneidern den Kopf nicht verlieren. (1972)

   Heinrich Wiesner, *Kehrseite*, S. 38.

5. *Mut der Verzweiflung*

   Wenn einer den Kopf schon verloren hat und dem Schicksal doch die Stirn bietet. (1975)

   Ron Kritzfeld, *Flexikon*, Bd. 2, S. 22.

6. Wer seinen Kopf verliert, beweist damit noch lange nicht, daß er vorher einen hatte. (1975)

   Dumme Sprüche für Gescheite 1975: Wandsprüch'-Kalender (Febr.), München: Heye, 1975. Auch in Karl Heinz Rauchberger u. Ulf Harten, *Sprüche*, S. 53; Christian Roman, *Big Mäc*, o. Seitenz.; Bernd Thomsen, *Neue Büro-Sprüche*, o. Seitenz.; und Beate Kuckertz, *Büro*, o. Seitenz.

7. Hydra: Wer den Kopf verloren hat, zerbricht ihn sich auch noch darüber. (1977)

   Gerhard Uhlenbruck, *Netz*, S. 38.

8. Wenn kluge Leute den Kopf verlieren, behalten sie immer noch den Verstand zurück, um ihn wiederzufinden. (1977)

   Gerhard Uhlenbruck, *Netz*, S. 17.

9. Verlieren Sie nicht den Kopf, wenn Sie Ihr Haar verlieren! (1978)

   Stern, Nr. 1/27. 12. 1978, S. 11. Werbung für Bioscalin-Haarshampoo.

10. Bevor man den Kopf verliert, wird er einem erst einmal gründlich verdreht. (1979)

Gerhard Uhlenbruck, *Einfach*, S. 16.

11. wer seinen kopf verliert,
bekommt höchstens
seinen hut beim fundbüro wieder. (1979)

Volker Erhardt, *Kannibale*, S. 117.

12. Man könnte auch noch den Kopf verlieren über all die Dinge des täglichen Lebens, die weder Hand noch Fuß haben. (1980)

Gerhard Uhlenbruck, *Frust-Rationen*, S. 52.

13. Man sollte einem, der den Kopf verloren hat, nicht übelnehmen, wenn er kopflos handelt. Nur wer sein Herz verloren hat, sollte nicht herzlos handeln. (1981)

Gerhard Uhlenbruck, *Masche*, S. 42.

14. Verliere nie den kopf! Notfalls laß ihn eine weile hängen. (1982)

Wolfgang Mocker, „Euphorismen", S. 171.

KOPF (c) 6

15. Wer den Kopf verliert, darf nicht hoffen, ihn auf dem Fundbüro wieder zu finden. (1982)

Nebelspalter, Nr. 44/2. 11. 1982, S. 33.

16. *Berufsethos*

Ein guter Henker
darf niemals
seinen Kopf
verlieren. (1983)

Michael Augustin; zitiert aus *Nebelspalter*, Nr. 11/15. 3. 1983, S. 43. Auch in ders., *Denkzettel*, S. 43.

17. Wer den Kopf verliert, bringt sich um seinen Verstand. (1983)

Gerhard Uhlenbruck, *Nächstenhiebe*, S. 19.

18. Wenn man den Kopf verliert, findet man ihn immer wieder.
Einen Kopf wird kein Mensch klauen. (1984)

Gabriel Laub, *Denken*, S. 23.

19. Als er seinen Kopf verloren hatte, zeigte er sein wahres Gesicht. (1985)

Gerhard Uhlenbruck, *Eigenliebe*, S. 44.

20. Die meisten Leute sind Kopfjäger: Wieviel Männer haben ihretwegen schon den Kopf verloren? (1985)

Gerhard Uhlenbruck, *Eigenliebe*, S. 10.

21. Es gibt Leute, die den Kopf verlieren, ohne daß es auffällt. (1985)

Gerhard Uhlenbruck, *Eigenliebe*, S. 27.

22. Es gibt Leute, die verlieren ihren Kopf so oft, dass sie ihn am Ende nicht wiederfinden. (1985)

Bruno Lamprecht, *Silberzwiebeln*, S. 26.

23. *Erstaunlich*

Wenn ich
den Kopf
verliere,
geht es mir,
relativ gesehen,
besser,

als wenn
man mir
einen Zahn
zieht. (1989)

Michael Augustin, *Denkpause*, S. 51.

24. Wenn man den Kopf verloren hat, kann man sich den Verstand an den Hut stecken. (1989)

    Gerhard Uhlenbruck, *Body*, S. 38. Auch in ders., „Geistesblitze", S. 223; und ders., *Darum*, S. 103.

25. Den Kopf zu verlieren ist sicher nicht die richtige Art, um dem anderen die Stirn zu bieten. (1990)

    Gerhard Uhlenbruck, „Geistesblitze", S. 223. Auch in ders., *Darum*, S. 27.

26. Wenn einer den Kopf verliert, so kann es auch daran liegen, daß er kein Rückgrat hat. (1991)

    Gerhard Uhlenbruck; zitiert aus Hella Krahmann u. G. Uhlenbruck, *Bewegungstherapie*, S. 65.

27. Manchmal muß man den Kopf verlieren, um das Gesicht zu wahren. (1992)

    Michael Rumpf, *Gedankenfäden*, S. 92.

28. Wenn man schon den Kopf verloren hat, sollte man nicht auch die Nerven verlieren! (1996)

    Gerhard Uhlenbruck, *Nichtzutreffendes*, S. 38.

29. Wenn man schon den Kopf verliert, sollte man wenigstens noch die Nerven behalten. (1997)

    Gerhard Uhlenbruck, *Widersprüche*, S. 36.

KOPF (d)

„etwas auf den Kopf stellen"

1. Man ist darum noch nicht eigentümlich, weil man die gang und gäbe Meinung auf den Kopf stellt. (Vor 1872)

    Franz Grillparzer, *Werke*, Bd. 3, S. 246.

2. *Auf dem Kopf stehen*

Wenn wir die Wahrheit auf den Kopf stellen, bemerken wir gewöhnlich nicht, daß auch unser Kopf nicht dort steht, wo er stehen sollte. (1878)

Friedrich Nietzsche, *Werke*, Bd. 1, S. 816.

3. Churchill stellt die Wahrheit auf den Kopf. (1940)

Kladderadatsch, Nr. 15/7. 4. 1940, S. 6.

4. Und mögen sich die Fachästheten auf den Kopf stellen:
Für mich ist das schön, was mir gefällt. (1975)

Gabriel Laub, *Freiheiten*, S. 88.

5. Er stellte die Wahrheit auf den Kopf und – sah ihr ins Gesicht. (1980)

Peter Tille; zitiert aus André Brie et al. *Weisheit*, S. 89. Auch in P. Tille, *Sommersprossen*, S. 95.

6. In der Jugend wollen wir die Welt auf den Kopf stellen.
Später stellen wir uns auf den Kopf, um uns ihr anzupassen. (1983)

Žarko Petan, *Sintflut*, S. 36.

7. Yoga: eine Lehre, die die ganze Welt auf den Kopf stellen möchte. (Vor 1985)

Anonym; zitiert aus Ernst Günter Tange, *Biß*, S. 126.

8. Qualitäten – die alles auf den Kopf stellen. (1985)

Cosmopolitan, Nr. 12/Dez. 1985, S. 239. Werbung für Zamek-Suppen.

9. Ich stellte meinen Gedankenstrich
auf den Kopf.
Das Ausrufungszeichen gab auf. (1988)

Ben Witter, *Minutenpoesie*, S. 18.

KOPF (e)

„jemandem den Kopf verdrehen"

1. laßt euch den kopf nicht zu sehr verdrehen; ihr könntet das genick brechen. (1971)

Bert Berkensträter, *Zungen-Schläge* , S. 12.

2. Seine Dankbarkeit verdreht Menschen den Kopf und sie öffnen den Rachen. (1974)

Elias Canetti, *Aufzeichnungen*, S. 387.

3. Sie hatte ihm so den Kopf verdreht, daß sein Rückgrat brach. (1977)

Gerhard Uhlenbruck, *Netz*, S. 13.

4. Wer sich den Kopf verdrehen läßt, kann sich dabei das Genick brechen. (1980)

Gerhard Uhlenbruck, *Frust-Rationen*, S. 90. Ähnlich auch in ders., *Nächstenhiebe*, S. 15.

5. Die Liebe verdreht einem den Kopf – bis man ihn verliert oder eine Schraube locker hat. (1983)

Gerhard Uhlenbruck, *Nächstenhiebe*, S. 15.

6. Man kann einem anderen so den Kopf verdrehen, daß er ihn verliert. (1991)

Gerhard Uhlenbruck; zitiert aus Hella Krahmann u. G. Uhlenbruck, *Bewegungstherapie*, S. 65.

KOPF (f)

„jemandem über den Kopf wachsen"

1. Kein Mensch weiß, was in ihm schlummert und zutage kommt, wenn sein Schicksal anfängt, ihm über den Kopf zu wachsen." (Um 1880)

Marie von Ebner-Eschenbach, *Aphorismen*, S. 58.

2. *Verhältnisse*

Die Verhältnisse
wuchsen ihm
über den Kopf:
auch eine Art
unterzugehen. (Vor 1975)

Rolf Gössner; zitiert aus Manfred Bosch, *Epigramme*, S. 42.

3. Die Konzerne wachsen und wachsen. – Uns allen über den Kopf. (1977)

Wolfgang Eschker, *Gift*, S. 18.

4. Die Lebenserwartung wächst. – Uns allen über den Kopf. (1977)

Wolfgang Eschker, *Gift*, S. 47.

5. Kinder wachsen so lange, bis sie uns nicht über den Kopf gewachsen sind. (1979)

Žarko Petan, *Kopf*, S. 40.

6. Wer auf dem Boden der Tatsachen bleibt, dem wachsen sie über den Kopf. (1986)

Klaus von Welser, „Aphorismen", S. 36.

7. „Die Kinder und die Probleme wachsen uns über den Kopf." Das kommt davon, dass die Köpfe Verhütungsmittel schlucken. (1987)

Felix Renner, *Leine*, S. 33.

KOPF (g)

„jemandem zu Kopf steigen"

1. Die Macht steigt auch denen zu Kopf, die keine haben, doch verraucht sie hier rascher. (1943)

Elias Canetti, *Aufzeichnungen*, S. 43.

2. Manchen Sportlern steigt das, was sie in den Beinen haben, zu Kopf. (1977)

Gerhard Uhlenbruck, *Netz*, S. 149.

3. Wenn Erfolg zu Kopfe steigt, macht er kopflos. (1982)

André Brie, *Wahrheit*, S. 61. Auch in ders., *Wahrheit/Anfang*, S. 61.

4. Standortwechsel: Ist dir etwas zu Kopf gestiegen, liegt es nicht mehr klar auf der Hand. (1987)

Günter Radtke, *Gedanken*, S. 25.

KOPF (h)

„jemanden vor den Kopf stoßen"

1. Wenn man oft vor den Kopf gestoßen wird, verliert man eines Tages den Verstand. (1979)

Gerhard Uhlenbruck, *Einfach*, S. 16. Auch in ders., *Aphorismen/Satz*, S. 25.

2. Die Kunst der Diplomatie besteht darin, Leute vor den Kopf zu stoßen, ohne ihnen dabei auf die Füße zu treten. (1985)

   Gerhard Uhlenbruck, *Eigenliebe*, S. 19.

3. Ich möchte auch die Spießer vor den Kopf stoßen, aber ich stoße ins Leere. (1985)

   André Brie, *Anfang*, S. 52. Auch in ders., *Wahrheit/Anfang*, S. 118.

4. Denkanstöße entstehen nicht selten dadurch, daß man den anderen vor den Kopf stößt. (1989)

   Gerhard Uhlenbruck, *Body*, S. 28.

5. Hohlköpfe sollte man nicht vor den Kopf stoßen – der Erfolg könnte durchschlagend sein! (1997)

   Gerhard Uhlenbruck, *Widersprüche*, S. 65.

KOPF (i)

„Kopf hoch!"

1. Kopf hoch, wenn das Wasser bis an den Mund reicht. (1964)

   Stanisław Jerzy Lec, *Neue Gedanken*, S. 23. Auch in ders., *Buch*, S. 184.

2. „Kopf hoch", sagte der Henker, und warf ihm die Schlinge um den Hals. (Vor 1966)

   Stanisław Jerzy Lec, *Letzte Gedanken*, S. 10. Auch in ders., *Buch*, S. 67.

3. „kopf hoch", das sagt auch der scharfrichter. (1979)

   Volker Erhardt, *Kannibale*, S. 48.

4. Kopf hoch – sonst sitzt die Konkurrenz im Nacken. (1981)

   Gerhard Uhlenbruck, *Masche*, S. 5.

5. „Kopf hoch!" ist keine Ermunterung unter dem Galgen. (Vor 1986)

   Kurt Tackmann; zitiert aus Ingetraud Skirecki, *Troja*, S. 145.

6. *ermutigung*

   kopf hoch
   sagte der henker
   zum delinquenten

den kopf
nicht sinken lassen
die zähne zeigen

besser ein loch
im zahn als eines
im kopf. (1987)

Manfred Hausin, *Verboten*, S. 176.

7. Kopf hoch und gerade heraus.
Ich ragte in ein Meer
von Fahnenstangen. (1988)

Ben Witter, *Minutenpoesie*, S. 42.

8. Kopf hoch! sagt der Henker. (1995)

Wolfgang Eschker, *Mitgift*, S. 124.

KOPF (j)

„Kopf und Kragen riskieren"; „um Kopf und Kragen gehen"

1. *Redefreiheit*

Ein Wörtchen in Nazi-Tagen
Und schon gings um Kopf und Kragen.
Heut läßt man jeden
Nach Herzenslust reden –
Doch hat er auch jetzt nichts zu sagen. (1968)

Eugen Roth, *Schwarze*, S. 45.

2. Hoffentlich geht es bei einer Karriere bald wieder um den Kopf und um den Kragen, sagen auch Nicht-Konservative. (1979)

Gerhard Uhlenbruck, *Einfach*, S. 61.

3. *An einen Stutzer*

Riskier nicht Kopf und Kragen, Beau! Du mußt
bedachtsam sein. Zwar wäre der Verlust
des Kopfes für die Menschheit zu ertragen,
doch schade wärs um deinen schönen Kragen. (1980)

Hansgeorg Stengel, *Stengelsgeduld*, S. 51.

4. Er fuhr mit dem Wagen
um Kopf und Kragen. (1983)

Nebelspalter, Nr. 17/26. 4. 1983, S. 28.

5. *Wer hat schon Flügel*

Kopf und Kragen
riskieren
auf und davon
fliegen
über sieben Berge
sehen
blaue Blumen
finden
vielleicht
irgendwo
aber. (1984)

Anne Steinwart, *Flügel*, S. 54.

6. Die meisten Menschen riskieren lieber Kopf als Kragen. (1985)

André Brie, *Anfang*, S. 30. Auch in ders., *Wahrheit/Anfang*, S. 98.

7. Es geht um Kopf und Magen. (1986)

Quick, Nr. 20/7. 5. 1986, S. 91. Werbung für Togal- Kopfschmerzbrause.

KOPF (j) 7

8. Wer Kopf und Kragen riskiert, denkt oft nicht daran, daß er mit dem Rest nicht leben kann. (1986)

   Bernd Thomsen, *Polit*, o. Seitenz.

9. Ich könnte mir selber die Freiheit schenken.
   Aber es würde mich Kopf und Kragen kosten. (1987)

   Wolfgang Mocker, *Canossa*, S. 13.

10. Kopf und Kragen
    habe ich riskiert,
    um meinen Kopf
    aus der Schlinge
    zu ziehen. (1989)

    Hans Hunfeld, *Sprichwörtlich*, S. 25.

KOPF (k)

„mit dem Kopf durch (gegen) die Wand wollen (rennen)"

1. Nun bist du mit dem Kopf durch die Wand. Und was wirst du in der Nachbarzelle tun? (1964)

   Stanisław Jerzy Lec, *Neue Gedanken*, S. 6. Auch in ders., *Buch*, S. 65.

2. Denken, sagte das schnelle Pferd zum Marabu, lächerlich. Renne ich vielleicht mit dem Kopf? Nein, sagte der Marabu, aber mit ihm manchmal gegen eine Wand, wenn du nicht gerade offene Türen einrennst. (1966)

   Helmut Arntzen, *Prozeß*, S. 61.

3. Der Vorwurf, daß man mit dem Kopf gegen die Wand laufe, trifft zuerst jene, welche Wände errichten. (1967)

   Rudolf Rolfs, *Schlag*, S. 96.

4. *Tat-Sache*

   Seit einiger Zeit habe ich ein besonderes Talent: ich kann mit dem Kopf durch die Wand gehen. Es ist kein Kunststück. Nur ein gewisser körperlicher (oder seelischer?) Zustand, der sich manchmal einstellt, je nachdem wie ich eingestellt bin. Ich kann nichts Näheres darüber aussagen. Wenn es soweit ist, spüre ich, daß ich es tun kann, ja, daß ich's tun muß. Es gibt mir ein Gefühl der Kraft und Freiheit. Ich zerbreche mir nicht den Kopf darüber, warum und wozu ich durch die Wand gehen soll. Ich gehe einfach, hin und zurück. Die Tat-Sache genügt mir. (Um 1970)

   Rose Ausländer, *Hügel*, S. 188.

5. Wenn erst mal einer mit dem Kopf durch die Wand gegangen ist, rühmen sich die anderen, durch die Wand sehen zu können. (1970)

Hans Kudszus, *Jaworte*, S. 55.

6. Wer einen Hausschlüssel hat, braucht nicht mit dem Kopf durch die Wand zu gehen. (1970)

Hans Kudszus, *Jaworte*, S. 37.

7. Mit dem Kopf durch die Wand wollen oft diejenigen, die hinter ihr eine bessere Welt vermuten. Aber auch diesen ist, wenn man sie beim Wort nimmt, ihr Kopf wichtiger als das Geheimnis hinter der Wand. (1971)

Eugen Gürster, *Narrheiten*, S. 85.

8. Manchmal muß die Wand zum Kopf kommen, damit der Mensch überhaupt etwas will. (1974)

Hellmut Walters, *Abseits*, o. Seitenz.

9. *Wandspruch für Kopflose*

Ein harter Kopf geht durch die Wände,
obwohl es Schmerz und Beulen macht.
Beim klugen Kopf tun dies die Hände,
und er wird niemals ausgelacht.
Mit dem Kopfe durch die Wand
kommt man leicht um den Verstand. (Vor 1976)

Fred Endrikat, *Buch*, S. 37.

10. Es ist klüger, offene Türen einzurennen, als mit dem Kopf durch die Wand zu wollen. (1977)

Gerhard Uhlenbruck, *Netz*, S. 16.

11. Mit dem Kopf
durch die Wand
meiner Nachbarin. (1978)

Arnfrid Astel, *Rechtsstaat*, S. 462.

12. Eigenartigerweise wollen zumeist kopflos gewordene Leute mit dem Kopf durch die Wand. (1980)

André Brie; zitiert aus A. Brie et al. *Weisheit*, S. 121.

13. Manche, die mit dem Kopf durch die Wand wollen, hatten schon vorher einen Dachschaden. (1980)

Gerhard Uhlenbruck, *Frust-Rationen*, S. 34.

14. Er geht mit dem Kopf durch die Wand und mit der Sekretärin in die Sauna. (1981)

Werner Mitsch, *Hunde*, S. 92.

15. Er ging mit dem Kopf durch die Wand.
Schade um die schöne Tapete. (1981)

Werner Mitsch, *Hunde*, S. 44.

16. Mit dem Kopf durch die Wand? Holzwege können auch aus Stein sein. (1981)

Werner Mitsch, *Hunde*, S. 54.

17. Wenn Sie schon mit dem Kopf gegen die Wand rennen, dann sollten Sie das wenigstens dort tun, wo Sie ohnehin ein Fenster vorgesehen haben. (1981)

Žarko Petan, *Himmel*, S. 146.

18. Durch eine Wand kann man tatsächlich nur mit dem Kopf gehen: durch die des Vorurteils. (1982)

Peter Maiwald; zitiert aus *Nebelspalter*, Nr. 8/23. 2. 1982, S. 36.

19. Lieber mit den Schuhen ins Bett, als mit dem Kopf durch die Wand. (1982)

Werner Mitsch, *Bienen*, S. 17.

20. Natürlich muß man mit dem Kopf durch die Wand! Nicht kopflos. (1982)

André Brie, *Wahrheit*, S. 25. Auch in ders., *Wahrheit/Anfang*, S. 25.

21. Wer mit dem Kopf durch die Wand will, sollte sich vorher vergewissern, daß die Wand tatsächlich existiert. (Vor 1983)

Roland Michael; zitiert aus R. Michael. *Treffend*, S. 16.

22. Mit dem Kopfe durch die Wand – gegen die Sturheit Hand in Hand. (1983)

Werner Mitsch, *Schwarze*, S. 64.

23. Fanatiker sind Leute, die mit einem nicht vorhandenen Kopf durch eine vorhandene Wand rennen wollen. (Vor 1984)

Martin Held; zitiert aus Hans Menzel, *Spruch-Auslese*, Bd. 1, S. 35. Auch in Ernst Günter Tange, *Wörterbuch*, S. 32; und in Beate Kuckertz, *Büro*, o. Seitenz.

24. Er ging mit dem Kopf durch die Wand und als Kopfloser in die Geschichte ein. (1984)

Werner Mitsch, *Grund*, S. 20.

25. Lieber mit dem Kopf durch die Wand als gar keine Fenster. (1984)

Eduard Moriz, *Intim*, o. Seitenz.

26. Ausgerechnet die Kopflosen wollen immer mit dem Kopf durch die Wand. (1985)

Gerhard Uhlenbruck, *Eigenliebe*, S. 43. Auch in ders., *Wahr*, S. 69.

27. Mit dem kopf kommt man selten durch die wand. Eher mit köpfchen! (1985)

Wolfgang Mocker, „Sentenzliteratur", S. 167.

28. Er wollte nie mit dem Kopf durch die Wand. Lieber rannte er offene Türen ein. (Vor 1986)

Silvia Schubert; zitiert aus Ingetraud Skirecki, *Troja*, S. 113.

29. Lieber mit dem Kopf durch die Wand als offene Türen einrennen. (1986)

Bernd Thomsen, *Polit*, o. Seitenz.

30. Anstatt mit dem Kopf gegen die Wand, sollte man offene Hintertüren einrennen. (1987)

Gerhard Uhlenbruck, *Kaffee*, S. 106.

31. Nachts schlagen sie sich die Bäuche voll Freiheitsüberdruss, tagsüber rennen sie mit ihren autoritätsgeilen Köpfen gegen imaginäre eiserne Vorhänge. (1987)

Felix Renner, *Leine*, S. 68.

32. Nicht mit dem Kopf durch die Wand – mit Köpfchen! (1987)

Wolfgang Mocker, *Canossa*, S. 46.

33. Blickst du nach vorn und siehst kein Land,
mußt du mit dem Kopf durch die Wand. (1988)

Claudia Glismann, *Schäferstündchen*, o. Seitenz. Auch in Beate Kuckertz, *Büro*, o. Seitenz.

34. *Ein Modus*

Warum sollte so was nicht praktizierbar sein: Die selbständig Denkenden gehen nicht mit dem Kopf durch die Wand. Vertrauen gegen Vertrauen, dafür geht man ihnen nicht mit der Wand durch den Kopf. Ein Modus vivendi. (Vor 1990)

Horst Drescher, *Zirkus*, S. 82.

35. Man gibt sich selbst keine Denkanstöße, wenn man immer wieder mit dem Kopf durch die Wand will. (1990)

Gerhard Uhlenbruck, *Darum*, S. 12.

KOPF (I)

„sich den Kopf zerbrechen"

1. Die menschlichste der Schwächen
Ist, über das, was uns das Herz gebrochen,
Noch obendrein den Kopf uns zu zerbrechen. (Vor 1914)

Paul Heyse; zitiert aus Helmut Wolle, *Weisheit*, S. 41.

2. Deute nichts, erkläre nichts. Gib denen etwas zu tun, die sich den Kopf zerbrechen möchten. (1977)

Elias Canetti, *Aufzeichnungen*, S. 412.

3. Er zerbricht sich
meinen Kopf.
Daß ich nicht lache. (1978)

Arnfrid Astel, *Rechtsstaat*, S. 679.

4. Die sich für andere den
Kopf zerbrechen, stellen oft
Brauchbares auf die Füße. (1980)

Jupp Müller, *Pfennigwahrheiten*, S. 21.

5. Anstatt Dir erst mal
den Kopf zu zerbrechen,
willst Du immer gleich
mit dem Kopf
durch die Wand. (1989)

Hans Hunfeld, *Sprichwörtlich*, S. 25.

6. Man sollte sich den Kopf zerbrechen, bevor man mit ihm durch die Wand will. (1989)

Gerhard Uhlenbruck, *Aphorismen/Satz*, S. 22.

7. Vorsicht, sich den Kopf zerbrechen ist gefährlich. (1991)

Werner Kraft, *Sätze*, S. 40.

KORB

„jemandem einen Korb geben"; „einen Korb bekommen"

1. *Geburtenregelung*

   Und die merkwürdige Ironie, daß man die Neugeborenen in Körbe legt, als ob man der Eltern vorrupfen wollt', hättet's ein's dem andern einen Korb gegebn, so hättet's die Sorg' nicht auf'n Hals. (Vor 1862)

   Johann Nestroy, *Stichworte*, S. 61.

2. *Nachliebe*

   Im Korb
   den du mir gegeben hast
   war auch das Mißtrauen

   Seit ich es kostete
   glaub ich mir nicht
   wer ich bin. (1964)

   Erich Fried, *Warngedichte*, S. 59.

3. Sie gab ihm einen Korb. Da hinein legte er seine Kinder. (1967)

   Rudolf Rolfs, *Schlag*, S. 82.

4. *So geht's*

   Ein schnippisches Fräulein aus Horb
   Gab dem nettesten Herrn einen Korb,
   Bis ein Taugenichts kam
   Und schlankweg sie nahm
   Am ersten Tag in Bad Orb. (1968)

   Eugen Roth, *Schwarze*, S. 90.

5. „Ich trinke Jägermeister, weil er in dem Korb war, den ich von Michael bekam." (1975)

   Stern, Nr. 35/21. 8. 1975, hintere Umschlagseite.

6. Einem hübschen Mädchen sollte man nur beim Einkaufen einen Korb geben. (1978)

   Werner Mitsch, *Spinnen*, S. 46.

7. Ein Korb für den Dollar. (1978)

   Die Zeit, Nr. 31/4. 8. 1978, S. 12.

8. Er hat mir einen Korb gegeben, sagte die Frau.
Ich legte schnell ein paar Blumen hinein. (1982)

Nebelspalter, Nr. 30/27. 7. 1982, S. 44.

9. Vielen Dank für den Korb, aber ich trage meine Eier im Sack. (1986)

Eduard Moriz, *Sauweich*, o. Seitenz.

10. Lieber 'nen Korb kriegen als irgend 'ne Schachtel. (1988)

Andreas Bender, *Socken*, o. Seitenz.

11. *Der Korb*

Einen Korb voll süßer Früchte
stellt' ich vor der Liebsten Tür.
Hoffen tat ich, daß ich kriegte
einen Händedruck von ihr.

Meine Hoffnung wurd' zunichte;
denn sie wies mir ihre Tür.
Schnell vernascht hat sie die Früchte,
doch den Korb, den gab sie mir. (1993)

Alexander Tamsen, *Spinnerich*, S. 38.

12. Solche Körbe bekommt man gerne! (1996)

Bordbuch-Tyrolean, Mai 1996, o. Seitenz. Werbung für Hörtnagl-Delikatessen.

KREUZ (a)

„sein Kreuz tragen“

1. Auch Judas lernte es, Kreuze zu tragen. (Vor 1966)

Stanisław Jerzy Lec, *Letzte Gedanken*, S. 59.

2. Auch unsere Berge haben ihr Kreuz zu tragen. (1980)

Werner Mitsch, *Pferde*, S. 11.

3. *Altes Rezept*

Nimm das Dasein als Bewährungsfrist
ohne Klagen, ohne Fragen.
Schweigend steig hinauf die dunklen
Treppen,
weil es immerhin noch leichter ist,

sein Kreuz zu tragen,
als es zu schleppen. (1983)

Mascha Kaléko, *Schattenseiten*, S. 82.

4. Alle vier Jahre machen die Wähler ihr Kreuz. Und hinterher müssen sie's dann tragen. (Vor 1988)

   Birgit Berg; zitiert aus Winfried Maaß, *Worte*, S. 11. Auch in dies., *Worte*, S. 7.

5. Selbst der *Teufel* trägt (s)ein Kreuz. (1991)

   Zoltán Bezerédj, *Aphorismen*, S. 137.

6. Was ist wohl leichter: das Kreuz zu tragen oder sich ans Kreuz schlagen zu lassen? (1995)

   Hans Leopold Davi, *Wortwirbel*, S. 36.

KREUZ (b)

„zu Kreuze kriechen"

1. ich krieche zu kreuze, so streng sind die sitten. kommunizierende röhren sind wir alle, denen das wasser bis zum halse steht. glauben wir. aber das prinzip gilt nicht: an einem ende hält der vater den finger drauf. die gutgläubigkeit ist vorbei. ich will das maul aufreißen, aber vater winkt mit einem herzinfarkt. so schlagend sind die verbindungen. ich gebe klein bei und alles bleibt beim ALTEN. (1971)

   Manfred Bosch, *Mordio*, o. Seitenz.

2. Die Gnadenlosigkeit, mit der die Kirche zu Kreuze kriechen läßt, verrät etwas von der Härte des Holzes. (1987)

   Nikolaus Cybinski, *Unfreiheit*, S. 53.

3. Erhobenen Hauptes zu Kreuze kriechen. Das ist die christlich-demokratische Gangart des alten Parademarschs. (1987)

   Nikolaus Cybinski, *Unfreiheit*, S. 58.

4. Er kroch zu Kreuze –
   und trägt's jetzt auf der Brust. (1988)

   Gerd Heyse, *Gedanken*, S. 63.

5. Man kriecht zum Kreuz und geht dann doch zum Teufel. (1990)

   Elazar Benyoëtz, *Scheideweg*, S. 26.

KUHHAUT

„Etwas geht auf keine Kuhhaut."

1. *Spiralen*

   Wir schreiben auf die Kuhhaut
   Mehr als auf die Kuhhaut geht
   Wer soll es lesen?
   Fünf Dollar für den der noch unsere Sprache versteht
   Für das Anhören eines Gedichts.
   Der Regen hört zu
   Das gleichgültige Abendrot
   Das genügt uns nicht.
   Dem Hund sträubt sich das Fell
   Er zittert bellt an der Furt
   Das genügt uns nicht.
   Der Träumer stürzt vom Dach
   Er ging Spiralen
   Ein Ammonshorn als Grabstein
   Das genügt. (1965)

   Marie Luise Kaschnitz, *Wort*, S. 55.

2. Verhältnismäßig leicht ist auf keine Kuhhaut zu kriegen, was auf jede geht. (1975)

   Helmut Lamprecht. *Hörner*, S. 27.

3. Ein Ochse ist etwas, das auf keine Kuhhaut geht. (1978)

   Werner Mitsch, *Spinnen*, S. 26.

4. Was manche Menschen auf die leichte Schulter nehmen, geht oft auf keine Kuhhaut. (1978)

   Werner Mitsch, *Spinnen*, S. 17.

5. Was uns das Fernsehen zumutet, geht auf keine Netzhaut. (1978)

   Hanns-Hermann Kersten, *Euphorismen*, S. 27. Auch zitiert in Ernst Günter Tange, *Funk*, S. 117.

6. Die Überschußproduktion in Europas Landwirtschaft geht auf keine Kuhhaut mehr. (1981)

   Die Zeit, Nr. 10/6. 3. 1981, S. 15.

7. *kuhhandel*

als sie mir das fell
über die ohren ziehen wollte
hat mich die maus
in den finger gebissen
im flug
fing sie auf
was fiel

was vorfiel
geht auf eine kuhhaut
wird sie nur stramm genug
über den schädel
gespannt. (1981)

Franz Mon, *Fallen*, S. 46.

8. Der Wissenschaftler: „Fass' ich's nicht in Begriffe, so spar' ich's aus." Der Künstler: „Geht's nicht auf die Kuhhaut eines Bildes, so ist's mir egal." (1987)

Felix Renner, *Leine*, S. 41.

KUHHAUT 11

9. „Das geht auf keine Kuhhaut“, meckerten die Kühe, als plötzlich zahllose Touristen erschienen. (1988)

   Hans Hollweg, *Kürze*, S. 120.

10. Die Dummheit menschlicher Rindviecher geht auf keine Kuhhaut. (1989)

    Gerhard Uhlenbruck, *Aphorismen/Satz*, S. 87.

11. Hallo, Spatz! Das, was ich Dir alles sagen möchte, geht auf keine Kuhhaut ... Mehr davon beim nächsten Mal! Dein Marc. (1994)

    Der Spiegel, Nr. 15/11. 4. 1994, S. 87. Auch in *Der Spiegel*, Nr. 37/12. 9. 1994, S. 35. Werbung für LAMY-Kugelfüller.

12. *Nach einem Telefonat*

    Du sagtest, deine Freude, mich zu sehen,
    gehe auf keine Kuhhaut,
    und ich sage dir,
    daß ich deine Freude auch
    nicht einer dummen Kuh
    gönne, aber mir, und auf meiner Haut
    müßte die Freude Platz finden,
    denn du verstehst sie ja
    gut zu verteilen vom Kopf
    bis zu den Füßen. (1994)

    Ute Riedl, *Verbotenes*, S. 24.

LACHEN

„Jemandem vergeht das Lachen.“

1. Als ich merkte, dass ich mich am Lachen vergangen hatte, war mir das Lachen vergangen. (1976)

   Werner Schneyder, *Rückschläge*, S. 79.

2. *Einem Verzweifelten in den Terminkalender*

   Mir ist, ich gesteh's, das Lachen noch nicht vergangen.
   So lang schon gehen wir gut essen und geben
   unsere Verzweiflung bekannt. Darum,
   liebe Mitesser, Mahlzeit. (1978)

   Martin Walser, *Grund*, o. Seitenz. (Nr. 88).

3. Wenn man hört, an welchen Stellen andere lachen, vergeht einem auf der Stelle das Lachen. (1979)

Gerhard Uhlenbruck, *Einfach*, S. 4.

4. Ich kann denken, was ich will, sagte der Mensch, und der Teufel lachte. Nach einiger Zeit sagte der Mensch: Ich kann wollen, was ich denke. Da verging dem Teufel das Lachen. Er sah den Menschen nah beim Garten Eden. (1981)

Manfred Krüger, *Denkbilder*, S. 13.

5. Wir dachten, das sei ein Witz,
als uns plötzlich
das Lachen verging. (1986)

Günter Grass, *Die Rättin*, S. 88.

6. Das Lachen ist uns vergangen. Zu weinen haben wir nicht gelernt. Bleibt uns die Ausdruckslosigkeit als Lebensäußerung. (1987)

Nikolaus Cybinski, *Unfreiheit*, S. 20.

LATEIN

„mit seinem Latein am Ende sein"

1. *Großes Latinum*

nur neun jahre
und schon bin ich
mit meinem latein am ende. (1971)

Manfred Bosch, *Mordio*, o. Seitenz.

2. Es gibt Griechen, die mit ihrem Latein am Ende sind. (1975)

Schweizer Illustrierte, Nr. 6/3. 2. 1975, S. 85. Auch in Claudia Glismann, *Schüler*, o. Seitenz.; Angelika Franz, *Sprüche*, S. 282; und Elisabeth Blay, *Tropfen*, o. Seitenz.

3. Die Medizin ist mit ihrem Latein nie am Ende. (1977)

Gerhard Uhlenbruck, *Netz*, S. 113. Auch in ders., *Medizinische Aphorismen*, S. 41.

4. Sogar das Mäxchen gab zu, mit dem maskulinen Latein am Ende zu sein: „Manchmal zweifel ich wirklich, ob das richtig gewesen ist, für alles, aber auch für jedes Problemchen die volle Verantwortung zu übernehmen. Das überfordert den Mann. Und zwar jeden auf Dauer. Sollen die Weiber doch

mal. Werden schon sehen, was das heißt: für alles und nichts strammstehen müssen. Ich jedenfalls hab das satt. Mir fällt nichts mehr ein. Könnte ne Pause brauchen.“ (1977)

Günter Grass, *Der Butt*, S. 608 f.

5. *Liturgiereform*

   Ist nun auch die Kirche mit ihrem
   Latein am Ende? (1978)

   Ron Kritzfeld, *Flexikon*, Bd. 5, S. 18.

6. Wenn Ärzte mit ihrem Latein am Ende sind. (1978)

   Quick, Nr. 31/27. 7. 1978, S. 28.

7. Wer mit seinem Latein am Ende ist, sollte es mal auf Deutsch versuchen. (1984)

   Ehrfried Siewers; zitiert aus *Fränkischer Tag*, 11. 9. 1984, o. Seitenz. Auch ders. in *Südwest-Presse*, 12. 10. 1985, o. Seitenz.

8. Wer mit seinem Latein am Ende ist, sollte Spanisch lernen. (1984)

   Christian Roman, *Lieber*, o. Seitenz. Auch in *Bild*, 26. 1. 1985, S. 2; und Carola Jührs, *Matsch*, o. Seitenz.

9. *Semester 13*

   Ein Mitmensch hebt, examiniert, die Hände.
   Das kommt schon vor,
   man streckt sich und bleibt klein.
   Doch als man fragt: Nanu, Latein zu Ende?,
   ruft er: Gerechtigkeit! Was ist Latein? (1986)

   Wolfgang Funke, *Funkenflug*, S. 48.

10. Die Klugen sind meist schnell mit ihrem Latein am Ende, nur die Dummen schöpfen stets aus dem Vollen. (1992)

    Manfred Strahl, *Hiebe*, S. 61.

LEICHE

„über Leichen gehen“

1. *Ausnahme*

   Ein Schurke, sein Ziel zu erreichen,
   Ging, wie man so sagt, über Leichen.
   Doch als eine Katz
   Lag tot auf dem Platz,
   Zog doch er vor, auszuweichen. (1968)

   Eugen Roth, *Schwarze*, S. 38.

2. *in ihrer begeisterung*

   in ihrer begeisterung für den frieden
   kennen die amerikaner keine grenzen:
   sie gehen dafür
   sogar
   über leichen. (1971)

   Manfred Bosch; zitiert aus Frank Brunner et al., *Kinder*, S. 54.

3. Moderner Totentanz: wir gehen über Leichen. (1977)

   Gerhard Uhlenbruck, *Netz*, S. 60.

4. Die Zeit ist hart, sie geht über Leichen. (1978)

   Ilse Tönnies, *Spiegel*, S. 37.

5. Karrieremenschen sind wie Friedhofsgärtner. Sie gehen über Leichen. (1978)

   Werner Mitsch, *Spinnen*, S. 76.

6. *Naturlyrik*

   Das Gedicht
   geht über Leichen.
   Es handelt von Blumen. (1978)

   Arnfrid Astel, *Rechtsstaat*, S. 496.

7. Nekrophilie: die Unsitte, über Leichen zu gehen. (1978)

   Hanns-Hermann Kersten, *Euphorismen*, S. 71.

8. Bevor man über Leichen geht, trampelt man erst einmal auf den Lebendigen herum. (1979)

   Gerhard Uhlenbruck, *Einfach*, S. 37.

9. Er ging über Lebende ... (1979)

Nikolaus Cybinski, *Aphorismen*, S. 55.

10. Friedhofgärtner gehen über Leichen. (1981)

Ulrich Martin; zitiert aus *Pro*, Nr. 1–2/Jan./Febr. 1981, S. 45.

11. Manche gehen über ihre eigene Leiche. (1981)

Hans-Horst Skupy; zitiert aus Gerhard Uhlenbruck et al, *Kranker*, S. 60 (3. Aufl. 1990, S. 106).

12. Die *Anatomie*-Prüfung geht über Leichen. (1982)

Gerhard Uhlenbruck, *Medizinische Aphorismen*, S. 9.

13. Die über Leichen
gehen
gehen
über lebendige Menschen. (1982)

Susanna Martinez, *Mensch*, S. 78.

14. Inquisition: Der Glaube ging über Leichen. (1982)

Werner Mitsch, *Bienen*, S. 109.

15. Nur über meine Leiche, sagte der Schwächling mit fester Stimme ... und stellte sich tot. (1982)

André Brie, *Wahrheit*, S. 42. Auch in ders., *Wahrheit/Anfang*, S. 42.

16. Frieden? Nur über meine Leiche, sagte der Krieg. (1983)

Peter Maiwald; zitiert aus *Nebelspalter*, Nr. 47/22. 11. 1983, S. 54.

17. An Jesus kommt keiner vorbei – außer unsere Justiz. Die geht auch über die Leiche am Kreuz. (1984)

Günter Hesse, *Wände*, Bd. 1, S. 33.

18. Von manchem, der über Lebende trampelt, sagt man, er gehe über Leichen. (Vor 1986)

Silvia Schubert; zitiert aus Ingetraud Skirecki, *Troja*, S. 115.

19. Er ging über Leichen – bis er einem Lebenden begegnete. (Vor 1989)

Ronald Jannasch; zitiert aus Gabriele Berthel, *Kurz*, S. 183.

20. „Nur über meine Leiche!“ sagte er. Und war ein toter Mann. (Vor 1989)

Günter Hartmann; zitiert aus Gabriele Berthel, *Kurz*, S. 153.

21. Geschichte – die Zeit, die über Leichen geht. (1990)

Elazar Benyoëtz, *Scheideweg*, S. 71.

22. Wenn es doch bloß Leichen gewesen wären, über die er ging. (1992)

Manfred Strahl, *Hiebe*, S. 35.

23. Pietät: Nicht einmal auf dem Friedhof sollte man über Leichen gehen. (1996)

Gerhard Uhlenbruck, „Giftpfeile“, S. 171.

LEIM

„jemandem auf den Leim gehen“

1. Ein schönes Mädchen ist wie ein Fliegenpapier, denn wir Männer gehen ihr immer auf den Leim. (1929)

Richard Breckner, *Spinngewebe*, S. 34.

2. Man sollte einer Frau, die aus dem Leim geht, nicht auf den Leim gehen. (1978)

Werner Mitsch, *Spinnen*, S. 38.

3. Kriechenden Schnecken sollte man nicht auf den Schleim gehen: man könnte ausrutschen. (1979)

Gerhard Uhlenbruck, *Einfach*, S. 48.

4. Wer einem anderen schon auf den Leim geht, sollte nicht kleben bleiben. (1979)

Gerhard Uhlenbruck, *Einfach*, S. 30.

5. Man sollte nicht den Philistern auf den Leim gehen müssen, um zu einem festen Standpunkt zu kommen. (1982)

André Brie, *Wahrheit*, S. 67. Auch in ders., *Wahrheit/Anfang*, S. 67.

LICHT (a)

„Jemandem geht ein Licht auf."

1. Den meisten Menschen geht nur zu Weihnachten ein Licht auf. (1977)

   Gerhard Uhlenbruck, *Netz*, S. 102.

2. Energiekrise: Erst als es dunkel wurde, ging ihnen ein Licht auf. (1977)

   Wolfgang Eschker, *Gift*, S. 19. Auch in ders., *Mitgift*, S. 22.

3. Leider geht einem das bekannte Licht nie mit Lichtgeschwindigkeit auf. (1978)

   Gerd Heyse, *Hund*, S. 36.

4. Auch dem Armleuchter geht einmal ein Licht auf. (1979)

   Gerhard Uhlenbruck, *Einfach*, S. 78.

5. Immer, wenn er im Dunkeln saß, ging ihm ein Licht auf. (1979)

   Werner Mitsch, *Fische*, S. 8.

6. Einem Armleuchter geht selten ein Licht auf. (1979)

   Gerhard Uhlenbruck, *Nagel*, S. 9. Ähnlich auch in ders., *Widersprüche*, S. 33.

7. Als es dunkel wurde, ging ihnen ein Licht auf. (1981)

   Jürgen Zinnecker, „Wandsprüche", S. 449.

8. Wem ein Licht aufgeht, der sollte keine Energie sparen. (1982)

   André Brie, *Wahrheit*, S. 12. Auch in ders., *Wahrheit/Anfang*, S. 14.

9. Wenn wir heute nichts tun, geht uns morgen ein Licht auf. (1982)

   Der Spiegel, Nr. 41/11. 10. 1982, S. 270 f. Werbung für Brown Boveri.

10. „Ich trinke Jägermeister, weil Hugo erst ein Licht aufging, als ich es ausschaltete." (1983)

    Hörzu, Nr. 27/1. 7. 1983, S. 4.

11. Den meisten geht erst ein Licht auf, wenn es von anderen bereits unter einen Scheffel gestellt worden ist. (1984)

    Gerhard Uhlenbruck, *Mensch*, S. 16. Ähnlich auch in ders., *Darum*, S. 7.

LICHT (a) 10

12. Muß es eigentlich erst zappenduster werden, damit uns ein Licht aufgeht? (1984)

    Claudia Glismann, *Edel*, o. Seitenz. Auch in Bernd Thomsen, *Polit*, o. Seitenz.

13. Wem ein Licht aufgeht, darf ruhig seine alte Sonne untergehen lassen. (1984)

    Hans Leopold Davi, *Neue Distel*, S. 63.

14. Manchen Elektrikern geht nie ein Licht auf. (1985)

    Richard Mahkorn, *Büro*, o. Seitenz.

15. Mir ging ein Licht auf.
    Nun blendet es mich. (1985)

    André Brie, *Anfang*, S. 44. Auch in ders., *Wahrheit/Anfang*, S. 110.

16. Es muß einem erst ein Licht aufgehen, ehe man über seinen Schatten springen lernt. (Vor 1986)

    Silvia Schubert; zitiert aus Ingetraud Skirecki, *Troja*, S. 120.

17. Den Sonnenaufgang verschlafen wir, den Sonnenuntergang bewundern wir –, wie soll uns da jemals ein Licht aufgehen? (1987)

    Felix Renner, *Leine*, S. 9.

18. Ihm ging ein Licht auf und eine Sonne unter. Das scheint der Preis für viele Entdeckungen zu sein. (1990)

    Werner Ehrenforth, *Alte Sitzbeschwerden*, S. 31.

19. Wahrscheinlich gehen uns nur jene Lichter auf, hinter die man uns zu führen vermag. (1994)

    Felix Renner, *Worte*, S. 14.

20. Einem Star geht schließlich nur noch ein Licht auf: Das Rampenlicht! (1997)

    Gerhard Uhlenbruck, *Widersprüche*, S. 34.

LICHT (b)

„jemanden hinters Licht führen"

1. Es ist sehr schwierig, Menschen hinters Licht zu führen, sobald es ihnen aufgegangen ist. (Vor 1955)

    Alfred Polgar; zitiert aus Hans Menzel, *Spruch-Auslese*, Bd. 1, S. 27.

2. Es muß nicht unbedingt dunkel sein, wenn ein Ehepaar hinters Licht geführt wird. (1978)

    Werner Mitsch, *Spinnen*, S. 101.

3. Wer jemanden (andere) hinters Licht führt, will ihn (sie) in den Schatten stellen. (1983)

    Gerhard Uhlenbruck, *Nächstenhiebe*, S. 21. Auch in ders., *Diagnosen*, S. 56.

4. Besonders erfolgreich kann man mit einem Bildschirm hinters Licht führen. (1986)

    Hans-Peter Schwöbel, *Salz*, S. 44.

5. Nur wer hinters Licht geführt wird, lernt die Schattenseiten kennen. (1992)

    Manfred Strahl, *Hiebe*, S. 55.

6. Wer in sich selbst
im dunkeln tappt,
führt andere
zwangsläufig
hinters Licht. (1996)

Hans Kruppa, *Zaubersprüche*, S. 77.

7. In der Wissenschaft können einen einleuchtende Erklärungen ganz schön hinters Licht führen. (1997)

Gerhard Uhlenbruck, *Widersprüche*, S. 109.

LICHT (c)

„sein Licht unter den Scheffel stellen"

1. Wenn man von unsrer Zeit sagen kann, daß kein Licht ohne Scheffel ist, so muß man auch sagen, daß kein Scheffel ohne Licht ist. (1952)

Erwin Chargaff, *Bemerkungen*, S. 34.

2. In dieser Welt kommt es darauf an, sein Licht unter einen solchen Scheffel zu stellen, daß alle erkennen, daß dies ein Scheffel ist, unter dem ein Licht steht. (1955)

Erwin Chargaff, *Bemerkungen*, S. 53.

3. Plötzlich begannen sie alle zu schreien: „Hier ist ein Scheffel mit einem Licht!" – das Licht war aber längst ausgegangen. (1964)

Erwin Chargaff, *Bemerkungen*, S. 101.

4. *Ausnahme*

Dein Licht dien, die Welt zu erhellen;
Doch in verzweifelten Fällen,
Wenn Stürme rasen,
Es ganz auszublasen,
Darfst untern Scheffel Du's stellen! (1968)

Eugen Roth, *Schwarze*, S. 12.

5. kaum einer, der sein licht unter den scheffel stellt.
die meisten stellen es in seinen dienst. (1971)

Bert Berkensträter, *Zungen-Schläge*, S. 26.

6. *hinterlist*

wer
stellt schon gern
sein licht
untern scheffel
und leuchtet
den regenwürmern
heim?

viel lieber
möchte man
haien und großen fischen
den weg zeigen
zum
angelhaken. (1971)

Benno Käsmayr; zitiert aus Frank Brunner et al., *Kinder*, S. 44.

7. „Ich werde mein Licht nicht hinter den Scheffel stellen", sagte einer, stellte es vor die Scheinwerfer und machte es dadurch so unsichtbar, daß später niemand mehr mit Sicherheit sagen konnte, wann es eigentlich erloschen war. (1973)

Werner Schneyder, *Empfehlung*, S. 98. Auch in ders., *Gelächter*, S. 139.

8. Es gibt Menschen, die sollten ihr Licht auf den Scheffel stellen. (1977)

Gerhard Uhlenbruck, *Netz*, S. 52.

9. Man sollte sein Licht unter einen durchsichtigen Scheffel stellen, damit es nicht ausgeblasen wird. (1977)

Gerhard Uhlenbruck, *Netz*, S. 41.

10. Man soll sein Licht nicht untern Scheffel stellen. So sieht man besser, daß es aus ist. (1978)

Oskar Cöster, „Schüsse", S. 132.

11. Weil ich immer Lampenfieber habe, stelle ich mein Licht unter den Scheffel. (1979)

Gerhard Uhlenbruck, *Einfach*, S. 38.

12. Der Angeber: Er stellt sein Licht so unter den Scheffel, dass der Scheffel brennt. (1982)

Peter Maiwald; zitiert aus *Nebelspalter*, Nr. 30/27. 7. 1982, S. 40.

13. Manch einer kann sein Licht gar nicht unter einen Scheffel stellen, weil er dauernd scheffelt. (1983)

Gerhard Uhlenbruck, *Nächstenhiebe*, S. 17. Auch in ders., *Mensch*, S. 41; und ähnlich in ders., „Giftpfeile", S. 178.

14. Wer kein Licht hat, stellt den Scheffel auf den Tisch. (1983)

Peter Tille, *Sommersprossen*, S. 100.

15. Neidvermeidung: Wer sein Licht unter den Scheffel stellt, erleuchtet andere. (1985)

Gerhard Uhlenbruck, *Eigenliebe*, S. 47.

16. Stell dein Licht unter den Scheffel, sonst blasen es dir die Neider aus. (1985)

Gerhard Uhlenbruck, *Eigenliebe*, S. 42.

17. *Mehr Licht, Schwestern, mehr Licht!*

Gerne stell' ich
einen Scheffel
unter mein Licht
Schwestern
Unter mein Licht. (1987)

Susanna Martinez, *Sprachspäne*, S. 46.

18. Neidvermeidung: Wer sein Licht unter den Scheffel stellt, läßt die anderen im Dunkeln tappen. (1990)

Gerhard Uhlenbruck, „Geistesblitze", S. 224. Auch in ders., *Darum*, S. 61.

19. Wenn du dein Licht unter
den Scheffel stellst
erwarte nicht
daß andere es sehen. (1994)

Gina Garen, *Weisheiten*, S. 12.

20. Er stellte sein Licht unter den Scheffel: So wurde er zum leuchtenden Vorbild! (1997)

Gerhard Uhlenbruck, *Widersprüche*, S. 69.

21. Wer immer sein Licht unter den Scheffel stellt, ist dem Scheine nach anscheinend unscheinbar und keine große Leuchte. (1997)

Gerhard Uhlenbruck, *Widersprüche*, S. 34.

LIEBE

„Liebe auf den ersten Blick“

1. Liebe auf den ersten Blick – das geht über alle Erfahrung hinaus. (1949)

   Friedrich Georg Jünger, *Gedanken*, S. 83.

2. Nichts ist von der Natur sorgfältiger vorbereitet worden als die Liebe auf den ersten Blick. (1967)

   Sigmund Graff, *Weisheiten*, S. 134.

3. Das Feuer der großen Liebe auf den ersten Blick ist oft bereits beim zweiten im Verlöschen. (Vor 1976)

   Uschi Sonntag, *Wort*, S. 49.

4. Liebe auf den ersten Blick:
   Prolog vor dem ersten Akt. (1977)

   Guido Hildebrandt, *Hohn*, S. 23.

5. Man kann sich auch in eine hässliche Frau verlieben; nur nicht auf den ersten Blick. (1977)

   Markus Ronner, *Moment*, S. 12.

6. Beim dritten Glas tranken sie Bruderschaft, denn es war Liebe auf den ersten Schluck. (1978)

   Werner Mitsch, *Spinnen*, S. 117.

7. Liebe auf den ersten Blick,
   Ehe auf den zweiten,
   Scheidung auf den dritten. (1978)

   Gerd Heyse, *Hund*, S. 51. Auch ders. in Gisela Reller, *Liebe*, S. 83.

8. Es war Liebe auf den ersten Blick. Nach der Hochzeit stellten beide fest, daß er kurzsichtig und sie weitsichtig war. (1979)

   Žarko Petan, *Kopf*, S. 53.

9. Liebe auf den ersten Blick ist ein harmloser Herzinfarkt. (1979)

   Žarko Petan, *Kopf*, S. 63. Auch ders. in Gerhard Uhlenbruck u. Hans-Horst Skupy, *Zitate*, S. 100.

10. Für die (Bei der) Liebe auf den ersten Blick ist gewöhnlich (meist) der zweite Blick schicksalhaft. (1981)

Žarko Petan, *Himmel*, S. 146. Auch in ders., *Herren*, S. 75.

11. Sexuelle Hörigkeit: Liebe auf den ersten Fick. (1981)

Gerhard Uhlenbruck, *Masche*, S. 20.

12. Liebe auf den ersten Byte. (1982)

Die Zeit, Nr. 46/19. 11. 1982, S. 21.

13. Liebe auf den ersten Blick ist die am weitesten verbreitete Augenkrankheit. (Vor 1983)

Gino Cervi; zitiert aus Roland Michael, *Treffend*, S. 79.

14. Gegen Liebe auf den ersten Blick hilft nur der zweite. (1983)

Karl Heinz Rauchberger u. Ulf Harten, *Club*, S. 32. Auch in Ralf Bülow, *Graffiti*, o. Seitenz.; Eduard Moriz, *Beziehungskiste*, o. Seitenz.; und *Dumme Sprüche für Gescheite 1988: Wandsprüch'-Kalender* (März), München: Heye, 1988.

15. Die herzzerreißende Computer-Romanze:
Liebe auf den ersten Chip. (1986)

Bernd Thomsen, *Neue Büro-Sprüche*, o. Seitenz.

16. Liebe auf den ersten Blick
endet oft beim letzten Fick. (1986)

Bernd Thomsen, *Pissen*, o. Seitenz.

17. Liebe auf den ersten Blick: die Entschuldigung der Männer dafür, daß sie es eilig haben. (Vor 1987)

Elke Sommer; zitiert aus Ernst Günter Tange, *Wörterbuch*, S. 73.

18. Liebe auf den ersten Blick!
Der zweite kann schon schrecken. (Vor 1989)

Reinhard Gundelach; zitiert aus Gabriele Berthel, *Kurz*, S. 124.

19. Ich halte wenig von der Liebe auf den ersten Blick. Sie endet zu oft in der Ehe. (1990)

Werner Ehrenforth, *Alte Sitzbeschwerden*, S. 67.

20. Nicht die Liebe auf den ersten Blick ist entscheidend, sondern die Liebe im Hinblick auf den letzten Blick. (1990)

Gerhard Uhlenbruck, *Darum*, S. 105.

21. Liebe auf den ersten Schluck! (1995)

Die Weltwoche, Nr. 35/31. 8. 1995, S. 12. Werbung für Coca-Cola.

LIEBE 21

LORBEER

„auf seinen Lorbeeren ausruhen"

1. Wer sich auf seinen Lorbeeren ausruht, trägt sie an der falschen Stelle (Körperstelle). (Vor 1962)

Harold Coffin; zitiert aus Hans Gransow u. Wolfgang Kelsch, *Gedankenlosigkeit*, S. 66; und Heiner Geißler; zitiert aus Winfried Maaß, *Worte*, S. 29.

2. Mancher Programmgestalter wäre gern ein Lorbeer. Dann könnte er sich auf sich selbst ausruhen. (1972)

Henning Venske, *Werke*, S. 104.

3. Das Schwerste: Auf seinen Lorbeeren *ausruhen* können. (1975)

Ludwig Hohl, *Nuancen*, S. 26.

4. Wenn man (sich) auf (seinen) Lorbeeren ausruht, verwandeln sie sich in Kakteen. (Vor 1983)

Selwyn Lloyd; zitiert aus Roland Michael, *Treffend*, S. 94; und Beate Kuckertz, *Büro*, o. Seitenz.

5. Man darf schon auf Lorbeeren ausruhen, aber man sollte nicht auf ihnen einschlafen! (1983)

Werner Mitsch, *Schwarze*, S. 11.

6. *Betrunkenenmund*

Der? Der ruht sich auf seiner Lorbeere aus! (Vor 1990)

Horst Drescher, *Zirkus*, S. 37.

7. Auf seinen Lorbeern ausruhn, wie schön!
Aber wer dürfte es, heute? (1991)

Werner Kraft, *Sätze*, S. 50.

LUFTSCHLOSS

„Luftschlösser bauen"

1. Ich denke, wenn man etwas in die Luft bauen will, so sind es immer besser Schlösser als Kartenhäuser. (Vor 1799)

Georg Christoph Lichtenberg, *Sudelbücher*, Bd. 1, S. 510.

2. *Luftschlösser*

Luftschlösser sind dann unbedenklich, wenn man recht viel Luft darunter sehen kann, welche das Gebäude vom Erdboden trennt; sie können also gar nicht hoch genug schweben. Aber manche Luftschlösser sitzen auf irgendeiner wohlbekannten Hügelkuppe. Das sind die gefährlichsten, ihre Trümmer vermögen uns und andere zu begraben. (1945)

Heimito von Doderer, *Repertorium*, S. 152.

3. Der Bau von Luftschlössern kostet nichts, aber ihre Zerstörung ist sehr teuer. (Vor 1970)

François Mauriac; zitiert aus Roland Michael, *Treffend*, S. 124.

4. Schwierige Existenz:
Schlösser in die Luft bauen
und die Schlüssel dazu
auf der Erde suchen. (Um 1970)

Klaus Frank, *Aphorismen*, S. 167.

5. Auch phantasiearme Naturen bauen Luftschlösser, aber es kommen immer wieder Reihenhäuser dabei heraus. (1971)

Eugen Gürster, *Narrheiten*, S. 11. Auch in Angelika Franz, *Sprüche*, S. 185.

6. schönes traditionsbewußtsein, das lustschlösser restauriert. (1971)

Bert Berkensträter, *Zungen-Schläge*, S. 28.

7. Kriege und Revolutionen haben mehr Schlösser zerstört als Luftschlösser. (1974)

Hellmut Walters, *Abseits*, o. Seitenz.

8. Ohne Luftschloß kein Schloß. (1974)

Hellmut Walters, *Abseits*, o. Seitenz.

9. *Luftschlösser*

Die Schwalben
sind ausgewandert
aus dem Kinderland

Ausgewandert
das Kinderland

Die Kinder
alt geworden

Ich
im Niemandsland
baue Luftschlösser
aus Papier. (1976)

Rose Ausländer, *Aschenregen*, S. 56.

10. Der Bau von Luftschlössern ist billiger als ihr Unterhalt. (1977)

Markus Ronner, *Moment*, S. 37.

11. Gedanken, welche in Luftschlössern wohnen, arbeiten nicht mehr. (1977)

Gerhard Uhlenbruck, *Netz*, S. 63.

12. Man sollte nicht nur die Wohnung, sondern auch die Luftschlösser eines neuen Bekannten besichtigen. (1977)

Robert Lembke, *Glashaus*, S. 15.

13. Denkmodelle sind Entwürfe für Luftschlösser. (1978)

Wolfram Weidner u. Karl Schwarzer, *Vormerk*, o. Seitenz. (Kalendertext für den 14. 12. 1979).

14. Ludwig II von Bayern pflegte seine Luftschlösser aus Stein zu bauen. (1978)

Werner Mitsch, *Spinnen*, S. 9. Auch in ders., *Hin und Wider*, S. 125.

15. *Luftschlösser*

Sind unzerstörbar,
weil sie ohne Fundament auskommen. (1978)

Ron Kritzfeld, *Flexikon*, Bd. 5, S. 18.

16. Auch im Luftschlösserbau gibt es Konjunkturen und Krisen. (1979)

Gabriel Laub, *Recht*, S. 11. Auch in ders., *Denken*, S. 39.

17. Nur Luftschlösser haben wir planmäßig gebaut. (1979)

Žarko Petan, *Kopf*, S. 11.

18. Unser Himmel ist so klar, daß wir nicht einmal Wolkenschlösser bauen können. (1979)

Žarko Petan, *Kopf*, S. 78.

19. Unsere Luft ist so verschmutzt, daß auch in Luftschlössern keiner mehr wohnen möchte. (1979)

Gerhard Uhlenbruck, *Einfach*, S. 24. Auch ders. in G. Uhlenbruck et al., *Kranker*, S. 38.

20. Wer nur linke Luftschlösser baut, sollte nicht beleidigt sein, wenn Arbeiter nach Eigenheimen streben. (1979)

Klaus Sochatzy, *Adnotationen*, S. 50.

21. „Wozu braucht Deutschlands Jugend so viele Bausparverträge? Baut sie keine Luftschlösser mehr?“ – Die Zeit der Luftschlösser ist vorbei. In einer Zeit, in der viele Jugendliche die Hoffnung auf eine Traum-Lehrstelle begraben

müssen, ist für Wolken-Kuckucksheime kein Platz mehr. Die Realität ist viel zu deutlich, um sich hinter Illusionen und Wunschträumen zu verstecken. (1980)

Der Spiegel, Nr. 40/29. 9. 1980, S. 138. Werbung für Bausparkasse Schwäbisch Hall.

22. Bevor Sie sich an den Bau von Wolkenschlössern machen, sollten Sie die Qualität der Wolken prüfen. (1981)

Žarko Petan, *Himmel,* S. 10.

23. Alle unsere Luftschlösser sind Lustschlösser. (1983)

Sigbert Latzel, *Stichhaltiges,* S. 41.

24. Es ist leicht, Luftschlösser zu bauen:
schwierig ist es, sie wieder abzureißen. (1983)

Werner Ehrenforth, *Neue Sitzbeschwerden,* S. 24.

25. Lieber Ruine als Luftschloß, entschied das Gespenst. (1983)

Peter Oprei, *Bedenkliches,* S. 9.

26. Luftschlösser haben immer die meisten Belagerer. (1983)

Peter Oprei, *Bedenkliches,* S. 27.

27. Luftschlösser kosten Phantasie. Geld schafft Beton. (1983)

Werner Mitsch, *Schwarze,* S. 36.

28. Luftschlösser sind die Häuser, die wir zuletzt verlassen. (1983)

Sigbert Latzel, *Stichhaltiges,* S. 7.

29. Neurotiker bauen Luftschlösser.
Psychotiker (Psychopathen) leben (wohnen) darin.
Und Psychiater kassieren die Miete. (1983)

Hans Gamber, *Graffiti,* o. Seitenz. Auch in Claudia Glismann, *Edel,* o. Seitenz.

30. Zu einem Luftschloß gehört eine ganze Menge Phantasie. Schlüsselfertige Luftschlösser sind Mangelware. (1984)

Werner Mitsch, *Grund,* S. 15.

31. *Luftschlösser*

Man kann sich – mangels Selbstvertrauen –
auf schlechte Art belohnen.

Man kann so manches Luftschloß bauen –
nur kann man nicht drin wohnen. (1986)

Karlheinz Walch, *Ansichten*, S. 60.

32. Luftschlösser zum Einsperren. (1986)

Klaus von Welser, „Aphorismen“, S. 37.

33. Luftschlösser sind die idealen Rampen für den Fall aus allen Wolken. (1988)

Werner Mitsch, *Neue Hin-Sprüche*, S. 30.

34. Wer in Luftschlössern lebt, bekommt kein Bein auf die Erde. (Vor 1989)

Günter Hartmann; zitiert aus Gabriele Berthel, *Kurz*, S. 97.

35. Alpträume sind die Gespenster in unseren Luftschlössern. (1989)

Gerhard Uhlenbruck, *Aphorismen/Satz*, S. 30. Auch ders., „Geistesblitze“, S. 224; ders., *Medizinische Aphorismen*, 2. Aufl., S. 3; und ähnlich ders., „Giftpfeile“, S. 171.

36. Bevor man Luftschlösser baut, sollte man die Qualität der Luft überprüfen. (1990)

Žarko Petan, *Herren*, S. 52.

37. In unserer phantasielosen Zeit sind auch die Luftschlösser sehr schäbig. (1990)

Žarko Petan, *Herren*, S. 87.

38. „Nicht jedes Luftschloß ist auf Sand gebaut.“ (1990)

Dumme Sprüche für Gescheite 1990: Wandsprüch'-Kalender (Nov./Dez.), München: Heye, 1990.

39. *Luftschlösser*

Während wir erwachen
und uns die Augen reiben
wird in Minutenschnelle
mit seinen Farben und Rufen
der zitternde Raum geboren
wachsen in ihm
voller Reliefs, voller Fluchten
wieder die Luftschlösser empor,
die wir auch heute
bewohnen werden
trotz aller Denkzettel,
die wir bekamen. (Vor 1994)

Walter Helmut Fritz, *Gedichte*, S. 185.

40. Die Luftschlösser
in denen man wohnen will
werden Gefängnisse. (1995)

Clemens am Berg, *Kopfdisteln*, S. 22.

41. Er baute nicht nur Luftschlösser; er vermietete sie auch. (1995)

Wolfgang Eschker, *Mitgift*, S. 57.

42. Meinen Luftschlössern geht allmählich die Luft aus. (1995)

Hans Leopold Davi, *Wortwirbel*, S. 70.

43. Luftschlösser, das sind die Immobilien unserer Phantasie. (1997)

Gerhard Uhlenbruck, *Widersprüche*, S. 83.

LÜGEN

„wie gedruckt lügen"

1. Aus der Verbreitung von Rundfunk und Fernsehen ergibt sich neben vielen anderen Problemen auch dieses: Was geschieht mit dem Sprichwort „Er lügt wie gedruckt"? (1969)

Gabriel Laub, *Logik*, S. 64. Auch in ders., *Denken*, S. 152.

2. Wenn einer wie gedruckt lügt, dann spricht man von Klartext. (1979)

Gerhard Uhlenbruck, *Einfach*, S. 76.

3. Im Bett wird gelogen wie gedrückt. (1985)

Herbert Eisenreich, *Groschenweisheiten*, S. 35.

4. Sehen wie gedruckt. (1987)

Der Spiegel, Nr. 40/28. 9. 1987, S. 148. Werbung für NOKIA Information Systems.

5. *Vergeßspruch*

Glaube nie den Buchstaben ein Wort,
sie lügen wie gedruckt! (1988)

Günter Eichberger, *Der Wolkenpfleger*, S. 117.

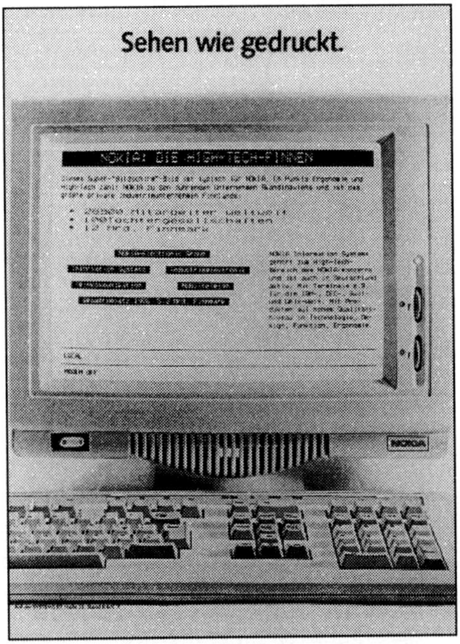

LÜGEN 4

MANN

„seinen Mann stehen (stellen)“

1. Weh der Frau, die nicht im Falle der Not ihren Mann zu stellen vermag. (Um 1880)

   Marie von Ebner-Eschenbach, *Werke*, Bd. 9, S. 46.

2. Wenn die Frauen dazu angehalten werden, in allen Berufen ihren Mann zu stellen, so werden die Männer naturnotwendig dazu gebracht, ihr Weib zu stellen. Eine volle Konkurrenzfähigkeit ist aber schon deshalb nicht zu erzielen, weil sie nach einer von keinem Parlament der Welt abzuschaffenden Regel wenigstens für ein paar Tage im Monat gehemmt ist. Fluch einer Weltordnung, die die Frauen auch dann noch in den Daseinskampf hinaushetzt! (1909)

   Karl Kraus, *Wort*, S. 50.

3. Ich stehe meine Frau. (1975)

   Margot Schroeder, *Ich stehe meine Frau. Roman.* Frankfurt am Main: Fischer Taschenbuch Verlag, 1975.

4. Die Frau muß im Leben ihre Frau stehen. (1977)

Gerhard Uhlenbruck, *Netz*, S. 66.

5. Manch eine Frau steht durchaus ihren Mann. (1977)

Günter Grass, *Der Butt*, S. 45.

6. Nicht die Frau,
die ihren Mann steht,
vielmehr die Frau,
die ihre Frau steht. (1977)

Guido Hildebrandt, *Hohn*, S. 18.

7. *Notwendig*

Notwendisch
dassen Mann sein Mann schdeht
wenn Not am Mann is

In de greeßde Not
in Notwehr
schdeht aach e Fraa ihrn Mann. (1978)

Kurt Sigel, *Gegenreden*. S. 83.

8. das sind immer noch die rollen:
steh deinen mann!
lieg deine frau! (1979)

Volker Erhardt, *Kannibale*, S. 17.

9. er stand seinen mann
und ließ jede frau sitzen. (1979)

Volker Erhardt, *Kannibale*, S. 17.

10. Wo die Mädchen ihren Mann stehen. (1981)

Quick, Nr. 41/1. 10. 1981, S. 44.

11. Erektion: Ein Männlein steht seinen Mann. (1982)

Werner Mitsch, *Bienen*, S. 97.

12. *Ohne Ausflüchte*

Wir Frauen
müssen
in

der Regel
unsere Frau
stehen wollen. (1983)

Susanna Martinez, *Sprachspäne*, S. 48.

13. Wir versichern Frauen, die ihren Mann stehen. (1994)

Der Spiegel, Nr. 36/5. 9. 1994, S. 70. Werbung für Mannheimer Versicherung.

MANN 13

MANTEL

„den Mantel (das Mäntelchen) nach dem (in den) Wind hängen (kehren)“

1. *An die Herrn, die schwarze Mäntel tragen*

   Ehrwürdig ist der Mantel, der euch ziert;
   Ihn zu verspotten, wäre Sünde;
   Doch tragt ihn auch, wie sichs gebührt,
   Und hängt ihn niemals nach dem Winde. (Vor 1814)

   Johann Georg Jacobi; zitiert aus Klemens Altmann, *Epigramme*, S. 232. Auch ders. in Otto Böhmer, *Leben*, S. 122.

2. Klerus und Krieg: man kann auch den Mantel der Nächstenliebe nach dem Winde hängen. (1919)

   Karl Kraus, *Wort*, S. 443.

3. In der Zukunft werden die Menschen ihr Mäntelchen nach den interplanetarischen Winden hängen müssen. (Vor 1966)

   Stanisław Jerzy Lec, *Letzte Gedanken*, S. 19.

4. Kaum macht einer mal ein bißchen Wind, schon ziehen ein Dutzend andere ihre Mäntel aus, um sie hineinzuhängen. (1974)

   Albert Wendt, „Aphorismen“, S. 78. Auch ders. in André Brie et al., *Weisheit*, S. 105.

5. Die Fahne der Kapitulation kann man nicht (mehr) nach dem Winde hängen. (1977)

   Hans-Horst Skupy, *Geistesblitze*, S. 40.

6. *zur beherzigung*

   man soll seinen mantel
   stets in jenen wind hängen
   den man selbst macht. (1977)

   Jürg Moser, *Randbemerkungen*, S. 13.

7. *Betriebsunfall*

   Er hängte sein Mäntelchen in den Wind
   und folgte dem Luftzug gehorsam und blind,
   geriet aber dennoch in Schleudergefahr,
   als desorientierende Windstille war. (1978)

   Hansgeorg Stengel, *Unschuldsstengel*, S. 10.

8. Den Mantel in den Wind hängen, läßt das Futter in den Mund fliegen. (1978)

Ulli Harth, *Un-Taten*, S. 2.

9. Er hängte seine Fahne in den Wind, den er um sich machte. (1982)

André Brie, *Wahrheit*, S. 65. Auch in ders., *Anfang*, S. 22; und ders., *Wahrheit/Anfang*, S. 65.

10. Er hängte sogar den Mantel des Schweigens in den Wind. (1982)

André Brie, *Wahrheit*, S. 36. Auch in ders., *Wahrheit/Anfang*, S. 38.

11. Man muß sich nicht jede Jacke anziehen, die in den Wind gehängt wurde. (1982)

André Brie, *Wahrheit*, S. 9. Auch in ders., *Wahrheit/Anfang*, S. 9.

12. Sogar den mantel des schweigens kann man nach dem winde hängen! (1982)

Wolfgang Mocker, „Euphorismen", S. 171. Sehr ähnlich auch Klaus Bernhardt; zitiert aus Ingetraud Skirecki, *Troja*, S. 16.

13. Den Mantel nach dem Wind hängen die Menschen, wenn die Gesellschaft einen Haken hat. (1983)

Werner Ehrenforth, *Neue Sitzbeschwerden*, S. 38.

14. Er würde schon wollen, nur einmal fehlt ihm das Mäntelchen und das andere Mal weht kein Wind. (1983)

Peter Tille, *Sommersprossen*, S. 127.

15. *Gesinnung*

Hoch über dem Wetterdach
die Wetterfahne
wetterfest
wetterwendisch
die Wetterfahne
aus gutem Material
auf dem Dach
bei jeder Wetterlage
woher der Wind weht
ist die Wetterfahne
das Signal
den Mantel nach dem Wind
zu hängen
noch bevor der Hahn kräht
auf dem Mist. (1983)

Nebelspalter, Nr. 7/15. 2. 1983, S. 37.

16. Wer seinen Mantel nach dem Wind hängt, darf sich nicht wundern, wenn er friert. (1986)

Bernd Thomsen, *Neue Büro-Sprüche*, o. Seitenz. Auch in Beate Kuckertz, *Büro*, o. Seitenz.

17. *Circulus vitiosus:* Den Wind selbst machen müssen, in den man sein Fähnchen hängen will. (1988)

Hans Norbert Janowski, *Kürze*, S. 19.

18. Es gibt auch Mäntelchen, nach denen sich der Wind bereitwillig dreht. (1989)

Manfred Strahl, *Ausleg-Ware*, S. 50.

19. *Kommende Sieger*

Kommende Sieger der Geschichte, sie werden lächeln, sublim lächeln beim Durchblättern der sprichwörtlichen Redensarten: „Sein Mäntelchen in den Wind hängen", also in den jeweiligen Wind, wie redlich harmlos und wie durchsichtig Mäntelchen und Methode.
Sie werden in jedem Wind ein Mäntelchen hängen gehabt haben, auch ein sozusagen Narrenmäntelchen für über dem Getümmel, ein wie man sagt: träumerisch-dichterisches, leicht zu wenden in ein düster-trotziges Vergangenheits-Mäntelchen, maßgeschneidert: Trotzalledem. – Aber noch heißt es die Dinge auf sich zukommen lassen, noch bleibt man anscheinend scheinbar entschlußunfähig in den Räumen des volkseigenen Kostümverleih [*sic*], leidend, leidend de luxe. (Vor 1990)

Horst Drescher, *Zirkus*, S. 135 f.

20. Ich würde mein Mäntelchen gerne nach dem Wind hängen, aber es geht nicht der geringste Hauch. (1990)

Žarko Petan, *Herren*, S. 31.

21. Er hängte sein Mäntelchen in der Hoffnung in den Wind, daß er sich bald drehte. (1992)

Manfred Strahl, *Hiebe*, S. 38.

22. Manch einer fühlt sich erst sicher, wenn er auch den Mantel des Schweigens noch nach dem Wind gehängt hat. (1992)

Manfred Strahl, *Hiebe*, S. 36.

23. Da schon sein Charakter keinem Luftzug standhält, braucht er nicht auch noch sein Mäntelchen in den Wind zu hängen. (1994)

Felix Renner, *Worte*, S. 22.

24. Bei seinen Wünschen nie dem Kind zu wehren,
heißt *auch*, den Mantel nach dem Wind zu kehren. (Vor 1995)

Harry Eicke; zitiert aus Karl Leberecht Emil Nickel, *Schüttelsprüche*, S. 2.

25. Er wünschte sich ewigen Rückenwind, damit er sein Mäntelchen nie zu drehen brauchte. (1995)

Walter Richter, *Aphorismen*, S. 15.

26. Wer sein Mäntelchen immer nach dem Wind hängt, dem kann auch nichts an die Nieren gehen. (1996)

Gerhard Uhlenbruck, *Nichtzutreffendes*, S. 88.

MIENE

„gute Miene zum bösen Spiel machen"

1. Es ist sehr leicht, gute Miene zum bösen Spiel zu machen, das man mit andern treibt. (Vor 1908)

Emil Gött, *Werke*, S. 148.

2. *Der englische Seelöwe*

Gute Mine zu bösem Spiel. (1940)

Kladderadatsch, Nr. 5/28. 1. 1940, S. 2.

MIENE 2

3. Galgenhumor: Gute Miene zum bösen Spiel machen: Woher kommt es, daß Menschen lachen, wenn sie fast alles verlieren. Oder es doch nicht ohne Neugierde und passiv abwarten? Ambivalenz à la Psychoanalyse, oder Ambivalenz des ganzen Daseins, Nichtgewesensein der man ist? (Vor 1942)

   Robert Musil, *Aphorismen*, S. 404.

4. Ein Verlierer sollte nicht böse Miene zu einem guten Spiel machen. (1977)

   Gerhard Uhlenbruck, *Netz*, S. 49.

5. Sie machten böse Minen zum guten Spiel. (1977)

   Wolfgang Eschker, *Gift*, S. 68. Auch in ders., *Mitgift*, S. 43.

6. Machen wir doch endlich wenigstens böse Mienen zum bösen Spiel. (1978)

   Werner Sprenger, *Gedanken*, S. 89.

7. *Resignation*

   Sie wünschte sich Pelze,
   so Stücker achte.
   Er kaufte ihr alle
   und zahlte viel,
   viel Geld für die Pelze,
   und er machte
   gute Miene zum teuren Seal. (1978)

   Hansgeorg Stengel, *Unschuldsstengel*, S. 34.

8. Gute Miene zum bösen Gas. (1981)

   Die Zeit, Nr. 48/27. 11. 1981, S. 8.

9. Der gutmütige Dicke, der immer gute Miene zur bösen Figur machte. (1983)

   Werner Mitsch, *Schwarze*, S. 20.

10. Gute Miene zu knappen Kassen. (1984)

    Die Zeit, Nr. 30/27. 7. 1984, S. 5.

11. Kein Spiel kann böser sein als die Miene, die wir dazu machen. (1985)

    Herbert Eisenreich, *Groschenweisheiten*, S. 9.

12. „Gute Vitamine zum bösen Spiel.“ (1990)

    Die Weltwoche, Nr. 41/11. 10. 1990, S. 75.

13. Gute Miene zum guten Spiel machen. Wie sagt Manto? „Den lieb' ich, der Unmögliches begehrt." (1991)

Werner Kraft, *Sätze*, S. 48.

MILCHMÄDCHENRECHNUNG

„eine Milchmädchenrechnung aufmachen"

1. Auch Milchmädchenrechnungen müssen bezahlt werden, oft sogar recht teuer. (1977)

   Gerhard Uhlenbruck, *Netz*, S. 49.

2. Butterberge sind die Folge von Milchmädchenrechnungen. (1978)

   Werner Mitsch, *Spinnen*, S. 14. Auch in ders., *Hin und Wider*, S. 5.

3. Ich wollte ihren Busen streicheln. Es war eine Milchmädchenrechnung meinerseits. (1981)

   Werner Mitsch, *Hunde*, S. 92.

4. Bei einer Milchmädchenrechnung kommt meist auch immer Käse heraus. (1983)

   Gerhard Uhlenbruck, *Nächstenhiebe*, S. 38. Auch in ders., *Aphorismen/Satz*, S. 75.

5. Heute rechnete er mit dem Milchmädchen. Aber sie wollte nicht. (1983)

   Ulrich Erckenbrecht, *Körnchen*, S. 44.

6. Fehlplanungen. Computergesteuerte Milchmädchenrechnungen. (1984)

   Werner Mitsch, *Grund*, S. 49.

7. Petra Kelly wird dem Stoltenberg mal 'ne grüne Mine in den schwarzen Bleistift legen. Mehr Milchmädchen. Bessere Rechnungen. (1985)

   Wolfgang Neuss, *Tunix*, o. Seitenz.

8. Ist die Rechnung des Milchmädchens falsch, wird es schwanger. (1991)

   Otto Wicki, *Sentenzen*, S. 12.

9. Wir leben alle nach der einfachen Milchmädchenrechnung: Wo kann ich am besten absahnen, ohne daß man mir die Butter vom Brot nimmt. (1997)

   Gerhard Uhlenbruck, *Widersprüche*, S. 68.

MITTELWEG

„den goldenen Mittelweg gehen“

1. Der gold’ne Mittelweg kann doch unmöglich Alle fassen; der *zielbewußte* Mensch betritt manch rauhen Seitenpfad. (1900)

   Phia Rilke, *Ephemeriden*, S. 15.

2. Die meisten Menschen bewegen sich auf dem goldenen Mittelweg und wundern sich, wenn er verstopft ist. (1976)

   Hellmut Walters, *Zungenschläge*, S. 13.

3. Die Wissenschaft käme auf dem Goldenen Mittelweg wahrhaftig nicht sehr weit. (1977)

   Hans-Horst Skupy, *Geistesblitze*, S. 56. Auch ders. in Gerhard Uhlenbruck et al., *Kranker*, S. 66 (3. Aufl., S. 118).

4. Traut dem sogenannten Goldenen Mittelweg nicht! Wer weiß, ob er nicht in den Abgrund führt? (1977)

   Hans-Horst Skupy, *Geistesblitze*, S. 44.

5. Der goldene Mittelweg: das ist die fixierte Vermittlung, die Verbindungsstraße, die als Holzweg endet. (1978)

   Helmut Arntzen, *Prozeß*, S. 10.

6. Oft ist der goldene Mittelweg nur vergoldet. (1978)

   Gerd Heyse, *Hund*, S. 30. Sehr ähnlich auch Hans Leopold Davi, *Wortwirbel*, S. 68.

7. Ich suchte den goldenen Mittelweg, fand aber nur Durchschnittliches. (1982)

   Werner Mitsch, *Bienen*, S. 52.

MÜCKE

„aus einer (jeder) Mücke einen Elefanten machen“

1. Darf man aus einer Mücke einen Elefanten machen? Natürlich. Nur ist es unzweckmäßig, sie im Elefantenkäfig gefangen zu halten. (Um 1960)

   Stanisław Jerzy Lec, *Spätlese*, S. 80.

2. Es nützt einem Elefanten nichts, wenn er sich an einer Mücke mißt. (1967)

Rudolf Rolfs, *Schlag*, S. 127.

3. *Zeitung*

Die Presse, die oft voller Tücken,
Macht gern Elefanten aus Mücken.
Noch lieber verfährt
Sie umgekehrt,
Gilts, Wahrheit zu unterdrücken. (1968)

Eugen Roth, *Schwarze*, S. 50.

4. Aus einem Elefanten kann die Liebe eine Mücke machen. Allerdings auch umgekehrt aus einer Mücke einen Elefanten. Doch dann ist sie keine Liebe mehr – sondern Ehe. (1969)

Arthur Hafink, *Hergebrachtes*, S. 41.

5. Wir machen aus einer Mücke keinen Elefanten – aber aus 732 DM = 1.000 DM. (1972)

Der Spiegel, Nr. 9/21. 2. 1972, S. 115. Werbung für die Pfalz-Kredit-Bank.

6. Wir machen aus Elefanten Mücken. (1975)

Der Spiegel, Nr. 13/24. 3. 1975, S. 69. Werbung für NCR-Computer.

«Und jetzt zeig ich dir, wie aus dem Elefanten wieder eine Mücke wird.»

MÜCKE 9

7. Nur durch Abstand gewinnen kann man aus einem Elefanten eine Mücke machen. (1977)

   Gerhard Uhlenbruck, *Netz*, S. 49.

8. Man soll nicht gleich ins Extrem verfallen und aus dem Elefanten eine Mücke machen. (1978)

   Gerd Heyse, *Hund*, S. 77.

9. „Und jetzt zeig ich dir, wie aus dem Elefanten wieder eine Mücke wird." (1979)

   Nebelspalter, Nr. 44/30. 10. 1979, S. 43.

10. Es kann nicht das Ziel der Genetik sein, aus einer Mücke einen Elefanten zu machen. (1980)

    Gerhard Uhlenbruck, *Frust-Rationen*, S. 77. Auch in ders., *Nagel*, S. 24; und ders., *Diagnosen*, S. 126.

11. Pressefreiheit: den Elefanten zur Mücke machen. (1981)

    Olaf Trunschke, „Aphorismen", S. 1324. Auch ders. in Gabriele Berthel, *Kurz*, S. 144.

12. Mücken sind die billigeren Elefanten. (1982)

    Der Spiegel, Nr. 23/7. 6. 1982, S. 138. Werbung für WIG-Maschineninspektionen.

13. Wer aus Fliegen Elefanten macht, bringt Unruhe in Brehms Tierleben. (1983)

    Werner Mitsch, *Schwarze*, S. 46.

14. Gefährlicher als die zu Elefanten gemachten Mücken sind die Elefanten, die zu Mücken gemacht werden. (1984)

    Werner Ehrenforth, *Eintagsfliege*, S. 8.

15. Sie machen aus Fliegen Elefanten. Und der Tierschutzverein steckt den Kopf in den Sand und zuckt mit den Achseln. (1984)

    Werner Mitsch, *Grund*, S. 43.

16. Werbeleiter: ein Mensch, der täglich aus einer Fliege einen Elefanten macht. (Vor 1985)

    Anonym; zitiert aus Ernst Günter Tange, *Biß*, S. 124.

17. Machen Sie aus der Mücke keinen Elefanten. (1986)

    Journal für die Frau, Nr. 15/9. 7. 1986, S. 22. Werbung für Azaron-Insektenmittel.

18. Wie man aus einem Elefanten eine Mücke macht. (1986)

Der Spiegel, Nr. 48/24. 11. 1986, S. 225. Werbung für Toshiba-Kopierer.

19. Eher macht man aus einer Fliege einen Elefanten als aus einem Fuchs einen Vegetarier. (1987)

Werner Mitsch, *Wal*, o. Seitenz.

20. Es ist leichter, aus einer Fliege einen Elefanten zu machen als aus einem Elefanten ein Känguruh. (1987)

Werner Mitsch, *Wal*, o. Seitenz.

21. „Na und? Wir haben halt aus einem Elefanten eine Mücke gemacht." (1988)

Der Spiegel, Nr. 38/19. 11. 1988, S. 98.

22. Es lohnt sich nicht, aus einer Mücke einen Elefanten zu machen. Der sticht nicht. (1990)

Wolfgang Funke, *Wendehals*, S. 128.

23. „Verachtet mir die Mücke nicht", sagt der Statistiker, „aus der mache ich noch einen Elefanten." (1992)

Manfred Strahl, *Hiebe*, S. 11.

24. Der Evolutionär macht aus der Mücke einen Elefanten, der Revolutionär einen Schwarm. (1995)

Wolfgang Eschker, *Mitgift*, S. 53.

MUND (a)

„den Mund halten"

1. *Mund halten.* – Der Autor hat den Mund zu halten, wenn sein Werk den Mund auftut. (1878)

Friedrich Nietzsche, *Werke*, Bd. 1, S. 790.

2. wenn du jetzt nicht den mund hältst mußt du reden. (1966)

Hans Peter Keller, *Panoptikum*, S. 13.

3. Wenn ein Grossmaul vorübergehend den Mund hält, so beginnt seine Visage zu schreien. (1980)

Felix Renner, *Schwalben*, S. 32.

4. Wer viele Sprachen beherrscht, ist bei uns arm dran. Er muß den Mund in mehreren Sprachen zugleich halten. (1983)

   Žarko Petan, *Sintflut*, S. 16.

5. *schweigende mehrheit*

   die immer
   den mund halten
   denen vergeht
   hören und sehen. (1987)

   Manfred Hausin, *Verboten*, S. 153.

6. Wer immer den Mund halten muß, dem kann man die Wünsche bald von den Lippen ablesen. (1988)

   Hans-Dieter Schütt, *Haustür*, S. 64.

MUND (b)

„den Mund (zu) voll nehmen"

1. Wer den Mund anders gebraucht, als er ihm gewachsen, macht ihn meist größer, weil er ihn voller nimmt. (1927)

   Felix Joseph Klein, *Gedanken*, S. 18.

2. In der Politik gibt es ein merkwürdiges Phänomen: wer den Mund zu voll nimmt, bekommt kalte Füße. (Vor 1963)

   Kurt Wessel; zitiert aus Agnes Emrich, *Zitatenlexikon*, S. 99.

3. *Mund*

   Wer ihn zu voll nimmt, kann nicht das letzte Wort haben. (1975)

   Ron Kritzfeld, *Flexikon*, Bd. 2, S. 22.

4. Kulturfunktionäre nehmen immer den Mund so voll. Mit der Entmündigung der Kultur. (1976)

   Werner Schneyder, *Rückschläge*, S. 74.

5. Vor dem Start sollte man fasten und den Mund nicht zu voll nehmen. (1977)

   Gerhard Uhlenbruck, *Netz*, S. 147.

6. Wenn man den Mund zu voll nimmt, haben die anderen die Nase bald voll. (1977)

   Gerhard Uhlenbruck, *Netz*, S. 119.

7. Wer den Mund zu voll nimmt, den sollte man nicht für voll nehmen. (1977)

   Gerhard Uhlenbruck, *Netz*, S. 146.

8. Man soll den Mund niemals zu voll nehmen, weder beim Reden noch beim Essen. Das bewahrt vor Ärger und Korpulenz. (1978)

   Hanns-Hermann Kersten, *Euphorismen*, S. 84. Auch ders. in Gerhard Uhlenbruck et al., *Kranker*, S. 83.

9. Politiker – ein Mensch mit vollem Mund und leeren Händen. (1978)

   Werner Sprenger, *Gedanken*, S. 29.

10. Wer abnehmen möchte, sollte den Mund nicht immer so voll nehmen. (1978)

    Werner Mitsch, *Spinnen*, S. 77. Auch als anonymer Spruch in *Quick*, Nr. 43/16. 10. 1980, S. 142.

11. Wer gern den Mund voll nimmt, kann meistens nur die leere Hand vorweisen. (1978)

    Gerd Heyse, *Hund*, S. 75.

12. er nahm den mund voll:
    er trug sein herz auf der zunge. (1979)

    Volker Erhardt, *Kannibale*, S. 96.

13. Brechreiz: Manche nehmen den Mund so voll, daß man kotzen könnte. (1980)

    Gerhard Uhlenbruck, *Frust-Rationen*, S. 35.

14. *Finanzminister*

    Hat er die Taschen leer,
    dann nimmt er den Mund voll;
    hat der Steuerzahler die Taschen leer,
    dann hat er nur die Nase voll. (1980)

    Ron Kritzfeld, *Flexikon*, Bd. 7, S. 12.

15. Man muß den Mund schon voll nehmen, wenn man etwas ausspucken will! (1981)

    Sentenzen fürs Klo: Locus vivendi 1981 (Sept.), München: Heye, 1981.

16. Wer den Mund voll nimmt, kann ihn nicht halten. Wer die Schnauze voll hat, hält sie. (1981)

    Gerhard Uhlenbruck, *Masche*, S. 2.

17. Je mehr er redete, um so voller nahm er den Mund. (1983)

    Peter Tille, *Sommersprossen*, S. 41.

18. Wer den Mund immer voll nimmt, muß auch mal was schlucken können. (1983)

    Winfried Bornemann, *Blödel*, o. Seitenz.

19. Ach, er nahm den Mund so voll und jetzt soll er einfach *reden*. (1985)

    Elias Canetti, *Aufzeichnungen*, S. 526.

20. *Spruchbänder*

    Wer den Mund
    vollnimmt,
    wird ausgespuckt. (1990)

    Ilse Brem, *Grenzschritte*, S. 74.

21. Wenn man den Mund zu voll nimmt, finden das andere zum Kotzen. (1994)

    Gerhard Uhlenbruck, *Medizinische Aphorismen*, 2. Aufl., S. 80. Ähnlich auch ders., „Giftpfeile", S. 178.

22. Wer den Mund voll nimmt, hat viel zu schlucken. (1995)

    Wolfgang Eschker, *Mitgift*, S. 87.

23. Wer den Mund zu voll nimmt, muß Verdauungsprobleme in Kauf nehmen. (1995)

    Walter Richter, *Aphorismen*, S. 13.

MUND (c)

„in aller (Leute) Munde sein"

1. Was in aller Munde ist, ist kaum noch jemandes Gedanke. (1969)

    Hans Kasper, *Revolutionäre*, S. 96.

2. er war in aller
    munde:

er war unter die
kannibalen gefallen. (1971)

Manfred Bosch, *Mordio*, o. Seitenz.

3. Wer in aller Munde sein will, sollte Zahnarzt werden. (1978)

Ludwig Fienhold, *Wider-Sprüche*, S. 3.

4. *Popularität*

In aller Munde sein – pfui, wie würde mir das nicht schmecken! (1985)

Herbert Eisenreich, *Groschenweisheiten*, S. 78.

5. Plötzlich war Gott in aller Munde.
Die Statistik schaltete sich ein. (1988)

Ben Witter, *Minutenpoesie*, S. 70.

MUND (d)

„sich den Mund verbrennen"

1. Auch am Nordpol kann man sich den Mund – verbrennen. (1900)

Phia Rilke, *Ephemeriden*, S. 39.

2. Wer sich den Mund verbrennt kriegt ein Pflaster drauf. (1973)

Liselotte Rauner, *Volksmund*, S. 18.

3. X. hat sich den Mund verbrannt? – Und wie! – Er hat ein heißes Eisen geküßt. (1978)

Gerd Heyse, *Hund*, S. 23.

4. Wer sich einmal den Mund verbrennt, meidet feurige Worte. (1979)

Žarko Petan, *Kopf*, S. 23.

5. Er feuerte ihn an – und verbrannte sich dabei den Mund. (1985)

Gerhard Uhlenbruck, *Eigenliebe*, S. 11.

6. Lieber verbrenne ich mir den Mund, als anderen Honig ums Maul zu schmieren. (1985)

André Brie, *Anfang*, S. 60. Auch in ders., *Wahrheit/Anfang*, S. 127.

7. Ich hatte mir
so den Mund verbrannt,
daß ich mir
am liebsten
die Zunge
abgebissen hätte. (1989)

Hans Hunfeld, *Sprichwörtlich*, S. 12.

8. Politiker: Mit zündenden Ansprachen verbrennen sie sich nur den Mund. (1990)

Gerhard Uhlenbruck, *Darum*, S. 99.

9. Der Vorsichtige hält es schon für Selbstverstümmelung, wenn er sich nur den Mund verbrennt. (1992)

Manfred Strahl, *Hiebe*, S. 49.

10. Flirt ist die Kunst um ein heißes Thema herumzureden, ohne sich den Mund dabei zu verbrennen. (1997)

Gerhard Uhlenbruck, *Widersprüche*, S. 80.

11. Wer sich einmal den Mund verbrannt hat, pustet auch auf kalten Kaffee. (1997)

Gerhard Uhlenbruck, *Widersprüche*, S. 72.

NAGEL (a)

„den Nagel auf den Kopf treffen"

1. Mancher klopft mit dem Hammer an der Wand herum
und glaubt, er treffe jedesmal den Nagel auf den Kopf. (Um 1815)

Johann Wolfgang von Goethe, *Werke*, Bd. 12, S. 546.

2. Wer den Nagel nicht auf den Kopf trifft, sondern umgekehrt den Kopf auf den Nagel, der bleibt all sein Leben lang vernagelt. (1923)

J. Gössel, *Wortspiele*, S. 63.

3. Es liegt kein Humor darin, daß der Nagel auf den Kopf getroffen wird. Aller Humor knüpft sich daran, daß die Schläge danebengehen. (1949)

Friedrich Georg Jünger, *Gedanken*, S. 103.

4. *Volltreffer*

Es trifft bisweilen selbst ein Tropf
Auch mal den Nagel auf den Kopf.
Nur ist's verfehlt, danach zu fragen,
Wie oft die Finger er zerschlagen! (1949)

Helmut Zech, *Bosheiten*, S. 37.

5. *So oder so*

Der Hammer ist ein eigner Tropf,
mal trifft er gut und mal geringer,
den Nagel mitten auf den Kopf –
oder den Nagel auf dem Finger. (Vor 1976)

Fred Endrikat, *Buch*, S. 60.

6. Ich kenne einen Kollegen, der den Nagel immer genau auf den Daumen trifft. (1977)

Robert Lembke, *Glashaus*, S. 31.

7. Selbstkritik ist, wenn man den Nagel auf den Daumen trifft. (1977)

Gerhard Uhlenbruck, *Netz*, S. 91.

8. Er hatte den Nagel auf den Kopf getroffen, nun kühlt er sich den Daumen. (1983)

Peter Tille, *Sommersprossen*, S. 13.

9. Nagel auf den Kopf getroffen. Aber krumm geschlagen. (1983)

Peter Oprei, *Bedenkliches*, S. 12.

10. Ein neues Schlagwort mag den Nagel auf den Kopf treffen, aber je mehr drauf schlagen, desto krummer wird er. (1984)

Siegfried Gloose, *Einfälle*, S. 51.

11. *Nachgedachtes*

Ein unbedachtes Wort. Allein wir hoffen,
der Nagel sei auf seinen Kopf getroffen.
Dann denken wir nach, und wir merken zuletzt,
der Hieb war genau auf die Spitze gesetzt. (1984)

Wolfgang Funke, *Funksprüche*, S. 54.

12. *Nagel und Kopf*

Man wird erzogen, Nägel mit Köpfen zu machen, um nicht Köpfe mit Nägeln zu machen. Aber die Folge davon, daß einer den Nagel auf den Kopf trifft, kann sein, daß ein anderer mit dem Kopf auf den Nagel trifft. (1985)

Fritz Arcus, *Seedieb*, S. 33.

13. Eine Kritik, welche den Nagel auf den Kopf trifft, macht manchmal daraus einen Sargnagel. (1986)

Gerhard Uhlenbruck, „Gedankensprünge", S. 186.

14. Auch Ziernägel sollte man mitten auf den Kopf treffen. (Vor 1989)

Stefan Tschök; zitiert aus Gabriele Berthel, *Kurz*, S. 67.

15. *Nagelprobe*

So mancher ungeschickte Tropf
schlägt nie den Nagel auf den Kopf:
Mitunter trifft der Hammerschwinger
jedoch den Nagel ... auf dem Finger! (1990)

Gerhard Grümmer, *Herzhaft*, S. 10.

16. Unser Chef trifft den Nagel stets auf den Daumen. (1992)

Beate Kuckertz, *Büro*, o. Seitenz.

17. Auch mit einem großen Hammer trifft ein Ungeschickter nicht immer den Nagel auf den Kopf. (1995)

Walter Richter, *Aphorismen*, S. 9.

NAGEL (b)

„etwas an den Nagel hängen"

1. Er hing alles an den Nagel – der leider abbrach. (1975)

Emil Baschnonga, *Blume*, o. Seitenz.

2. Eine Bauchtänzerin ist eine Dame (Frau), die ihren Beruf an den Nabel gehängt hat. (1978)

Werner Mitsch, *Spinnen*, S. 25. Auch in Claudia Glismann, *Edel*, o. Seitenz.

3. Jeder junge Mensch sollte einen Beruf erlernen. Damit er in ein paar Jahren etwas hat, das er an den Nagel hängen kann. (1978)

Werner Mitsch, *Spinnen*, S. 54.

4. So mancher dialektische Materialist hat die Dialektik an den Nagel gehängt und ist nur noch Materialist geblieben. (1979)

Žarko Petan, *Kopf*, S. 9.

5. Wenn man den Beruf an den Nagel gehängt hat, kann man die Seele baumeln lassen. (1996)

Gerhard Uhlenbruck, „Giftpfeile", S. 170.

NASE

„die Nase voll haben"

1. Fräulein D. meinte: „Ich sehe und höre ihn noch, habe eine Gänsehaut, die Nase voll, einen bitteren Nachgeschmack, wenn ich an ihn denke." Alle fünf Sinne lehnten ab; noch vor kurzem hatten sie zugestimmt. Welch ergebene Diener. (1962)

Max Rychner, *Lavinia*, S. 38.

NASE 3

2. Selbst die Wissenschaftler haben vom Schnupfen inzwischen die Nase voll. (1977)

   Gerhard Uhlenbruck, *Netz*, S. 50.

3. Für alle, die vom Schnupfen die Nase voll haben. (1983)

   Quick, Nr. 43/20. 10. 1983, S. 23. Auch in *Quick*, Nr. 10/28. 2. 1985, S. 71. Werbung für Larylin Dosierspray.

4. Wer die Nase voll hat, riecht seinen Nachbar [*sic*] weniger. (1983)

   Peter Oprei, *Bedenkliches*, S. 17.

5. Wie viele halten sich für geistvoll – und haben bloss die Nase voll! (1985)

   Felix Renner, „Sprüche", S. 83. Auch ders., *Leine*, S. 16.

NERV

„jemandem auf die Nerven gehen"

1. Man sagt immer, die Völker müßten sich kennenlernen. Je näher sie sich kennen, desto mehr gehen sie sich auf die Nerven. (Vor 1974)

   Carl Jacob Burckhardt, *Einfälle*, o. Seitenz.

2. Was fängt einer bloss mit der Realität an, wenn ihm schon die Illusionen auf die Nerven gehen? (1980)

   Felix Renner, *Schwalben*, S. 7.

3. Wo ich hingehen will? – Euch auf die Nerven! (1982)

   Milovan Vitezović; zitiert aus *Nebelspalter*, Nr. 24/15. 6. 1982, S. 39.

4. Richter: „Warum haben Sie den Zahnarzt geprügelt?"
   Angeklagter: „Er ging mir auf die Nerven." (1984)

   Klaus Frank, *Kalauer*, S. 43.

NOT

„aus der Not eine Tugend machen"

1. *Der Asket.* – Der Asket macht aus der Tugend eine Not. (1878)

   Friedrich Nietzsche, *Werke*, Bd. 1, S. 497.

2. Ist die Tugend in Not gebracht,
wird gern aus der Not eine Tugend gemacht. (Vor 1923)

Paul H. Becker; zitiert aus J. Gössel, *Wortspiele*, S. 84.

3. Ironie: aus einer Not eine Überlegenheit machen. (Vor 1955)

Thomas Mann; zitiert aus Ernst Günter Tange, *Biß*, S. 53.

4. [...], einen feuchten Hehl werde ich machen aus meiner Lust, eine gewindereiche Untugend aus meiner und jedermanns Not. (1966)

Martin Walser, *Einhorn*, S. 98.

5. *Caritas*

Aus der Note eine Tugend machen. (1975)

Ron Kritzfeld, *Flexikon*, Bd. 2, S. 8.

6. Antiautoritäre Erziehung: Aus der Not eine Tugend machen? (1977)

Wolfgang Eschker, *Gift*, S. 12. Auch in ders., *Mitgift*, S. 29.

7. Aus der Not eine Untugend machen. (1978)

Werner Sprenger, *Gedanken*, S. 82.

8. Kosmetik ist die Kunst, aus der Not eine Jugend zu machen. (1978)

Hanns-Hermann Kersten, *Euphorismen*, S. 60. Auch ders. in Gerhard Uhlenbruck et al., *Kranker*, S. 76; und ders. in Ernst Günter Tange, *Wörterbuch*, S. 65.

9. Soviel Tugenden wie der Mensch aus seiner Not macht, gibt es gar nicht. (1978)

Ilse Tönnies, *Spiegel*, S. 38.

10. Und ob man aus der Not eine Untugend machen kann! (1978)

Gerd Heyse, *Hund*, S. 82.

11. *Gouvernante*

Fräulein Frömmel unterließ es nie,
jeden Furz im Kietz zu überwachen.
Stets auf Sittenwacht, vermochte sie
aus der Tugend eine Not zu machen. (1980)

Hansgeorg Stengel, *Stengelsgeduld*, S. 64.

12. Es gibt Frauen, die machen aus der Not am Mann eine Tugend. (1981)

Gerhard Uhlenbruck, *Masche*, S. 70. Auch in ders., *Darum*, S. 81.

13. Heute macht man aus der Hilfe in der Not schon eine Tugend. (1981)

Gerhard Uhlenbruck, *Masche*, S. 10. Auch in ders., *Body*, S. 17; und ders., *Darum*, S. 97.

14. Sie wollten aus der Not eine Tugend machen. Und so entstand die Moral. (1982)

Werner Mitsch, *Bienen*, S. 76.

15. Aus der Notlüge macht man heute eine Tugend. (1983)

Gerhard Uhlenbruck, *Nächstenhiebe*, S. 17. Auch in ders., *Kaffee*, S. 53; ders., *Mensch*, S. 16; und ders., *Aphorismen/Satz*, S. 16.

16. Der Tatmensch macht aus der Not keine Tugend, sondern ein Kraftwerk oder eine Umgehungsstraße. (1983)

Werner Mitsch, *Schwarze*, S. 53.

17. Er machte aus der Not eine Tugend und tat nur noch das Nötigste. (1983)

Werner Mitsch, *Schwarze*, S. 75.

18. In der guten alten Zeit, als die Not noch eine Tugend war. (1983)

Werner Mitsch, *Schwarze*, S. 87.

19. Geldverdienen: Aus der Not machen wir schnell eine Untugend! (1984)

Gerhard Uhlenbruck, *Mensch*, S. 42.

20. Sozialdemokratie: Aus dem Rot eine Tugend machen. (1984)

Jeannine Luczak, *Schweigegeld*, S. 23.

21. Freunde in der Not – sollten daraus keine Tugend machen. (1985)

Gerhard Uhlenbruck, *Eigenliebe*, S. 14.

22. Narren sind glückliche Menschen,
sie machen aus der Not eine Tugend! (1985)

Erich Weihs, *Hobelspäne*, S. 72.

23. Puritaner machen aus der Tugend eine Not. (1985)

Gerhard Uhlenbruck, *Eigenliebe*, S. 18.

24. Aus der Notdurft eine Tugend machen. (1986)

Andreas Bender, *Gelegenheit*, o. Seitenz.

25. Unsere Buchhalterin versteht die Kunst, aus der Not eine Jugend zu machen. (1986)

Bernd Thomsen, *Neue Büro-Sprüche*, o. Seitenz.

26. Vollbeschäftigung bei den Wanderpredigern der öffentlichen Moral: Aus der Not der gesellschaftlichen Hackordnung dürfen sie endlich wieder eine Tugend machen! (1987)

Felix Renner, *Leine*, S. 51.

27. Man kann auch aus der Tugend eine Not machen: Zölibat. (1992)

Gerhard Uhlenbruck, „Hechtsprünge“, S. 471. Auch in ders., *Nichtzutreffendes*, S. 58.

28. Manche Staatsbürger machen aus der politischen Not eine wirtschaftliche Tugend. (1995)

Wolfgang Eschker, *Mitgift*, S. 44.

29. Manchmal ist eine Ehe der Versuch, aus der sexuellen Not eine Tugend machen zu wollen. (1996)

Gerhard Uhlenbruck, *Nichtzutreffendes*, S. 48.

30. Heirat: Aus seiner sexuellen Not machte er eine offizielle Tugend. (1997)

Gerhard Uhlenbruck, *Widersprüche*, S. 137.

ÖL (a)

„Öl auf die Wogen gießen“

1. Das Öl, das auf die Köpfe der Könige gegossen wird, stillt es die Gedankenstürme? (Vor 1856)

Heinrich Heine, *Werke*, Bd. 4, S. 747.

2. Weisheit besteht oft darin, Öl auf die Wogen der Wahrheit zu gießen. (1969)

Hans Kasper, *Revolutionäre*, S. 35.

3. „Öl auf die Wogen gießen“ ist nicht arabischer, sondern steirischer Herkunft. Als die ersten Postkutschen oder „gölb’n Wog’n“, wie man damals sagte,

durch die steirischen Lande fuhren, benötigten sie für kurze Strecken oft so viel Zeit, daß die Fahrgäste den Kutschern rieten, sie sollten mal etwas „Öl auf die Wog'n gießen". (1974)

Joachim Schwedhelm; zitiert aus *Die Zeit*, Nr. 4/25. 1. 1974, S. 23.

4. Als man Öl suchte, um die Wogen zu glätten, da war es schon ins Feuer gegossen. (1976)

   Werner Schneyder, *Rückschläge*, S. 45.

5. Gieße Öl auf die Wogen, sofort ist einer mit Streichhölzern zur Stelle. (1990)

   Wolfgang Funke, *Wendehals*, S. 105.

6. Der Fortschritt macht nicht nur Sprachwerke obsolet, auch schlichte Wendungen, zur Bequemlichkeit von jedermann, fallen ihm zum Opfer. „Öl auf die Wogen gießen" war einmal friedensstiftend und verdienstlich, ist heute umweltgefährdend und verboten. (1993)

   Johannes Gross, *Fürwitz*, S. 106.

ÖL (b)

„Öl ins Feuer gießen"

1. Öl
   wird ins Feuer gegossen
   mit Öl
   werden Wogen geglättet
   Öl
   pulst in den Adern
   dieser Gesellschaft
   und ist so nicht zufällig
   schmierig. (1980)

   Werner Schneyder, *Gelächter*, S. 109.

2. Wenn Sie schon Öl aufs Feuer gießen, so tun Sie wenigstens auch etwas Essig hinzu. (1981)

   Žarko Petan, *Himmel*, S. 133.

3. *Ölscheich*

   Gießt er nun sein Öl ins Feuer
   oder auf die Wogen? (1984)

   Ron Kritzfeld, *Flexikon*, Bd. 9, S. 22.

4. Gieß lieber kein Öl ins Feuer,
sonst ist der Ofen bald
ganz aus. (1989)

Hans Hunfeld, *Sprichwörtlich*, S. 107.

PANTOFFEL

„unter dem Pantoffel stehen"

1. Wer unter dem Pantoffel steht,
betreten durch das Leben geht. (1972)

Henning Venske, *Werke*, S. 18.

2. Maßstab heutiger Männlichkeit: Wie aufrecht stehe ich (steht einer) unter dem Pantoffel? (1974)

Hellmut Walters, *Abseits*, o. Seitenz. Auch als anonyme Aussage in Angelika Franz, *Sprüche*, S. 34.

3. Wer unter dem Pantoffel steht, kriegt leicht kalte Füße. (1977)

Gerhard Uhlenbruck, *Netz*, S. 81.

4. *Epigramm*

Unter
deinen Pantoffeln
fand ich
meine eigenen Füße
gehe dir nun
auf leisen Sohlen
davon. (1981)

Ursula Hochstätter, „Gedichte", S. 151.

5. Unter dem Pantoffel stehen – viele Männer ihren Mann. (1984)

Werner Ehrenforth, *Eintagsfliege*, S. 50.

6. Früher stand der Mann unter dem Pantoffel der Frau.
Heute stehen beide unter den Turnschuhen der Kinder. (1985)

Gerhard Uhlenbruck, *Eigenliebe*, S. 51.

7. Er war Herrscher unter ihrem Pantoffel. (Vor 1986)

Thomas Trautmann; zitiert aus Ingetraud Skirecki, *Troja*, S. 192.

PANTOFFELHELD

„ein Pantoffelheld sein"

1. Wußten Sie schon, daß sich Pantoffelhelden oft nicht mal Pantoffeln leisten können? (Vor 1976)

   Paul Guntermann, *Lustigste*, o. Seitenz.

2. Er war kein Pantoffelheld! Er war schon ein Pantoffeltier. (1977)

   Wolfgang Eschker, *Gift*, S. 28. Auch in ders., *Mitgift*, S. 24.

3. Pantoffelhelden pflegen auf leisen Sohlen zu gehen. (1981)

   Gerhard Uhlenbruck, *Masche*, S. 51. Auch in ders., *Diagnosen*, S. 53.

4. Er war ein Held! Auch ohne Pantoffeln. (1982)

   Nikolaus Cybinski, *Lande*, S. 81.

5. Der sympathischste *Held* ist der Pantoffelheld. (1991)

   Zoltán Bezerédj, *Aphorismen*, S. 57.

PAUKE

„auf die Pauke hauen"

1. Was einer auf die Pauke haut, das bläst das Blech wieder weg. (1960)

   Martin Kessel, *Gegengabe*, S. 114.

2. Wer dauernd auf die Pauke haut, geht eines Tages flöten. (1978)

   Werner Mitsch, *Spinnen*, S. 23. Auch als anonyme Aussage in Christian Roman, *Reden*, o. Seitenz.; und Beate Kuckertz, *Büro*, o. Seitenz.

3. Daß jemand ständig laut auf die Pauke haut, hat meistens weniger mit Musikalität zu tun als mit dem Übertönen einer inneren Leere. (1979)

   Klaus Sochatzy, *Adnotationen*, S. 26.

4. Das ist ein logisches Gesetz:
   Auf die Pauke hauen gern die Knaben,
   die vom Tuten und Blasen
   keine Ahnung haben. (1981)

   Jupp Müller, *Gespitzt*, S. 84.

5. Karrieristen hauen auf die Pauke, weil sie die erste Geige spielen wollen. (1982)

   André Brie, *Wahrheit*, S. 52. Auch in ders., *Wahrheit/Anfang*, S. 53.

6. Der Eliteschüler. Pauken, um später einmal auf die Pauke hauen zu können. (1983)

   Werner Mitsch, *Schwarze*, S. 98.

7. Er haute auf die Pauke. Als es auf ihn ankam, war er flöten gegangen. (1988)

   Hans-Dieter Schütt, *Haustür*, S. 14.

8. Kein Gewitter ist so laut, wie ein Chef, der auf die Pauke haut. (1992)

   Beate Kuckertz, *Büro*, o. Seitenz.

PFEIFE

„nach jemandes Pfeife tanzen (müssen)"

1. Wer nach andrer Pfeife tanzt, bedenke: Zuerst pfeifen sie für uns und später auf uns. (1938)

   Charles Tschopp, *Aphorismen*, S. 30.

2. Nach jemandes Pfeife tanzen, dazu gehört eine gehörige Portion Taubheit. (1977)

   Hans-Horst Skupy, *Geistesblitze*, S. 18. Auch ders. in Gerhard Uhlenbruck et al., *Kranker*, 3. Aufl., S. 108.

3. Wer nach anderer Leute Pfeife tanzt, muß sich nicht wundern, daß ihm selbst die Flötentöne vergehen. (1977)

   Gerhard Uhlenbruck, *Netz*, S. 20.

4. Er war ein starker Raucher. Und alle mußten nach seiner Pfeife atmen. (1978)

   Werner Mitsch, *Spinnen*, S. 36.

5. Das eben ist Freiheit: nach keiner Pfeife tanzen. (1982)

   Nikolaus Cybinski, *Lande*, S. 57.

PFERD

„das Pferd beim Schwanz(e) aufzäumen“

1. Wer sein Pferd von hinten aufzäumt, muß sich nicht wundern, wenn er getreten wird. (1977)

   Gerhard Uhlenbruck, *Netz*, S. 16.

2. Die Feministinnen zäumten die Sache vom Schwanz her auf. (1979)

   Werner Schneyder, *Schlagkraft*, S. 105. Auch in ders., *Gelächter*, S. 221.

3. *Richtige Richtung*

   Zwar Herr Meier zäumt sein Pferd
   immer richtig – nie verkehrt.
   Nur, was wir zu tadeln fanden:
   daß bei ihm kein Pferd vorhanden. (1979)

   Klaus Lettke, *Achilles*, S. 10.

4. Wer das Pferd von hinten aufzäumt, muß damit rechnen, beschissen zu werden. (1980)

   Gerhard Uhlenbruck, *Nagel*, S. 53.

5. Wer sein Pferd am Schwanz aufzäumt, kann gleich die Katze im Sack kaufen. (1982)

   Werner Mitsch, *Bienen*, S. 111. Auch in ders., *Wal*, o. Seitenz.

6. Man soll ein Pferd nicht mit dem Zaunpfahl aufzäumen, sondern am Schwanz. (1984)

   Werner Mitsch, *Grund*, S. 47. Auch in ders., *Wal*, o. Seitenz.

7. Wer zu einem Menschen „Rindvieh“ sagt, der zäumt den Darwinismus sozusagen am Schwanz auf. (1984)

   Werner Mitsch, *Grund*, S. 10.

8. Umständliche Leute zäumen das Pferd von hinten auf, wenn es rückwärts gehen soll. (1990)

   Gerhard Uhlenbruck, *Darum*, S. 39.

9. Die verbreitetste Tierquälerei: das Aufzäumen der Pferde beim Schwanz. (1994)

   Felix Renner, *Worte*, S. 33.

PLATZ

„ein Platz an der Sonne“

1. Jedermann will seinen Platz an der Sonne. (Wenn’s geht, im Schatten.) (Um 1960)

   Stanisław Jerzy Lec, *Spätlese*, S. 55.

2. Als er seinen Platz an der Sonne errungen hatte, war sie gerade am Untergehen. (1965)

   Heinrich Wiesner, *Zeilen*, S. 27.

3. Nun hat die Welt ihren Platz auf dem Mond. Fehlt ihr nur noch der Platz an der Sonne. (1972)

   Heinrich Wiesner, *Kehrseite*, S. 5.

4. Machtkampf – ein Kampf um den Platz über der Sonne. (1975)

   Gabriel Laub, *Freiheiten*, S. 9.

5. Kaum hatte er einen Platz an der Sonne, da war es ihm auch schon zu heiß. (1977)

   Wolfgang Eschker, *Gift*, S. 46. Auch in ders., *Mitgift*, S. 88.

6. Der Mensch kämpft so lange um einen Platz an der Sonne, bis er von der Nacht überrascht wird. (1979)

   Žarko Petan, *Kopf*, S. 79.

7. Wachstumsgesetz: Je höher alles wächst, desto mehr Schatten, desto geringer der Platz an der Sonne. (1979)

   Werner Schneyder, *Schlagkraft*, S. 39. Auch in ders., *Gelächter*, S. 90.

8. Wenn der kleine Mann seinen Platz an der Sonne bekommt, sitzen die Großen schon wieder im Schatten. (1979)

   Werner Mitsch, *Fische*, S. 33.

9. *Menschen*

   sind nicht mit einer Sternstunde zufrieden,
   sie wünschen dauerhaft einen Platz an der Sonne. (1984)

   Ron Kritzfeld, *Flexikon*, Bd. 9, S. 20.

10. Jeder strebt nach dem Platz an der Sonne – möglichst im Schatten. (1986)

Bernd Thomsen, *Neue Büro-Sprüche*, o. Seitenz. Auch in Beate Kuckertz, *Büro*, o. Seitenz.

PRANGER

„jemanden (etwas) an den Pranger stellen"; „am Pranger stehen"

1. kurzsichtig. die menge glaubt an ein denkmal, wenn ein minister am pranger steht. (1971)

   Bert Berkensträter, *Zungen-Schläge*, S. 24.

2. Wer am Pranger steht, genießt beträchtliches Ansehen. (1979)

   Helmut Lamprecht, *Lächerlichkeit*, S. 36.

3. *Finanzskandal*

   Wer gestern noch prangte,
   der steht heute schon am Pranger. (1981)

   Ron Kritzfeld, *Flexikon*, Bd. 8, S. 9.

4. An den Pranger des Ruhms mit ihm! (1983)

   Peter Oprei, *Bedenkliches*, S. 68.

5. *Frau am Pranger*

   Weil ich euch freund sein wollte
   Einfach so
   Stellt ihr mich an den Pranger
   Mitte des Dorfs: Teich und der Anger
   Ich wollte wir wärn nicht so.
   Den Teich trink ich aus
   Verstreu die Entengrütze
   Laß die Enten fliegen.
   Hinterm Anger-Ginster
   Wo die Pärchen liegen
   Grab ich die Liebe aus. (1985)

   Inge Müller, *Sterben*, S. 78.

6. Das Prangerstehen war schon früher üblich, freilich dauerte es im allgemeinen nur wenige Stunden und geschah vor allem auch vor einer verhältnis-

mäßig kleinen Öffentlichkeit. In der modernen Zeit ist das anders. Da dauert das Prangerstehen monatelang und geschieht vor der gesamten Nation. Eine etwa zu erwartende Strafe ist im Vergleich hierzu völlig unbedeutend. Die Person ist gerichtet, bevor das Gericht tätig wird. (1988)

Manfred Rommel, *Sprüche*, S. 84.

PULVER (a)

„das Pulver nicht erfunden haben"

1. „Der Gott, der Eisen wachsen ließ" –
das Pulver jedenfalls haben wir erfunden. (1967)

   Thomas Niederreuther, *Mitleid*, S. 62.

2. Die Dummen haben das Pulver nicht erfunden, aber sie schießen damit. (1977)

   Gerhard Uhlenbruck, *Netz*, S. 57. Auch in ders., *Diagnosen*, S. 136.

3. Am wenigsten Schlafpulver brauchen jene, die das Schiesspulver nicht erfunden haben. (1980)

   Felix Renner, *Schwalben*, S. 18.

4. Die Politiker haben zwar nicht das Pulver erfunden, dafür aber das Pulverfaß. (1984)

   Gerhard Uhlenbruck, *Mensch*, S. 52.

5. Er hatte das Schießpulver nicht erfunden. Dazu war er zu klug. (1985)

   André Brie, *Anfang*, S. 50. Auch in ders., *Wahrheit/Anfang*, S. 116.

6. Gute Schützen müssen nicht unbedingt das Pulver erfunden haben. (1987)

   Wolfgang Mocker, *Canossa*, S. 12.

7. Je lieber einer mit Pulver hantiert, desto kleiner muss sein Schmerz darüber sein, dass er es nicht erfunden hat. (1987)

   Felix Renner, *Leine*, S. 66.

8. Das Pulver wird meistens von denen verschossen, die es nicht erfunden haben. (1995)

   Wolfgang Eschker, *Mitgift*, S. 92.

PULVER (b)

„keinen Schuß Pulver wert sein"

1. Für Leute, die keinen Schuß Pulver wert sind, sollte man auch nicht den Finger krumm machen. (1978)

   Werner Mitsch, *Spinnen*, S. 22.

2. Auch der humanste Krieg ist keinen Schuß Pulver wert. (1979)

   Werner Mitsch, *Fische*, S. 49.

3. Leute, die keinen Schuß Pulver wert sind, werden auch nicht abgeschossen. (1980)

   Gerhard Uhlenbruck, *Nagel*, S. 28.

4. *Groß-Sprecher*

   Eine Kanone ist manchmal
   keinen Schuß Pulver wert. (1981)

   Ron Kritzfeld, *Flexikon*, Bd. 8, S. 12.

5. Der war keinen Schuß Pulver wert und wurde erschossen. (1995)

   Clemens am Berg, *Kopfdisteln*, S. 76.

RAD

„das fünfte Rad am Wagen sein"

1. *Vom fünften Rad*

   Wir sind bei dir in der Stunde, wo du erkennst
   Daß du das fünfte Rad bist
   Und deine Hoffnung von dir geht.
   Wir aber
   Erkennen es noch nicht.

   [...]

   Du erhebst dich mitten im Satz
   Du sagst böse: du willst gehen
   Wir sagen: Bleibe! und erkennen
   Daß du das fünfte Rad bist.
   Du aber setzest dich.

Also bleibst du sitzen bei uns in der Stunde
Wo wir erkennen, daß du das fünfte Rad bist.
Du aber
Erkennst es nicht mehr.

Laß es dir sagen: du bist
Das fünfte Rad
Denke nicht, ich, der ich's dir sage
Bin ein Schurke
Greife nicht nach einem Beil, sondern greife
Nach einem Glas Wasser.

[...]

Denn nicht die vier sind zuviel
Sondern das fünfte Rad
Und nicht schlecht ist die Welt
Sondern
Voll.

(Das hast du schon sagen hören.) (Um 1926)

Bertolt Brecht, *Werke*, Bd. 8, S. 268 f.

2. *Überzählig, nicht überflüssig*

Autofahrer X verwendet gern jene bildhafte Redensart
Vom „fünften Rad am Wagen“: es wird nicht benötigt zur Fahrt.
Eines Tags aber, unterwegs, ging ihm ein Reifen in Fetzen,
Und da lernte er den Nutzen des fünften Rades hochzuschätzen. (1972)

Henryk Keisch, *Gehauen*, S. 67.

3. Das fünfte Rad
am Wagen
ist das Steuerrad.
(Nicht weitersagen!) (1978)

Arnfrid Astel, *Rechtsstaat*, S. 309.

4. *Das fünfte Rad*

Zu Unrecht hört man häufig sagen:
„Er ist das fünfte Rad am Wagen.“
Wie wichtig so ein fünftes Rad,
erkennt man, wenn man Panne hat. (1979)

Klaus Lettke, *Achilles*, S. 9.

5. *Das Auto*

Das Auto ist ein Rundrenner
(Otto-Motor)
Da es vier Räder hat
bin ich das fünfte. (Vor 1982)

Heinar Kipphardt, *Paradiese*, S. 173.

6. Dieser Sonderling sagte von sich, er sei das erste Rad am Schlitten. (1982)

Erwin Chargaff, „Nachträgliche Bemerkungen“, S. 310.

7. *Kurznachruf*

Sie war wie das fünfte Rad am Wagen.
Nur wenige brauchten sie,
aber alle verliessen sich auf sie. (1982)

Werner Reiser; zitiert aus *Nebelspalter*, Nr. 12/23. 3. 1982, S. 19.

8. Fünftes Rad am Wagen sein? – Aber aber, ist doch als Reserverad vorgeschrieben! (1984)

Siegfried Gloose, *Einfälle*, S. 81.

9. Das fünfte Rad am Wagen ist gern das Steuerrad. (1986)

Klaus von Welser, „Aphorismen“, S. 32.

10. Lieber das fünfte Rad am Wagen als dauernd die Karre aus dem Dreck ziehen. (1986)

Frau aktuell, Nr. 15/2. 4. 1986, S. 5.

11. Das fünfte Rad am Wagen macht oft den größten Lärm. (1987)

Wolfgang Mocker, *Canossa*, S. 38.

12. Ironie des Schicksals: unters fünfte Rad am Wagen kommen. (Vor 1989)

Ulf Annel; zitiert aus Gabriele Berthel, *Kurz*, S. 203.

13. Wer sich den sechsten Sinn bewahrt, wird für's fünfte Rad nicht taugen. (1993)

Jan Christian Blohm, *Dachluken*, S. 58.

14. Das fünfte Rad am Wagen ist der Pfau am Steuer. (1995)

Ulrich Erckenbrecht, *Katzenköppe*, S. 18.

15. Er will das fünfte Rad am Wagen sein, das Lenkrad. (1995)

Kurt Tackmann, „Aphorismen“, S. 4.

RAHMEN

„aus dem Rahmen fallen“

1. Wer aus dem Fenster fällt, fällt auch aus dem Rahmen. (1967)

   Thomas Niederreuther, *Mitleid*, S. 54.

2. Von denen, die aus dem Rahmen fallen, kann man sich immer schlecht ein Bild machen. (1977)

   Gerhard Uhlenbruck, *Netz*, S. 70.

3. Nur Beschränktheit fällt nie aus dem Rahmen. (1982)

   André Brie, *Wahrheit*, S. 19. Auch in ders., *Wahrheit/Anfang*, S. 21.

4. Nicht jeder, der aus dem Rahmen fällt, war vorher im Bilde. (1983)

   Iris Blaschzok, *Ächt*, S. 62. Auch in Karl Heinz Rauchberger u. Ulf Harten, *Club*, S. 13; Claudia Glismann, *Schüler*, o. Seitenz.; Angelika Franz, *Sprüche*, S. 285; und Hans-Dieter Schütt, *Haustür*, S. 39.

5. Rahmen sind dazu da, daß man aus ihnen fällt. (1983)

   Ulrich Erckenbrecht, *Körnchen*, S. 10.

6. Wer aus dem Rahmen fällt, war vorher nicht unbedingt im Bilde. (1984)

   Christian Roman, *Lieber*, o. Seitenz. Auch in Bernd Thomsen, *Neue Büro-Sprüche*, o. Seitenz.; und Beate Kuckertz, *Büro*, o. Seitenz.

RATTE

„Die Ratten verlassen das sinkende Schiff.“

1. Die Ratten verlassen das sinkende Schiff, nachdem sie sich am Speck den Magen verdorben haben. (1909)

   Karl Kraus, *Wort*, S. 123.

2. Die erste Ratte verläßt den Entente-Segler. (1916)

   Kladderadatsch, Nr. 5/30. 1. 1916, Titelseite.

3. Die Ratten verlassen den Dreck. (1941)

Simplicissimus, Nr. 45/5. 11. 1941, S. 705.

4. Warum nimmt man den Ratten übel, daß sie das sinkende Schiff verlassen? Wozu braucht man auf einem sinkenden Schiff noch Ratten? (1969)

Gabriel Laub, *Logik*, S. 12. Auch in ders., *Denken*, S. 52; und ders., *Denken erlaubt*, S. 66.

5. *Letzter Akt*

Die Fliegen verlassen
die sinkende Ratte. (1970)

Arnfrid Astel, *Kläranlage*, S. 61. Auch in ders., *Rechtsstaat*, S. 592.

Die erste Ratte verläßt den Entente-Segler

RATTE 2

6. Ratten, die das Schiff verlassen haben, nehmen es ihm übel, wenn es nicht versinkt. (1970)

Wiesław Brudzinski, *Katz*, S. 116.

7. m. s. freier westen. nichtmal die ratten verlassen das sinkende schiff. sie sind am ruder. (1971)

Bert Berkensträter, *Zungen-Schläge*, S. 25.

8. Wenn man den Ratten nachsagt, daß sie das sinkende Schiff verlassen, ist das üble Nachrede oder am Ende gar ein Kompliment für ihre Lebenstüchtigkeit? (1971)

Eugen Gürster, *Narrheiten*, S. 73 f.

9. *Verteidigung der Ratten*

Wenn wir die Ratten
verjagen von unserem
freiheitlich-demokratischen Dampfer,
wie
werden wir
zeitig gewahr,
falls er wirklich mal sinkt? (1973)

Dieter Höss, *Fettnapf*, S. 15.

10. Auf einem alten Dampfer begegnen sich zwei Ratten.
Sagt die eine zur anderen: „Kommste mit? Wir spielen Schiffeversenken!" (1979)

Dieter Höss, *Hösslich*, S. 95.

11. Das Schiff wird bestimmt untergehen, die Ratten kaufen schon Motorboote. (1979)

Žarko Petan, *Kopf*, S. 39.

12. Das Sprichwort: „Die Ratten verlassen das sinkende Schiff" gilt nicht für Jachten. (1979)

Žarko Petan, *Kopf*, S. 9.

13. *Zwei Ratten*

sprangen aus zwei sich kreuzenden Raumstationen. Sie hatten erfahren, dass die Kapseln sich immer mehr der Erde näherten, dann teils verglühten, teils niederstürzten. Schon lieber zu zweit im Weltraum, sagten sie und verliessen die sinkenden Schiffe. (1979)

Albert Ehrismann; zitiert aus *Nebelspalter*, Nr. 41/9. 10. 1979, S. 45.

14. Radikale Ratten bleiben bei Schiffbruch an Bord. (1980)

    Felix Renner, *Schwalben*, S. 36.

15. Das zeichnet den erfahrenen Kapitän aus: er weiß schon vorher, welche Ratten zuerst das sinkende Schiff verlassen. (1982)

    Nikolaus Cybinski, *Lande*, S. 13.

16. *Abgänge*

    Die Haare
    verlassen meinen Kopf
    wie Ratten
    das sinkende Schiff. (1983)

    Michael Augustin, *Apfel*, S. 68. Auch in ders., *Denkpause*, S. 53.

17. *Kleinkredit*

    Die Raten haften wie Kletten am sinkenden Schiff. (1983)

    Nebelspalter, Nr. 5/1. 2. 1983, S. 21.

18. Die Ratten verlassen sich auf das sinkende Schiff. (1984)

    Werner Ehrenforth, *Eintagsfliege*, S. 39.

19. Die Satten verlassen das sinkende Schiff rechtzeitig. (1986)

    Andreas Bender, *Gelegenheit*, o. Seitenz.

20. Das Schiff sinkt, die Ratten übernehmen das Kommando. (1990)

    Žarko Petan, *Herren*, S. 41.

21. Leseratten verlassen nie das sinkende Schiff – des verehrten Bestseller-Autors! (1997)

    Gerhard Uhlenbruck, *Widersprüche*, S. 123.

RECHNUNG

„die Rechnung ohne den Wirt machen“

1. Der schöpferische Mensch sieht Helenen in jedem Weibe. Er hat aber die Rechnung ohne den Analytiker gemacht, der ihn erst darüber aufklärt, was er eigentlich in Helenen zu sehen habe. (1919)

    Karl Kraus, *Wort*, S. 314.

2. *Die Betrogenen*

Zu mir hinauf nahm ich manchen mit,
der nie es bis zu sich selbst gebracht.
Und doch hat schließlich der Parasit
die Rechnung ohne den Wirt gemacht. (Vor 1930)

Karl Kraus, *Worte in Versen*, S. 470.

3. Unternehmen, die heute die Rechnung ohne die Verbraucher machen, werden morgen dafür zahlen müssen. (1973)

Der Spiegel, Nr. 25/18. 6. 1973, S. 17.

4. *Nepp*

Macht die Rechnung fast ohne Bewirtung. (1978)

Ron Kritzfeld, *Flexikon*, Bd. 5, S. 20.

5. Parasiten machen die Rechnung nie ohne den Zwischenwirt. (1979)

Gerhard Uhlenbruck, *Einfach*, S. 4. Auch in ders., *Medizinische Aphorismen*, S. 49.

6. Wer die Rechnung ohne den Wirt macht, hat die Menükarte nicht gelesen. (1983)

Nebelspalter, Nr. 11/15. 3. 1983, S. 25.

7. Immunität: Viele Krankheitserreger machen die Rechnung ohne den Wirt. (1996)

Gerhard Uhlenbruck, „Giftpfeile“, S. 168.

8. Wenn der Wirt die Rechnung ohne den Garçon macht. (1996)

Die Weltwoche, Nr. 2/11. 1. 1996, S. 19.

REGEN

„aus dem (vom) Regen in die Traufe kommen“

1. Wenn einer von Potsdam nach Wernigerode geht, so kommt er aus dem Regen in die Traufe. (Vor 1898)

Theodor Fontane, *Beleuchtung*, S. 136.

2. Vom Segen in die Traufe. (1965)

Hannes Stütz; zitiert aus Klaus Budzinski, *Mandoline*, S. 52. Auch als anonyme Aussage in *Die Weltwoche*, Nr. 9/1. 3. 1990, S. 69.

C. Brinck: Privatschulen – nur Fluchtburgen für Problemkinder? (Dossier S. 13–15)

DIE ZEIT

WOCHENZEITUNG FÜR POLITIK · WIRTSCHAFT · HANDEL UND KULTUR · HAMBURG

OVERSEAS EDITION LICENSED BY ZEITVERLAG GERD BUCERIUS KG

Mit Reagan in die Traufe?

Die Welt nach dem Sieg des Republikaners / Von Theo Sommer

Lokalverbot

Ein holpriger Anfang

Nach den Koalitionsverhandlungen: Harte Zeiten in Sicht / Von Rolf Zundel

REGEN 6

3. Die Traufe ist immer anders als der Regen. (1977)

   Gerhard Uhlenbruck, *Netz*, S. 115.

4. Der Regen hat mich in die Traufe begleitet. (1979)

   Erwin Chargaff, *Bemerkungen*, S. 163.

5. Mancher rutscht vom Regen in die Traufe. (1980)

   Der Spiegel, Nr. 13/24. 3. 1980, S. 94 f. Werbung für Uniroyal-Reifen.

6. Mit Reagan in die Traufe? (1980)

   Die Zeit, Nr. 46/14. 11. 1980, S. 1.

7. *Redensarten*

   Dieser Tag
   vom Regen in die Traufe
   Rosen im Garten

keine ohne Dornen
trinken den durstigen Tag
aus Rinnen strömt die
Zeit in die Gasse
sie redet nicht mit Engelszungen
Geduld bringt Rosen sagt sie
Geht geduldig weiter
der Regen
Ratlos
gehen wir weiter
in Redensarten. (1981)

Rose Ausländer, *Tag*, S. 185.

8. Er kam vom Regen unter Umgehung der Traufe direkt in die Scheiße. (1983)

Winfried Bornemann, *Blödel*, o. Seitenz. Auch in Claudia Glismann, *Schüler*, o. Seitenz.; und W. P. Küttner, *Stoßstange*, o. Seitenz.

9. Vom Sherry in die Traufe. (1983)

Die Weltwoche, Nr. 9/2. 3. 1983, S. 6.

10. *Hinauf*

Aus der Traufe
kommend
in den
mit Sonne
bekleideten
Regen

Immer
ein Märchen
hinauf. (1986)

Rose Ausländer, *Liebe*, S. 227.

11. „Auf Regen folgt Sonnenschein", sagte der Spaziergänger, bevor er vom Regen in die Traufe kam. (1987)

Hans Gamber, *Frech*, S. 92.

12. Lieber vom Regen in die Traufe als bei Reagans zur Taufe. (1987)

Andreas Bender, *Socken*, o. Seitenz.

13. Vom Stalin-Regen in die Groß-Deutsche Traufe? (1990)

Ewald Lang, *Wendehals*, S. 153.

ROSINE

„Rosinen im Kopf haben“

1. Süße Mädchen haben auch Rosinen im Kopf. (1977)

   Gerhard Uhlenbruck, *Netz*, S. 57.

2. Manche Hausfrauen haben den Kopf voller Rosinen und den Kuchen voller Haare. (1978)

   Werner Mitsch, *Spinnen*, S. 72.

3. Rosinen im Kopf sind die ideale Nahrung für den kleinen Mann im Ohr. (1978)

   Werner Mitsch, *Spinnen*, S. 110. Auch in ders., *Wal*, o. Seitenz.

4. Lieber Rosinen im Kopf als Haare im Kuchen. (1979)

   Werner Mitsch; zitiert aus *Stuttgarter Zeitung*, Nr. 250/27. 10. 1979, S. 51. Auch in ders., *Fische*, S. 96; Eduard Moriz, *Nimm's leicht*, o. Seitenz.; Karl Heinz Rauchberger u. Ulf Harten, *Club*, S. 20; Claudia Glismann, *Schüler*, o. Seitenz.; *Bild*, 4. 9. 1985, S. 2; *Hörzu*, Nr. 48/21. 11. 1986, S. 3; Angelika Franz, *Sprüche*, S. 323; W. Mitsch, *Wal*, o. Seitenz.; und *Die Weltwoche*, Nr. 33/15. 8. 1996, S. 43.

5. Rosinen im Kopf: verschrumpelte Wünsche. (1983)

   Ulrich Erckenbrecht, *Körnchen*, S. 37.

6. Rosinen, die man im Kopf hat, schaden der Figur überhaupt nicht. (1985)

   Christian Roman, *Reden*, o. Seitenz.

7. „Ich trinke Jägermeister, weil ich lieber Kräuter im Glas als Rosinen im Kopf habe.“ (1987)

   Quick, Nr. 13/18. 3. 1987, S. 12.

8. Lieber Rosinen im Kopf als Kapern im Kuchen. (1987)

   Bild, 19. 2. 1987, S. 2.

ROSS

„auf dem hohen Roß sitzen“

1. Diejenigen, die auf dem hohen Roß sitzen, haben meist auch nur Pferdeverstand. (1979)

   Gerhard Uhlenbruck, *Einfach*, S. 70. Auch in ders., *Body*, S. 30.

2. Wer andere in den Sattel hebt, muß sich nicht wundern, wenn sie anschließend auf dem hohen Roß sitzen. (1980)

Gerhard Uhlenbruck, *Nagel*, S. 30.

3. Er saß auf hohem Rosse und konnte gar nicht reiten. (1983)

Werner Mitsch, *Schwarze*, S. 76.

4. Leider sitzen diejenigen, die auf hohem Roß sitzen, auch fest im Sattel. (1983)

Gerhard Uhlenbruck, *Nächstenhiebe*, S. 34.

5. So mancher Prinzipienreiter sitzt auf hohem Roß. (Vor 1986)

Silvia Schubert; zitiert aus Ingetraud Skirecki, *Troja*, S. 106.

6. Einigen, die vom hohen Rosse her auf uns herunterschauen, sollten wir gelegentlich sagen: Wir sind nicht hier, weil du da oben sitzest, sondern du sitzest da oben, weil wir hier sind. (1988)

Manfred Rommel, *Sprüche*, S. 61.

7. Mancher Chef, der auf hohem Rosse sitzt, hat oft zu kurze Beine. (1989)

Beate Steinmeyer, *Schoß*, o. Seitenz. Auch in Beate Kuckertz, *Büro*, o. Seitenz.

8. Viele Menschen, die auf dem hohen Ross sitzen, wollen andere nur auf Trab bringen. (1989)

Gerhard Uhlenbruck, *Aphorismen/Satz*, S. 48. Auch in ders., *Darum*, S. 37.

9. Früchte vom Baum der Erkenntnis? Bei näherem Hinsehen Äpfel vom hohen Roß der Ideologen. (1991)

Ulrich Erckenbrecht, *Maximen*, S. 79.

10. Das hohe Roß ist ein schlechter Ruhesitz. (1994)

Birgit Berg, *Worte*, S. 35.

11. Nicht jeder, der auf hohem Roß sitzt, ist auch sattelfest. (1997)

Gerhard Uhlenbruck, *Widersprüche*, S. 135.

SAND (a)

„auf Sand bauen“

1. wo die väter auf sand bauen, bauen die söhne auf sandsäcke. (1971)

   Bert Berkensträter, *Zungen-Schläge*, S. 30.

2. Auf Sand bauen. Für manche ein Kinderspiel. (1977)

   Hans-Horst Skupy, *Geistesblitze*, S. 76. Auch ders. in Gerhard Uhlenbruck et al., *Kranker*, 3. Aufl., S. 104.

3. Wer mit uns baut, baut nicht auf Sand. (1978)

   Hörzu, Nr. 9/4. 3. 1978, S. 9. Commerzbank-Werbung.

4. Ich baue auf Sand – im Getriebe der Verwaltung. (1979)

   Gerhard Uhlenbruck, *Einfach*, S. 97.

5. Ich bin der Sand, sagte der Sand. Und auf mich könnt Ihr bauen. (1981)

   Werner Mitsch, *Hunde*, S. 68.

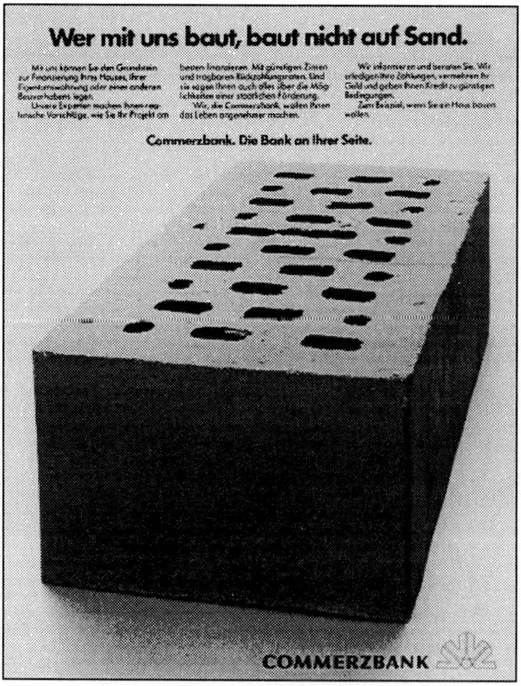

SAND (a) 3

6. *Architektur der Zukunft*

...... Ich ....
...... bau ......
...... auf ....
...... dich .....
...... Sand ....
....
.... wenn
.... der ....
.... Wind .
..... kommt .
....
.... flieg ....
... ich ....
.. mit ....
dir .... (1982)

Henning Grunwald, *Narr*, S. 80.

7. Wer auf Sand baut, braucht keinen Grundstein zu legen. (1983)

Peter Oprei, *Bedenkliches*, S. 47.

8. Manche Menschen bauen auf Sand – im Getriebe des anderen. (1984)

Gerhard Uhlenbruck, *Mensch*, S. 18.

9. *Mildernder Umstand*

Der Sand,
auf den ich baute,
ist nicht böse,
sondern nur schwach.

Wie tröstlich
ist dieses Wissen
für mein
einstürzendes Haus! (1987)

Theodor Weißenborn, *Alchimie*, S. 58.

10. Wer dem Geist der Zeit vertraut,
hat sein Haus auf Sand gebaut. (1994)

Josef Bernegger, *Wort*, S. 83.

SAND (b)

„Sand im Getriebe sein“

1. Diskussionen ohne Standortsbezug sind bloßer Sand im Getriebe. (1978)

   Ilse Tönnies, *Spiegel*, S. 19.

2. Lieber Glück in der Liebe als Sand im Getriebe. (1978)

   Werner Mitsch, *Spinnen*, S. 110.

3. Der Sand im Getriebe unserer Zeit ist jener, den wir uns in die Augen streuen. (1982)

   André Brie, *Wahrheit*, S. 6. Auch in ders., *Wahrheit/Anfang*, S. 6.

4. Er war zerknirscht, weil bei ihm Sand im Getriebe war. (1983)

   Gerhard Uhlenbruck, *Nächstenhiebe*, S. 33. Auch in ders., *Kaffee*, S. 103.

5. Lieber Kies in der Tasche als Sand im Getriebe. (1983)

   Karl Heinz Rauchberger u. Ulf Harten, *Club*, S. 18. Auch in Claudia Glismann, *Schüler*, o. Seitenz.; *Bild*, 1. 12. 1984, S. 2; und *Bild*, 10. 9. 1986, S. 2.

6. Wer Sand im Getriebe feststellt, dem wird er auch in die Augen gestreut. (1987)

   Gerhard Uhlenbruck, *Kaffee*, S. 74. Auch in ders., *Aphorismen/Satz*, S. 19.

7. Den dichterischen Aufruf, Sand zu sein im Getriebe der Welt, benutzte die Siliziumindustrie als Werbespruch. (1992)

   Michael Rumpf, *Gedankenfäden*, S. 56.

SCHAF

„das schwarze Schaf (der Familie) sein“

1. Jeder Herde ihr eigenes schwarzes Schaf! (Um 1960)

   Stanisław Jerzy Lec, *Spätlese*, S. 50.

2. Jede Familie hat ihr schwarzes Schaf, jedes Volk seinen (jeweiligen) Sündenbock. (1974)

   Hellmut Walters, *Abseits*, o. Seitenz.

3. Schwarze Schafe lieben die Dunkelheit. (1975)

Helmut Lamprecht, *Hörner*, S. 27.

4. Ich bin das schwarze Schaf der Familie, weil es mir immer dreckig geht. (1977)

Gerhard Uhlenbruck, *Netz*, S. 98.

5. dem wolf ist es egal,
ob du das schwarze schaf bist. (1979)

Volker Erhardt, *Kannibale*, S. 99.

6. Lupus: Ein schwarzes Schaf namens Wolf. (1983)

Werner Mitsch, *Schwarze*, S. 99.

7. Schwarze Schafe im weißen Kittel. (1983)

Die Zeit, Nr. 4/28. 1. 1983, S. 9.

8. Schwarze Schafe legen besonderen Wert auf eine weiße Weste. (1983)

Gerhard Uhlenbruck, *Nächstenhiebe*, S. 35. Auch in ders., *Aphorismen/Satz*, S. 39.

9. Das schwarze Schaf kann nie schwarz genug sein: es macht die andern Schafe weisser. (1984)

Hans Leopold Davi, *Neue Distel*, S. 34.

10. Oder ist das schwarze Schaf
das einzige weiße Schaf. (1984)

Clemens am Berg, *Schneerosen*, S. 176. Auch in ders., *Kopfdisteln*, S. 49.

11. Schwarze Schafe nehmen weniger Schmutz an als die weißen. (1984)

J. Bloberger, *Bemerktes*, S. 94.

12. Wenn ich nur zwei Möglichkeiten habe
entweder ein schwarzes Schaf zu sein
oder ein schneeweißes Lämmchen
dann entschiede ich mich
für das schwarze Schaf
und gegen den Leithammel. (1985)

Liselotte Rauner, *Sorge*, S. 125.

13. Hüter der Moral sind nicht die besten Hirten schwarzer Schafe. (Vor 1986)

Kurt Tackmann; zitiert aus Ingetraud Skirecki, *Troja*, S. 161.

14. Pech: Schwarze Schafe werden meistens auch noch angeschwärzt. (1986)

Gerhard Uhlenbruck, „Gedankensprünge", S. 188. Auch in ders., *Kaffee*, S. 68.

15. Noch nie vom Aussterben bedroht: die schwarzen Schafe. (1987)

Wolfgang Mocker, *Canossa*, S. 19.

16. Schwarze Schafe kommen selten ungeschoren davon. (1987)

Gerhard Uhlenbruck, *Kaffee*, S. 61.

17. Ein schwarzes Schaf genießt das Wohlwollen der Wölfe. (1988)

Gerd Heyse, *Gedanken*, S. 81.

18. Bei „schwarzen Schafen" ist das Fell, nicht die Wolle, begehrt. (1990)

Hans-Horst Skupy; zitiert aus Gerhard Uhlenbruck et al., *Kranker*, 3. Aufl., S. 92.

19. Die schwarzen Schafe lenken von der Tatsache ab, daß es auch schwarze Hirten gibt. (1990)

Gerhard Uhlenbruck, *Darum*, S. 65.

20. Einem schwarzen Schaf, welches sich nicht anpassen will, wird das Fell über die Ohren gezogen! (1990)

Gerhard Uhlenbruck, „Geistesblitze", S. 226. Auch in ders., *Nichtzutreffendes*, S. 84.

21. Notfalls dient das schwarze Schaf als Opferlamm. (1990)

Hans-Horst Skupy; zitiert aus Gerhard Uhlenbruck et al., *Kranker*, 3. Aufl., S. 96.

22. Das schwarze Schaf erkennt man daran, daß es mit den Wölfen im Schafspelz heult. (1992)

Gerhard Uhlenbruck, „Hechtsprünge", S. 472. Auch in ders., *Nichtzutreffendes*, S. 58.

23. Es gibt auch schwarze Schafe, die nur eingefärbt sind. (1992)

Manfred Strahl, *Hiebe*, S. 23.

24. *Inzucht*

Da deckt das eine
schwarze Schaf
das andere
und beide wundern sich
dann öffentlich

warum sie sich vermehren
und immer schwärzer werden. (1993)

Jörn Pfennig, *Kopfsprünge*, S. 94.

25. *Schwarze Schafe*

Ohne
schwarze schafe
machen
weiße Westen
keinen Spaß. (1993)

Franz Kutscher, *Horizont*, S. 14.

26. *Das schwarze Schaf*

Immer schon hat es im Leben
hier und da ein Schaf gegeben,
das zur Herde einfach nicht
passen will. Um aufzufallen
unterscheidet sich's von allen
andern schon vom Angesicht
oder es trägt zur Genüge
andere Charakterzüge.
Es hält weder still noch brav
zur Gesellschaft, wird mit diesen
Extras, das ist nachgewiesen,
als Rebell zum schwarzen Schaf. (1995)

Gunter Domschke, *Freude*, S. 82.

27. Seine schwarzen Schafe zählt man nicht im dunkeln. (1995)

Kurt Tackmann, „Aphorismen", S. 2.

28. Als Lamm eines schwarzen Schafes blickt man recht belämmert in die Welt. (1997)

Gerhard Uhlenbruck, *Widersprüche*, S. 111.

SCHÄFCHEN

„sein Schäfchen ins trockene bringen"

1. die professoren bringen ihre schäfchen ins trockene. (1971)

Bert Berkensträter, *Zungen-Schläge* , S. 23.

SCHÄFCHEN 3

2. Um sein(e) Schäfchen ins Trockene zu bringen, braucht man viele Schafe, die einem dabei helfen. (1977)

   Gerhard Uhlenbruck, *Netz*, S. 147. Auch in ders., *Aphorismen/Satz*, S. 72.

3. Warum soll sich ein Schäfchen nicht mal selber ins Trockene bringen? (1982)

   Stern, Nr. 29/15. 7. 1982, S. 70.

4. Sie reden vom guten Hirten, um dabei ihr Schäfchen ins trockene bringen zu können. (1983)

   Werner Mitsch, *Schwarze*, S. 27.

5. Ein Schäferstündchen ist der Versuch, sein Schäfchen nur vorübergehend mal ins Trockene zu bringen. (1985)

   Gerhard Uhlenbruck, *Eigenliebe*, S. 35.

6. Nicht jede (Sekretärin) kann ihr Chefchen ins Trockene bringen. (1985)

Eduard Moriz, *Beziehungskiste*, o. Seitenz.. Auch in W. P. Küttner, *Stoßstange*, o. Seitenz.; und Bernd Thomsen, *Bett*, S. 56.

7. Um seine Schäfchen ins Trockene zu bringen, braucht man viele Schafsköpfe. (1985)

Richard Mahkorn, *Büro*, o. Seitenz. Auch in Beate Kuckertz, *Büro*, o. Seitenz.

8. Wir sind die Schafe, die der Firma die Schäfchen ins trockene bringen. (1986)

Bernd Thomsen, *Neue Büro-Sprüche*, o. Seitenz. Auch in Beate Kuckertz, *Büro*, o. Seitenz.

9. Er brachte sein Schäfchen ins Trockene: und da kam es nicht ungeschoren davon. (1987)

Gerhard Uhlenbruck, *Kaffee*, S. 97. Auch in ders., *Aphorismen/Satz*, S. 71.

10. Die Reeder bringen ihr Schäfchen ins trockene. Die Fische müssen es ausbaden. (1988)

Werner Mitsch, *Neue Hin-Sprüche*, S. 28.

11. Nicht jeder, der sein Schäfchen ins trockene gebracht hat, ist auch ein Tierfreund. (1988)

Bild, 9. 6. 1988, S. 2.

12. Wer sein Schäfchen im trockenen hat, braucht nicht mehr mit den Wölfen zu heulen. (1988)

Werner Mitsch, *Neue Hin-Sprüche*, S. 9.

13. Eigentlich müßte die Wüste voller Schafe sein, da heute jeder sein Schäfchen ins Trockene bringt. (1989)

Gerhard Uhlenbruck, *Aphorismen/Satz*, S. 72. Auch in ders., *Darum*, S. 27.

14. Ist jemand schon deshalb ein guter Hirt, weil er seine Schäfchen ins Trockene bringt? (1994)

Birgit Berg, *Worte*, S. 75.

15. „Wir sind gegen extreme Lösungen!" deklamieren jene guten Hirten, welche ihre Schäfchen an den extremen Verhältnissen vorbei ins trockene dirigiert haben. (1994)

Felix Renner, *Worte*, S. 51.

SCHATTEN

„über seinen Schatten springen (wollen)“

1. *Die Poeten*

   Über seinen Schatten springen,
   Kan den Leichsten nicht gelingen.
   Tichtern aber kans gelingen,
   Über ihren Tod zu springen. (Vor 1655)

   Friedrich von Logau, *Sinngedichte*, S. 559.

2. Keiner kann über seinen Kurschatten springen. (1977)

   Hans-Horst Skupy, *Geistesblitze*, S. 117. Auch ders. in Gerhard Uhlenbruck et al., *Kranker*, S. 58.

3. Wenn man über seinen eigenen Schatten springen will, muß man aus dem Standpunkt springen. (1977)

   Gerhard Uhlenbruck, *Netz*, S. 3.

4. Der Mensch springt so lange über seinen Schatten, bis er nur noch ein Schatten seiner selbst ist. (1978)

   Werner Mitsch, *Spinnen*, S. 58.

5. Die schwierigsten Sprünge eines Sportlers sind die über den eigenen Schatten. (1978)

   Werner Mitsch, *Spinnen*, S. 14.

6. Die schwerste sportliche Disziplin ist der Weitsprung: Der Sprung über den eigenen Schatten. (1981)

   Gerhard Uhlenbruck, *Masche*, S. 84.

7. Er versuchte, den Sprung über den eigenen Schatten mit einem Seitensprung zu verbinden. (1981)

   Werner Mitsch, *Hunde*, S. 99.

8. *Prima Aussichten*

   Wir können
   nicht
   über
   unseren Schatten
   springen

wissen wir

aber wir
können
ihn sehen. (1981)

Susanna Martinez, *Frau Lot*, S. 19.

9. *Kurznachruf*

Er stürzte sich begeistert vom Sprungbrett ins Wasser.
Er konnte wenigstens auf diese Weise über seinen eigenen Schatten springen. (1982)

Werner Reiser; zitiert aus *Nebelspalter*, Nr. 35/31. 8. 1982, S. 25.

10. Über seinen Schatten springen kann niemand,
Das ist allgemein bekannt.
Daher sollte man versuchen,
Selbst soviel *auszustrahlen*,
Daß sich kein Schatten bildet. (1982)

Wolfgang Weiß, *Gedanken*, S. 63.

11. *Ansprache*

Spring doch mal
über deinen Schatten!

Er wußte,
es ging nicht –

aber daß
einer ihn so anlachte,

gab ihm
den erlösenden Mut,

kleine Schritte
mit Schatten zu machen. (1983)

Detlev Block; zitiert aus Hans Kruppa, *Frust*, S. 34.

12. Ich werde so lang über meinen Schatten springen, bis einer von uns beiden aufgibt. (1983)

Werner Mitsch, *Schwarze*, S. 11.

13. Über den eigenen Schatten springen kann nur der, der so bedeutungslos ist, daß er keinen wirft. (1984)

J. Bloberger, *Bemerktes*, S. 84.

14. Er sprang über seinen eigenen Schatten.
Mit einem Seitensprung. (1985)

André Brie, *Anfang*, S. 8. Auch in ders., *Wahrheit/Anfang*, S. 75.

15. Ihre Angst schlich wie ein Schatten hinter ihr her. Sie konnte nicht über ihren Schatten springen. (1985)

Hermann Funke, *Worte*, S. 23.

16. Trimm dich: Spring mal über deinen Schatten! (1986)

Bernd Thomsen, *Polit*, o. Seitenz. Auch in Birgit Berg, *Worte*, S. 36.

17. Mit dem Sprung über den eigenen Schatten pflegte er sich selbst aus dem Wege zu gehen. (1988)

Werner Mitsch, *Neue Hin-Sprüche*, S. 27.

18. Manche versuchen sogar, rückwärts über den eigenen Schatten zu springen. (1989)

Manfred Strahl, *Ausleg*, S. 70.

19. Viele Frauen können nicht über den eigenen Lidschatten springen. (1991)

Otto Wicki, *Sentenzen*, S. 11.

20. Beim Sprung über den eigenen Schatten spüren wir unsere Achillesfersen! (1996)

Gerhard Uhlenbruck, *Nichtzutreffendes*, S. 24.

SCHIESSEN

„Etwas ist zum Schießen."

1. „Ach, 's ist ja zum Schießen!" hörte ich einen Dreijährigen sagen, einen, der drei Jahre erst gelebt, nicht gedient hatte. (1919)

Karl Kraus, *Wort*, S. 389.

2. *Salve*

Mehr Raketen
sollen den Frieden
sicherer machen.
Das ist ja
zum Schiessen! (1983)

Michael Augustin; zitiert aus *Nebelspalter*, Nr. 11/15. 3. 1983, S. 43.

3. Das Leben ist zum Schießen, sagte der Mann und erhängte sich. (1984)

Werner Ehrenforth, *Eintagsfliege*, S. 74.

4. *vorwand*

daß frieden nur
ohne waffen gesichert
werden kann
das findet der
verteidigungsminister
zum schießen. (1987)

Manfred Hausin, *Verboten*, S. 34.

5. Er war zum Schießen, sagen die einen. Er war keinen Schuß Pulver wert, meinen die anderen. (1988)

Werner Mitsch, *Neue Hin-Sprüche*, S. 54.

6. Eine deutsche Frage: warum sie, worüber sie lachen, gleich zum Schießen finden? (1994)

Birgit Berg, *Worte*, S. 12.

SCHNÜRCHEN

„Es geht wie am Schnürchen."

1. Es geht alles wie am Schnürchen, zuweilen wie am Strick. (1933)

Karl Kraus, *Die dritte Walpurgisnacht*, S. 190.

2. Auch in der Hölle schaut man sich vergeblich nach dem Oberteufel um. Es geht alles am Schnürchen, am blutenden Band. (1974)

Erwin Chargaff, *Bemerkungen*, S. 138.

3. Wenn ein Skeptiker Pech hat, dann geht alles wie am Schnürchen. (1979)

Werner Mitsch, *Fische*, S. 41.

4. Bei den Marionetten geht alles wie am Schnürchen. (1980)

Werner Mitsch, *Pferde*, S. 27.

5. Weil nicht alles wie am Schnürchen ging, griff er nach dem Strick. (1984)

Hans Leopold Davi, *Neue Distel*, S. 27.

SCHUH (a)

„jemandem etwas in die Schuhe schieben"

1. Ein Weib möchte immer alles gern selber verrichten, aber zugleich immer einen haben, dem es die Verantwortung dafür in die Schuhe schieben könnte. (Vor 1910)

   Wilhelm Raabe; zitiert aus Federico Hindermann u. Bernhard Heinser, *Aphorismen*, S. 181.

2. Man glaubt gar nicht, was man einem Menschen, der barfuß geht, alles in die Schuhe schieben kann. (1978)

   Werner Mitsch, *Spinnen*, S. 63.

3. Einer, dem etwas in die Schuhe geschoben wird, merkt, wo ihn der Schuh drückt. (1984)

   Ehrfried Siewers; zitiert aus *Fränkischer Tag*, 11. 9. 1984, o. Seitenz. Auch ders. in *Südwest Presse*, 9. 3. 1985, o. Seitenz.

4. Wer barfuß geht, dem kann man nichts in die Schuhe schieben. (1986)

   Bild, 30. 4. 1986, S. 2. Auch in *Bild*, 4. 7. 1986, S. 2; und Christian Roman, *Big Mäc*, o. Seitenz.

5. Hochmut ist der Prestigeanspruch, den wir andern in die Schuhe schieben. (1987)

   Felix Renner, *Leine*, S. 27.

6. Sie konnten sich gegenseitig bequem die Schuld in die Schuhe schieben – sie hatten die gleiche Schuhgröße. (1995)

   Walter Richter, *Geige*, S. 17.

SCHUH (b)

„wissen, wo jemanden der Schuh drückt"

1. Wenn Sie der Schuh drückt, was Sie in den Stiefel tun sollen. (1975)

   Der Spiegel, Nr. 49/1. 12. 1975, S. 59. Werbung zum Nikolaustag (Stiefel!) für Harvey's Bristol Cream Sherry.

2. Wenn dich dein Schuh drückt, kann es auch an den Füßen liegen. (1977)

   Gerhard Uhlenbruck, *Netz*, S. 25.

3. *Perser*

Leute, die wissen,
wo sie der Schah drückt. (1979)

Ron Kritzfeld, *Flexikon*, Bd. 6, S. 22.

4. Gewisse Schönschreiber polieren das Leder gerade dort auf Hochglanz, wo die einfachen Leute der Schuh drückt. (1980)

Jupp Müller, *Pfennigwahrheiten*, S. 73.

5. Dich drückt der Schuh?
Vielleicht ist es noch der Kinderschuh. (1982)

André Brie, *Wahrheit*, S. 30. Auch in ders., *Wahrheit/Anfang*, S. 32.

6. Wenn einen der Schuh drückt, sollte man sich auf die Socken machen. (1983)

Gerhard Uhlenbruck, *Nächstenhiebe*, S. 38. Auch in ders., *Body*, S. 18.

7. Wer weiß denn schon, wo den anderen der Schuh drückt? (1992)

Fritz Anthöfer, *Gedanken*, S. 153.

8. Da, wo einen der Schuh drückt, darf man einem nicht auf die Füße treten. (1997)

Gerhard Uhlenbruck, *Widersprüche*, S. 91.

SCHULTER

„jemandem die kalte Schulter zeigen"

1. Wenn man jemandem „die kalte Schulter zeigen" will, so muß man überzeugt sein, daß sie nicht nur kalt, sondern auch ansehenswert ist. (1927)

Felix Joseph Klein, *Gedanken*, S. 11.

2. „Ich trinke Jägermeister, weil ich dem Martin zwei kalte Schultern auf einmal zeigen will." (1979)

Stern, Nr. 12/15. 3. 1979, S. 219.

3. „Ich trinke Jägermeister, weil mir Christina die heiße Schulter gezeigt hat." (1982)

Der Spiegel, Nr. 14/5. 4. 1982, S. 237.

4. Die kalte Schulter einer Frau kann kein Mann auf die leichte Schulter nehmen. (1994)

Gerhard Uhlenbruck, *Medizinische Aphorismen*, 2. Aufl., S. 103.

5. Er brüstete sich seines warmen Herzens und zeigte ihm die kalte Schulter. (1995)

Walter Richter, *Geige*, S. 27.

SCHULTER 3

SCHWEIN

„Schwein haben“

1. *Das andere Geschlecht*

„Da haste aber Schwein gehabt, du dumme Kuh, daß du kein Bulle bist!“ (1937)

Kladderadatsch, Nr. 28/11. 7. 1937, S. 8.

2. *Wurstig*
Wird, wer oft Schwein hat. (1976)

Ron Kritzfeld, *Flexikon*, Bd. 3, S. 33.

3. Das ist eine Schweinerei, daß die Schweine immer Schwein haben. (1979)

Gerhard Uhlenbruck, *Einfach*, S. 17.

4. Heute hat man Schwein, wenn man nicht zur Sau gemacht wird. (1983)

Gerhard Uhlenbruck, *Nächstenhiebe*, S. 27. Auch in ders., *Aphorismen/Satz*, S. 18.

5. Schwein gehabt, sagte der Eber nach dem Koitus. (1984)

Werner Mitsch, *Grund*, S. 84.

6. Schwein gehabt, sagte der Eber, als er von der Sau kam. (1985)

Ralf Bülow, *Phantasie*, o. Seitenz.

7. Man fühlt sich sauwohl, wenn man Schwein hat. (1989)

Gerhard Uhlenbruck, *Aphorismen/Satz*, S. 22.

8. Jeder hat mal Schwein, nur das Hausschwein nicht. (1995)

Ulrich Erckenbrecht, *Katzenköppe*, S. 33.

SENF

„seinen Senf dazugeben"

1. Wer überall (zu allem) seinen Senf dazu gibt, kommt (gerät) leicht (schnell) in den Verdacht, (selbst) ein Würstchen zu sein. (1982)

René Hildbrand, *Arbeit*, S. 28. Auch in *Morgenpost*, 10. 1. 1983, o. Seitenz.; Richard Mahkorn, *Büro*, o. Seitenz.; Christian Roman, *Reden*, o. Seitenz.; und Beate Kuckertz, *Büro*, o. Seitenz.

2. Er ließ jeden seinen Senf dazugeben. Ihm war ja alles so wurscht. (1983)

Sigbert Latzel, *Stichhaltiges*, S. 43.

3. Wer überall (zu allem) seinen Senf dazu gibt, ist selbst (selber) ein Würstchen. (1984)

Claudia Glismann, *Edel*, o. Seitenz. Auch in Bernd Thomsen, *Pissen*, o. Seitenz.; Angelika Franz, *Sprüche*, S. 226; und Elisabeth Blay, *Tropfen*, o. Seitenz.

4. Moderatoren: Männer, die ihren Senf zu dem Käse anderer Leute geben. (Vor 1988)

   Ralph Boller; zitiert aus Ernst Günter Tange, *Funk*, S. 68.

5. Wenn man nicht den eigenen Senf dazu geben kann, dann ist einem die schönste Wurst wurst. (1997)

   Gerhard Uhlenbruck, *Widersprüche*, S. 30.

SPATZ

„Die Spatzen pfeifen es auf (von) den Dächern."

1. Eine neue Erkenntnis muß so gesagt sein, daß man glaubt, die Spatzen auf dem Dach hätten nur durch einen Zufall versäumt, sie zu pfeifen. (1909)

   Karl Kraus, *Wort*, S. 131.

2. Nur Spatzengehirne pfeifen alles von den Dächern. (1977)

   Gerhard Uhlenbruck, *Netz*, S. 149.

3. Ein Lied wird nicht dadurch erhöht, dass die Spatzen es von den Dächern pfeifen. (1980)

   Hans Kopp, *Jagdunfälle*, S. 70.

4. Die Spatzen pfeifen es von den Dächern, daß man Eulen nach Athen trägt. (1987)

   Heinz Müller-Dietz, *Recht*, S. 42.

5. Es ist mir rätselhaft, woher die andern jedesmal so genau wissen, was die Spatzen von den Dächern pfeifen. (1987)

   Nikolaus Cybinski, *Unfreiheit*, S. 20.

6. Was die Spatzen von den Dächern pfeifen, hören selbst die Tauben. (Vor 1989)

   Ulf Annel; zitiert aus Gabriele Berthel, *Kurz*, S. 51.

7. Medien-Zeitalter: Wenn es die Spatzen schon vom Dach pfeifen, kräht danach kein Hahn mehr. (1997)

   Gerhard Uhlenbruck, *Widersprüche*, S. 29.

STAUB

„sich aus dem Staub machen"

1. Lebenskunst: Sich aus dem Staub machen, ohne ihn aufzuwirbeln. (1977)

   Gerhard Uhlenbruck, *Netz*, S. 58. Auch ders. in G. Uhlenbruck et al., *Kranker*, S. 20.

2. Willst du dich aus dem Staub der Verantwortung machen, musst du dich in das Staubtuch des Schweigens hüllen. (1980)

   Felix Renner, *Schwalben*, S. 22.

3. Auch die eigentlichen, die wahrhaft großen Dinge müssen sich Mühe geben, am Leben erhalten zu bleiben. Alles hat eine fatale Neigung, sich aus dem Staub zu machen. (1981)

   Elias Canetti, *Aufzeichnungen*, S. 476.

4. Daß man sich auch durch den Tod aus dem Staube machen kann, ist manchmal ungerecht. (Vor 1982)

   Friedrich Dürrenmatt, *Denkanstöße*, S. 35.

5. *Aus dem Staub machen*

   Und wenn ich
   es nicht mehr
   ertragen kann,
   das Betriebsklima,
   das Runzeln deiner Stirn,
   die schlechte Luft
   auf der Straße,
   die Arbeitslosigkeit,
   das Herbeireden
   des Krieges,
   dann mach ich mich
   ganz leise aus dem Staub. (1983)

   Horst Borgsmüller, *Ich weiß*, S. 43.

6. Dampf ist Wasser, das sich vor Hitze aus dem Staub macht. (1983)

   Iris Blaschzok, *Ächt*, S. 89.

7. Wenn das gelänge: sich aus dem Staub zu machen, aus dem man gemacht ist. (1983)

   Peter Oprei, *Bedenkliches*, S. 72.

8. saubere freunde machen sich gerne aus dem staub, wenn es darauf ankommt. (1994)

H. C. Artmann, *Register*, S. 26.

9. Ich mag diese Logik, daß wenn sich einer aus (dem) Staub macht, eine Staubwolke entsteht. (1996)

Felicia Keitling, *Holographie*, S. 62.

STECKENPFERD

„ein Steckenpferd reiten"

1. Wir reuten alle unser Steckenpferd:
Fuchs oder Rapp, nur die Farbe
macht den Unterschied. (Vor 1792)

Wilhelm Ludwig Wekhrlin, *Spielpfennige*, S. 81.

2. Und ob er sein Steckenpferd reitet
der Abdecker! (1966)

Hans Peter Keller, *Panoptikum*, S. 15.

3. Auch an der Pflege ihrer Steckenpferde kann man Herrenreiter von Sonntagsreitern unterscheiden. (1971)

Eugen Gürster, *Narrheiten*, S. 68.

4. *Steckenpferd*

Roß, das seinem Reiter im Nacken sitzt. (1975)

Ron Kritzfeld, *Flexikon*, Bd. 2, S. 30.

5. Ich kenne einen Kollegen, der durch Reiten vorwärts gekommen ist; er reitet die Steckenpferde seiner Vorgesetzten. (1977)

Robert Lembke, *Glashaus*, S. 31.

6. Man soll sein Steckenpferd haben, aber nicht sein Hobby auf sich reiten lassen. (1977)

Gerhard Uhlenbruck, *Netz*, S. 12. Auch ders. in G. Uhlenbruck et al., *Kranker*, S. 20.

7. Wenn zwei auf einem Steckenpferd reiten, muß eben einer hinten sitzen. (1979)

Gerhard Uhlenbruck, *Einfach*, S. 53.

8. „Ich trinke Jägermeister, weil mein Steckenpferd Paragraphenreiten ist." (1983)

   Hörzu, Nr. 8/18. 2. 1983, S. 4.

9. Mein Kollege ist sportlich – er reitet die Steckenpferde unserer Vorgesetzten. (1986)

   Bernd Thomsen, *Neue Büro-Sprüche*, o. Seitenz. Auch in Beate Kuckertz, *Büro*, o. Seitenz.

10. Hobbys: Steckenpferde, die den Reitern die Sporen geben. (Vor 1987)

    Heinz Rühmann; zitiert aus Ernst Günter Tange, *Wörterbuch*, S. 50.

STEIN (a)

„bei jemandem einen Stein im Brett haben"

1. Ein Mäzen, der einer übermageren Busenfreundin einen Brillant für den Busen schenkt, hat bei ihr einen Stein im Brett. (Vor 1923)

   Karl Wolff; zitiert aus J. Gössel, *Wortspiele*, S. 19.

2. Wortschatzübungen. Einen Stein im Brett haben. Wie kann man da noch sagen?
   „Schinken im Salz" – das fiel niemandem ein.
   „Tja, meine Herren, man muß auf seiner Sprache spielen wie auf einem Instrument." (1973)

   Walter Kempowski, *Gold*, S. 202.

3. *Ein Protegé*

   Ist der Stein in jenem Brett,
   das sein Vorgesetzter vor dem Kopfe hat. (1978)

   Ron Kritzfeld, *Flexikon*, Bd. 5, S. 23.

4. Er hatte einen Stein im Brett – bei Leuten, die ein Brett vor dem Kopf hatten. (1981)

   Gerhard Uhlenbruck, *Masche*, S. 2.

5. Seit er ihr den Brillant geschenkt hat, hat er bei ihr einen Stein im Bett. (Vor 1986)

   Silvia Schubert; zitiert aus Ingetraud Skirecki, *Troja*, S. 116.

6. Er hat bei mir
einen Stein im Brett,
weil er niemals
ein Brett vor dem Kopf hat. (1989)

Hans Hunfeld, *Sprichwörtlich*, S. 132.

7. Die steinreichen Menschen glauben, sie hätten auch im Reich Gottes einen Stein im Brett. (1997)

Gerhard Uhlenbruck, *Widersprüche*, S. 39.

STEIN (b)

„Jemandem fällt ein Stein vom Herzen."

1. Der Stein, der einem vom Herzen fällt, weist dem nächsten seinen Platz an. (1972)

Hans Arndt, „Aphorismen", S. 189.

2. Dem Pechvogel fällt der *Stein vom Herzen* direkt auf die kleine Zehe seines linken Fußes. (1979)

Werner Mitsch, *Fische*, S. 53.

3. *Trivialer Fall*

K. fiel ein Stein vom Herzen
beim Tod seiner Frau.
Sie hatte zeitehelebens
an ihm herumgekrittelt.
Sie starb ohne Schmerzen.
Der Stein traf genau.
Gegen K. wird ermittelt. (1979)

Dieter Höss, *Hösslich*, S. 79.

4. Friedensvertrag: ein Stein, der einem vom Herzen fällt. Manchmal anderen auf den Kopf. (1984)

Jeannine Luczak, *Schweigegeld*, S. 26.

5. Ihm fiel ein Stein vom Herzen – auf die Füße seiner Mitmenschen. (1984)

Werner Ehrenforth, *Eintagsfliege*, S. 47.

6. Wer seinen Nierenstein endlich losgeworden ist, dem fällt ein Stein vom Herzen. (1985)

   Ehrfried Siewers; zitiert aus *Südwest-Presse*, 12. 10. 1985, o. Seitenz.

7. Mir fällt ein Stein vom Herzen, denn wer in dieser Firma ein Brett vor dem Kopf hat, hat beim Chef meistens einen Stein im Brett. (1986)

   Bernd Thomsen, *Neue Büro-Sprüche*, o. Seitenz. Auch in Beate Kuckertz, *Büro*, o. Seitenz.

8. Der Stein, der vom Herzen fällt, macht dem nächsten seinen Platz frei. (1988)

   Hans-Dieter Schütt, *Haustür*, S. 46.

9. *Auf unseren Herzen*

   Ganz geläufig ist es, uns zu sagen: Mir fällt ein Stein vom Herzen, aber es ist uns ganz ungeläufig zu sagen: Mir liegt ein Stein auf dem Herzen. Und wie viele Steine liegen uns auf dem Herzen. (Vor 1990)

   Horst Drescher, *Zirkus*, S. 20.

10. Fällt uns ein Stein vom Herzen, rollt er nicht selten vor die eigenen Füße. (1990)

    Wolfgang Funke, *Wendehals*, S. 59.

11. Wenn dir ein Stein vom Herzen fällt, paß auf, daß er keinen anderen trifft! (1995)

    Wolfgang Eschker, *Mitgift*, S. 136.

12. Viele Menschen haben ein Herz aus Stein, daher kennen sie auch nicht das entlastend-befreiende Gefühl, wenn einem ein Stein vom weichen Herzen fällt. (1997)

    Gerhard Uhlenbruck, *Widersprüche*, S. 107.

STEIN (c)

„jemandem Steine in den Weg legen"

1. Den Stein, der im Weg liegt, kann man 1. umgehen, 2. überspringen, überfliegen (Genie), 3. beseitigen, und zwar a) ganz auf einmal, b) nach seiner Zertrümmerung in Stücke. (Vor 1944)

   Karol Irzykowski, „Randbemerkungen", S. 91.

2. Im modernen Berufsleben sind unzählige Menschen vor allem damit beschäftigt, anderen Steine in den Weg zu legen. (1974)

   Schweizer Illustrierte, Nr. 18/29. 4. 1974, S. 108.

3. Mit einigem Geschick kann man sich aus den Steinen, die einem in den Weg gelegt werden, eine Treppe bauen. (1977)

   Robert Lembke, *Glashaus*, S. 13.

4. Wenn ein Juwelier seiner Freundin Steine in den Weg legt, sollte sie dies mit Fassung tragen. (1978)

   Werner Mitsch, *Spinnen*, S. 26.

5. Dialektiker werfen mit den Steinen, die man ihnen in den Weg legt. (1978)

   Wolfram Weidner u. Karl Schwarzer, *Vormerk* (Kalendertext für den 11. 12. 1979), o. Seitenz.

6. Wer anderen Steine in den Weg legt, baut ihnen noch lange keine Straße. (1982)

   André Brie, *Wahrheit*, S. 28. Auch in ders., *Wahrheit/Anfang*, S. 29.

7. *Schlusspunkt*

   Aus den Steinen, die ihm im Laufe des Lebens in den Weg gelegt worden sind, könnte der eine oder andere ein Häuschen bauen, wenn er etwas vom Bauen verstünde. (1990)

   Fritz Herdi, *Witz*, S. 69.

8. Jungen Menschen sollte man Steine des Denkanstoßes in den Weg legen. (1997)

   Gerhard Uhlenbruck, *Widersprüche*, S. 49.

9. Manch einer wird steinreich, weil man ihm wenig Steine in den Weg gelegt hat. (1997)

   Gerhard Uhlenbruck, *Widersprüche*, S. 47.

STRANG

„am gleichen (am selben; an einem) Strang(e) ziehen“

1. *Beteuerung*

   Wir ziehen doch alle
   am gleichen Strang
   beteuerte der Unternehmer

   Vielleicht,
   räumen seine Arbeiter ein
   aber keineswegs auf der gleichen Seite. (Vor 1975)

   Harald Kruse; zitiert aus Manfred Bosch, *Epigramme*, S. 79.

2. An einem Strang zu ziehen, ist gut. Es sei denn, ein Kopf steckt in der Schlinge. (1977)

   Hans-Horst Skupy, *Geistesblitze*, S. 84.

3. Wir ziehen alle am selben Strang. Nur: an verschiedenen Enden. (1978)

   Oskar Cöster, „Schüsse“, S. 132.

4. *Am gleichen Strang*

   Wir ziehen doch beide
   Am gleichen Strang:
   Sagte der Boss
   zum Proleten

   Sagte der Henker
   Zum Mann unterm Galgen:
   Wir ziehen doch beide
   Am gleichen Strang. (1979)

   Volker von Törne, *Land*, S. 121. Ein Erich Fried gewidmetes Gedicht.

5. Beim *Ischias* ziehen die Schmerzen an einem Strang. (1982)

   Gerhard Uhlenbruck, *Medizinische Aphorismen*, S. 28.

6. Es gibt Ehepaare, die zwar am gleichen Strang ziehen, aber leider in zwei verschiedene Richtungen. (1983)

   Werner Mitsch, *Schwarze*, S. 17.

7. An einem Strang ziehen – ganze Zeitalter dahin. (1984)

   Werner Ehrenforth, *Eintagsfliege*, S. 54.

8. *Stabilitätliches*

Gelobten zwei: Ein Leben lang
ziehn wir getreu an einem Strang.
Dann stellten sie sich an das Seil,
nur – Hinterteil an Hinterteil. (1984)

Wolfgang Funke, *Funksprüche*, S. 6. Auch in ders., *Wendehals*, S. 41.

9. Wir ziehen alle an einem Strang. Aber vielleicht steckt am anderen Ende, in einer Schlinge, unser Kopf? (1985)

André Brie, *Anfang*, S. 66. Auch in ders., *Wahrheit/Anfang*, S. 134.

10. Wir ziehen beide am selben Strang
sagte der Henker zum Delinquenten
während er ihm den Strick
um den Hals legte
Das mag schon sein antwortete
der solchermaßen Getröstete
aber ich ziehe den Kürzeren. (1985)

Liselotte Rauner, *Sorge*, S. 92.

11. Am gleichen Strange ziehen, ohne zu wissen, was der Strang zieht, ist so viel wie am gleichen Strange hängen. (1986)

Klaus von Welser, „Aphorismen“, S. 37.

12. Auch am gleichen Strang kann man den kürzeren ziehen. (1987)

Wolfgang Mocker, *Canossa*, S. 34.

13. Wir ziehen alle an einem Strang –
als ob er ein seidener Faden wäre. (1988)

Hans-Dieter Schütt, *Haustür*, S. 21.

14. Wir
ziehen alle liebend gern
an einem
Strang,
sagen die
Liebesdienerinnen. (1993)

Gerd Heyse, *Medaille*, S. 104.

STRICK

„wenn alle Stricke reißen“

1. Alle Stricke waren ihm gerissen, sogar derjenige, mit dem er sich aufhängen wollte. (1977)

   Gerhard Uhlenbruck, *Netz*, 1977.

2. Wenn alle Stricke reißen, bleibt uns der Galgenhumor. (1977)

   Hans-Horst Skupy, *Geistesblitze*, S. 47. Auch als anonyme Aussage in Eduard Moriz, *Sauweich*, o. Seitenz.

3. wenn alle stricke reißen, gibt es immer noch den elektrischen stuhl. (1979)

   Volker Erhardt, *Kannibale*, S. 48.

4. Wenn alle Stricke reißen, nimm andere, die besser halten. (1991)

   Werner Kraft, *Sätze*, S. 9.

5. Wenn alle Stricke reißen,
   dann werden die Mäuse kreißen. (1995)

   Ulrich Erckenbrecht, *Katzenköppe*, S. 118.

STROH

„Stroh im Kopf haben“

1. Wer Stroh im Kopf hat, fürchtet den Funken der Wahrheit. (1980)

   Jupp Müller, *Pfennigwahrheiten*, S. 34.

2. Stroh im Kopf kann sich nur leisten, wer Geld wie Heu hat. (1986)

   Bernd Thomsen, *Neue Büro-Sprüche*, o. Seitenz. Auch in Beate Kuckertz, *Büro*, o. Seitenz.

3. Leute, die Stroh im Kopf haben, dreschen gern Phrasen. (1989)

   Gerhard Uhlenbruck, *Aphorismen/Satz*, S. 43. Auch in ders., *Diagnosen*, S. 136.

4. Es gibt auch in der Stadt Bauern: Sie haben Stroh im Kopf und Geld wie Heu. (1990)

   Gerhard Uhlenbruck, *Darum*, S. 17.

5. Wer den Dreschflegel spielt, hat meist Stroh im Kopf. (1992)

   Beate Kuckertz, *Büro*, o. Seitenz.

6. Wer Stroh im Kopf hat, muß vor dem Funken der Wahrheit auf der Hut sein. (1992)

   Beate Kuckertz, *Büro*, o. Seitenz.

STROM

„gegen den Strom schwimmen"

1. Es ist mühsam, gegen den Strom des eigenen Blutes zu schwimmen. (Um 1960)

   Stanisław Jerzy Lec, *Spätlese*, S. 40.

2. Der Schwimmer gegen den Strom der Zeit erscheint der Mitwelt übertrieben medioker, der Nachwelt übertrieben weise. (1962)

   Erwin Chargaff, *Bemerkungen*, S. 93.

3. Um an die Quelle zu kommen, muß man gegen den Strom schwimmen. (1964)

   Stanisław Jerzy Lec, *Neue Gedanken*, S. 29. Auch in ders., *Buch*, S. 57.

4. Es ist widerlich, in einem schmutzigen Fluß wider den Strom zu schwimmen. (Vor 1966)

   Stanisław Jerzy Lec, *Letzte Gedanken*, S. 34. Auch in ders., *Buch*, S. 182.

5. Schwimmer gegen den Strom dürfen nicht erwarten, daß dieser seine Richtung ändert. (Vor 1966)

   Stanisław Jerzy Lec, *Letzte Gedanken*, S. 61. Auch in ders., *Buch*, S. 56.

6. „Der Strom", sagt K., „trägt auch den, der *gegen* ihn schwimmt." (1969)

   Walter Hilsbecher, *Sporaden*, S. 70.

7. Gegen den literarischen Strom schwimmt man am leichtesten im klassischen Stil. (1970)

   Wiesław Brudzinski, *Katz*, S. 19.

8. *Beweis*

Bei den Wölfen lernte ich
gegen den Strom zu schwimmen
das war für Zoologen Beweis genug
daß ich nicht ernst zu nehmen sei. (Vor 1971)

Rainer Scholz; zitiert aus Frank Brunner et al., *Kinder*, S. 163,

9. *Für Optimisten*

Ich schwimme gegen den Strom.
Da dreht sich der Strom plötzlich um –
schwimmt mir nach. (Vor 1971)

Heike Doutiné; zitiert aus Frank Brunner et al. *Kinder*, S. 175.

10. man muß in den strom springen, wenn man gegen ihn schwimmen will. (1971)

Bert Berkensträter, *Zungen-Schläge*, S. 13.

11. Wir sind alle Galeerensklaven. Wenige jedoch rudern gegen den Strom. (1971)

Hans Leopold Davi, *Distel*, o. Seitenz.

12. Er schwimmt gern gegen den Strom – bei Rückenwind. (1975)

Helmut Lamprecht, *Hörner*, S. 28.

13. Wer den Ursprung des Flusses sucht, muß gegen den Strom schwimmen. (Vor 1976)

Willem Enzinck; zitiert aus Peter Coryllis, *Wort*, S. 17.

14. Man schwimmt aufwärts, wenn man gegen den Strom schwimmt. (1977)

Guido Hildebrandt, *Hohn*, S. 17.

15. Snobismus heißt gegen den Strom schwimmen, wo keiner ist. (1977)

Oliver Hassencamp, *Klipp*, S. 47.

16. Wer gegen den Strom schwimmt, sollte dies möglichst in der Nähe des Ufers tun. (1977)

Gerhard Uhlenbruck, *Netz*, S. 24.

17. Sie sollten nicht immer gegen den Strom schwimmen, sondern gegen Ihre Figur. (1978)

Werner Mitsch, *Spinnen*, S. 20.

18. Der Passive. Früher schwamm er noch gegen den Strom. Heute spuckt er nur noch gegen den Wind. (1979)

Werner Mitsch, *Fische*, S. 49.

19. Er meidet das Wasser. Auch eine Art, gegen den Strom zu schwimmen. (1979)

Werner Mitsch, *Fische*, S. 63. Auch in ders., *Hin und Wider*, S. 14.

20. nur
um seine position zu halten,
muß man oft schon
gegen den strom schwimmen. (1979)

Volker Erhardt, *Kannibale*, S. 85.

21. Wer gegen den Strom schwimmt, braucht Rückenwind. (1979)

Žarko Petan, *Kopf*, S. 29. Auch in ders., *Sintflut*, S. 47.

22. Auch wer gegen den Strom schwimmt, muß sich dem Flußlauf fügen. (1981)

Wolfgang Mocker, „Nicht mehr", S. 167. Auch in ders., *Canossa*, S. 24.

23. Sie waren dagegen. Und sie schwammen gegen den Strom und gegen alle an, die mit aufgeschwollenen Bäuchen mit dem Strom flußabwärts trieben. Und niemand war mehr da, der es ihnen hätte danken können. (1981)

Klaus Sochatzy, „Reflexionen", S. 37.

24. *Wende-Widerstandskämpfer*

Manche
schaffen
es selbst
in stehenden Gewässern
gegen den Strom
zu schwimmen. (1981)

Susanna Martinez, *Sprachspäne*, S. 89.

25. Wer (erfolgreich) gegen den Strom schwimmen will, soll am Ziel starten. (1981)

Žarko Petan, *Himmel*, S. 19. Auch in ders., *Herren*, S. 92.

26. *Feststellung*

Wer gegen
den Atomstrom
schwimmt,

braucht
viel Energie. (1983)

Michael Augustin, *Apfel*, S. 52.

27. Wer gegen den Strom schwimmt, nähert sich der Quelle. (1983)

 Karl Heinz Rauchberger u. Ulf Harten, *Club*, S. 43.

28. Es gibt keine gesündere Übung als gegen den Strom zu schwimmen. (Vor 1984)

 Jürgen Fehling; zitiert aus Hans Menzel, *Spruch-Auslese*, Bd. 1, S. 21.

29. Er muß mindestens dreimal täglich gegen den Strom schwimmen. Nur so hält sich der Individualist über Wasser. (1984)

 Werner Mitsch, *Grund*, S. 8.

30. Wer gegen den Strom schwimmen will, muß einiges schlucken können. (1984)

 Christian Roman, *Lieber*, o. Seitenz.

31. Wer gegen den Strom schwimmt, kräftigt seine Muskeln. (1984)

 J. Bloberger, *Bemerktes*, S. 46.

32. Wer gegen den Strom schwimmt,
 nähert sich der Quelle,
 wer mit dem Strom schwimmt:
 der Qualle. (1984)

 Claudia Glismann, *Schüler*, o. Seitenz.

33. Da er immer gegen den Strom schwamm, war er mit allen Wassern gewaschen. (1985)

 Gerhard Uhlenbruck, *Eigenliebe*, S. 2. Auch in ders., *Kaffee*, S. 96.

34. Die Energie, die wir brauchen, bekommen wir aus dem Strom, gegen den wir schwimmen. (1985)

 Ralf Bülow, *Phantasie*, o. Seitenz.

35. Immer, wenn man gegen den Strom schwimmen will, geht man baden. (1985)

 Gerhard Uhlenbruck, *Eigenliebe*, S. 45.

36. Solange die Dinge im Fluß sind, sollte man auch nicht gegen den Strom schwimmen. (1985)

 Gerhard Uhlenbruck, *Eigenliebe*, S. 58.

37. Gegen den Strom schwimmen ist deshalb so anstrengend, weil einem so viele entgegenkommen. (1986)

Bernd Thomsen, *Polit*, o. Seitenz.

38. *gegen den strom*

ist einer
nicht schon
auf wasser gegangen?
das macht ihm
keiner nach
jedoch
daß du
eine nichtschwimmerin
gegen den strom schwimmst
ist kein geringes wunder. (1987)

Kurt Marti, *Lob*, S. 36.

39. *Gegen den Strom*

Schwimm
gegen den Strom

Der Strom schwimmt
gegen den Himmel

Seine
verschlossenen Türen
sind offen. (1987)

Rose Ausländer, *Liebe*, S. 250.

40. Nur wer gegen den Strom schwimmt, kommt zur Quelle. (1987)

Hans Gamber, *Frech*, S. 94.

41. Wer gegen den Strom schwimmt, schlägt Wellen, wenn man dagegen mit dem Strom schwimmt, dann glätten sich die Wogen. (1987)

Gerhard Uhlenbruck, *Kaffee*, S. 96. Auch in ders., *Aphorismen/Satz*, S. 23.

42. Schwimm gegen den Strom! Wenn du gut und viel schlucken kannst. (1988)

Hans-Dieter Schütt, *Haustür*, S. 44.

43. Selbst in stehenden Gewässern schwamm er gegen den Strom. (Vor 1989)

Gudrun Piotrowski; zitiert aus Gabriele Berthel, *Kurz*, S. 30.

44. Am schwersten schwimmt es sich gegen einen Strom von Frauentränen. (1989)

Gerhard Uhlenbruck, *Aphorismen/Satz*, S. 122.

45. Kleinen Fischen fällt es besonders schwer, gegen den Strom zu schwimmen. (1989)

Manfred Strahl, *Ausleg*, S. 66.

46. Manch einer schwimmt nur gegen den Strom, weil er sich in der Richtung geirrt hat. (1989)

Manfred Strahl, *Ausleg*, S. 30.

47. Der unsportlichste *Sport*: gegen den Strom schwimmen. (1991)

Zoltán Bezerédj, *Aphorismen*, S. 123.

48. *Gesundes Training:*

Wer immer gegen den Strom schwimmt,
fühlt sich wohl wie ein Fisch im Wasser! (1991)

Gerhard Uhlenbruck, *Diagnosen*, S. 142.

49. Wer gegen den Strom schwimmt, kann auch gleich ins Klosett tauchen. (1991)

Ulrich Erckenbrecht, *Maximen*, S. 47.

50. Einige, die gegen den Strom schwimmen, befinden sich auf dem falschen Dampfer. (1994)

Gerhard Uhlenbruck, *Wahr*, S. 105.

51. Miß deine Kräfte, bevor du gegen den Strom schwimmst. (1994)

Gina Garen, *Weisheiten*, S. 16.

52. Wer gegen den Strom schwimmt, muß viel herunterschlucken können. (1994)

Gerhard Uhlenbruck, „Homöopathie", S. 537. Auch in ders., *Wahr*, S. 17; und ders., *Nichtzutreffendes*, S. 62.

53. Opportunisten schwimmen gegen den Strom – einhundert Meter Rücken. (1995)

Ulrich Erckenbrecht, *Katzenköppe*, S. 16.

54. Besonders schwer ist es, gegen den Strom eines Redeflusses zu schwimmen – am besten läßt man ihn ausufern, bis er versickert. (1997)

Gerhard Uhlenbruck, *Widersprüche*, S. 134.

STROM (b)

„mit dem Strom schwimmen“

1. Es ist schwer erkennbar, wer freiwillig mit dem Strom schwimmt. (1964).

   Stanisław Jerzy Lec, *Neue Gedanken*, S. 12. Auch in ders., *Buch*, S. 129.

2. Tote Fische schwimmen mit dem Strom. (Vor 1972)

   Hugo Steinhaus, *Nächstenliebe*, S. 210. Auch als anonyme Aussage in Iris Blaschzok, *Ächt*, S. 68; Hans Gamber, *Graffiti*, o. Seitenz.; Karl Heinz Rauchberger u. Ulf Harten, *Club*, S. 44; und Claudia Glismann, *Edel*, o. Seitenz.

3. Es ist leicht gesagt: „Mit dem Strom schwimmen“, was tut man aber, wenn es keinen gibt? (1974)

   Stanisław I. Witkiewicz; zitiert aus Antoni Marianowicz u. Ryszard Marek Gronski, *Denkspiele*, S. 35.

4. Erst mit dem Strom schwimmen und dann behaupten, man sei abgetrieben worden! (1977)

   Oliver Hassencamp, *Klipp*, S. 88.

5. Wer mit der Strömung schwimmt, ist unfrei. (1978)

   Ilse Tönnies, *Spiegel*, S. 35.

6. Mit dem Strom schwimmen auch die Ertrunkenen – gegen ihn nie. (1980)

   André Brie; zitiert aus A. Brie et al., *Weisheit*, S. 124.

7. Mit dem Strom schwimmen bedeutet im Meer untergehen. (1980)

   Hans-Horst Skupy; zitiert aus *Nebelspalter*, Nr. 20/13. 5. 1980, S. 49.

8. Mit dem Strom schwimmen heisst mit dem Strom sinken. (1980)

   Felix Renner, *Schwalben*, S. 20.

9. Jenen, die mit dem Strom schwimmen, sollte man das Wasser abgraben. (1982)

   André Brie, *Wahrheit*, S. 33. Auch in ders., *Wahrheit/Anfang*, S. 33.

10. Wer mit dem Strome schwimmt, erreicht die Quelle nie. (1983)

    Peter Tille, *Sommersprossen*, S. 135.

11. Wer mit dem Strom schwimmt, treibt irgendwann ins Meer. (1983)

Karl Hainz Rauchberger u. Ulf Harten, *Club*, S. 42. Auch in Eduard Moriz, *Dings*, o. Seitenz.; Bernd Thomsen, *Polit*, o. Seitenz.; und Angelika Franz, *Sprüche*, S. 235.

12. Immer schön mit dem Strom schwimmen. Es wird schon bergab gehen. (1984)

Werner Mitsch, *Grund*, S. 63.

13. Mit dem Strom schwimmt man bergab. (Vor 1986)

Kurt Tackmann; zitiert aus Ingetraud Skirecki, *Troja*, S. 154.

14. Mit dem Strom schwimmen ist gut – geschickt untertauchen ist besser. (1986)

Christian Roman, *Big Mäc*, o. Seitenz.

15. Wer mit dem Strom schwimmt, ist meist (sitzt) auf dem falschen Dampfer. (1990)

Gerhard Uhlenbruck, „Geistesblitze", S. 225. Auch in ders., „Hechtsprünge", S. 471; und ders., *Nichtzutreffendes*, S. 58.

16. Imitatoren schwimmen mit dem Strom – ohne Quellenangabe. (1994)

Gerhard Uhlenbruck, „Homöopathie", S. 539.

17. Wer mit dem Strom schwimmt, verliert sich bald im Meer. (1995)

Wolfgang Eschker, *Mitgift*, S. 100.

18. Auch faule, träge Fische schwimmen mit dem Strom. (1997)

Gerhard Uhlenbruck, *Widersprüche*, S. 125.

19. Wer mit dem Strom schwimmt, braucht sich nicht abzustrampeln. (1997)

Gerhard Uhlenbruck, *Widersprüche*, S. 88.

20. Zeitungsenten schwimmen schnell, denn sie schwimmen immer mit dem Strom der Zeit. (1997)

Gerhard Uhlenbruck, *Widersprüche*, S. 129.

STUHL

„sich zwischen zwei Stühle setzen“; „zwischen zwei Stühlen sitzen“

1. Der Platz des Unparteiischen ist auf Erden zwischen den Stühlen; im Himmel aber wird er zur rechten Gottes sitzen. (Um 1880)

   Marie von Ebner-Eschenbach, *Werke*, Bd. 9, S. 58.

2. Nicht jeder, der kein Künstler ist, muß deshalb auch schon Erfolg haben. Man kann auch so zwischen zwei Stühlen sitzen, daß man von dem einen hinuntergestoßen und zu dem andern nicht hinaufgelassen wurde. (1919)

   Karl Kraus, *Wort*, S. 330.

3. Wie man auch setzt im Leben,
   man tippt doch immer daneben,
   wir sitzen mit unsern Gefühlen
   meistens zwischen zwei Stühlen –
   und was bleibt, ist des Herzens Ironie. (Vor 1935)

   Kurt Tucholsky, *Schnipsel*, S. 9.

4. Er setzte sich zwischen zwei Stühle, um nicht zu fallen. (1966)

   Hans Peter Keller, *Panoptikum*, S. 8. Auch in Hans-Dieter Schütt, *Haustür*, S. 33.

5. Stühle
   wohin du siehst,
   viel Platz,
   mehr als genug
   Platz
   zwischen den Stühlen. (1969)

   Kay Hoff, *Netzwerk*, S. 16.

6. Das beste an zwei Stühlen ist, daß man zwischen ihnen sitzen kann. (1970)

   Hans Kudszus, *Jaworte*, S. 16.

7. Zwischen zwei Stühlen zu sitzen ist unbequem, aber ohne Nachbarn. (1973)

   Elazar Benyoëtz, *Einsprüche*, S. 38.

8. *Zwischen den Stühlen*

   Allerdings: zwischen vielen Stühlen sitz ich
   Fest auf der Erde. Es haben sich

Auf wackligen Stühlen schon welche
Zu Tode gesetzt. Ganze Kasten starben
Bei Stuhlbeben. (1974)

Peter Hacks, *Gedichte*, S. 94.

9. Wer zwischen den Stühlen sitzt, sitzt tiefer. (1976)

Joachim Günther, *Findlinge*, S. 64.

10. Hasardeur: Jemand, der sich zwischen zwei – elektrische – Stühle setzt. (1977)

Hans-Horst Skupy, *Geistesblitze*, S. 83.

11. Zwischen den Stühlen
sitzt der Liberale
auf seinem Sessel. (1978)

Arnfrid Astel, *Rechtsstaat*, S. 446.

12. Zwischen den Stühlen sitzt man unvergleichlich schwebend. (1979)

Werner Schneyder, *Schlagkraft*, S. 15. Auch in ders., *Gelächter*, S. 236.

13. *Pendler de luxe*

Parteinahme hätte sein Ego verletzt.
Prinzipien empfand er als Fessel.
Doch hat er als Mensch,
der Vulgäres nicht schätzt,
sich niemals zwischen zwei Stühle gesetzt.
Er setzte sich zwischen zwei Sessel. (1980)

Hansgeorg Stengel, *Stengelsgeduld*, S. 70. Auch in ders., *Extrakt*, S. 72.

14. Auf zwei Stühlen sitzt es sich besser als dazwischen. (1981)

Manfred Kubowsky, *Stellung*, S. 23.

15. *Vorsicht*

Du kannst nicht mit *einem* Gewehr
Auf zwei Rehböcke zielen.
Mit *einem* Hintern sitzt [es] sich verflixt schwer
Auf zwei Stühlen
Aber leicht ein bischen [*sic*]
Dazwischen. (1981)

Gerhard Schumann, *Spruchbuch*, S. 70.

16. Ich sitze immer gern zwischen allen Stühlen. Besonders, wenn es elektrische sind. (1983)

Ulrich Erckenbrecht, *Körnchen*, S. 30.

17. Zwischen den Stühlen
Schalen Stanniolpapier
dies alles
wäre noch zu verarbeiten
zu einem Stück
Leben. (1983)

Diana Kempff, *Herzzeit*, S. 39.

18. Zwischen zwei Stühlen sitzen – viele ihr Leben ab. (1984)

Werner Ehrenforth, *Eintagsfliege*, S. 55.

19. Er war von zahlreichen Stühlen umgeben, zwischen denen er saß, und nicht einmal unbequem. (1986)

Erwin Chargaff, „Nachträgliche Bemerkungen", S. 322.

20. Mancher setzt sich zwischen die Stühle auf ein Pulverfaß. (Vor 1986)

Daniel Textor; zitiert aus Ingetraud Skirecki, *Troja*, S. 173.

21. Es gibt Lebenssituationen, da zeugt es von höchstem Charakter, sich zwischen die Stühle zu setzen. (1987)

Nikolaus Cybinski, *Unfreiheit*, S. 16.

22. Wer sich immer zwischen zwei Stühle setzt, dem sollte man den Stuhl vor die Tür setzen – in doppelter Ausführung. (1987)

Gerhard Uhlenbruck, *Kaffee*, S. 68.

23. Die Weitsicht Konrad Adenauers hat uns Deutsche davon abgehalten, wieder einmal einen Platz zwischen sämtlichen Stühlen mit einer günstigen Position in der Mitte zu verwechseln. (1988)

Manfred Rommel, *Sprüche*, S. 111.

24. Wenn die Stühle morsch sind, sitzt man zwischen ihnen besser. (Vor 1989)

Klaus Bernhardt; zitiert aus Gabriele Berthel, *Kurz*, S. 188.

25. Ein Politiker ist ein Mann, der auf einem Sessel zwischen zwei Stühlen sitzt. (1990)

Žarko Petan, *Herren*, S. 84.

26. Wenn man zwischen allen Stühlen sitzt, kann man wenigstens nicht mehr tiefer fallen. (1991)

Ulrich Erckenbrecht, *Maximen*, S. 108.

27. Sitzen zwischen den Stühlen. In Fernsehsesseln. (1994)

Birgit Berg, *Worte*, S. 50.

28. Manch einer setzt sich nur deshalb zwischen alle Stühle, weil keiner mehr frei ist. (1995)

Wolfgang Eschker, *Mitgift*, S. 75.

29. Ein Präsident zwischen allen Stühlen. (1995)

Die Zeit, Nr. 50/15. 12. 1995, S. 3. Gemeint ist der französische Präsident Jacques Chirac.

30. Wenn einer zwischen zwei Stühlen sitzt, so kann das auch an Hämorrhoiden liegen. (1997)

Gerhard Uhlenbruck, *Widersprüche*, S. 42.

SUPPE (a)

„die Suppe auslöffeln müssen"

1. Dem Winter versalzen wir Eis und Schnee, die aufgetaute Suppe muß die Natur dann selbst auslöffeln. (1979)

Gerhard Uhlenbruck, *Einfach*, S. 102.

2. hier kocht der chef.
die arbeiter löffeln
die suppe aus. (1979)

Volker Erhardt, *Kannibale*, S. 37.

3. Man löffelt solange die Suppe anderer aus, bis man den Löffel abgibt. (1983)

Gerhard Uhlenbruck, *Nächstenhiebe*, S. 19.

4. *Schuld*

Die Suppe auslöffeln, die man sich selber eingebrockt hat: also bitte. Doch wer, zum Teufel, hat sie mir obendrein auch noch versalzen? (1985)

Herbert Eisenreich, *Groschenweisheiten*, S. 87.

5. Ausgelöffelte Suppen kann niemand versalzen. (Vor 1989)

Oliver Tietze; zitiert aus Gabriele Berthel, *Kurz*, S. 88.

6. Da übt man jahrlang mit Messer und Gabel, und dann muß man die Suppe auslöffeln! (Vor 1989)

Ulf Annel; zitiert aus Gabriele Berthel, *Kurz*, S. 109.

SUPPE (b)

„jemandem eine Suppe einbrocken"

1. *Immer dasselbe*

Ein Mensch vor einer Suppe hockt,
Die ihm ein Unmensch eingebrockt.
Er löffelt sie, gewiß nicht froh –
Der Unmensch, der ist, wer weiß wo
Und hofft, man würd' auf ihn vergessen.
Kaum ist die Suppe ausgefressen,
Kommt er zurück von ungefähr,
Als ob er ganz wer andrer wär
Und brockt, bescheiden erst und klein,
Die nächste Suppe wieder ein.
Der Mensch, machts auch der Unmensch plump,
Sieht nicht: Es ist der alte Lump!
Bis ihm vom Auge fällt die Schuppe,
Sitzt er vor einer neuen Suppe! (1948)

Eugen Roth, *Menschen*, S. 142. Auch in ders., *Buch*, S. 36.

2. *Ultimo*. – Der Hunger macht die Menschen aufsässig, aber ihre Herren brokken ihnen die Suppe der Ergebung ein. (1966)

Hermann Schweppenhäuser, *Frucht*, S. 98.

3. *Amtliche Mitteilung*

Die Suppe ist eingebrockt:
wir werden nicht hungern.

Wasser steht uns am Hals:
wir werden nicht dürsten.

Sie spielen mit dem Feuer:
wir werden nicht frieren.

Für uns ist gesorgt. (1977)

Volker von Törne; zitiert aus Annie Voigtländer u. Hubert Witt, *Denkzettel*, S. 113.

4. Die Suppe, die man sich einbrockt, muß man auslöffeln, sagte die Mutter und nahm ihrer Tochter das fünfte Kind ab. (1984)

Werner Ehrenforth, *Eintagsfliege*, S. 71.

5. Was immer man sich für eine Suppe einbrockt, sie endet da, wo alle Suppen enden. (1990)

Wolfgang Funke, *Wendehals*, S. 58.

6. Manche wollen die Suppe, die sie sich eingebrockt haben, nicht auslöffeln und geben einfach den Löffel ab. (1993)

Gerhard Uhlenbruck, „Lebenslügen", S. 516. Ähnlich auch in ders., *Nichtzutreffendes*, S. 15.

TASSE

„nicht alle Tassen im Schrank haben"

1. *Scherbengericht*

Wer nicht alle Tassen im Schrank hat, kann leicht sämtliches Porzellan zerschlagen. (1976)

Ron Kritzfeld, *Flexikon*, Bd. 3, S. 26.

2. Die Parapsychologen haben nicht (mehr) alle Untertassen im Schrank. (1977)

Gerhard Uhlenbruck, *Netz*, S. 69. Auch in ders., *Medizinische Aphorismen*, S. 45.

3. Sein geistiges Saufen aus der Untertasse ist ihm Beweis genug: er hat noch alle Tassen im Schrank. (1980)

Felix Renner, *Schwalben*, S. 12.

4. Lebensaufgabe der Sekretärin:
das Abwaschen der Tassen,
die der Chef nicht im Schrank hat. (Vor 1982)

Jorg Schröder; zitiert aus Eckart Krumbholz, *Blatt*, S. 65. Auch als anonyme Aussage in Beate Kuckertz, *Büro*, o. Seitenz.

5. Wer dauernd Kaffeepausen macht, kann nicht alle Tassen im Schrank haben. (1985)

Gerhard Uhlenbruck, *Eigenliebe*, S. 2.

6. Lieber 'ne trübe Tasse als alle im Schrank. (1986)

   Bernd Thomsen, *Neue Büro-Sprüche*, o. Seitenz. Auch in Beate Kuckertz, *Büro*, o. Seitenz.

7. Nicht alle Tassen, die die Leute im Schrank haben, sind sauber. (1991)

   Otto Wicki, *Sentenzen*, S. 44.

TEPPICH (a)

„auf dem Teppich bleiben"

1. Wer auf dem Teppich bleibt, darf sich nicht darüber wundern, wenn er den Fußboden nie zu sehen bekommt. (1967)

   Rudolf Rolfs, *Schlag*, S. 26.

2. Auf dem Teppich bleiben.
   Auf dem fliegenden. (1977)

   Guido Hildebrandt, *Hohn*, S. 20.

3. Der bleibt mit den Kosten auf dem Teppich. (1977)

   Der Spiegel, Nr. 24/6. 6. 1977, S. 59. Volkswagen-Werbung.

4. Ich bleibe auf dem Boden des Teppichs, unter den ich die Tatsachen gekehrt habe. (1977)

   Gerhard Uhlenbruck, *Netz*, S. 126.

5. *Kurzes Liebesgedicht*

   Weißt du noch,
   wie wir auf dem Teppich geblieben sind? (1978)

   Arnfrid Astel, *Rechtsstaat*, S. 338.

6. Bleib auf dem Teppich – und laß dich nicht unter ihn kehren. (1979)

   Gerhard Uhlenbruck, *Einfach*, S. 96.

7. Auf dem fliegenden Teppich muß man erst recht bleiben. (1980)

   Wolfgang Tilgner; zitiert aus André Brie et al., *Weisheit*, S. 133.

8. Da rollen sie den grünen Teppich zusammen und ermuntern uns: „Mensch, bleib' doch auf dem Teppich!" (1980)

   Felix Renner, *Schwalben*, S. 45.

9. Einige raten uns, auf dem Teppich zu bleiben, weil sie manches daruntergekehrt haben. (1982)

   Peter Maiwald; zitiert aus *Nebelspalter*, Nr. 35/31. 8. 1982, S. 43. Auch ders. ebd., Nr. 19/7. 5. 1987, S. 35.

10. Er blieb den Problemen hautnah verbunden, denn er blieb auf dem Teppich, unter den er sie kehrte. (1982)

    André Brie, *Wahrheit*, S. 21. Auch in ders., *Wahrheit/Anfang*, S. 21.

11. Er brauchte nicht auf dem Teppich zu bleiben, denn er verstand es, sich auf dem Parkett zu bewegen. (1984)

    Ehrfried Siewers; zitiert aus *Fränkischer Tag*, 11. 9. 1984, o. Seitenz.

12. Perser!
    Bleibt auf dem Teppich! (1984)

    Claudia Glismann, *Edel*, o. Seitenz.

13. Immer hübsch
    auf dem Teppich bleiben
    ermahnten sie einen
    dem sie den Boden
    unter den Füßen
    weggezogen hatten. (1985)

    Hans-Peter Schwöbel, *Individualisten*, S. 38.

14. Wir müssen immer auf dem Teppich bleiben, weil wir soviel daruntergekehrt haben. (1986)

    Bernd Thomsen, *Neue Büro-Sprüche*, o. Seitenz. Auch in Beate Steinmeyer, *Schoß*, o. Seitenz.

15. Wie soll auf dem Teppich bleiben, wer keinen hat? (1987)

    Heinz Müller-Dietz, *Recht*, S. 37.

16. Die meisten Bescheidenen bleiben nur deshalb auf dem Teppich, weil sie insgeheim hoffen, daß er fliegt. (Vor 1989)

    Thomas Spanier; zitiert aus Gabriele Berthel, *Kurz*, S. 189.

17. Wenn alle auf dem Teppich bleiben, kann man auch nichts unter ihn kehren. (1990)

    Gerhard Uhlenbruck, *Darum*, S. 87.

18. Bleibt auf dem Teppich! – Erst recht, wenn's ein fliegender ist. (1995)

Wolfgang Eschker, *Mitgift*, S. 57.

19. Auch in einer ausgefranzten Ehe sollte man auf dem Teppich bleiben. (1997)

Gerhard Uhlenbruck, *Widersprüche*, S. 122.

TEPPICH (b)

„etwas unter den Teppich kehren"

1. Der Psychoanalytiker: ist er der Besen, der den Schmutz unter den Teppich kehrt, oder ist er der Schmutz? (1969)

Erwin Chargaff, *Bemerkungen*, S. 119.

2. Man kann Probleme auch unter einen Bombenteppich kehren. (1977)

Hans-Horst Skupy, *Geistesblitze*, S. 54.

3. *Ehrenrettung*

Die meisten Leute
kehren vor
der eigenen Tür.
Allerdings
unter den Teppich. (1983)

Michael Augustin, *Apfel*, S. 17. Auch in ders., *Denkpause*, S. 80.

4. Unter Bombenteppiche kann man nichts kehren. (Vor 1986)

Thomas Trautmann; zitiert aus Ingetraud Skirecki, *Troja*, S. 186.

5. Der Schmutz in der Luft läßt sich nicht einmal mehr unter den fliegenden Teppich kehren. (Vor 1989)

Ulf Annel; zitiert aus Gabriele Berthel, *Kurz*, S. 202.

TEUFEL (a)

„den Teufel an die Wand malen"

1. *Porträt*

„Man soll den Teufel nicht an die Wand malen" – das hat mein Taufgöd zu seinem Freund g'sagt, wie der sein Weib hat porträtieren lassen. (Vor 1862)

Johann Nestroy, *Stichworte*, S. 113.

2. *Reine Hand und reine Wand.* – Man soll weder Gott noch den Teufel an die Wand malen. Man verdirbt damit seine Wand und seine Nachbarschaft. (1881)

Friedrich Nietzsche, *Werke*, Bd. 1, S. 1210.

3. Man soll auch den Bismarck nicht an die Wand malen! (1882)

Bismarck-Album des Kladderadatsch. Mit dreihundert Zeichnungen von Wilhelm Scholz. Berlin: A. Hofmann, 1890, S. 141.

TEUFEL (a) 3

4. Onkel Sam: „Der Kerl malt den Teufel an die Wand! Hilfe, Hilfe!“
Bolschewist: „Bin schon da!“ (1934)

Kladderadatsch, Nr. 36/9. 9. 1934, S. 6.

5. Wer den Teufel an die Wand malt, kommt ins Guggenheim-Museum. (1958)

Erwin Chargaff, *Bemerkungen*, S. 74.

6. Der Teufel, politisch definiert, das ist der nächste Heiland. Es ist jene Region, wo der Heiland als Teufel an die Wand gemalt wird. (1960)

Martin Kessel, *Gegengabe*, S. 124.

7. Es sind oft die sanftesten Engel, die unentwegt den Teufel an die Wand malen. (1974)

Hellmut Walters, *Abseits*, o. Seitenz.

8. Wer den Teufel an die Wand malt, spart (die) Tapete(n). (1981)

Ehrfried Siewers; zitiert aus *Westfalen-Blatt*, November 1981, o. Seitenz. Auch als anonyme Aussage in Iris Blaschzok, *Ächt*, S. 85; Eduard Moriz, *Dings*, o. Seitenz.; E. Siewers, „Antisprichwörter", S. 31; *Bella*, Nr. 11/8. 3. 1985, S. 2; und *Bild*, 2. 10. 1987, S. 2.

9. Alptraum des politischen Dichters: Den Teufel an die Wand malen und sein eigenes Gesicht erkennen. (1982)

Peter Maiwald; zitiert aus *Nebelspalter*, Nr. 42/19. 10. 1982, S. 8.

10. Pessimisten haben eine Engelsgeduld, wenn sie den Teufel an die Wand malen. (1986)

Gerhard Uhlenbruck, „Gedankensprünge", S. 188.

11. Graffiti: Man malt den Teufel an die Wand. (1987)

Gerhard Uhlenbruck, *Kaffee*, S. 72.

12. Die chinesischen Kommunisten malen den Teufel „bourgeoiser Liberalisierung" an die Wand. Wir haben ihn längst durch den Beelzebub gutbürgerlicher Libertinage ausgetrieben. (1994)

Felix Renner, *Worte*, S. 64.

13. Wahlkampf: Man malt den Teufel an die Wand, um dann den Exorzisten zu spielen. (1995)

Wolfgang Eschker, *Mitgift*, S. 109.

TEUFEL (b)

„den Teufel mit Beelzebub austreiben"

1. Es ist Beelzebubs liebste und aufrichtigste Beschäftigung, Teufel, die niedern Teufel auszutreiben. (1917)

Rudolf Leonhard, *Fegefeuer*, S. 130.

2. Hitler: der Ersatzteufel, der synthetische Beelzebub. (Vor 1950)

Erwin Chargaff, *Bemerkungen*, S. 18.

3. Den Teufel mit Beelzebub auszutreiben, ist nicht nur kein Unsinn sondern meist die einzige uns armen Menschen gelassene Art, den Teufel überhaupt auszutreiben. (1950)

Wilhelm von Scholz, *Irrtum*, S. 22.

4. Den Teufel mit Beelzebub austreiben: Wenn sie glaubt, er mache ihr Theater vor, macht sie ihm eine Szene. (1970)

Hans Kudszus, *Jaworte*, S. 26.

5. Immunität heißt: Den Teufel mit dem Anti-Beelzebub ausgetrieben zu haben. (1982)

Gerhard Uhlenbruck, *Medizinische Aphorismen*, S. 29.

TRAUBE

„Die Trauben sind jemandem zu sauer"; „saure Trauben"

1. *Fuchs der Füchse.* – Ein rechter Fuchs nennt nicht nur die Trauben sauer, welche er nicht erreichen kann, sondern auch die, welche er erreicht und anderen vorweggenommen hat. (1878)

Friedrich Nietzsche, *Werke*, Bd. 1, S. 972.

2. Als Jesus die Geldwechsler aus dem Tempel vertrieb, riefen diese: „Saure Trauben!" (1963)

Erwin Chargaff, *Bemerkungen*, S. 99.

3. An dem Weinstock, dessen Trauben er einst als zu sauer erklärt hatte, kam der Fuchs, alt geworden, wieder vorbei. Nun hingen die Beeren ihm fast ins Maul. Welch kümmerliche Art, mein Urteil beeinflussen zu wollen, sagte der Fuchs und ging vorüber. (1966)

Helmut Arntzen, *Prozeß*, S. 62.

4. *Saure Trauben*

Der Fuchs sah hinauf und benahm sich so, wie wir es erwarteten, auf daß unsre Sprache klappt. Er sagte: Die Trauben sind sauer.
Glaubte aber wohl doch nicht so recht daran, machte eine letzte Anstrengung und kam hinauf.

Er fraß. Die Trauben waren wirklich sauer. Da wurde es ganz schwierig. So hätte sich der gewaltige Aufwand gar nicht gelohnt? Er verheimlichte seine Erfahrung und erzählte den Mit-Füchsen: Die Trauben sind himmlisch süß. Seit dieser Zeit glaubt man niemand, dem die Trauben zu hoch hängen, daß er sie außerdem auch gar nicht will, weil die Trauben sauer sind. (1967)

Ludwig Marcuse, *Argumente*, S. 112 f.

5. *Abgeblitzt*

Bei einem Ehweib in Bruchsal
Dacht einer: „na, ich versuchs mal!"
Nichts wollt sie erlauben –
Da waren die Trauben
Zu sauer wieder dem Fuchs mal! (1968)

Eugen Roth, *Schwarze*, S. 89.

6. Das Schicksal gönnt uns manchmal einen kleinen Hokuspokus. Wir dürfen die süßen Trauben, die wir nicht bekommen, in saure verwandeln, die uns nicht schmecken würden, wenn wir sie bekämen. (1971)

Eugen Gürster, *Narrheiten*, S. 67.

7. „Keine Traube ist mir zu sauer", sprach der Fuchs, sprang über die Mauer in den Hof und schnappte sich ein Huhn. (1971)

Hans Leopold Davi, *Distel*, o. Seitenz.

8. *Die Traube*
(nach Anth. graeca IX, 375)

Die Traube war dir zu sauer?
Hättest vielleicht zuerst
eine Beere versuchen sollen,
bevor du die prächtige,
aber noch unreife Traube
abreißt und wegwirfst. (1977)

Arnfrid Astel, *Rechtsstaat*, S. 937.

9. Die nichtgefangenen Füchse sind die sauren Trauben der Jäger. (1980)

Werner Mitsch, *Pferde*, S. 105.

TROPFEN

„(Das ist nur) ein Tropfen auf den heißen Stein“

1. Wohltaten: Tropfen auf den heißen Stein – aber lassen wir sie tropfen. (Vor 1908)

   Emil Gött, *Werke*, S. 158.

2. *Ballade vom Tropfen auf den heißen Stein*

   [...]
   Ist das Elend aus? Trat die Besserung ein?
   Ist für euch gesorgt? Könnt ihr ruhig sein?
   Wird also eure Welt schon besser? Nein:
   Das ist der Tropfen auf den heißen Stein.

   [...]
   Das Elend ist nicht aus. Die Besserung trat nicht ein.
   Für euch ist nicht gesorgt. Ihr könnt nicht ruhig sein.
   Wird also eure Welt so besser? Nein:
   's ist nur der Tropfen auf den heißen Stein.

   [...]
   Die Welt wartet auf eure Forderungen
   Sie braucht eure Unzufriedenheit, eure Vorschläge.
   Die Welt schaut auf euch mit ihrer letzten Hoffnung.
   Ihr dürft nicht lange mehr zufrieden sein
   Mit solchem Tropfen auf den heißen Stein. (1932)

   Bertolt Brecht, *Werke*, Bd. 8, S. 370 f.

3. Tränen aus Liebe sind oft heiße Tropfen auf einen kalten Stein. (1977)

   Gerhard Uhlenbruck, *Netz*, S. 3.

4. Der Tropfen auf den heissen Stein – vielgeschmäht – kann ein Fass zum Überlaufen bringen. (1982)

   Peter Maiwald; zitiert aus *Nebelspalter*, Nr. 35/31. 8. 1982, S. 43.

5. Es war einmal ein Tropfen auf dem heißen Stein. Zisch, schon war er verdampft. Ein zweiter fiel herunter, zischel, zischel, auch er löste sich auf. Doch der dritte kam, der vierte, der fünfte, mit all ihren Freunden und Bekannten, sie zischten und brausten und siedeten, und da war der Stein bereits ausgehöhlt. Moral für Haushaltsvorstände: unter tropfenden Wasserhähnen soll man nichts liegen lassen. Moral für Ungeduldige: auch der herzloseste Felsen muß sich mit der Zeit – ob er will oder nicht – erweichen lassen. (1983)

   Ulrich Erckenbrecht, *Körnchen*, S. 55.

6. *Lehren vom Regen*

Was sollen wir tun
höre ich fragen
die sich zu schade sind

Ein Tropfen
sind wir nur
ein Tropfen nur
auf heißem Stein

Und ich öffne
das Fenster
und verweise auf die
Klugheit des Regens. (1986)

Hans-Peter Schwöbel, *Salz*, S. 56.

7. Wasserkraftwerke sind nur ein Tropfen auf den heißen Stein. (1987)

Rainer Jogschies, *Vorurteile*, S. 39.

8. *Noch mehr*

Meer
Wasser
Meerwasser
noch mehr Wasser

Nur ein Tropfen
auf den heißen Stein
wäre ein Funken Liebe. (1989)

Almut Adler, *Feuerlöscher*, S. 24.

9. Ein Tropfen auf einem heißen Stein kann ihn vor dem Zerspringen bewahren. (1994)

Birgit Berg, *Worte*, S. 82.

10. Wissenschaft: Ein Tropfen auf den heißen Stein der Weisen. (1997)

Gerhard Uhlenbruck, *Widersprüche*, S. 10.

TRÜBE

„im trüben fischen"

1. Sie sehn die Flut den Schlamm vom Grund auf mischen,
Und jeder zittert selbst vor der Gefahr,
Sie alle möchten gern das Wasser klar,
Doch vorher noch im trüben fischen. (Vor 1872)

   Franz Grillparzer; zitiert aus Klemens Altmann, *Epigramme*, S. 68. Auch ders. in Otto Böhmer, *Leben*, S. 43.

2. *Tiefe und Trübe.* – Das Publikum verwechselt leicht den, welcher im Trüben fischt, mit dem, welcher aus der Tiefe schöpft. (1878)

   Friedrich Nietzsche, *Werke*, Bd. 1, S. 835.

3. Wer im Trüben fischt, muß klarsehen. (1966)

   Hans Peter Keller, *Panoptikum*, S. 60. Auch als anonyme Aussage in *Dumme Sprüche für Gescheite 1984: Wandsprüch'-Kalender* (Sept.), München: Heye, 1984.

4. Die Schweiz ein Wasserschloß. Die Fabriken fischen im Trüben. (1972)

   Heinrich Wiesner, *Kehrseite*, S. 31.

5. Geistliche sind Menschen, die gerne im Drüben fischen. (1978)

   Werner Mitsch, *Spinnen*, S. 86.

6. Wer kann heute schon im klaren fischen? (1980)

   Gerhard Uhlenbruck, *Nagel*, S. 44.

7. Wer Aale fangen will, muß im trüben fischen. (Vor 1982)

   Gabriele Berthel; zitiert aus Eckart Krumbholz, *Blatt*, S. 73.

8. Er hatte jedesmal die schönsten Fische!
Und alle im Trüben gefischt. (1982)

   Nikolaus Cybinski, *Lande*, S. 28.

9. *Neues Sprichwort*

   Wer im trüben fischen will, der hofft nicht auf saubere Gewässer. (1983)

   Nebelspalter, Nr. 27/5. 7. 1983, S. 44.

10. Nur wer im Trüben fischt, fängt Aale. (1983)

    Peter Tille, *Sommersprossen*, S. 123.

11. Philosoph: Es betrübt ihn, im klaren zu fischen. (1983)

Peter Oprei, *Bedenkliches*, S. 62.

12. „Im Trüben fischen“ hat seine Anrüchigkeit weitgehend eingebüßt, seit es immer weniger saubere Gewässer gibt. (1984)

Siegfried Gloose, *Einfälle*, S. 31.

13. Was bleibt einem Angler denn heutzutage übrig, als im Trüben zu fischen? (1985)

André Brie, *Anfang*, S. 69. Auch in ders., *Wahrheit/Anfang*, S. 135.

14. Ich gehe den Dingen auf den Grund, ergo fische ich im trüben. (1988)

Werner Mitsch, *Neue Hin-Sprüche*, S. 38.

15. Im Trüben ist den Fischen nicht gut. (1990)

Wolfgang Funke, *Wendehals*, S. 76.

16. *Schnauze voll*

Da fische ich nicht länger rum
im Trüben der Symbolik
wenn so klar ist
was ich sagen will.

Doppelpunkt.

Bist du weg
geht's mir gut.
Bist du da
geht's mir besser. (1993)

Jörn Pfennig, *Kopfsprünge*, S. 42.

TÜR

„offene Türen (mit etwas) einrennen“

1. Wer offene Türen einrennt, braucht nicht zu fürchten, daß ihm die Fenster eingeschlagen werden. (1909)

Karl Kraus, *Wort*, S. 171.

2. Es ist lächerlich genug, eine offene Tür gewaltsam einzurennen. Aber durch eine angelehnte Tür mit Siegermiene zu treten, als hätte man sie durch eigene Kraft aufgestoßen, das sieht noch beträchtlich dümmer aus. (Vor 1931)

Arthur Schnitzel, *Verführung*, S. 44.

3. *Nur Geduld*

Das Leben, das die meisten führen,
zeigt ihnen, bis sie's klar erkennen:
Man kann sich auch an offnen Türen
den Kopf einrennen. (1950)

Erich Kästner, *Gedichte*, Bd. 1, S. 339.

4. Renne keine offene Tür ein; man schlägt sie dir sonst vor der Nase zu. (Um 1960)

Stanisław Jerzy Lec, *Spätlese*, S. 40.

5. Ein Don Juan rennt offene Schlafzimmertüren ein. (1977)

Gerhard Uhlenbruck, *Netz*, S. 90. Ähnlich auch in ders., *Nächstenhiebe*, S. 14.

6. Wer offene Türen einrennt, dem öffnen sich alle Türen. (1982)

André Brie, *Wahrheit*, S. 33. Auch in ders., *Wahrheit/Anfang*, S. 33.

7. Er rannte offene Türen ein, vor allem Schwingtüren. Wenn er ein paar Mal im Kreis herumgewirbelt war, glaubte er, die Welt in Schwung gebracht zu haben. (1983)

Ulrich Erckenbrecht, *Körnchen*, S. 44.

8. *Verhalten an verschlossenen Türen*

Findet man Türen, durch die man einzutreten beabsichtigt, fest verschlossen, so sollte man keinen Zweifel aufkommen lassen, daß man sie eintreten wird, wenn sie nicht aufgeschlossen werden.
Und schon kommen die Schließer und schließen auf und murmeln in dem ihnen eigenen devot-arroganten Tone: „Aber aber, Sie werden doch nicht offene Türen einrennen ..." (1984)

Horst Drescher, „Notizen", S. 1287.

9. Man kann leicht offene Vorzimmertüren einrennen, aber ganz selten offene Hintertüren. (1985)

Gerhard Uhlenbruck, *Eigenliebe*, S. 3.

10. Man wird demnächst keine offenen Türen mehr einrennen können. Der Andrang ist zu groß. (1985)

André Brie, *Anfang*, S. 14. Auch in ders., *Wahrheit/Anfang*, S. 79.

11. Offene Türen rennt man dann ein, wenn vorher schon einer mit der Tür ins Haus gefallen ist. (1990)

Gerhard Uhlenbruck, *Darum*, S. 107.

12. Wer offene Türen einrennt, zerbricht sich nicht den Kopf wie diejenigen, die mit ihm durch die Wand wollen. (1997)

Gerhard Uhlenbruck, *Widersprüche*, S. 25.

VOGEL

„einen Vogel haben"

1. Manch einer hat einen Vogel im Kopf, aber leider immer einen ohne Flügel. (1929)

Richard Breckner, *Spinngewebe*, S. 8.

VOGEL 4

2. Spezialisten haben keinen Vogel. Spezialisten haben eine Meise. (1979)

Werner Mitsch, *Fische*, S. 29.

3. Wer heute einen Vogel hat, ist vogelfrei. (1979)

Gerhard Uhlenbruck, *Einfach*, S. 6.

4. Das Leben wäre halb so nett, wenn keiner einen Vogel hätt'! (1983)

Büro-Humor-Kalender 1983 (Juli). Bad Oeynhausen: Glissmann, 1983.

5. Vielleicht muß man wirklich einen Vogel haben, um auf alles pfeifen zu können. (1983)

Werner Mitsch, *Schwarze*, S. 72.

6. Psychotherapeut: ein Mann, der dem Vogel, den andere Leute haben, das Sprechen beibringt. (Vor 1985)

Wolfgang Gruner; zitiert aus Ernst Günter Tange, *Biß*, S. 95.

7. Ein Ornithologe, der keinen Vogel hat, hat eine Meise. (1987)

Werner Mitsch, *Wal*, o. Seitenz.

8. Vielen Menschen, die einen Vogel haben, fehlt die Nestwärme. (1994)

Gerhard Uhlenbruck, *Wahr*, S. 16.

9. Wer keinen Vogel hat, kann auch keine originellen Ideen ausbrüten! (1996)

Gerhard Uhlenbruck, *Nichtzutreffendes*, S. 11.

VOGEL-STRAUSS-POLITIK

„Vogel-Strauß-Politik (Straußenpolitik) treiben"; siehe auch KOPF (b)

1. Straußenfederhelden-Popolitik. (1925)

Kladderadatsch, Nr. 26/28. 6. 1925, Titelseite.

2. *Vogel-Strauß-Politik*

La France: „Ich sehe nichts, – ich erkenne nichts an!" (1935)

Kladderadatsch, Nr. 7/17. 2. 1935, Titelseite.

3. Vogelstraußpolitik ist nicht immer ganz vom Übel. Ich erfahre es oft in den Kämpfen meiner Seele, in denen ich zugrunde gehen müßte, wenn ich nicht einen vorübergehenden Frieden auf Vogelstraußmanier mitunter erzwänge. (Vor 1946)

Gerhart Hauptmann, *Werke*, Bd. 6, S. 990.

4. Der Vogel Strauß ist ein weiser Vogel. (1957)

Erwin Chargaff, *Bemerkungen*, S. 67.

VOGEL-STRAUSS-POLITIK 1

5. Der Erfinder der Politik war zweifellos der Vogel Strauß. (Vor 1960)

Curt Goetz, *Täglich*, S. 19.

6. Amerika ist ein Vogel Strauß, der nicht weiß, wo ihm der Kopf steht. (1964)

Erwin Chargaff, *Bemerkungen*, S. 106.

7. Es gibt einen fruchtbaren Wüstensand, in dem Straußenköpfe bestens gedeihen. (Vor 1966)

Stanisław Jerzy Lec, *Letzte Gedanken*, S. 52. Auch in ders., *Buch*, S. 111.

8. Jeden Sommer reist der Vogel Strauß zur Erholung in die Wüste. (1972)

Erwin Chargaff, *Bemerkungen*, S. 129.

9. Du darfst dich sowieso nicht so oft wie möglich vor den Wirklichkeiten und Wahrheiten drücken. Das macht der Vogel Strauß. Er steckt den Kopf in den Sand. Du neigst ein bißchen zu arg dazu, dich um die Wirklichkeit herumzumogeln. Warum nur? Du mußt immer *Ja* sagen zur Wirklichkeit und damit: zu dir selber. (1974)

Gabriele Wohmann, *Paulinchen*, S. 41 f.

10. Wer war der Erfinder der Politiker?
Es kann nur der Vogel Strauß gewesen sein. (1980)

Dumme Sprüche für Gescheite 1980: Wandsprüch'-Kalender (Febr./März), München: Heye, 1980.

11. Die Vogelstraußpolitik ist auch nicht immer das Ei des Columbus. (1981)

Werner Mitsch, *Hunde*, S. 33.

12. Strauß: Das einzige Tier, das einen offiziell anerkannten Sinn für Politik hat. (Vor 1983)

Pierre Daninos; zitiert aus Roland Michael, *Treffend*, S. 28.

13. Der Strauß ist ein Vogel, der es sich leisten kann, bei Fragen, die seine Flugkünste betreffen, einfach den Kopf in den Sand zu stecken. (1983)

Werner Mitsch, *Schwarze*, S. 63.

14. Ein rechter Strauß steckt seinen Kopf nicht in den Sand, sondern in alles hinein. (1984)

Klaus Sochatzy, *Widerworte*, S. 22.

15. Rätsel. – Ein echter Strauß steckt den Kopf nie in den Sand. Welcher Strauß ist wohl gemeint? (1984)

Hugo Ernst Käufer, *Kehrseiten*, S. 28.

16. Der Strauß steckt den Kopf nur in den Sand, wenn es da etwas Interessantes zu hören gibt. (1986)

Eduard Moriz, *Sauweich*, o. Seitenz.

WALD

„den Wald vor lauter Bäumen nicht sehen"

1. *Der preußische Wald*

Radfahren, Reiten, Fahren und Gehen
Ist hier verboten. Die Försterei.
[...]
Baden in dreieckigen Badehosen
Ist nicht gestattet! Die Polizei.
[...]
Du darfst nicht baden, nicht gehen, nicht reiten,
Denn überall lauert ein Schutzmannsgesicht.
Du siehst in den preußischen Einsamkeiten
Den Wald vor lauter Verboten nicht! (1929)

Erich Weinert, *Lesebuch*, S. 50 f.

2. Wer den Wald vor lauter Bäumen nicht sieht, sieht auch nicht den wirklichen Baum, den Waldbaum. Wer die Bäume vor lauter Wald nicht sieht, sieht auch nicht den wirklichen Wald, den Baumwald. (1953)

Ludwig Strauss, *Wintersaat*, S. 28.

3. Von unsern heutigen Naturwissenschaften könnte ich sagen, daß ich die Bäume vor lauter Blattläusen nicht sehe. (1969)

Erwin Chargaff, *Bemerkungen*, S. 119.

4. Idealisten sehen – wie man so sagt – den Wald vor lauter Bäumen nicht. Realpolitiker sehen Wälder und Wälder und noch mehr Wälder – und keinen einzigen Baum mehr. (1979)

Klaus Sochatzy, *Adnotationen*, S. 46.

5. mancher sieht den baum vor lauter wäldern nicht. (1979)

Volker Erhardt, *Kannibale*, S. 113.

6. Manchmal sieht man die Bahn vor lauter Bäumen nicht. (1981)

Hörzu, Nr. 3/20. 1. 1981, S. 22 f. Werbung für Deutsche Bundesbahn.

7. Die Frau sieht den Mann vor lauter Lust nicht. Sie sieht den Wald vor lauter Bäumen nicht. Sie blickt nur in sich hinein. Der Mann, dieser gelernte Mechaniker, bearbeitet das kaputte Auto, das Werkstück Frau. In den Pornofilmen wird allgemein mehr gearbeitet als im Film über die Welt der Arbeit. (1983)

Elfriede Jelinek, *Klavierspielerin*, S. 108.

8. *Redensart*

Er sieht
den Wald
vor lauter
Schneisen
nicht. (1983)

Michael Augustin, *Apfel*, S. 19.

9. *Lernprozeß*

Ich sah
den Wald
in den
ich rief
vor lauter Bäumen
nicht

doch
seit dem Echo
sehe ich
ihn. (1985)

Holdger Platta, *Grünanlagen*, S. 44.

10. Die politischen Wälder sind derart komplex geworden, dass man die korrupten Bäume nicht mehr sieht. (1987)

Felix Renner, *Leine*, S. 58.

11. Wer vor lauter Bäumen den Wald nicht mehr sieht, der kommt auch vom Hölzchen auf's Stöckchen. (1987)

Gerhard Uhlenbruck, *Kaffee*, S. 64.

12. Sehen wir vor lauter Geld die Bäume nicht?
Tatsache: Es ist wahr, daß der tropische Regenwald abgeholzt wird. Es ist nicht wahr, daß McDonald's daran beteiligt ist. (1990)

Der Spiegel, Nr. 14/2. 4. 1990, S. 132 f. Werbung für McDonald's.

WASSER

„mit allen Wassern gewaschen sein"

1. Es macht sich niemand so leicht schmutzig wie der, der mit allen Wassern gewaschen ist. (1970)

   Hans Kudszus, *Jaworte*, S. 41.

2. Einen Fehler immer wiederholen, den einen machen, mit dem man ausgezeichnet ist. Und was hilft's dann, mit allen Wassern gewaschen zu sein, mit den Wassern der Donau und des Rheins, mit denen des Tiber und des Nils, den hellen Wassern der Eismeere, den tintigen Wassern der Hochsee und der zaubrischen Tümpel? (1973)

   Ingeborg Bachmann, *Jahr*, S. 141.

3. Gerade die schmutzigsten Geschäfte werden von Leuten gemacht, die mit allen Wassern gewaschen sind. (1975)

   Hörzu, Nr. 11/15. 3. 1975, S. 115.

4. *Ganove*

   Ein mit allen Wassern Gewaschener, der dennoch keine reine Weste hat. (1975)

   Ron Kritzfeld, *Flexikon*, Bd. 2, S. 13.

5. Obwohl er mit allen Wassern gewaschen ist, erscheint er uns von äußerst zweifelhafter Sauberkeit. (1978)

   Gerd Heyse, *Hund*, S. 65.

6. *Der Mann, der während vielen Jahren*

   je ein Häufchen Winterschnee
   tiefgekühlt hatte und solchen Notvorrat
   eines Frühlings an der Sonne schmolz und sich wusch,
   war mit allen Wassern gewaschen und doch ein guter Mensch. (1981)

   Albert Ehrismann; zitiert aus *Nebelspalter*, Nr. 17/28. 4. 1981, S. 16.

7. Obwohl mit allen Wassern gewaschen, er blieb ein Schwein. (1982)

Nikolaus Cybinski, *Lande*, S. 86.

8. Journalisten vergiften nicht den Brunnen. Aber sie sind mit allen Abwässern gewaschen. (1983)

Ulrich Erckenbrecht, *Körnchen*, S. 22.

9. Wer mit allen Wassern gewaschen ist, trägt meistens eine schmutzige Weste. (1983)

Nebelspalter, Nr. 11/15. 3. 1983, S. 24. Auch in Beate Kuckertz, *Büro*, o. Seitenz.

10. Wie rein ist ein mit allen Wassern gewaschener Charakter? (1983)

Werner Ehrenforth, *Neue Sitzbeschwerden*, S. 26.

11. Auch wer mit allen Wassern gewaschen ist, muß nicht unbedingt sauber sein. (1984)

Bella, Nr. 37/7. 9. 1984, S. 2.

12. Mit allen Wassern gewaschen sein – heißt noch lange nicht sauber sein. (1984)

Siegfried Gloose, *Einfälle*, S. 73.

13. Wenn ein ausgekochter Bursche ein mit allen Wassern gewaschenes Mädchen heiratet, muß das noch kein sauberes Paar sein. (1985)

Eduard Moriz, *Beziehungskiste*, o. Seitenz.

14. Es sind aber die Schmutzigsten, von denen man sagt, daß sie mit allen Wassern gewaschen sind. (1986)

Eduard Moriz, *Sauweich*, o. Seitenz. Auch in Hans-Dieter Schütt, *Haustür*, S. 100.

15. Er war mit allen Wassern gewaschen, ausser mit sauberen. (1987)

Peter Maiwald; zitiert aus *Nebelspalter*, Nr. 20/14. 5. 1987, S. 17.

WECKER

„jemandem auf den Wecker fallen (gehen)"

1. Manche Menschen sind glücklich, wenn sie unglücklich sind. Wenn sie einem nur nicht auf den Wecker damit fielen! (1977)

Gerhard Uhlenbruck, *Netz*, S. 107.

2. „Ich trinke Jägermeister, weil mir heute morgen der Wecker auf den Wekker gegangen ist.“ (1979)

   Der Spiegel, Nr. 4/22. 1. 1979, S. 35.

3. Uhren können einem auf den Wecker gehen. (1987)

   Heinz Müller-Dietz, *Recht*, S. 40.

4. Wenn man will, daß es in der Liebe klingelt, darf man dem anderen nicht auf den Wecker fallen. (1990)

   Gerhard Uhlenbruck, „Geistesblitze“, S. 223.

5. Uhren
   gehen der Zeit
   auf den Wecker. (1996)

   Hans Kruppa, *Zaubersprüche*, S. 52.

WEIN

„jemandem reinen Wein einschenken“

1. Der Philister berauscht sich an dem reinen Wein, den er dem Mädchen über seine Vermögensverhältnisse einschänkt. (1909)

   Karl Kraus, *Wort*, S. 158.

2. Kein Wein ist so sauer, wie der reine, der einem eingeschenkt wird. (1977)

   Markus Ronner, *Moment*, S. 39.

3. Die Politiker schenken uns den reinsten Wein ein: Ohne Beimischung von Wahrheit. (1979)

   Gabriel Laub, *Recht*, 1979. Auch in ders., *Denken*, S. 150.

4. Sie schenkten ihm immer reinen Wein ein. Ein Glas Trollinger wäre ihm oft lieber gewesen. (1979)

   Werner Mitsch, *Fische*, S. 42.

5. Sie schenkten ihm so lange reinen Wein ein, bis sein Faß überlief. (1980)

   Werner Mitsch, *Pferde*, S. 14.

6. Verlangen Sie nie, reinen Wein eingeschenkt zu bekommen, da er doch mit Wasser „gewaschen“ wird. (1981)

   Žarko Petan, *Himmel*, S. 18.

7. Man predigt Wasser, statt reinen Wein einzuschenken. (1982)

André Brie, *Wahrheit*, S. 71. Auch in ders., *Wahrheit/Anfang*, S. 71.

8. Sie wollen uns reinen Wein einschenken, um uns von ihrem verschmutzten Wasser abzulenken. (1982)

Werner Mitsch, *Bienen*, S. 38.

9. Früher verlangte ich, dass man mir reinen Wein einschenkt. Heute bin ich schon mit einem Spritzer zufrieden. (1983)

Žarko Petan; zitiert aus *Nebelspalter*, Nr. 9/1. 3. 1983, S. 32. Auch in ders., *Sintflut*, S. 9.

10. Ich habe noch jedem Gast reinen Wein eingeschenkt!
Naiver Wirt. (1983)

Nebelspalter, Nr. 48/29. 11. 1983, S. 47.

11. Wer heute sagt, er wolle einem reinen Wein einschenken, der hat bereits gelogen. (1984)

Gerhard Uhlenbruck, *Mensch*, S. 8.

12. Sie schenkten ihm reinen Wein ein, obwohl sie ihm nicht einmal das Wasser reichen konnten. (1988)

Werner Mitsch, *Neue Hin-Sprüche*, S. 66.

13. Wer sich selbst reinen Wein einschenkt, braucht an andere weniger zu verschenken. (1995)

Walter Richter, *Aphorismen*, S. 13.

WESTE

„eine weiße (reine) Weste haben“

1. Ich möchte bloß wissen, wieso seine Weste so rein ist. – Weil er sie damals nicht angehabt hat. (1960)

Martin Kessel, *Gegengabe*, S. 70.

2. Als ein Herr seine weiße Weste zeigte, wurde mir schwarz vor den Augen. (1973)

Werner Schneyder, *Empfehlung*, S. 17. Auch in ders., *Gelächter*, S. 176.

3. Umweltverschmutzung? – Hauptsache, unsere Westen sind sauber! (1977)

   Wolfgang Eschker, *Gift*, S. 36.

4. Wieviele hast du angeschwärzt für deine weiße Weste? (1983)

   Peter Tille, *Sommersprossen*, S. 125.

5. Leute mit einer reinen Weste sind oft mit allen Wassern gewaschen. (1989)

   Gerhard Uhlenbruck, *Aphorismen/Satz*, S. 39. Auch in ders., *Darum*, S. 61; ders., „Geistesblitze“, S. 226; und ders., *Diagnosen*, S. 134.

6. Wenn es nur um die weiße Weste geht, riskiert man nicht Kopf und Kragen, sondern nur den Kragen. (1990)

   Gerhard Uhlenbruck, *Darum*, S. 21.

7. *weiße westen wenden*

   komm
   wir wollen
   weiße westen wenden
   blutigrote seidenfutter
   schwupp nach außen drehen
   luxusfähnchen wiegen
   flimmerschleier wegbewegen
   fromme heuchlerhüllen
   mit dem hunger
   konfrontieren
   kalte lügen
   demaskieren. (1994)

   Karl Rovers; zitiert aus Axel Kutsch, *Zacken*, S. 195.

8. Auch eine weisse Weste kann man kaufen. (1995)

   Hans Leopold Davi, *Wortwirbel*, S. 48.

9. Nur Spiesser haben weisse Westen. (1995)

   Hans Leopold Davi, *Wortwirbel*, S. 69.

10. Eine reine weiße Weste gibt es heute nur noch in der Waschmittelwerbung. (1996)

    Gerhard Uhlenbruck, „Giftpfeile“, S. 172.

WOLF (a)

„ein Wolf im Schafspelz sein“

1. Der Wolf im Schafspelze ist weniger gefährlich als das Schaf in irgendeinem Pelze, wo man es für mehr als für einen Schöps nimmt. (Um 1815)

   Johann Wolfgang von Goethe, *Werke*, Bd. 12, S. 523.

2. Ein Wolf im Wolfspelz. Ein Filou, unter dem Vorwand es zu sein. (1912)

   Karl Kraus, *Wort*, S. 270.

3. *Schafe im Wolfskleid*

   Zugegeben: Verglichen mit dem Ziel ist jede Wegstation ein Kompromiß, und jeder Weg eine Kette von Kompromissen. Aber auf den schlimmsten Kompromiß lassen sich diejenigen ein, die sich, stolz auf ihre Radikalität, weigern, derartige Kompromisse in Kauf zu nehmen. Denn denen bleibt nichts anderes übrig als alles beim alten bleiben zu lassen. – Am schlimmsten unter diesen sind wiederum diejenigen, die sich zur Radikalität allein deshalb entschließen, weil sie es wünschen, unter allen Umständen alles beim alten zu belassen; die also Radikalität als Alibi für Indolenz und Passivität verwenden. Kurz: die Schafe im Wolfskleid. (1965)

   Günther Anders, *Stenogramme*, S. 56.

4. „Ein Wolf! Ein Wolf!“ schrie er, „ich bin ein Wolf im Schafpelz!“ Aber niemand hörte auf ihn, denn alle waren beschäftigt, den Hammelbraten zu grillen. (1970)

   Wiesław Brudzinski, *Katz*, S. 48.

5. Schlimmer als ein Wolf im Schafpelz ist ein Schaf im Wolfpelz. (1970)

   Wiesław Brudzinski, *Katz*, S. 107.

6. *Pelze*

   Alle, die es angeht, seien hierdurch dringlichst gewarnt
   Vor dem Wolf, der sich listenreich im Schafpelz tarnt.
   Dies gesagt, erlaube ich mir darauf hinzuweisen:
   Auch der Wolf im Wolfsfell ist darauf aus, uns zu verspeisen! (1972)

   Henryk Keisch, *Gehauen*, S. 37.

7. Schlimmer als ein Wolf im Schafspelz ist ein Schaf, das mit den Wolfen heult. (1977)

   Wolfgang Eschker, *Gift*, S. 81. Auch in ders., *Mitgift*, S. 115.

8. *Anpassung*

Man kann als Wolf
im Schafspelz so lange herumlaufen
bis man anfängt
am Grasfressen Geschmack zu finden

Wenn man erst
den warmen Pelz zu schätzen weiß
lernt man auch das Blöken
und das Sich-Herunterducken

Anpassen und Grasfressen
denkt man noch als Wolf
die ersten Knollen aber
scheißt man schon als Schaf. (1978)

Kurt Sigel, *Gegenreden*, S. 49. Auch in ders., *Verse*, S. 95.

9. Wölfe im Schafspelz schweigen, denn die Stimme würde sie verraten; ihnen genügen die Zähne. (1979)

Gerhard Uhlenbruck, *Einfach*, S. 90.

10. Die Realität ist ein Wolf im Wolfspelz. (1980)

Werner Mitsch, *Pferde*, S. 49.

11. Schon mancher Wolf im Schafspelz endete als Schaf im Fleischwolf. (1980)

Werner Mitsch, *Pferde*, S. 105.

12. Den Wolf im Schaffell kann man leicht erkennen: er bleibt immer ungeschoren. (1981)

Gerhard Uhlenbruck, *Masche*, S. 55. Auch in ders., *Body*, S. 10.

13. Früher kam der Wolf im Schafspelz.
Heute kommt der Faschist im Kammgarn. (1981)

Winfried Thomsen, *Radikalauer*, o. Seitenz.

14. Wölfe im Schafspelz verraten sich oft dadurch, daß sie sich gegenseitig in die Wolle geraten. (1981)

Gerhard Uhlenbruck, *Masche*, S. 32.

15. Der Wolf im Schafspelz kommt als Unschuldslamm auf die Welt. (1983)

Gerhard Uhlenbruck, *Nächstenhiebe*, S. 39. Auch in ders., *Aphorismen/Satz*, S. 40.

16. *Schicksalsgemeinschaft*

Würden sie die Annahme überprüfen, beim Wolf handle es sich in Wirklichkeit um ein Schaf im Wolfspelz, so könnte das ganz schön gefährlich werden. Für die Schafe. Aber auch für den Wolf, vorausgesetzt, er ist doch ein Schaf. (1983)

Michael Augustin, *Apfel*, S. 21. Auch in ders., *Denkpause*, S. 83.

17. Wölfe im Schafsfell lassen sich nicht scheren, daran erkennt man sie. (1983)

Gerhard Uhlenbruck, *Nächstenhiebe*, S. 9.

18. Wölfe erkennt man an ihren Schafspelzen. (1984)

Ralf Bülow, *Liebe*, o. Seitenz.

19. Die Wölfe bleiben dieselben, nur die Schafspelze gehen mit der Mode. (1985)

Hermann Funke, *Worte*, S. 44.

20. Welcher Wolf läßt sich schon das Schafsfell über die Ohren ziehen? (1985)

Gerhard Uhlenbruck, *Eigenliebe*, S. 34. Auch in ders., *Body*, S. 10; und ders., *Aphorismen/Satz*, S. 43..

21. Wie närrisch: den Wolf im Schafspelz zu fürchten und nicht das Schaf im Wolfsfell. (1985)

André Brie, *Anfang*, S. 54. Auch in ders., *Wahrheit/Anfang*, S. 120.

22. Der Imperialismus ist wie der Wolf im Schafspelz. Sieht er seine Felle wegschwimmen, beißt er zu. (Vor 1986)

Thomas Trautmann; zitiert aus Ingetraud Skirecki, *Troja*, S. 187.

23. Eine Frau im Nerz ist wie eine Wölfin im Schafspelz. (1986)

Andreas Bander, *Gelegenheit*, o. Seitenz.

24. *Belämmert*

Ich kenne Schafe, die wie Wölfe beißen.
Das Sprichwort schert sie über einen Kamm.
Dagegen läßt sich mühelos beweisen:
So mancher Wolf im Schafspelz ist – ein Lamm. (1986)

Wolfgang Funke, *Funkenflug*, S. 24.

25. Ein moralisch integrer Wolf friert lieber, ehe er sich einen Schafspelz überzieht. (1988)

Gerd Heyse, *Gedanken*, S. 25.

26. Immerhin, so sagen die Schafe vom Wolf im Schafspelz, er macht uns nach. (1988)

Hans-Dieter Schütt, *Haustür*, S. 100.

27. Zuviele Wölfe von gestern
im Reformerschafspelz von heute. (1990)

Ewald Lang, *Wendehals*, S. 170.

28. Ob der Wolf im Schafspelz nicht eines Tages im Schafspelz von Wölfen gefressen wird? (1994)

Birgit Berg, *Worte*, S. 47.

29. Wehe, wenn der Wolf im Schafspelz zum Leithammel wird! (1996)

Gerhard Uhlenbruck, *Nichtzutreffendes*, S. 73.

WOLF (b)

„mit den Wölfen heulen"

1. Da wir heutzutage mit immer lauteren Wölfen heulen müssen, die sich noch überdies mit Megaphonen versehen haben, ist es besser, man sitzt zu Hause und liest Stifter. (1960)

Erwin Chargaff, *Bemerkungen*, S. 84.

2. Wer sich gezwungen sieht, mit den Wölfen zu heulen, mag sich in reinster Notwehr befinden. Aber ist das ein Grund, hinterher auch mit den Schafen zu blöken? (1960)

Martin Kessel, *Gegengabe*, S. 62.

3. Wer mit den Wölfen heult, muß damit rechnen, von den Wölfen gefressen zu werden, sobald die das unechte Geheul ihres Mitheulers erspitzen. (1967)

Erwin Strittmatter, *Selbstermunterungen*, S. 110.

4. Als er eines Nachts in der Nähe seiner Hütte Wölfe heulen hörte, heulte er mit; später danach befragt, sagte er: „Nicht die Angst vor den Wölfen trieb mich dazu, sondern die Angst vor dem Volksmund." (1971)

Dieter Leisegang, *Gegend*, S. 25.

5. Schlimm genug, wenn man eine Strecke mit den Wölfen laufen muß, aber heulen sollte man nicht mit ihnen. (1971)

Eugen Gürster, *Narrheiten*, S. 83.

6. *Fabel*

Die Wölfe sagten:
„Man muß
Mit den Schafen blöken“
(Aber als sie blökten
Klang es
Wie heulen). (1972)

Dieter Leisegang, *Gründe*, S. 38.

7. Man hat nur die Wahl, diese niederträchtige Zeit mitzumachen (mit den Wölfen zu heulen) oder Neurotiker zu werden. (1976)

Christa Wolf, *Kindheitsmuster*, S. 103.

8. Ich heule mit den Wölfen, aber über mich selbst. (1977)

Gerhard Uhlenbruck, *Netz*, S. 142.

9. Die mit den Wölfen heulen, werden sehr bald als Schafe von ihnen gefressen. (1978)

Ilse Tönnies, *Spiegel*, S. 41.

10. bemerkenswerte vielseitigkeit:
nicht nur mit den wölfen heulen,
sondern auch mit den schafen zittern. (1979)

Volker Erhardt, *Kannibale*, S. 109.

11. Man kann mit den Wölfen heulen und mit den Schafen blöken. Man kann aber auch mit den Vögeln auf beides pfeifen. (1979)

Werner Mitsch, *Fische*, S. 59.

12. Zuerst dachte ich, er weinte. Bis ich merkte, daß er mit den Wölfen heulte. (1979)

Nikolaus Cybinski, *Aphorismen*, S. 56.

13. Gib auf die Wölfe acht, die mit dir heulen. (1980)

Bernd-Lutz Lange; zitiert aus André Brie et al., *Weisheit*, S. 129.

14. Er heulte mit den Wölfen, doch sie verstanden ihn nicht und fraßen ihn auf. (1984)

Hugo Ernst Käufer, *Kehrseiten*, S. 45.

15. Man muß mit den Wölfen heulen – aber man verdirbt sich die Stimme dabei. (1984)

Albert Keller, *Wer denkt*, S. 19.

16. Diktatur: mit den Wölfen heulen.
Demokratie: mit den Schafen blöken. (1985)

Hermann Funke, *Worte*, S. 34.

17. Es gibt immer zwei Möglichkeiten
mit den Wölfen heulen
oder vor die Hunde gehen
die dritte hat sich noch nicht
überall herumgesprochen. (1985)

Liselotte Rauner, *Sorge*, S. 87. Auch in dies., *Schleifspuren*, S. 36.

18. Opportunismus: Es gibt Schafe, die heulen mit den Wölfen im Schafsfell. (1985)

Gerhard Uhlenbruck, *Eigenliebe*, S. 13. Auch in ders., *Wahr*, S. 124.

19. Mit den Wölfen zu heulen ist keine Garantie dafür, nicht auch von ihnen gefressen zu werden. (Vor 1986)

Thomas Trautmann; zitiert aus Ingetraud Skirecki, *Troja*, S. 187.

20. Manche heulen so lange mit den Wölfen, bis sie ihre Schäfchen ins trockene gebracht haben. (1987)

Saskia Schlesinger, *Lenz*, o. Seitenz.

21. Das, was ich an Selbstachtung besitze, beruht weithin darauf, daß ich nicht immer mit den Wölfen geheult habe und nicht immer mit dem Strom geschwommen bin, sondern daß ich gelegentlich abgewichen bin vom bequemen Weg, weil ich sonst zwar des Beifalls anderer, aber meiner eigenen Zustimmung nicht mehr sicher gewesen wäre. (1988)

Manfred Rommel, *Sprüche*, S. 17.

22. Schafe, die mit den Wölfen heulen, heulen mäh. (1989)

Günter Rizy, *Funken*, S. 35.

23. Wer mit den Wölfen heult,
kann kein
einsamer Wolf
sein. (1989)

Hans Hunfeld, *Sprichwörtlich*, S. 68.

24. *Was man mir so sagt*

Sie müssen mit den Wölfen heulen, sagt man mir, sonst kommen Sie niemals auf einen grünen Zweig.
Ja, wo sind denn die Wölfe, mit denen ich heulen soll? Und was soll ich denn auf einem grünen Zweig? Und kriegen die das nicht spitz beim ersten Heulen, ich bin doch kein Wolf! (Vor 1990)

Horst Drescher, *Zirkus*, S. 212.

25. Auch Wölfe sind mitfühlend. Sie heulen gern mit den Schafen, die sie dann fressen. (1990)

Werner Ehrenforth, *Alte Sitzbeschwerden*, S. 34.

26. Pamphlet: Mit den Papierwölfen heulen. (1990)

Hans-Horst Skupy; zitiert aus Gerhard Uhlenbruck et al., *Kranker*, 3. Aufl., S. 116.

27. *Anpasser*

Ein Opportunist
ist ein Schaf,
das mit den Wölfen
heult. (1993)

Josef Mathias Fuchs, *Affenmenschen*, S. 152.

28. In der Demokratie heißt es: mit den Schafen heulen. (1993)

Johannes Gross, *Fürwitz*, S. 76.

29. Wer mit den Wölfen heult, muß damit rechnen, daß er mit den Wölfen stirbt, auch wenn er danach die Grausamkeit der Wölfe nicht gekannt haben will. (1994)

Walter Drechsel-Ritschel, *Gedankensplitter*, S. 38.

30. Oft möcht' man denen Beulen hauen,
die auf „mit Wölfen heulen“ bauen. (Vor 1995)

Harry Eicke; zitiert aus Karl Leberecht Emil Nickel, *Schüttelsprüche*, S. 1.

31. Wer nicht mit den Wölfen heulen will, muß mit den Krokodilen weinen. (1995)

Ulrich Erckenbrecht, *Katzenköppe*, S. 31.

32. Es ist zum Heulen, daß wir mit den Wölfen heulen müssen! (1997)

Gerhard Uhlenbruck, *Widersprüche*, S. 89.

WOLKE

„aus allen Wolken fallen“

1. die menschen entpuppen sich, und gott fällt aus allen wolken. (1971)

   Bert Berkensträter, *Zungen-Schläge*, S. 13.

2. Wussten Sie schon, dass auch ein U-Boot-Fahrer aus allen Wolken fallen kann? (1974)

   Schweizer Illustrierte, Nr. 49/2. 12. 1974, S. 117.

3. *schicksal eines verliebten*

   als er die sterne
   vom himmel holen wollte
   fiel er aus den wolken
   und brach sich
   das genick. (1977)

   Jürg Moser, *Randbemerkungen*, S. 29.

4. Wenn der Regen aufhört, fällt die Sonne aus allen Wolken. (1978)

   Werner Mitsch, *Spinnen*, S. 10.

5. Er wollte hoch hinaus. Sein Fall aus allen Wolken sollte sich wenigstens lohnen. (1981)

   Werner Mitsch, *Hunde*, S. 41.

6. Wir fallen schon längst nicht mehr aus den Wolken, wenn giftige Wolken aus den Wolken fallen. (1981)

   Nebelspalter, Nr. 5/3. 2. 1981, S. 12.

7. *Vertrauen*

   Ich fall aus allen Wolken
   dir in die Hände. (1983)

   Sigrid Kruse, *Brücke*, S. 46.

8. Seine Träume wuchsen in den Himmel, kein Wunder, daß er aus allen Wolken fiel. (1985)

   André Brie, *Anfang*, S. 23. Auch in ders., *Wahrheit/Anfang*, S. 90.

9. Im Frühling himmelte er sie an. Im Herbst fiel sie aus allen Wolken. (1986)

   Werner Mitsch, *Neue Hin-Sprüche*, S. 30.

10. Ich fiel aus allen Wolken.
Unfallwagen
umringten den Zufall. (1988)

Ben Witter, *Minutenpoesie*, S. 95.

11. Es fällt auch mal ein Meister aus allen Wolken. (1990)

Angelika Franz, *Nix*, o. Seitenz. Auch in Beate Kuckertz, *Büro*, o. Seitenz.

12. Als sie das hörte, fiel sie aus allen Wolken. Ein halbes Jahr später war sie tot. (1991)

Michael Hallstatt, *Pferd*, S. 91.

13. Lieber ständig aus allen Wolken fallen als ein einziges Mal in Ungnade. (1992)

Manfred Strahl, *Hiebe*, S. 20.

14. Schock: Man fällt aus allen Wolken wie ein Blitz aus heiterem Himmel. (1997)

Gerhard Uhlenbruck, *Widersprüche*, S. 31.

WURST (a)

„Es geht um die Wurst."

1. Wo es den Menschen um die Wurst geht, geht es bei den Nutztieren um Kopf und Kragen. (1979)

Werner Mitsch, *Fische*, S. 49.

2. Wenn es um die Wurst geht, vergißt niemand das Messer. (1983)

Sigbert Latzel, *Stichhaltiges*, S. 37.

3. Es geht um die Wurst, sagte das Schwein und lief dem Schlächter davon. (1984)

Werner Ehrenforth, *Eintagsfliege*, S. 72.

4. Es geht nicht mehr um Bananen,
jetzt geht's um die Wurst! (1990)

Ewald Lang, *Wendehals*, S. 60.

5. Wenn es um die Wurst geht, sollte man den anderen schon auf die Pelle rücken! (1990)

   Gerhard Uhlenbruck, „Geistesblitze“, S. 226. Auch in ders., *Darum*, S. 59; und ders., *Nichtzutreffendes*, S. 83.

WURST (b)

„Das ist jemandem Wurs(ch)t.“

1. Es gibt zweierlei (zwei Arten von) Menschen. Den einen ist alles Wurst, und die anderen müssen zu allem (überall) ihren Senf dazugeben. (1978)

   Werner Mitsch, *Spinnen*, S. 47. Auch in *Bella*, Nr. 18/25. 4. 1986, S. 2; und Fritz Herdi, *Witz*, S. 37.

2. Von Menschen, die einem Wurst sind, kann man sich keine Scheibe abschneiden. (1981)

   Gerhard Uhlenbruck, *Masche*, S. 7. Auch in Christian Roman, *Big Mäc*, o. Seitenz.; und G. Uhlenbruck, *Body*, S. 32.

3. Die Welt ist denen wurst, die sich dicke Scheiben von ihr abschneiden. (1983)

   Ulrich Erckenbrecht, *Körnchen*, S. 11.

4. Nur einem Metzger kann seine Zukunft Wurst sein. (1986)

   Bernd Thomsen, *Neue Büro-Sprüche*, o. Seitenz.

5. Daß er immer gehänselt wurde, war ihm nicht wurscht, und so wurde er zum Hanswurst. (1997)

   Gerhard Uhlenbruck, *Widersprüche*, S. 89.

X

„jemandem ein X für ein U vormachen“

1. Den Leuten ein X für ein U vormachen – wo ist die Zeitung, die diesen Druckfehler zugibt? (1909)

   Karl Kraus, *Wort*, S. 76.

2. Wußten Sie schon, daß Gebrauchtwagenverkäufer den Leuten so viele X für U's vormachen, daß sie eigentlich Gebraxtwagenverkäxer heißen müßten? (1975)

   Robert Gernhardt et al., *Welt*, S. 298.

3. Man sollte einem Landwirt kein X für eine Kuh vormachen. (1978)

Werner Mitsch, *Spinnen*, S. 90.

4. Laß dir kein X für ein U vormachen,
sei auf der Hxt. (1984)

Ralf Bülow, *Graffiti*, o. Seitenz.

5. *X für U*

Alphabeten sind nicht mehr so sicher, ob X *vor* U kommt, aber Analphabeten machen sie eines für ein U vor. (1985)

Fritz Arcus, *Seedieb*, S. 52.

6. Lass Dir keine X-Beliebige für eine Kuh vormachen. (1988)

Der Spiegel, Nr. 43/24. 10. 1988, S. 33. Werbung für Milka-Schokolade.

X 6

7. X-mal habe ich gesagt,
Du solltest Dir
nicht von jedem
X-Beliebigen
ein X
für ein U
vormachen lassen. (1989)

Hans Hunfeld, *Sprichwörtlich*, S. 16.

8. Ein leichtes Spiel, den Menschen ein X für ein U vorzumachen. Die Arbeit beginnt, wenn man ihnen ein U für ein X glauben machen muß. (1990)

Werner Ehrenforth, *Alte Sitzbeschwerden*, S. 35.

9. Ein Analphabet läßt sich „kein X für ein U vormachen". (1991)

Ehrfried Siewers; zitiert aus *Darmstädter Echo*, 3. 8. 1991, o. Seitenz.

ZAHN (a)

„die Zähne zeigen"

1. *Der Sanftmütige*

Ich mag nicht länger drüber schweigen,
weil ihr es immer noch nicht wißt:
Es hat keinen Sinn mir die Zähne zu zeigen.
Ich bin gar kein Dentist! (1950)

Erich Kästner, *Gedichte*, Bd. 1, S. 324.

2. *Frauenmund*

Bietet zuerst die Lippen, spitzt dann die scharfe Zunge und zeigt schließlich die Zähne. (1976)

Ron Kritzfeld, *Flexikon*, Bd. 3, S. 9.

3. Manche Menschen zeigen jedem die Zähne. Nur ihrem Zahnarzt nicht. (1978)

Werner Mitsch, *Spinnen*, S. 27.

4. *Zähne zeigen*

Einer redet überzeugend das Falsche
und alle in der Runde nicken ihm
ausgesprochen menschlich zu,

und ich würde gern auch lächeln,
aber ich zeige die Zähne. (1978)

Arnfrid Astel, *Rechtsstaat*, S. 84.

5. Heutzutage traut man sich nur seinem Dentisten die Zähne zu zeigen. (1979)

Žarko Petan, *Kopf*, S. 42.

6. Er steht vor dem Spiegel und zeigt sich die Zähne. Er fürchtet nur noch sich. (1984)

Elias Canetti, *Aufzeichnungen*, S. 515.

7. *Lache!*

Zeige den Leuten die Zähne – und lache.
Lachen ist eine herrliche Sache.
Lache von Herzen, denn Lachen bringt Zinsen.
Böse Menschen können nur grinsen. (1986)

Karl-Ludwig Bickerle, *Gedankensprünge*, S. 21.

8. Auch mit einem Lächeln kann man die Zähne zeigen. (1988)

Hans Norbert Janowski, *Kürze*, S. 10.

9. Mit Gewissensbissen kann man dem anderen nicht die Zähne zeigen. (1989)

Gerhard Uhlenbruck, *Aphorismen/Satz*, S. 22.

10. Lächeln ist die eleganteste Art, Konkurrenten die Zähne zu zeigen. (1992)

Beate Kuckertz, *Büro*, o. Seitenz.

11. Wer nicht beißen kann, sollte besser nicht die Zähne zeigen. (1992)

Beate Kuckertz, *Büro*, o. Seitenz.

12. *Zügle deine Zunge*

Sei klug, mißbrauche nicht die Lunge,
denn besser ist es oft, du schweigst.
Vor allem zügle deine Zunge,
wenn du die Zähne zeigst! (1995)

Kurt Sachse, *Volkston*, S. 107.

ZAHN (b)

„jemandem auf den Zahn fühlen"

1. Die beliebteste Methode, dem anderen Geschlecht auf den Zahn zu fühlen, ist der Zungenkuß. (1973)

   Werner Schneyder, *Empfehlung*, S. 92.

2. Das Finanzamt fühlt den Zahnärzten auf den Zahn. (1977)

   Gerhard Uhlenbruck, *Netz*, S. 132.

3. Um das Fürchten und das Staunen zu lernen, muss man jenen auf den Zahn fühlen, die beides verlernt haben. (1980)

   Felix Renner, *Schwalben*, S. 19.

4. Zahnärzte beneide ich. Sie dürfen selbst Namhaften auf den Zahn fühlen. (1980)

   Jupp Müller, *Pfennigwahrheiten*, S. 59.

5. Wenn mir einer auf den Zahn fühlt, so geht mir das an die Nerven. (1989)

   Gerhard Uhlenbruck, *Aphorismen/Satz*, S. 34. Auch in ders., *Darum*, S. 28.

ZEIT

„die gute(n) alte(n) Zeit(en)"

1. Immer haben die Menschen geklagt, daß es in den alten Zeiten besser gewesen war, und immer haben sie recht gehabt. (1956)

   Erwin Chargaff, *Bemerkungen*, S. 57.

2. Es sieht so aus, als könnte keine Zeit so grausam sein, um später nicht „die gute alte Zeit" genannt zu werden. (1969)

   Elazar Benyoëtz, *Sahadutha*, S. 16.

3. *Zeit*

   „Die gute alte Zeit!" Die Zeit ist weder gut noch alt, noch jung, noch böse. Die Zeit *ist* nicht. *Wir* sind die Zeit, gut, böse, jung, alt. Unser Ungemach und Unrecht schieben wir der Zeit in die Schuhe, die sie nicht hat, weil sie keine Füße hat, weil sie nicht existiert. Sie ist unser Sündenbock, die arme, zeitlose Zeit. (Um 1970)

   Rose Ausländer, *Hügel*, S. 179

4. Die gute alte Zeit ist eine rückwärts datierte Utopie. (1972)

   Heinrich Wiesner, *Kehrseite*, S. 44.

5. Die ach so gute alte Zeit – Nostallergie. (1977)

   Hans-Horst Skupy, *Geistesblitze*, S. 96.

6. *Lebenswunsch*

   Niemals
   möchte ich
   in einer guten
   alten Zeit
   gelebt haben! (1977)

   Heinz Kahlau, *So*, S. 163.

7. In der guten alten Zeit lagen die Frauen unten, weil in der guten alten Zeit alles Gute von oben kam. (1981)

   Werner Mitsch, *Hunde*, S. 93.

8. Können Sie sich vorstellen, daß unsere Zeit einst als „gute alte Zeit“ bezeichnet wird? (1981)

   Žarko Petan, *Himmel*, S. 136.

9. Merke dir, du lebst in einer Epoche, die von einem Zukünftigen als die gute alte Zeit bezeichnet werden wird. (1981)

   Aleksander Kumor, „Gedanken“, S. 75.

10. Die Gegenwart ist der Zustand zwischen der guten alten Zeit und der schöneren Zukunft. (1983)

    Žarko Petan, *Sintflut*, S. 27.

11. „In der guten alten Zeit ...“ Auch so ein Märchen. (1983)

    Werner Mitsch, *Schwarze*, S. 40.

12. In der guten alten Zeit, in der das Tannensterben nur zur Weihnachtszeit stattfand. (1983)

    Werner Mitsch, *Schwarze*, S. 49.

13. Merken Sie sich die Preise von heute, wenn Sie morgen von guten alten Zeiten reden wollen. (1983)

    Žarko Petan, *Sintflut*, S. 9.

14. Von guten alten Zeiten ist in guten alten Zeitungen nichts zu lesen. (1983)

Žarko Petan, *Sintflut*, S. 27.

15. Die Menschen hoffen immer auf das Glück in der Zukunft und beklagen zugleich den Verlust der „guten alten Zeit". Wann endlich werden sie das Glück in den Tagen ihrer Gegenwart finden? (1989)

Hans Franzmeyer, *Weg*, S. 43.

16. Die Historiker machen aus der Vergangenheit gute alte Zeiten. (1990)

Žarko Petan, *Herren*, S. 63.

17. Die guten alten Zeiten waren damals schlechte Zeiten. (1995)

Clemens am Berg, *Kopfdisteln*, S. 83.

ZWEIG

„auf (k)einen grünen Zweig kommen"

1. *Der grüne Zweig*

Auf keinen grünen Zweig gekommen
Ist mancher, der sich vorgenommen,
Trotz vieler warnend lauten Stimmen,
Den Lebensbaum mal zu erklimmen,
Denn grad als er den Zweig erfaßt,
Da brach der gottverdammte Ast.
Er selber brach sich allenfalls
Bei diesem Sport den zarten Hals.
Moral: Da oft die Lebensbäume trocken,
Bleibt man doch besser unten hocken. (1949)

Helmut Zech, *Bosheiten*, S. 81.

2. Fische, die nicht fliegen, kommen auch auf keinen grünen Zweig. (1979)

Werner Mitsch, *Fische*, S. 12.

3. Hoffnung: im Frühling kommen wenigstens die Vögel auf einen grünen Zweig. (1979)

Gerhard Uhlenbruck, *Einfach*, S. 7.

4. Wer auf keinen grünen Zweig kam, der könnte eigentlich den Ast absägen, auf dem er gern gesessen hätte. (1979)

Helmut Lamprecht, *Lächerlichkeit*, S. 35.

5. „Ich bin auf den grünen Zweig gekommen", sagte der Kerl, als er gehenkt wurde. (1981)

Žarko Petan, *Himmel*, S. 133.

6. Auch die Wurzeln kämen gern mal auf einen grünen Zweig. (1983)

Peter Oprei, *Bedenkliches*, S. 13.

7. Er kam auf einen grünen Zweig. An einem absteigenden Ast. (1983)

Gerhard Uhlenbruck, *Körnchen*, S. 44.

8. Wer auf einen grünen Zweig kommen will, muss klettern können wie ein Affe. (1983)

Nebelspalter, Nr. 11/15. 3. 1983, S. 25.

9. Der Wald kommt erst dann wieder auf einen grünen Zweig, wenn alle so viel für ihn tun wie die Deutsche Forstwirtschaft. (1987)

Der Spiegel, Nr. 36/4. 9. 1987, S. 239. Werbung.

ZWEIG 9

10. Er wollte auf einen grünen Zweig kommen.
Dabei brachte er seine Mitmenschen auf die Palme. (1988)

Werner Mitsch, *Neue Hin-Sprüche*, S. 53.

11. Feierabendhandwerker beweisen uns, daß man keine Bäume ausreißen muß, um auf einen grünen Zweig zu kommen. (1989)

Manfred Strahl, *Ausleg*, S. 38.

12. Ist der Wald krank, kommen die Bäume auf keinen grünen Zweig mehr. (1990)

Werner Ehrenforth, *Alte Sitzbeschwerden*, S. 40.

13. Hobby: Im Herbst des Lebens kann man noch auf einen grünen Zweig kommen. (1993)

Gerhard Uhlenbruck, „Lebenslügen", S. 516.

14. Auf einen grünen Zweig zu kommen: der Ehrgeiz der letzten Bäume. (1994)

Felix Renner, *Worte*, S. 86.

15. kommt einer auf einen grünen zweig, hat er sich im wald nicht geirrt und darf mit der zunge schnalzen. (1994)

H. C. Artmann, *Register*, S. 46.

16. Entwurzelte kommen selten auf einen grünen Zweig. (1995)

Wolfgang Eschker, *Mitgift*, S. 71.

17. Er kam auf keinen grünen Zweig, allzuviele morsche Triebe hinderten ihn daran. (1995)

Walter Richter, *Geige*, S. 11.

18. So mancher, der heutzutage auf keinen grünen Zweig kommt, erklärt sich das ökologisch. (1995)

Wolfgang Eschker, *Mitgift*, S. 62.

19. Als ich endlich auf einen grünen Zweig kam, merkte ich, daß es ein absteigender Ast war! (1997)

Gerhard Uhlenbruck, *Widersprüche*, S. 139.

ZWÖLF

„fünf (Minuten) vor zwölf"

1. Oft hat man den Eindruck, daß die Zeit stehengeblieben ist. – Bei fünf vor zwölf. (1977)

   Wolfgang Eschker, *Gift*, S. 67.

2. Die Zeichen der Zeit stehen auf fünf vor zwölf. Kein Grund zur Bange, denn nichts wird so heiss gegessen, wie's gekocht wurde: Geduld bringt Rosen. (1983)

   Nebelspalter, Nr. 47/22. 11. 1983, S. 41.

3. *Zeitansage*

   Es ist
   fünf vor zwölf.
   Ich fürchte,
   die Uhr
   geht nach. (1983)

   Michael Augustin, *Apfel*, S. 7.

4. Freut euch – es ist erst fünf vor zwölf. (1984)

   Ralf Bülow, *Liebe*, o. Seitenz.

5. Wäre es lediglich „5 vor 12", wie alle Zeitkritiker sagen, könnte man ja noch hoffen; es ist aber längst 5 vor 24! (1984)

   Klaus Sochatzy, *Widerworte*, S. 48.

6. *Allgemeine Relativitätstheorie*

   Ich fragte
   wie spät

   Einer sagte
   fünf
   vor
   zwölf

   Ich fragte

   Für wen. (1985)

   Hans-Peter Schwöbel, *Individualisten*, S. 14.

7. Lieber (Besser) fünf vor zwölf, als keine nach eins! (1985)

   Bild, 12. 11. 1985, S. 2. Auch ebd., 26. 10. 1987, S. 2.

8. [Vier Minuten vor zwölf] Rettet den Wald. (1985)

   80-Pfennig-Briefmarke der Deutschen Bundespost von 1985.

9. Fünf Minuten vor zwölf: Warum nervös werden, wo es doch gleich vorbei ist? (1988)

   Hans Norbert Janowski, *Kürze*, S. 67.

10. Vorsichtiger Optimismus: Es ist fünf vor zwölf. Sommerzeit. (Vor 1989)

    Wolfgang Mocker; zitiert aus Gabriele Berthel, *Kurz*, S. 206.

11. Lieber 5 vor 12 als eine nach Mitternacht. (1990)

    Dumme Sprüche für Gescheite 1990: Wandsprüch'-Kalender (Sept.), München: Heye, 1990.

12. Damals, als es noch fünf vor zwölf war ... (1995)

    Günther Hindel, *Rat*, S. 69.

ZWÖLF 8

QUELLENVERZEICHNIS

Diese Aufstellung enthält die vollständigen bibliographischen Angaben zur Primärliteratur, die bei den jeweiligen Belegen aus Platzgründen nur in abgekürzter Form zitiert werden konnten. Die Liste ist nach den Verfassernamen alphabetisch und ggf. nach den einzelnen Titeln chronologisch geordnet.

Adler, Almut. *Feuerlöscher. Aphorismen, Gedichte & Fotos.* München: Annegret Meyer, 1989.

Altenberg, Peter. *Auswahl aus seinen Büchern.* Hrsg. von Karl Kraus. Wien: Kösel, 1932. Zürich: Atlantis, 1963.

Altmann, Klemens (Hrsg.). *Deutsche Epigramme aus fünf Jahrhunderten.* München: Deutscher Taschenbuch Verlag, 1969.

Anders, Günther. *Philosophische Stenogramme.* München: C. H. Beck, 1965.

Anthöfer, Fritz. *Gedichte und Gedanken.* Frankfurt am Main: Rita G. Fischer, 1992.

Arcus, Fritz. *Lieber ein Seedieb als ein Teesieb! 260mal Merkwürdiges zum Nachschlagen.* Frankfurt am Main: Rita G. Fischer, 1985.

Arndt, Hans. „Aphorismen.“ *Akzente*, 19 (1972), S. 188–191.

Arntzen, Helmut. *Kurzer Prozeß. Aphorismen und Fabeln.* München: Nymphenburger Verlagsbuchhandlung, 1966.

Artmann, H. C. *Register der Sommermonde und Wintersonnen.* Salzburg: Residenz Verlag, 1994.

Astel, Arnfrid. *Notstand. 100 Gedichte.* Wuppertal: Peter Hammer, 1968.

Astel, Arnfrid. *Kläranlage. 100 Epigramme.* München: Carl Hanser, 1970.

Astel, Arnfrid. *Neues (& altes) vom Rechtsstaat & von mir. Alle Epigramme.* Frankfurt am Main: Zweitausendeins, 1978.

Augustin, Michael. *Der Apfel der Versuchung war ungespritzt. Treffende Spitzen ohne Gewehr.* Frankfurt am Main: Eichborn, 1983.

Augustin, Michael. *Walkür und Willkür. Denkzettel. Neue Epigramme.* Köln: Bund-Verlag, 1986.

Augustin, Michael. *Denkpause. Epigramme.* Berlin: Verlag Tribüne, 1989.

Ausländer, Rose. *Mein Atem heißt jetzt. Gedichte.* Frankfurt am Main: S. Fischer, 1981.

Ausländer, Rose. *Hügel aus Äther unwiderruflich. Gedichte und Prosa 1966–1975.* Hrsg. von Helmut Braun. Frankfurt am Main: S. Fischer, 1984.

Ausländer, Rose. *Im Aschenregen die Spur deines Namens. Gedichte und Prosa 1976.* Hrsg. von Helmut Braun. Frankfurt am Main: S. Fischer, 1984.

Ausländer, Rose. *Wieder ein Tag aus Glut und Wind. Gedichte 1980–1982.* Hrsg. von Helmut Braun. Frankfurt am Main: S. Fischer, 1986.

Ausländer, Rose. *Und preise die kühlende Liebe der Luft. Gedichte 1983–1987.* Hrsg. von Helmut Braun. Frankfurt am Main: S. Fischer, 1988.

Ayren, Armin, u. Eva Berberich. *Ein Mann ... Eine Frau ...* Freiburg: Kore, 1997.

Bachmann, Ingeborg. *Das dreißigste Jahr. Erzählungen.* München: Deutscher Taschenbuch Verlag, 1973 (1. Aufl. 1961).

Baschnonga, Emil. *Durch die Blume.* Zürich: Pendo, 1975.

Benary, Peter. *Es hat alles seine drei Seiten.* Zürich: Pendo, 1976.

Bender, Andreas. *Gelegenheit macht Liebe. Sprichwörter, Redensarten und Zitate verdreht und auf die seichte Schulter genommen.* Frankfurt am Main: Eichborn, 1986.

Bender, Andreas. *Kleine Socken jucken auch. Sprichwörter, Redensarten und Zitate – verdreht.* Frankfurt am Main: Eichborn, 1987.

Benyoëtz, Elazar. *Sahadutha [Aphorismen].* Berlin: Paian Verlag, 1969.

Benyoëtz, Elazar. *Einsprüche.* München: Gotthold Müller, 1973.

Benyoëtz, Elazar. *Worthaltung. Sätze und Gegensätze.* München: Carl Hanser, 1977.

Benyoëtz, Elazar. *Eingeholt. Neue Einsätze.* München: Carl Hanser, 1979.

Benyoëtz, Elazar. *Vielleicht – Vielschwer. Aphorismen.* München: Carl Hanser, 1981.

Benyoëtz, Elazar. *Nahsucht.* Kreuzlingen: Bodan, 1982.

Benyoëtz, Elazar. *Treffpunkt Scheideweg.* München: Carl Hanser, 1990.

Berg, Birgit. *Lose Worte. Aktuelle Aphorismen.* Stuttgart: Wortwerkstatt, 1994.

Berg, Clemens am. *Schneerosen. Lyrik.* St. Michael: J. G. Bläschke, 1984.

Berg, Clemens am. *Herzdisteln. Sinnsprüche – Aphorismen.* Frankfurt am Main: Hans-Alfred Herchen, 1990.

Berg, Clemens am. *Kopfdisteln. Aphorismen.* Frankfurt am Main: Hans-Alfred Herchen, 1995.

Berkensträter, Bert. *Zungen-Schläge.* Berlin: Wolfgang Fietkau, 1971.

Bernegger, Josef. *Das herbe, karge Wort. Gedichte und Aphorismen.* Steyr: Ennsthaler, 1994.

Berthel, Gabriele (Hrsg.). *Kurz und mündig. Aphorismen.* Rudolstadt: Greifenverlag, 1989.

Bezerédj, Zoltán. *Aphorismen-ABC. Silberne Sprüche, Gedankensplitter, Wortspiele.* Frankfurt am Main: Rita G. Fischer, 1991.

Bickerle, Karl-Ludwig. *Gedankensprünge. Geschichten, Sprüche und Gedichte.* Frankfurt am Main: Christl S. Bickerle, 1986.

Biscioni, Renato (Hrsg.). *„... außer Rolf, der klebt am Golf." Kindersprüche – rotzfrech.* München: Wilhelm Goldmann, 1987.

Bittner, Wolfgang. *Rechts-Sprüche. Texte zum Thema Justiz.* Celle: Davids Drucke, 1976.

Blaschzok, Iris (Hrsg.). *Ächt Ätzend! Gesprühte Sprüche mit Esprit.* Münster: F. Coppenrath, 1983.

Blaschzok, Iris (Hrsg.). *Die zehnte Muse heißt Pampel. Geistesblitze unter der Bank.* Münster: F. Coppenrath, 1984.

Blay, Elisabeth (Hrsg.). *Neue Schüler-Sprüche. Steter Tropfen leert das Hirn.* München: Wilhelm Heyne, 1988.

Bloberger, J. F. *Bemerktes. Aphorismen.* Steyr: Ennsthaler, 1984.

Blohm, Jan Christian. *Dachluken. Gedichte, Aphorismen, Lyrik.* Melle: Ernst Knoth, 1993.

Böhmer, Otto A. (Hrsg.). *Leben ist immer – lebensgefährlich. Heitere Sinngedichte aus fünf Jahrhunderten.* München: Deutscher Taschenbuch Verlag, 1990.

Borgsmüller, Horst. *Ich weiß noch nicht.* Gedichte. Berlin: Stoedtner, 1983.

Börne, Ludwig. *Sämtliche Schriften.* Hrsg. von Inge und Peter Rippmann. 2 Bde. Düsseldorf: Joseph Melzer, 1964.

Borneman, Ernest (Hrsg.). *Wir machen keinen langen Mist. 614 Kinderverse.* Frankfurt am Main: S. Fischer, 1981.

Bornemann, Winfried. *Blödel-Sprüche. Bornemanns Beißerchen.* Frankfurt am Main: Eichborn, 1983.

Bosch, Manfred. *Mordio & cetera.* München: Eilers, 1971.

Bosch, Manfred (Hrsg.). *Epigramme – Volksausgabe. Politische Kurzgedichte.* Lollar/Gießen: Andreas Achenbach, 1975.

Bossert, Rolf. *Auf der Milchstraße wieder kein Licht. Gedichte.* Berlin: Rotbuch Verlag, 1986.

Bracht, Udo (Hrsg.). *Bilder von der Schulbank. Kritzeleien aus deutschen Schulen.* München: Carl Hanser, 1978.

Brambach, Rainer. *Ich fand keinen Namen dafür. Gedichte.* Zürich: Diogenes, 1969.

Brecht, Bertolt. *Gesammelte Werke.* Hrsg. von Elisabeth Hauptmann. 20 Bde. Frankfurt am Main: Suhrkamp, 1967.

Breckner, Richard. *Spinngewebe. Aphoristische Gedanken.* Hermannstadt: Krafft & Drotleff, 1929.

Brem, Ilse. *Grenzschritte. Gedichte und Zeichnungen.* Eisenstadt: Roetzer, 1990.

Brie, André, et al. (Hrsg.). *Der Weisheit letzter Schluß. Aphorismen.* Berlin: Eulenspiegel Verlag, 1980.

Brie, André. *Die Wahrheit lügt in der Mitte. Aphorismen.* Berlin: Eulenspiegel Verlag, 1982.

Brie, André. *Am Anfang war das letzte Wort. Aphorismen.* Berlin: Eulenspiegel Verlag, 1985.

Brie, André. *Die Wahrheit lügt in der Mitte / Am Anfang war das letzte Wort. Aphorismen.* Berlin: Eulenspiegel Verlag, 1988.

Brudzinski, Wiesław. *Die rote Katz.* Frankfurt am Main: Suhrkamp, 1980 (1. Aufl. 1970).

Brunner, Frank, Arnim Juhre u. Heinz Kulas (Hrsg.). *Wir Kinder von Marx und Coca-Cola. Gedichte der Nachgeborenen.* Texte von Autoren der Jahrgänge 1945–1955 aus der Bundesrepublik, Österreich und der Schweiz. Wuppertal: Peter Hamm, 1971.

Büchner, Georg. *Werke und Briefe.* Hrsg. von Karl Pörnbacher et al. München: Deutscher Taschenbuch Verlag, 1988.

Budzinski, Klaus (Hrsg.). *Vorsicht, die Mandoline ist geladen. Deutsches Kabarett seit 1964.* Frankfurt am Main: S. Fischer, 1971.

Bülow, Ralf. *Liebe ist heilbar. Sprüche aller Art.* Frankfurt am Main: Gerhard Michler, 1984.

Bülow, Ralf (Hrsg.). *Graffiti 2. Neues an deutschen Wänden.* München: Wilhelm Heyne, 1984.

Bülow, Ralf (Hrsg.). *Graffiti 3. Phantasie an deutschen Wänden.* München: Wilhelm Heyne, 1985.

Bülow, Ralf (Hrsg.). *Graffiti 4. Lieber nett im Bett als cool auf dem Stuhl.* München: Wilhelm Heyne, 1986.

Bundesverband Deutscher Schriftsteller-Ärzte (Hrsg.). *Die Welt so groß und weit. Anthologie.* Frankfurt am Main: Haag + Herchen, 1996.

Burckhardt, Carl Jacob. *Einfälle. Aphorismen und Betrachtungen.* Zürich: Arche, 1978.

Busch, Wilhelm, *Gesamtausgabe.* Hrsg. von Otto Nöldeke. München: Braun & Schneider, 1943. Bes. „Sprikker" in Bd. 5, S. 193–210.

Busch, Wilhelm. *So spricht der Weise. Geflügelte Worte & Reime.* Esslingen: Bechtle, 1981.

Canetti, Elias. *Aufzeichnungen 1942–1985.* München: Carl Hanser, 1993.

Capelle, Torsten. *Rettet dem Dativ! Noch mehr Hörsaalbänke – zweckentfremdet.* Münster: F. Coppenrath, 1982.

Chargaff, Erwin. *Bemerkungen.* Stuttgart: Klett-Cotta, 1981.

Chargaff, Erwin. „Nachträgliche Bemerkungen." In ders., *Über das Lebendige. Ausgewählte Essays.* Stuttgart: Klett-Cotta, 1993. S. 303–337.

Cohn, Hans W. *Mit allen fünf Sinnen. Gedichte.* Hürth bei Köln: Edition Memoria, 1994.

Conrad, Johannes. *Stoß ins Horn, Horniste! Nonsens Nr. 2.* Berlin: Eulenspiegel Verlag, 1989.

Coryllis, Peter (Hrsg.). *Deine Welt im knappen Wort. Aphorismen unserer Freunde. Kleine Anthologie.* Dülmen: Verlag Der Steg im Kreis der Freunde, 1976.

Cöster, Oskar. „Maulschellen für den 'Volksmund' – Epigramme zur Dialektik des Sprichworts." *Projekt Deutschunterricht 12. Kommunikationsanalyse II – Sprachkritik.* Hrsg. von Bodo Lecke. Stuttgart: Metzler, 1978, S. 131–147 u. 168*–175* (Texte).

Cöster, Oskar. „Schüsse aus der Wortkanone." *Stern,* Nr. 9/23. 2. 1978, S. 132.

Cöster, Oskar. *Kämpfe mit Engeln. Gedichte.* Berlin: Wolfgang Fietkau, 1979.

Cwojdrak, Günther. *Beim Namen genannt.* Berlin: Eulenspiegel Verlag, 1983.

Cybinski, Nikolaus. *Werden wir je so klug sein, den Schaden zu beheben, durch den wir es wurden? Aphorismen.* Lörrach: Waldemar Lutz, 1979.

Cybinski, Nikolaus. *In diesem Lande ist das Leben lustig! Wohin du schaust: Lachende Dritte. Aphorismen.* Lörrach: Waldemar Lutz, 1982.

Cybinski, Nikolaus. *Die Unfreiheit hassen wir nun. Wann fangen wir an, die Freiheit zu lieben? Aphorismen.* Freiburg: Klaus Isele, 1987.

Dahlmeyer, Jörg André, u. Hardy Krüger (Hrsg.). *In Deutschland nichts Neues. Gedichte, Essays & Kurzgeschichten wider den Rassismus.* Leutkirch: Verlags-Werkstatt, 1992.

Davi, Hans Leopold. *Distel- und Mistelworte.* Zürich: Pendo, 1971.

Davi, Hans Leopold. *Neue Distel- und Mistelworte.* Zürich: Pendo, 1984.

Davi, Hans Leopold. *Wortwirbel. Aphorismen.* Zürich: Pendo, 1995.

Dedecius, Karl (Hrsg.). *Bedenke, bevor du denkst. 2222 Aphorismen, Sentenzen und Gedankensplitter der letzten hundert Jahre herausgegeben und aus dem Polnischen übertragen.* Frankfurt am Main: Suhrkamp, 1984

Delius, F. C. *Kerbholz. Gedichte.* Reinbek: Rowohlt, 1983.

Doderer, Heimito von. *Repertorium. Ein Begreifbuch von höheren und niederen Lebens-Sachen.* Hrsg. von Dietrich Weber. München: Biederstein, 1969.

Domschke, Gunter. *Sich täglich eine Freude machen. Gedichte.* Schwerin: Reinhard Thon, 1995.

Drechsel-Ritschel, Walter. *Gedankensplitter.* Aachen: Karin Fischer, 1994.

Drescher, Horst. „Notizen." *Sinn und Form,* 35 (1983), S. 576–580.

Drescher, Horst. „Notizen." *Sinn und Form,* 36 (1984), S. 1283–1288.

Drescher, Horst. *Aus dem Zirkus Leben. Notizen 1969–1989.* Berlin: Aufbau-Verlag, 1990.

Dürrenmatt, Friedrich. *Denkanstöße.* Hrsg. von Daniel Keel. Zürich: Diogenes, 1989.

Ebner-Eschenbach, Marie von. *Gesammelte Werke.* Hrsg. von Edgar Groß. 9 Bde. München: Nymphenburger Verlagsbuchhandlung, 1961 (Bd. 9: Aphorismen).

Ebner-Eschenbach, Marie von. *Aphorismen.* Hrsg. von Karl Krolow. Frankfurt am Main: Insel Verlag, 1986.

Eggers, Gerd. *Vorzimmer-Lieder.* Berlin: Verlag Neues Leben, 1982.

Ehrenforth, Werner. *Neue Sitzbeschwerden. Aphorismen.* Berlin: Eulenspiegel Verlag, 1983.

Ehrenforth, Werner. *Die unsterbliche Eintagsfliege. Aphorismen, Fabeln und andere Frechheiten.* Halle: Mitteldeutscher Verlag, 1984.

Ehrenforth, Werner. *Alte Sitzbeschwerden. Aphorismen.* Berlin: Eulenspiegel Verlag, 1990.

Eichberger, Günter. *Der Wolkenpfleger.* Salzburg: Residenz Verlag, 1988.

Eisenreich, Herbert. *Der alte Adam. Aus dem Zettelkram eines Sophisten.* Irdning/Steiermark: Stieglitz Verlag, 1965.

Eisenreich, Herbert. *Groschenweisheiten. Aus dem Zettelkram eines Sophisten.* Irdning/Steiermark: Stieglitz Verlag, 1985.

Emrich, Agnes. *Heiteres Zitatenlexikon.* Heidelberg: Kemper, 1963.

Endrikat, Fred. *Das große Endrikat Buch.* München: Blanvalet, 1976.

Enzensberger, Hans Magnus. *Blindenschrift.* Frankfurt am Main: Suhrkamp, 1964.

Erckenbrecht, Ulrich. *Ein Körnchen Lüge. Aphorismen und Geschichten.* Göttingen: Muriverlag, 1983.

Erckenbrecht, Ulrich. *Maximen und Moritzimen. Bemerkungen über dies und jenes.* Göttingen: Muriverlag, 1991.

Erckenbrecht, Ulrich. *Katzenköppe. Aphorismen/Epigramme.* Göttingen: Muriverlag, 1995.

Erhardt, Heinz. *Das große Heinz Erhardt Buch.* Reinbek: Rowohlt, 1974.

Erhardt, Volker. *„Auch der Kannibale schätzt den Menschen am höchsten." Aphorismen.* Köln: Satire Verlag, 1979.

Eschker, Wolfgang. *Gift und Gegengift. Aphorismen.* Stuttgart: Deutsche Verlags-Anstalt, 1977.

Eschker, Wolfgang. *Mitgift mit Gift. Aphorismen.* München: Eugen Diederichs, 1995.

Fienhold, Ludwig. *Wider-Sprüche.* Frankfurt am Main: Federfuchs, 1978.

Finck, Werner. *Alter Narr – was nun? Die Geschichte meiner Zeit.* München: Deutscher Taschenbuch Verlag, 1975.

Fontane, Theodor. *„Alles kommt auf die Beleuchtung an." Fontane zum Vergnügen.* Hrsg. von Christian Grawe. Stuttgart: Reclam, 1994.

Frank, Klaus. *Die besten Kalauer.* Niedernhausen/Ts.: Falken-Verlag, 1984.

Frank, Klaus D. *Gedichte (1958–1983). Aphorismen (1966–1970).* Frankfurt am Main: Haag und Herchen, 1985.

Franz, Angelika (Hrsg.). *Das endgültige Buch der Sprüche & Graffiti.* München: Wilhelm Heyne, 1987.

Franz, Angelika. *Es gibt viel zu tun – nix wie weg. Neue Bürosprüche.* München: Wilhelm Heyne, 1990.

Franzmeyer, Hans R. *Steinchen am Weg gefunden und bewahrt. Aphorismen.* Glückstadt: J. J. Augustin, 1989.

Fried, Erich. *Warngedichte.* München: Carl Hanser, 1964.

Fried, Erich (Hrsg.). *Was zu sagen ist.* Hrsg. von Claudia Hahm u. Karl-Heinz Pröve. Köln: Bund-Verlag, 1988.

Fried, Erich. *Einbruch der Wirklichkeit. Verstreute Gedichte. 1927–1988.* Berlin: Klaus Wagenbach, 1991.

Fringeli, Dieter. *Ohnmachtwechsel und andere Gedichte aus 20 Jahren.* Zürich: Arche, 1981.

Fritz, Walter Helmut. *Schwierige Überfahrt. Gedichte.* Hamburg: Hoffmann und Campe, 1976.

Fritz, Walter Helmut. *Werkzeuge der Freiheit. Gedichte.* Hamburg: Hoffmann u. Campe, 1983.

Fritz, Walter Helmut. *Gesammelte Gedichte 1979–1994.* Hamburg: Hoffmann u. Campe, 1994.

Fuchs, Günter Bruno (Hrsg.). *Die Meisengeige. Zeitgenössische Nonsensverse.* München: Carl Hanser, 1964.

Fuchs, Günter Bruno. *Gemütlich summt das Vaterland. Gedichte, Märchen, Sprüche und allerhand Schabernack.* München: Carl Hanser, 1984.

Fuchs, Josef Mathias. *Affenmenschen. Gedichte, Verse, Sprüche, Karikaturen.* Ruhstorf an der Rott: Fuchs, 1993.

Funke, Hermann. *Worte und Widerworte. Aphorismen.* Sigmaringen: Thorbecke, 1985.

Funke, Wolfgang. *Funksprüche. Epigramme.* Berlin: Eulenspiegel Verlag, 1984.

Funke, Wolfgang. *Funkenflug. Epigramme.* Berlin: Eulenspiegel Verlag, 1986.

Funke, Wolfgang. *Der Wendehals und andere Mitmenschen. Satirische Epigramme und Kurzgeschichten.* Berlin: Ullstein, 1990.

Gamber, Hans (Hrsg.). *Graffiti. Was an deutschen Wänden steht. Szene-Sprüche.* München: Wilhelm Heyne, 1983.

Gamber, Hans (Hrsg.). *Freche Sprüche für jeden Tag.* Rastatt: Arthur Moewig, 1987.

Garbe, Burckhard, u. Gisela Garbe. *Status quo. Ansichten zur Lage. Visuelle Texte und Collagen 1972–1982.* Göttingen: Herodot, 1982.

Garen, Gina. *Weisheiten im Wind. Aphorismen und Märchen.* Frankfurt am Main: Rita G. Fischer, 1994.

Gernhardt, Robert, F. W. Bernstein u. F. K. Waechter (Hrsg.). *Welt im Spiegel, 1964–1976.* Frankfurt am Main: Zweitausendeins, 1979.

Glismann, Claudia (Hrsg.). *Edel sei der Mensch, Zwieback und gut. Szene-Sprüche.* München: Wilhelm Heyne, 1984.

Glismann, Claudia (Hrsg.). *Ich denke, also spinn ich. Schüler-Sprüche.* München: Wilhelm Heyne, 1984.

Glismann, Claudia (Hrsg.). *Lieber ein Schäferstündchen als zwei Überstunden. Sprüche, Witze und Graffiti vom Arbeitsplatz.* München: Wilhelm Heyne, 1988.

Gloose, Siegfried. *Einfälle – Ausfälle. Aphorismen und verbogene Sprüche.* St. Michael: J. G. Bläschke, 1984.

Goethe, Johann Wolfgang von. *Werke.* Hrsg. von Erich Trunz. 14 Bde. Hamburg: Christian Wegner, 1953.

Goetz, Curt. *Dreimal täglich.* Rezepte. Stuttgart: Deutsche Verlags-Anstalt, 1964.

Gössel, J. *Buch der Wortspiele.* Köln: Hoursch & Bechstedt, 1923.

Gött, Emil. *Gesammelte Werke.* Straßburg: Hünenburg, 1943.

Graff, Sigmund. *Lächelnde Weisheiten. Aphorismen.* München: Moderne Verlags-GmbH, 1967.

Graff, Sigmund. *Lockvögel der Wahrheit. Aphorismen.* Freiburg: Hyperion-Verlag, 1968.

Graff, Sigmund. *Vom Baum der Erkenntnis. Aphorismen.* Krefeld: Scherpe, 1973.

Gransow, Hans, u. Wolfgang Kelsch (Hrsg.). *Gedankenlosigkeit tötet. Aphorismen.* Braunschweig: Internationaler Arbeitskreis Sonnenberg, 1962.

Grass, Günter. *Der Butt.* Darmstadt: Hermann Luchterhand, 1977.

Grass, Günter. *Die Rättin.* Darmstadt: Hermann Luchterhand, 1986.

Grillparzer, Franz. *Sämtliche Werke.* Hrsg. von Peter Frank u. Karl Pörnbacher. Bde. 3–4. München: Carl Hanser, 1964 u. 1965.

Gross, Johannes. *Für- und Gegenwitz.* Stuttgart: Engelhorn, 1993.

Grosz, Christiane. *Blatt vor dem Mund. Gedichte.* Berlin: Aufbau-Verlag, 1983.

Grümmer, Gerhard. *Herzhaft und scherzhaft. Gedichte.* Rostock: Warnow, 1990.

Grunwald, Henning. *Der Narr wirds schon reimen.* Gedichte. Stuttgart: Klett-Cotta, 1982.

Guntermann, Paul (Hrsg.). *Das Lustigste von Seite 3 aus Hörzu: Das fängt ja gut an!* Hamburg: Springer, 1976.

Günther, Joachim. *Findlinge.* Heidelberg: Lambert Schneider, 1976.

Gürster, Eugen. *Narrheiten & Wahrheiten. Aphorismen.* München: Anton Pustet, 1971.

Hacks, Peter. *Lieder, Briefe, Gedichte.* Berlin: Peter Hamm, 1974.

Hafink, Arthur (eigentl. Arthur Hermann Fink). *Hergebrachtes.* Wuppertal: Schlegel, 1969.

Hallstatt, Michael (Hrsg.). *Innen war das Trojanische Pferd ein Wohnmobil. Neue Stilblüten aus deutschen Klassenzimmern.* München: Wilhelm Heyne, 1991.

Harth, Ulli. *Wörtliche Un-Taten. Aphorismen.* Frankfurt am Main: Edition Federfuchs, 1978.

Harth, Ulli. „Sprach-Einbrüche." *Muttersprache,* 91 (1981), S. 196 f.

Hartung, Harald. *Traum im Deutschen Museum. Gedichte 1965–1985.* München: Piper, 1986.

Hassencamp. Oliver. *Klipp & klar. Gute und böse Gedanken.* München: Albert Langen und Georg Müller, 1977.

Hau, Willi (Hrsg.). *Ich geh kaputt – gehst du mit? Sponti-Sprüche.* Frankfurt am Main: Eichborn, 1982.

Hauptmann, Gerhart. *Sämtliche Werke.* Hrsg. von Hans-Egon Hass. 10 Bde. Frankfurt am Main: Propyläen Verlag, 1962–1966.

Hauschka, Ernst R. *Handbuch moderner Literatur im Zitat.* Regensburg: Friedrich Pustet, 1968.

Hauser, Harald. „Einfälle in der Eulenstunde." *Neue deutsche Literatur,* 26 (1978), S. 171–172.

Hausin, Manfred. *Die Stimme Niedersachsens. Gedichte.* Göttingen: Davids Drukke, 1979.

Hausin, Manfred. *Hausinaden, der Epigramme zweiter Band.* Göttingen: Davids Drucke, 1983.

Hausin, Manfred. *Betteln und Hausin verboten! Alle Sprüche, Aphorismen, Epigramme.* Reinbek: Rowohlt, 1987.

Hebbel, Friedrich. *Werke.* Hrsg. von Gerhard Fricke, Werner Keller u. Karl Pörnbacher. Bde. 4 u. 5 (*Tagebücher*). München: Carl Hanser, 1966.

Heine, Heinrich. *Sämtliche Werke.* Hrsg. von Jost Perfahl, Werner Vordtriede u. Uwe Schweikert. München: Winkler, 1972. Bes. „Aphorismen und Fragmente" in Bd. 4, S. 697–750.

Henschelsberg, Wolf von (Hrsg.). *Tipp-Ex für den Direx. Schülerwitze & -Sprüche.* Frankfurt am Main: Eichborn, 1993.

Herdi, Fritz. *Mach kei Witz – scho wieder Mäntig. Sprüch und Witz.* Rorschach: Nebelspalter-Verlag, 1990.

Hesse, Günter. *Die Wände im Knast ... Und sie reden doch. Graffiti aus deutschen Gefängnissen.* 2 Bde. Bremen: Skarabäus-Verlag, 1984.

Heyse, Gerd W. *Der Hund des Nachbarn bellt immer viel lauter. Aphorismen.* Berlin: Eulenspiegel Verlag, 1978.

Heyse, Gerd W. *Musenschuß und Hexenschuß.* Gedichte. Berlin: Eulenspiegel Verlag, 1983.

Heyse, Gerd W. *Gedanken-Sprünge. Aphorismen.* Berlin: Eulenspiegel Verlag, 1988.

Heyse, Gerd W. *Die dritte Seite der Medaille. Aphorismen.* Erfurt: Verlagshaus Thüringen, 1993.

Hildbrand, René, *Arbeit macht Spaß! Sprüche, Verse und Reime.* Bern: Benteli, 1982.

Hildebrandt, Guido. *Spot und Hohn. Eine Unart Aforismen.* Duisburg: Gilles & Francke, 1977.

Hilsbecher, Walter. *Sporaden. Aufzeichnungen aus zwanzig Jahren.* Stuttgart: Ernst Klett, 1969.

Hindel, Günther. *Guter Rat ist teuer. Einfälle und Ausfälle – Sprüche und Widersprüche.* Frankfurt am Main: Haag und Herchen, 1995.

Hindermann, Federico, u. Bernhard Heinser (Hrsg.). *Deutsche Aphorismen aus drei Jahrhunderten.* Zürich: Manesse Verlag, 1987.

Hinrich, Manfred. „Sätze und Gegensätze." *Neue deutsche Literatur,* 29 (1981), S. 173.

Hochstätter, Ursula. „Gedichte." *Literatur und Kritik,* 153 (Apr. 1981), S. 148–152.

Hoff, Kay. *Netzwerk. Gedichte.* Hamburg: Hoffmann und Campe, 1969.

Hohl, Ludwig. *Nuancen und Details.* Frankfurt am Main: Suhrkamp, 1975.

Hollweg, Hans. *In der Kürze die Würze. Aphorismen, Knittelverse, Schüttelreime.* Berlin: Frieling, 1988.

Hopf, Angela, u. Andreas Hopf. *Das große Buch der Weisheiten und Aphorismen.* München: Wilhelm Heyne, 1983.

Hoppe, Karl. „Aphorismen [Wilhelm] Raabes: Chronologisch geordnet." *Jahrbuch der Raabe-Gesellschaft 1960.* Hrsg. von K. Hoppe. Braunschweig: Waisenhaus Verlag, 1960, S. 94–139.

Hornbogen, Chris. *Das Blatt vor meinem Munde. Gereimtes und Ungereimtes.* Berlin: Henschelverlag, 1983.

Horton, Peter. *Die andere Saite. Aphorismen, Satire, Poesie, Meditationen.* Würzburg: Naumann, 1978.

Höss, Dieter. *Wer einmal in den Fettnapf tritt. Satirische Gedichte.* München: Deutscher Taschenbuch Verlag, 1973.

Höss, Dieter. *Hösslich bis heiter. Satiren, Sprüche, Limericks.* Frankfurt am Main: S. Fischer, 1979.

Höss, Dieter. *Hössliche Weihnacht. Satiren, Sprüche, Limericks.* Bergisch Gladbach: Bastei-Lübbe, 1996.

Hülsmanns, Dieter, u. Friedrich Reske (Hrsg.). *Aller Lüste Anfang. Das 7. Buch der Werbung.* Reinbek: Rowohlt, 1973.

Hunfeld, Hans. *Sprichwörtlich.* München: Klett Edition Deutsch, 1989.

Irzykowski, Karol. „Randbemerkungen.“ *Bedenke, bevor du denkst. 2222 [polnische] Aphorismen, Sentenzen und Gedankensplitter.* Hrsg. von Karl Dedecius. Frankfurt am Main: Suhrkamp, 1984, S. 67–97.

Janowski, Hans Norbert. *Das Wichtigste in Kürze. Aphorismen, Sprüche, Sentenzen.* Stuttgart: Radius Verlag, 1988.

Jelinek, Elfriede. *Die Klavierspielerin. Roman.* Reinbek: Rowohlt, 1983.

Jogschies, Rainer. *Das neue Lexikon der Vorurteile.* Frankfurt am Main: Eichborn, 1987.

Jührs, Carola (Hrsg.). *Ächt too matsch. Das allerletzte Sprüchebuch.* Münster: F. Coppenrath, 1985.

Jünger, Friedrich Georg. *Gedanken und Merkzeichen.* Frankfurt am Main: Vittorio Klostermann, 1949.

Kahlau, Heinz. *Querholz. Sinn- und Unsinngedichte.* Berlin: Aufbau-Verlag, 1989.

Kahlau, Heinz. *So oder So. Gedichte 1950–1990.* Berlin: Aufbau Taschenbuch Verlag, 1992.

Kaléko, Mascha. *Hat alles seine zwei Schattenseiten. Sinn- und Unsinngedichte.* Berlin: Arani, 1983.

Kaschnitz, Marie Luise. *Ein Wort weiter. Gedichte.* Hamburg: Claassen, 1965.

Kasper, Hans. *Abel, gib acht. Aktuelle Aphorismen.* Düsseldorf: Econ-Verlag, 1962.

Kasper, Hans. *Revolutionäre sind Reaktionäre. Sätze zur Situation.* Düsseldorf: Econ, 1969.

Kästner, Erich. *Gesammelte Schriften für Erwachsene.* 8 Bde. München: Knaur, 1969 (Bd. 1: Gedichte).

Käufer, Hugo Ernst. *Kehrseiten. Neue Aphorismen.* Oberhausen: Anneliese Althoff, 1984.

Keisch, Henryk. *Gehauen und gestichelt. Neue Vierzeiler.* Berlin: Eulenspiegel Verlag, 1972.

Keisch, Henryk. *Denk-Zettel und Beweg-Gründe. 2 x 100 neue Epigramme.* Berlin: Eulenspiegel Verlag, 1983.

Keitling, Felicia. *Holographie eines Frauenzimmers. Lyrik sowie Aphorismen.* Berlin: Zwei Zwerge Verlag, 1996.

Keller, Albert. *Wer zuletzt denkt, lacht am besten! Witziges gegen unchristliche Humorlosigkeit.* Regensburg: Friedrich Pustet, 1984.

Keller, Hans Peter. *Panoptikum aus dem Augenwinkel. Bruchstücke.* Wiesbaden: Limes, 1966.

Keller, Hans Peter. *Stichwörter – Flickwörter.* Wiesbaden: Limes, 1969.

Kempff, Diana. *Herzzeit. Gedichte.* Salzburg: Residenz Verlag, 1983.

Kempowski, Walter. *Uns geht's ja noch gold. Roman einer Familie.* München: Deutscher Taschenbuch Verlag, 1975 (1. Aufl. 1973).

Kersten, Hanns-Hermann. *Euphorismen & rosa Reime.* Stuttgart: Deutsche Verlags-Anstalt, 1978.

Kessel, Martin. *Gegengabe. Aphoristisches Kompendium für hellere Köpfe.* Darmstadt: Hermann Luchterhand, 1960.

Kessel, Martin. *Kopf und Herz. Sprüche im Widerstreit.* Neuwied am Rhein: Hermann Luchterhand, 1963.

Kipphardt, Heinar. *Umgang mit Paradiesen. Gesammelte Gedichte.* Hrsg. von Uwe Naumann u. Pia Kipphardt. Reinbek: Rowohlt, 1990.

Klein, Felix Joseph. *Gedanken und Gedenken. Aphorismen.* Bonn: Scheur, 1927.

Kleinhardt, Werner B. *Das Lachen der Satten. Fabeln, Gedichte und Aphorismen.* Freiburg: Echo, 1993.

Köhler, Helmut A. *Verse und Aphorismen für das Gästebuch.* Hollfeld: Bange, 1982.

Koltz, Anise. *Den Tag vergraben.* Gedichte. München: Bechtle, 1969.

Kopp, Hans W. *Jagdunfälle. Aphorismen.* Zürich: Stocker & Schmid, 1980.

Kraft, Werner. *Sätze und Ansätze.* Bonn: Georg Heusch, 1991.

Krahmann, Hella, u. Gerhard Uhlenbruck. *Bewegungstherapie im Sitzen.* Stuttgart: Gustav Fischer, 1991.

Kramp, Willy. *Ich habe gesehen. Gedichte.* Stuttgart: Quell, 1985.

Kraus, Karl. *Die dritte Walpurgisnacht.* Hrsg. von Heinrich Fischer. München: Kösel, 1952 (zuerst 1933).

Kraus, Karl. *Beim Wort genommen.* Hrsg. von Heinrich Fischer. München: Kösel, 1955.

Kraus, Karl. *Worte in Versen.* Hrsg. von Heinrich Fischer. München: Kösel, 1959.

Kritzfeld, Ron. *Kleines Universal Flexikon.* 10 Bde. Essen: Selbstverlag des Verfassers, 1974–1985.

Krüger, Manfred. *Denkbilder. Aphorismen.* St. Michael: J. G. Bläschke, 1981.

Krumbholz, Eckart (Hrsg.). *Kein Blatt vorm Mund. Aphorismen und Epigramme.* Berlin: Verlag Tribüne, 1984 (1. Aufl. 1982).

Kruppa, Hans (Hrsg.). *Wo liegt Euer Lächeln begraben? Gedichte gegen den Frust.* Frankfurt am Main: Fischer, 1983.

Kruppa, Hans. *Zaubersprüche. Aphorismen.* München: Hugendubel, 1996.

Kruse, Sigrid. *Das Betreten der Brücke. Gedichte.* Duisburg: Gilles & Francke, 1983.

Kubowsky, Manfred. *Die Stellung ist krampflos zu halten. Aphorismen.* Berlin: Eulenspiegel Verlag, 1981.

Kuckertz, Beate (Hrsg.). *Das große Buch der Büro-Sprüche.* München: Wilhelm Heyne, 1992.

Kudszus, Hans. *Jaworte, Neinworte.* Frankfurt am Main: Suhrkamp, 1970.

Kumor, Aleksander. „Gedanken." In Klaus Sochatzy u. A. Kumor. *Ost-West-Monologe. Aphorismen.* Frankfurt am Main: Rita G. Fischer, 1981, S. 73–92.

Kutsch, Axel (Hrsg.). *Wortnetze III. Neue Gedichte deutschsprachiger Autor(inn)en.* Köln: Initiative Junger Autoren, 1991.

Kutsch, Axel (Hrsg.). *Zacken im Gemüt. Deutschsprachige Lyrik der neunziger Jahre.* Köln: Landpresse, 1994.

Kutscher, Franz A. *Und hinterm Horizont? Aphorismen.* Oberndorf am Neckar: Edition L, 1993.

Küttner, W. P. *Die Stoßstange ist aller Laster Anfang. Die frechsten Liebes-, Lust- und Lästersprüche.* Frankfurt am Main: Eichborn, 1988.

Lamprecht, Bruno. *Silberzwiebeln. Aphorismen, Scherze, Denkanstöße.* Freiburg (Schweiz): Imba Verlag, 1985.

Lamprecht, Helmut. *Die Hörner beim Stier gepackt. Aphorismen, Epigramme, Gedichte.* Stuttgart: Werner Gebühr, 1975.

Lamprecht, Helmut. *Früher hat Lächerlichkeit getötet. 155 Bedenksätze.* Fischerhude: Verlag Atelier im Bauernhaus, 1979.

Lamprecht, Helmut (Hrsg.). *Wenn das Eis geht. Temperamente und Positionen. Ein Lesebuch zeitgenössischer Lyrik.* Fischerhude: Verlag Atelier im Bauernhaus, 1983; München: Deutscher Taschenbuch Verlag, 1983.

Lang, Ewald (Hrsg.). *Wendehals und Stasi-Laus. Demo-Sprüche aus der DDR.* München: Wilhelm Heyne, 1990.

Latsch, Gregori. *Denksplitter. Satirische Aphorismen.* Frankfurt am Main: Cimarron-Verlag, 1977.

Latzel, Sigbert. *Stichhaltiges. Aphorismen.* St. Michael: J. G. Bläschke, 1983.

Laub, Gabriel. *Verärgerte Logik. Aphorismen.* München: Carl Hanser, 1969.

Laub, Gabriel. *Erlaubte Freiheiten. Aphorismen.* München: Carl Hanser, 1975.

Laub, Gabriel. *Denken erlaubt. Aphorismen.* Gütersloh: Bertelsmann, 1977.

Laub, Gabriel. *Das Recht, recht zu haben. Aphorismen.* München: Carl Hanser, 1979.

Laub, Gabriel. *Denken verdirbt den Charakter. Alle Aphorismen.* München: Carl Hanser, 1984.

Lec, Stanisław Jerzy. *Unfrisierte Gedanken.* München: Carl Hanser, 1959.

Lec, Stanisław Jerzy. *Neue unfrisierte Gedanken.* München: Carl Hanser, 1964.

Lec, Stanisław Jerzy. *Letzte unfrisierte Gedanken.* München: Carl Hanser, 1968.

Lec, Stanisław Jerzy. *Das große Stanisław Jerzy Lec Buch. Aphorismen, Epigramme, Gedichte und Prosa.* München: Carl Hanser, 1971; München: Wilhelm Goldmann, 1990.

Lec, Stanisław Jerzy. *Spätlese unfrisierter Gedanken.* München: Carl Hanser, 1976.

Lec, Stanisław Jerzy. *Allerletzte unfrisierte Gedanken.* München: Carl Hanser, 1996.

Leisegang, Dieter. *Unordentliche Gegend. Aphorismen, Gedichte, Übersetzungen. 1960–1970.* Frankfurt am Main: Horst Heiderhoff, 1971.

Leisegang, Dieter. *Aus privaten Gründen. Gedichte und Aphorismen.* Frankfurt am Main: Horst Heiderhoff, 1973.

Lembke, Robert. *Das Beste aus meinem Glashaus. Humoristisches und Satirisches.* Frankfurt am Main: S. Fischer, 1977.

Lemke, Luise. *Besser jut jelebt und det noch recht lange. Noch mehr Berliner Sprüche.* Berlin: Arani-Verlag, 1984.

Lenz, Siegfried. *Brot und Spiele.* Hamburg: Hoffmann und Campe, 1959. München: Deutscher Taschenbuch Verlag, 1974.

Leonhard, Rudolf. *Aeonen des Fegefeuers. Aphorismen.* Leipzig: Kurt Wolff, 1917.

Lettke, Klaus. *Die Achilles-Verse. Satironie für dich und Sie.* Berlin: Verlag Tribüne, 1979.

Lichtenberg, Georg Christoph. *Schriften und Briefe, Sudelbücher.* Hrsg. von Wolfgang Promies. 2 Bde. Darmstadt: Wissenschaftliche Buchgesellschaft, 1968–1971.

Logau, Friedrich von. *Sämtliche Sinngedichte.* Hrsg. von Gustav Eitner. Tübingen: L. F. Fues, 1872.

Luczak, Jeannine. *Schweigegeld als Landeswährung. Aphorismen.* Olten: Walter, 1984.

Maaß, Winfried (Hrsg.). *Worte der Woche. Die stärksten Sprüche bekannter Zeitgenossen.* Hamburg: Stern-Buch, 1988.

Macheiner, Dorothea. *Splitter. Gedichte.* Baden bei Wien: G. Grasl, 1981.

Mahkorn, Richard (Hrsg.). *Büro-Sprüche.* München: Wilhelm Heyne, 1985.

Maiwald, Peter. *Wortkino. Notizen zur Poesie.* Frankfurt am Main: S. Fischer, 1993.

Marcuse, Ludwig. *Argumente und Rezepte. Ein Wörterbuch für Zeitgenossen.* Zürich: Diogenes, 1973 (1. Aufl. 1967).

Marianowicz, Antoni, u. Ryszard Marek Gronski (Hrsg.). *Denkspiele. Polnische Aphorismen des zwanzigsten Jahrhunderts.* Frankfurt am Main: Insel Verlag, 1974.

Märki, Pascal. *Denkbar. Aphorismen und Bilder.* Karlsruhe: Loeper, 1986.

Marti, Kurt. *Schilfgräser. Aphorismen.* Lugnorre (Schweiz): Dendron Verlag, 1985.

Marti, Kurt. *Mein barfüßig Lob. Gedichte.* Darmstadt: Hermann Luchterhand, 1987.

Martinez, Susanna. *Wir sind Frau Lot. Gedichte zum Angreifen.* Mannheim: Feuerbaum, 1986.

Martinez, Susanna. *Aber der Mensch.* Mannheim: Feuerbaum, 1991.

Martinez, Susanna. *Mich menschenkundig machen. Sprachspäne.* Mannheim: Feuerbaum, 1991.

Mautz, Kurt. *Ortsbestimmung. Gedichte, grammatische Balladen, Permutationen.* Düsseldorf: Eremiten-Presse, 1984.

Meier O'Mayr, Josef. *Wo lassen Sie denken? Weisheiten und Naseweisheiten.* Pfaffenhofen: W. Ludwig, 1983.

Menzel, Hans (Hrsg.). *Illustrierte Spruch-Auslese. Leitsprüche, Sprichwörter, Zitate und Aphorismen zu 31 Themen.* 2 Bde. Hinterbrühl bei Wien: Bellaprint-Verlag, 1984.

Meyer, Wolfgang. *Sprüche und Gedichte. Aphorismen.* Berlin: Frieling, 1997.

Michael, Roland (Hrsg.). *Treffend bemerkt. Das Buch der 1000 Aphorismen.* Gütersloh: Heinz Peter, 1983.

Mieder, Wolfgang (Hrsg.). *Antisprichwörter.* 3 Bde. Wiesbaden: Verlag für deutsche Sprache, 1982. Wiesbaden: Gesellschaft für deutsche Sprache, 1985; Wiesbaden: Quelle & Meyer, 1989.

Mieder, Wolfgang (Hrsg.). *„Kommt Zeit – kommt Rat!?" Moderne Sprichwortgedichte von Erich Fried bis Ulla Hahn.* Frankfurt am Main: Rita G. Fischer, 1990.

Mieder, Wolfgang (Hrsg.). *„Deutsch reden." Moderne Redensartengedichte von Rose Ausländer bis Yaak Karsunke.* Frankfurt am Main: Rita G. Fischer, 1992.

Mieder, Wolfgang (Hrsg.). *„Hasen im Pfeffer." Sprichwörtliche Kurzprosatexte von Marie Luise Kaschnitz bis Martin Walser.* Frankfurt am Main: Rita G. Fischer, 1995.

Mieder, Wolfgang (Hrsg.). *Ver-kehrte Worte. Antizitate aus Literatur und Medien.* Wiesbaden: Quelle & Meyer, 1997.

Mieder, Wolfgang. *Fragwürdige Weisheiten. Antisprichwörter aus Literatur und Medien.* Wiesbaden: Quelle & Meyer, 1998.

Mitsch, Werner. *Spinnen, die nicht spinnen, spinnen. Sprüche. Nichts als Sprüche.* Stuttgart: Heinz u. Margarete Letsch, 1978.

Mitsch, Werner. *Fische, die bellen, beißen nicht. Sprüche. Nichts als Sprüche.* Stuttgart: Heinz u. Margarete Letsch, 1979.

Mitsch, Werner. *Pferde, die arbeiten, nennt man Esel. Sprüche. Nichts als Sprüche.* Stuttgart: Heinz u. Margarete Letsch, 1980.

Mitsch, Werner. *Hunde, die schielen, beißen daneben. Sprüche. Nichts als Sprüche.* Stuttgart: Heinz u. Margarete Letsch, 1981.

Mitsch, Werner. *Bienen, die nur wohnen, heißen Drohnen. Sprüche. Nichts als Sprüche.* Stuttgart: Heinz u. Margarete Letsch, 1982.

Mitsch, Werner. *Das Schwarze unterm Fingernagel. Sprüche. Nichts als Sprüche.* Stuttgart: Heinz u. Margarete Letsch, 1983.

Mitsch, Werner. *„Grund- & Boden-Sätze." Sprüche. Nichts als Sprüche.* Stuttgart: Heinz u. Margarete Letsch, 1984.

Mitsch, Werner. *Hin- und Widersprüche.* Rosenheim: Alfred Förg, 1986.

Mitsch, Werner. *Wer den Wal hat, hat die Qual. 800 Unsinnssprüche für alle Gelegenheiten.* München: Wilhelm Heyne, 1987.

Mitsch, Werner. *Neue Hin- und Widersprüche.* Rosenheim: Alfred Förg, 1988.

Mocker, Wolfgang. „Nicht-mehr-aus-noch-ein-Sprüche." *Neue deutsche Literatur,* 29 (1981), S. 167.

Mocker, Wolfgang. „Euphorismen." *Neue deutsche Literatur,* 30 (1982), S. 171.

Mocker, Wolfgang. *Gedankengänge nach Canossa. Euphorismen und andere Anderthalbwahrheiten.* Berlin: Eulenspiegel Verlag, 1987.

Mon, Franz. *Fallen stellen. Texte aus mehr als elf Jahren.* Spenge: Klaus Ramm, 1981.

Morgenstern, Christian. *Gesammelte Werke in einem Band.* Hrsg. von Margareta Morgenstern. München: Piper, 1965.

Moriz, Eduard (Hrsg.). *Nimm's leicht, nimm mich. Sponti-Sprüche No. 3.* Frankfurt am Main: Eichborn, 1983.

Moriz, Eduard (Hrsg.). *Ohne Dings kein Bums. Sponti-Sprüche No. 4.* Frankfurt am Main: Eichborn, 1984.

Moriz, Eduard (Hrsg.). *Lieber intim als in petto. Sponti-Sprüche No. 5.* Frankfurt am Main: Eichborn, 1984.

Moriz, Eduard (Hrsg.). *Lieber „Bums" als „Fallera". Sprüche aus der Beziehungskiste.* Frankfurt am Main: Eichborn, 1985.

Moriz, Eduard (Hrsg.). *Lieber sauweich als eberhard. Sponti-Sprüche No. 6.* Frankfurt am Main: Eichborn, 1986.

Moser, Jürg. *Randbemerkungen.* Hannoversch Münden: Chr. Gauke, 1977.

Moser, Jürg. „Winke mit dem Zaunpfahl." *Nebelspalter,* Nr. 14/7. 4. 1981, S. 15.

Müller, Inge. *Wenn ich schon sterben muß. Gedichte.* Berlin: Aufbau-Verlag, 1985.

Müller, Jupp. *Pfennigwahrheiten und Groschensprüche.* Berlin: Eulenspiegel Verlag, 1980.

Müller, Jupp. *Gespitzt – und gepfiffen! Aphorismen, Epigramme, Gedichte.* Halle: Mitteldeutscher Verlag, 1981.

Müller-Dietz, Heinz. *Recht sprechen & rechtsprechen. Neue Aphorismen und Glossen.* Heidelberg: C. F. Müller Juristischer Verlag, 1987.

Musil, Robert. *Tagebücher, Aphorismen, Essays und Reden.* Hrsg. von Adolf Frisé. Hamburg: Rowohlt, 1955.

Nestroy, Johann. *Stich- und Schlagworte.* Hrsg. von Reinhard Urbach. Frankfurt am Main: Insel Verlag, 1977.

Neumann, Gerhard (Hrsg.). *Deutsche Epigramme.* Stuttgart: Reclam, 1971.

Neuss, Wolfgang. *Tunix ist besser als arbeitslos. Sprüche eines Überlebenden.* Hrsg. von Volker Kühn. Reinbek: Rowohlt, 1985.

Nickel, Karl Leberecht Emil (Hrsg.). *Schüttelreime. Eine Anthologie.* Hildesheim: Lax, 1995.

Nieden, Eberhard zur. „Schüsse aus der Wortkanone." *Stern*, Nr. 13/23. 3. 1978, S. 100.

Niederreuther, Thomas. *Wer hat schon Mitleid mit einem Krokodil? Aphorismen.* Gauting: Peter Kirchheim, 1967.

Nietzsche, Friedrich. *Werke.* Hrsg. von Karl Schlechta. 3 Bde. München: Carl Hanser, 1954.

Normann, Reinhard von. *Starke Sprüche.* Wiesbaden: Englisch, 1986.

Nüsse, Heinrich. *Früh-Nachrichten.* Zürich: Pendo, 1973.

Oprei, Peter. *Bedenkliches – Unbedenkliches.* Aphorismen. St. Michael: J. G. Bläschke, 1983.

Pastior, Oskar. *Fleischeslust.* Lichtenberg: Klaus Ramm, 1976.

Petan, Žarko. *Mit leerem Kopf nickt es sich leichter. Satirische Aphorismen.* Graz: Styria, 1979.

Petan, Žarko. *Himmel in Quadraten. Aphorismen und kleine Prosa.* Graz: Styria, 1981.

Petan, Žarko. V*or uns die Sintflut. Aphorismen. Ein immerwährendes Kalendarium.* Graz: Styria, 1983.

Petan, Žarko. *Viele Herren von heute waren gestern noch Genossen. Neue Aphorismen.* Graz: Styria, 1990.

Pfennig, Jörn. *Kopfsprünge – Herzsprünge. Gedichte.* München: Wilhelm Heyne, 1993.

Platta, Holdger. *Grünanlagen. Politische und andere Gedichte.* Göttingen: Sage & Schreibe, 1985.

Radtke, Günter. *Gedanken zum Selbermachen. Aphorismen und Geschichten.* Gerlingen: Bleicher, 1987.

Rauchberger, Karl Heinz, u. Ulf Harten (Hrsg.). *„Club-Sprüche." Eingesandt von Hörern der NDR-Jugendsendung „Der Club".* Hamburg: Verlag Hanseatische Edition, 1983.

Rauchberger, Karl Heinz, u. Ulf Harten (Hrsg.). *Sprüche II.* Hamburg: Verlag Hanseatische Edition, 1984.

Rauner, Liselotte. *Wenn der Volksmund mündig wird. Slogans, Songs und Epigramme.* Wuppertal: Peter Hammer, 1973.

Rauner, Liselotte. *Kein Grund zur Sorge. Gedichte, Epigramme, Songs.* Oberhausen: Asso Verlag, 1985.

Rauner, Liselotte. *Schleifspuren. Gedichte, Epigramme, Sonette.* Oberhausen: Asso Verlag, 1987.

Reiter, Helmut. „Sprichwörter aus einer wiedergefundenen Fibel." *Neue deutsche Hefte*, 11 (1964), S. 81.

Reller, Gisela (Hrsg.). *666 und sex mal Liebe. Auserlesenes.* Halle: Mitteldeutscher Verlag, 1987.

Renner, Felix. *Aphoristische Schwalben.* Oberwil bei Zug: Rolf Kugler, 1980.

Renner, Felix. „Aphorismen." *Sprachspiegel*, 39 (1983), 60.

Renner, Felix. „Sprüche und Widersprüche – Aphorismen, I–XX." *Zuger Neujahrsblatt*, 1. 1. 1985, S. 83–87.

Renner, Felix. *Vorwiegend Unversöhnliches an kurzer Leine. Aphorismen.* Basel: Cornfeld, 1987.

Renner, Felix. *Vorletzte Worte. Aphorismen.* Rorschach: Nebelspalter-Verlag, 1994.

Reutter, Rita. *Kleiner Sonnenstrahl. Gedichte und Aphorismen.* Frankfurt am Main: Haag + Herchen, 1995.

Richter, Walter. *Aphorismen und Zeichnungen.* Offenbach: Arnim Otto, 1995.

Richter, Walter. *Viele spielen die erste Geige ohne Instrument. Aphorismen und Zeichnungen.* Offenbach: Arnim Otto, 1995.

Riedl, Ute. *Verbotenes. Gedichte.* Aachen: Karin Fischer, 1994.

Rilke, Phia. *Ephemeriden.* Hrsg. von Wolfgang Schneditz. Graz: Jos. A. Kienreich, 1949 (1. Aufl. 1900).

Ritz, Hans (eigentl. Ulrich Erckenbrecht). *Ringelsternchen. Gedichte.* Göttingen: Muriverlag, 1984.

Rizy, Günter. *Weissglutfunken. Aphorismen.* Frankfurt am Main: Rita G. Fischer, 1989.

Rolfs, Rudolf. *Schlag nach bei Rolfs.* Frankfurt am Main: Die Schmiede, 1976 (1. Aufl. 1967).

Rolfs, Rudolf. *Inventur eines Hirns.* Frankfurt am Main: Die Schmiede, 1970.

Rolfs, Rudolf. *Fragen Sie August Pi! Ein Circus d'esprit mit 1444 Widersprüchen.* Frankfurt am Main: Die Schmiede, 1980.

Roman, Christian (Hrsg.). *Lieber 'ne Sechs, als überhaupt keine persönliche Note. Schüler-Sprüche No. 1.* Frankfurt am Main: Eichborn, 1984.

Roman, Christian (Hrsg.). *Reden ist Silber, Schweigen ist fünf. Schüler-Sprüche No. 2.* Frankfurt am Main: Eichborn, 1985.

Roman, Christian (Hrsg.). *Big Mäc is watching you! Schüler-Sprüche No. 3.* Frankfurt am Main: Eichborn, 1986.

Rommel, Manfred. *Gesammelte Sprüche.* Hrsg. von Ulrich Frank-Planitz. Stuttgart: Engelhorn, 1988.

Ronner, Markus. *Moment Mal!* [Sagwörter]. Bern: Benteli, 1977.

Roth, Eugen. *Der letzte Mensch.* München: Carl Hanser, 1964.

Roth, Eugen. *Ins Schwarze. Limericks und Schüttelreime.* München: Carl Hanser, 1968.

Roth, Eugen. *Das neue Eugen Roth Buch.* München: Carl Hanser, 1970.

Roth, Eugen. *Genau besehen. Verse und Anekdoten.* München: Deutscher Taschenbuch Verlag, 1976 (1. Aufl. 1971).

Roth, Eugen. *Sämtliche Menschen.* München: Carl Hanser, 1983.

Rumpf, Michael. *Gedankensprünge. Aphorismen.* Heidelberg: Manutius, 1986.

Rumpf, Michael. *Gedankenfäden. Aphorismen.* Heidelberg: Manutius, 1992.

Rychner, Max. *Lavinia oder die Suche nach Worten. Aphorismen.* Darmstadt: Erato-Presse, 1962.

Sachse, Kurt. *Lyrik im Volkston. Gedichte und Sprüche.* Frankfurt am Main: Rita G. Fischer, 1995.

Saphir, Moritz Gottlieb. *Mieder und Leier. Gedankenblitze aus dem Biedermeier.* Hrsg. von Manfred Barthel. Freiburg: Walter, 1978.

Schaefer, Hartmut. *Kleine Wegmarken. Gedichte und Aphorismen.* St. Michael: J. G. Bläschke, 1984.

Scharpenberg, Margot. *Rahmenwechsel. Fünfundsiebzig Gedichte mit dreizehn Zeichnungen.* Duisburg: Gilles & Francke, 1992.

Schaukal, Richard. *Erlebte Gedanken. Neuer Zettelkasten.* München: Georg Müller, 1918.

Scherer, Burkhard, Udo P. Schewietzek u. Helmut Schmid (Hrsg.). *Ein guter Spruch zur rechten Zeit. Demosprüche von den Sechzigern bis heute.* Gießen: Focus, 1981.

Schlesinger, Saskia (Hrsg.). *Mach dir einen schönen Lenz und schwänz. Schülersprüche – Schülerwitze.* München: Wilhelm Heyne, 1987.

Schneyder, Werner. *Empfehlung der einfachen Schläge. Aphorismen, Epigramme, Gedichte.* Wien: Europaverlag, 1973.

Schneyder, Werner. *Die Vermeidung von Rückschlägen. Aphorismen, Epigramme, Gedichte.* Wien: Europaverlag, 1976.

Schneyder, Werner. *Vom Nachlassen der Schlagkraft. Aphorismen, Epigramme, Betrachtungen.* Wien: Europaverlag, 1979.

Schneyder, Werner. *Gelächter vor dem Aus. Die besten Aphorismen und Epigramme.* München: Kindler, 1980.

Schneyder, Werner. *Herz im Hirn. Lyrik, Aphorismen und Prosa.* Hrsg. von Siegfried Mahler. Berlin: Henschelverlag, 1988.

Schnitzler, Arthur. *Gesammelte Werke: Aphorismen und Betrachtungen.* Hrsg. von Robert O. Weiss. Frankfurt am Main: S. Fischer, 1967.

Schnitzler, Arthur. *Alles kann Verführung sein. Aphorismen, Sprüche und Parabeln.* Hrsg. von Ruth Greuner. Berlin: Buchverlag Der Morgen, 1989.

Scholz, Wilhelm von. *Irrtum und Wahrheit. Neue Aphorismen.* Gütersloh: Bertelsmann, 1950.

Schröder, Jorg. *Findling und Flut. Gedichte und Aphorismen.* Berlin: Verlag Tribüne, 1978.

Schröter, Heinrich. *Ha, welche Lust, Zitat zu sein! Spruchbuch zum Fortschreiben.* München: Chr. Gauke, 1977.

Schröter, Heinrich. *Worte wie Wahrzeichen. Hauptsätze zu Hauptthemen und Hauptsachen.* Wiesbaden: Edition Retörsch, 1984 (erweit. 2. Aufl. 1990).

Schröter, Heinrich. *Lebensworte. Kürzesttexte zum Fort- und Gegenschreiben.* Willebadessen: Zwiebelzwerg Verlag, 1991.

Schulze, Axel. *Vogelbilder. Gedichte.* Halle: Mitteldeutscher Verlag, 1985.

Schumann, Gerhard. *Spruchbuch.* Bodman: Hohenstaufen-Verlag, 1981.

Schütt, Hans-Dieter. *Diesseits der eigenen Haustür. Aphorismen.* Berlin: Eulenspiegel Verlag, 1988.

Schweppenhäuser, Hermann. *Verbotene Frucht. Aphorismen und Fragmente.* Frankfurt am Main: Suhrkamp, 1966.

Schwöbel, Hans-Peter. *Wir Individualisten.* Mannheim: Wirkstadt-Verlag, 1985.

Schwöbel, Hans-Peter. *Salz. Gedichte, Aphorismen.* Mannheim: Feuerbaum, 1986.

Siewers, Ehrfried. „Antisprichwörter.“ *Der Sprachdienst*, 28 (1984), S. 31.

Sigel, Kurt. *Feuer, de Maa brennt. Allerlei kauzige Verse. Sauf-, Liebes- und Kannibalenlieder in Frankfurter Mundart.* Frankfurt am Main: Timm Gierig, 1968.

Sigel, Kurt. *Gegenreden – Quergebabbel. Hessische Mundartsprüche, Gedichte, Redensarten.* Düsseldorf: Claassen, 1978.

Sigel, Kurt. *Verse gegen taube Ohren. Gedichte zweisprachig.* Frankfurt am Main: Fricke, 1983.

Skirecki. Ingetraud (Hrsg.). *Das Trojanische „Stecken“pferd. Aphorismen.* Berlin: Eulenspiegel Verlag, 1986.

Skupy, Hans-Horst. *Aphorismen. Abgeleitete Geistesblitze. Ein „Aber-Glaubensbekenntnis“ in Aphorismen, Metaphern, Parabeln.* München: Ring, 1977.

Skupy, Hans-Horst. „Buchkauf: Vertrauensvorschuss.“ *Nebelspalter*, Nr. 40/2. 10. 1979, S. 79.

Sochatzy, Klaus. *Adnotationen. Gegenreden gegen Reden und Gerede. Aphorismen.* Frankfurt am Main: Rita G. Fischer, 1979.

Sochatzy, Klaus. „Reflexionen.“ In ders. u. Aleksander Kumor, *Ost-West-Monologe. Aphorismen.* Frankfurt am Main: Rita G. Fischer, 1981, S. 7–72.

Sochatzy, Klaus. *Widerworte nach der „Wende". Aphorismen.* Frankfurt am Main: Rita G. Fischer, 1984.

Sparschuh, Jens. „Aphorismen." *Neue deutsche Literatur*, 31 (1983), S. 168.

Spörl, Gerhard (Hrsg.). *Nagel' mal 'nen Pudding an die Wand. Eine Auswahl aus den „Worten der Woche" aus der Wochenzeitung „Die Zeit".* Frankfurt am Main: Rita G. Fischer, 1983.

Sprenger, Werner. *Ordensunreife Gedanken I. Eindeutige Sätze gegen höchst zweideutige Zustände.* Freiburg: Nie/nie/sagen-Verlag, 1978.

Sprenger, Werner. *Zu Oasen führen alle Wege durch die Wüste.* Freiburg: Nie/nie/sagen-Verlag, 1978.

Steinhaus, Hugo. „Pragmatische Nächstenliebe." *Bedenke, bevor du denkst. 2222 [polnische] Aphorismen, Sentenzen und Gedankensplitter.* Hrsg. von Karl Dedecius. Frankfurt am Main: Suhrkamp, 1984, S. 193–214.

Steinmeyer, Beate (Hrsg.). *Wer seine Hände in den Schoß legt, muß deshalb nicht untätig sein. Die neuesten Bürosprüche.* München: Wilhelm Heyne, 1989.

Steinwart, Anne. *Wer hat schon Flügel. Gedichte.* München: Mosaik, 1984.

Stengel, Hansgeorg. *Stenglisch for you. Epigramme.* Berlin: Eulenspiegel Verlag, 1971.

Stengel, Hansgeorg. *Der Unschuldsstengel. Epigramme.* Berlin: Eulenspiegel Verlag, 1978.

Stengel, Hansgeorg. *Mit Stengelsgeduld. Epigramme.* Berlin: Eulenspiegel Verlag, 1980.

Stengel, Hansgeorg. *Stengelsextrakt. Ein epigrammatisches Vademekum.* Berlin: Eulenspiegel Verlag, 1982.

Stengel, Hansgeorg. *Stenglisch Waltz. Epigramme.* Berlin: Eulenspiegel Verlag, 1986.

Strahl, Manfred. *Ausleg-Ware. Aphorismen.* Berlin: Eulenspiegel Verlag, 1989.

Strahl, Manfred. *Hiebe auf den ersten Blick. Aphorismen.* Berlin: Edition q, 1992.

Strauss, Ludwig. *Wintersaat. Ein Buch aus Sätzen.* Zürich: Manesse Verlag, 1953.

Strittmatter, Erwin. *Der Wundertäter. Roman.* 3 Bde. Berlin: Aufbau-Verlag, 1974 u. 1980 (1. Aufl. 1966, 1973 u. 1980).

Strittmatter, Erwin. *Selbstermunterungen.* Berlin: Aufbau-Verlag, 1981 (geschrieben 1966 u. 1967).

Struck, Karin. *Klassenliebe. Roman.* Frankfurt am Main: Suhrkamp, 1973.

Tackmann, Kurt. „Aphorismen.“ Sechsseitiges Manuskript (Apr. 1995) aus Berlin.

Tamsen, Alexander. *Ein Spinnerich liebt eine Spinne. Tierisch heitere Verse.* Berlin: Frieling, 1993.

Tange, Ernst Günter (Hrsg.). *Sag's mit Biß. Das Wörterbuch der boshaften Definitionen.* Frankfurt am Main: Eichborn, 1985.

Tange, Ernst Günter (Hrsg.). *Wörterbuch für Querdenker. Boshafte Definitionen.* Frankfurt am Main: Eichborn, 1987.

Tange, Ernst Günter (Hrsg.). *Funk-Sprüche. Geistesblitze zum Thema Fernsehen.* Frankfurt am Main: Eichborn, 1988.

Thomsen, Bernd (Hrsg.). *Haste was, pisste was. Klo-Sprüche.* München: Wilhelm Heyne, 1985.

Thomsen, Bernd (Hrsg.). *Ihr geht mit der Welt um als hättet ihr eine zweite im Keller! Polit-Graffiti & Demo-Sprüche.* München: Wilhelm Heyne, 1986.

Thomsen, Bernd (Hrsg.). *Lieber die dunkelste Kneipe als den hellsten Arbeitsplatz. Neue Büro-Sprüche.* München: Wilhelm Heyne, 1986.

Thomsen, Bernd (Hrsg.). *Pissen ist Macht. Neue Klo-Sprüche.* München: Wilhelm Heyne, 1986.

Thomsen, Bernd (Hrsg.). *Wer im Bett lacht, lacht am besten. Horizontale Graffiti, Witze, Bilder und Sprüche.* München: Wilhelm Heyne, 1986.

Thomsen, Winfried. *Modell Deutschland. Jahrbuch für vaterlandslose Geselligkeit 666 Radikalauer.* Hamburg: Konkret Literatur Verlag, 1978.

Thomsen, Winfried. *Radikalauer.* Frankfurt am Main: Eichborn, 1981 (erweit. Aufl. 1982).

Tille, Peter. „Pfefferkörner.“ *Der Weisheit letzter Schluß. Aphorismen.* Hrsg. von André Brie. Berlin: Eulenspiegel Verlag, 1980, S. 79–99.

Tille Peter. *Sommersprossen. 666 aphoristische Gesichtspunkte.* Halle: Mitteldeutscher Verlag, 1983.

Tönnies, Ilse. *In den Spiegel geworfen. Aphorismen.* Berlin: Stapp, 1978.

Törne, Volker von. *Im Lande Vogelfrei. Gesammelte Gedichte.* Berlin: Klaus Wagenbach, 1981.

Trunschke, Olaf Carsten. „Aphorismen.“ *Sinn und Form,* 33 (1981), S. 1324 f.

Tschopp, Charles. *Aphorismen.* Zürich: Schweizer Spiegel Verlag, 1938.

Tucholsky, Kurt. *Gesammelte Werke.* Hrsg. von Mary Gerold-Tucholsky u. Fritz J. Raddatz. 3 Bde. Reinbek: Rowohlt, 1960.

Tucholsky, Kurt. *Schnipsel.* Hrsg. von Mary Gerold-Tucholsky u. Fritz J. Raddatz. Reinbek: Rowohlt, 1973.

Uhlenbruck, Gerhard. *Ins eigene Netz. Aphorismen.* Aachen: Josef Stippak, 1977.

Uhlenbruck, Gerhard. *Einfach gesimpelt. Aphorismen.* Aachen: Josef Stippak, 1979.

Uhlenbruck, Gerhard. *„Den Nagel auf den Daumen getroffen." Aphorismen.* Köln: Deutscher Ärzte-Verlag, 1980.

Uhlenbruck, Gerhard. *Frust-Rationen. Aphorismen.* Aachen: Josef Stippak, 1980.

Uhlenbruck, Gerhard. *Keiner läßt seine Masche fallen. Aphorismen.* Aachen: Josef Stippak, 1981.

Uhlenbruck, Gerhard. *Medizinische Aphorismen.* Heidelberg: Verlag Jungjohann, 1982. 2., veränd. Aufl. Neckarsulm: Natura Med Verlagsgesellschaft, 1994.

Uhlenbruck, Gerhard. *Nächstenhiebe. Aphoristische Sticheleien.* Aachen: Josef Stippak, 1983.

Uhlenbruck, Gerhard. *„Mensch ärgere mich nicht." Wieder Sprüche und Widersprüche.* Köln: Deutscher Ärzte-Verlag, 1984.

Uhlenbruck, Gerhard. *Eigenliebe macht blind. Hinrissige Gedankensprünge und Aphorismen.* Aachen: Josef Stippak, 1985.

Uhlenbruck, Gerhard. „Gedankensprünge, welche die Latte reißen." *Almanach deutscher Schriftsteller-Ärzte 1987.* Hrsg. von Jürgen Schwalm. Marquartstein: Th. Breit, 1986 [sic], S. 186–190.

Uhlenbruck, Gerhard. *Kaffeesätze. Gedankensprünge in den Sand des Getriebes.* Erkrath: Spiridon, 1987.

Uhlenbruck, Gerhard. *Kölner Klüngel Kalender.* Pulheim: Rhein-Eifel-Mosel Verlag, 1988.

Uhlenbruck, Gerhard. *Aphorismen sind Gedankensprünge in einem Satz.* Thun: Ott, 1989.

Uhlenbruck, Gerhard. *No Body is perfect! Rezepte von Arztbesuch bis Zeitvertreib.* Pulheim: Rhein-Eifel-Mosel Verlag, 1989.

Uhlenbruck, Gerhard. *Darum geht's nicht ...? Aphorismen.* Hilden: Edition Ahland, 1990.

Uhlenbruck, Gerhard. „Einschlägige Geistesblitze." *Almanach deutscher Schriftsteller-Ärzte 1991.* Hrsg. von Jürgen Schwalm. Marquartstein: Th. Breit, 1990 [sic], S. 223–227.

Uhlenbruck, Gerhard. *Ein-Satz-Diagnosen. Spritzige Wahrheiten in einem Satz von einem Mediziner für Ärzte und Patienten.* Wehrheim/Ts.: Mediteg-Verlag, 1991.

Uhlenbruck, Gerhard. „Das aktuelle Spott-Studio: 50 neue Lauf-Aphorismen." *Das Lauflesebuch.* Hrsg. von Detlef Kuhlmann. Aachen: Meyer & Meyer, 1992, S. 78–81.

Uhlenbruck, Gerhard. „Hechtsprünge in den Karpfenteich." *Almanach deutscher Schriftsteller-Ärzte 1993.* Hrsg. von Jürgen Schwalm. Marquartstein: Th. Breit, 1992 [sic], S. 468–472.

Uhlenbruck, Gerhard. „Lebenslügen haben kurze Beine – Altersweisheiten." *Almanach deutscher Schriftsteller-Ärzte 1994.* Hrsg. von Jürgen Schwalm. Marquartstein: Th. Breit, 1993 [sic], S. 515–520.

Uhlenbruck, Gerhard. *Das darf doch wahr sein! Aphoristische Gedanken.* Hilden: Edition Ahland, 1994.

Uhlenbruck, Gerhard. „100 Aphorismen: Literarische Homöopathie." *Almanach deutscher Schriftsteller-Ärzte 1995.* Hrsg. von Jürgen Schwalm. Marquartstein: Th. Breit, 1994 [sic], S. 535–541.

Uhlenbruck, Gerhard. „Giftpfeile aus dem Sprachrohr: Aphoristische Ketzereien." *Die Welt so groß und weit. Anthologie.* Hrsg. von dem Bundesverband deutscher Schriftsteller-Ärzte. Frankfurt am Main: Haag und Herchen, 1996, S. 163–180.

Uhlenbruck, Gerhard. „Hirnbissig: 100 Sprüche eines Aberwitzboldes." *Almanach deutscher Schriftsteller-Ärzte 1997.* Hrsg. von Jürgen Schwalm. Marquartstein: Th. Breit, 1996 [sic], S. 455–461.

Uhlenbruck, Gerhard. *Nichtzutreffendes bitte streichen. Aphoristische Gedankengangarten.* Köln: Ralf Reglin, 1996.

Uhlenbruck, Gerhard. *Wieder Sprüche zu Widersprüchen. Satzweise sogar weise Sätze.* Köln: Ralf Reglin, 1997.

Uhlenbruck, Gerhard, u. Hans-Horst Skupy (Hrsg.). *Treffende Zitate zum Thema „Der Mensch und sein Arzt".* Thun: Ott, 1980.

Uhlenbruck, Gerhard, Hans-Horst Skupy u. Hanns-Hermann Kersten. *Ein gebildeter Kranker. Trost- und Trutz-Sprüche für und gegen Ängste und Ärzte.* Stuttgart: Gustav Fischer, 1981 (erweit. 3. Aufl. 1990).

Venske, Henning. *Gestammelte Werke oder Posa und Damen.* Hamburg: Johannes Asmus, 1972. München: Wilhelm Heyne, 1983.

Voigtländer, Annie, u. Hubert Witt (Hrsg.). *Denkzettel. Politische Lyrik aus den sechziger Jahren der BRD und Westberlins.* Frankfurt am Main: Roderberg, 1977.

Waegner, Heinrich. *Gespaltenes Deutsch. Grammatische Lyrik zur Gegenwart.* Siegen: Kalliope Verlag, 1984.

Waggerl, Karl Heinrich. *Sämtliche Werke.* Salzburg: Otto Müller, 1970.

Walch, Karlheinz. *Ansichten und Einsichten eines Träumers. Gedichte.* Frankfurt am Main: Rita G. Fischer, 1986.

Walser, Martin. *Halbzeit. Roman.* München: Knaur, 1966 (1. Aufl. 1960).

Walser, Martin. *Das Einhorn. Roman.* Frankfurt: S. Fischer, 1970 (1. Aufl. 1966).

Walser, Martin. *Der Grund zur Freude. 99 Sprüche zur Erbauung des Bewußtseins.* Düsseldorf: Eremiten-Presse, 1978.

Walters, Hellmut. *Wer abseits steht wird zurückgepfiffen. Aphorismen.* Landshut/Bayern: Isar Post, 1974.

Walters, Hellmut. *Zungenschläge. Jetzt sind sogar die Zwerge größer. Aphorismen.* Passau: Passavia, 1976.

Wander, Karl Friedrich Wilhelm. *Politisches Sprichwörterbrevier. Tagebuch eines Patrioten der fünfziger Jahre, zur Charakteristik jener Zeit.* Leipzig: Otto Wigand, 1872. Nachdruck hrsg. und eingel. von Wolfgang Mieder. Bern: Peter Lang, 1990.

Weidner, Wolfram, u. Karl Schwarzer. *Vormerk & spitze Worte. Almanach 1979.* Wien: Karl Schwarzer, 1978 [sic].

Weihs, Erich. *Hobelspäne. Aphorismen.* München: E. Weiss, 1985.

Weinert, Erich. *Weinert. Ein Lesebuch für unsere Zeit.* Hrsg. von Franz Leschnitzer. Berlin: Aufbau-Verlag, 1983.

Weiß, Wolfgang Carno. *100 Gedanken und mehr ... Aphorismen – Wortspiele.* St. Michael: J. G. Bläschke, 1982.

Weißenborn, Theodor. *Alchimie. Sprüche und Wider-Sprüche.* Stuttgart: Quell Verlag, 1987.

Wekhrlin, Wilhelm Ludwig. *Spielpfennige. Nachdenkenswertes aus Schriften und Zeitschriften Wilhelm Ludwig Wekhrlins.* Hrsg. von Karla Müller. Berlin: Volk und Wissen, 1983.

Welser, Klaus von. „Aphorismen.“ *Neuere Studien zur Aphoristik und Essayistik mit einer Handvoll zeitgenössischer Aphorismen.* Hrsg. von Giulia Cantarutti u. Hans Schumacher. Bern: Peter Lang, 1986, S. 29–46.

Wendt, Albert. „Aphorismen.“ *Neue deutsche Literatur,* 22 (1974), S. 77–79.

Werfel, Franz. *Das lyrische Werk.* Hrsg. von Adolf D. Klarmann. Frankfurt am Main: S. Fischer, 1967.

Wicki, Otto. *Neue Bauernregeln und Sentenzen für Ärzte und Gesunde. Eine kleine Sammlung kostbarer Lebensweisheiten gereimt und ungereimt.* Thun: Ott, 1991.

Wiemer, Rudolf Otto. *Beispiele zur deutschen Grammatik. Gedichte.* Berlin: Wolfgang Fietkau, 1971.

Wiemer, Rudolf Otto. *Chance der Bärenraupe. Ausgewählte Gedichte.* Freiburg: F. Kerle, 1980.

Wiesner, Heinrich. *Lakonische Zeilen.* München: Piper, 1965.

Wiesner, Heinrich. *Die Kehrseite der Medaille. Neue lakonische Zeilen.* München: Piper, 1972.

Witter, Ben. *Nebbich oder Löcher im Lachen.* Frankfurt am Main: S. Fischer, 1978.

Witter, Ben. *Minutenpoesie.* Hamburg: Hoffmann u. Campe, 1988.

Wohmann, Gabriele. *Paulinchen war allein zu Haus. Roman.* Darmstadt: Hermann Luchterhand, 1974.

Wolf, Christa. *Kindheitsmuster. Roman.* Darmstadt: Hermann Luchterhand, 1979 (1. Aufl. 1976).

Wolle, Helmut (Hrsg.). *Von der Weisheit der Sprüche. Aphorismen, Zitate, Sprichwörter.* Berlin: Verlag Neues Leben, 1981.

Zech, Helmut. *Bosheiten und Sticheleien.* Heitere Verse. Göppingen: Globius, 1949.

Zimmermann, Ingrid. *Impfbuch – aktive Immunisierung gegen Stumpfsinn. Bissige Gedichte, Kurzgeschichten und Cartoons.* Berlin: Frieling, 1992.

Zinnecker, Jürgen. „Wandsprüche.“ *Jugend ’81. Lebensentwürfe, Alltagskulturen, Zukunftsbilder.* Hrsg. von Arthur Fischer. 2 Bde. Hamburg: Jugendwerk der Deutschen Shell, 1981, Bd. 1, S. 430–476.

Zumpf, Peter. *Klärungen. Gedichte.* Baden bei Wien: G. Grasl, 1980.

Zydek, Ute. *Ein Haus das hab ich nicht. Gedichte.* Wuppertal: Kiefel, 1981.

LITERATURVERZEICHNIS

Bei den hier genannten Studien handelt es sich um wichtige Sekundärliteratur zur Abwandlung traditioneller Redensarten in Literatur und Massenmedien. Das Verzeichnis ist nach den Verfassernamen alphabetisch und ggf. bei den einzelnen Titeln chronologisch geordnet. Weitere Literaturangaben sind zu finden in Wolfgang Mieder, *International Proverb Scholarship: An Annotated Bibliography*. 3 Bde. New York: Garland Publishing, 1982, 1990 u. 1993.

Angenendt, Thomas. „Die Verwendung 'vorgeprägter Sprachmuster'." In ders., *„Wenn Wörter Schatten werfen." Untersuchungen zum Prosastil von Günter Grass.* Frankfurt am Main: Peter Lang, 1995, S. 50–79.

Baur, Rupprecht S., u. Christoph Chlosta (Hrsg.). *Von der Einwortmetapher zur Satzmetapher.* Bochum: N. Brockmeyer, 1995.

Bausinger, Hermann. „Redensart und Sprichwort." In ders., *Formen der „Volkspoesie"*. 2. Aufl. Berlin: Erich Schmidt, 1980, S. 95–112.

Bebermeyer, Gustav u. Renate. „Abgewandelte Formeln – sprachlicher Ausdruck unserer Zeit." *Muttersprache*, 87 (1977), S 1–42.

Bebermeyer, Renate. „Formelabwandlung im Butt. Ein symptomatischer Vorgang der Alltagssprache und seine Spiegelung in einem unmittelbar aktuellen literarischen Werk [von Günter Grass]." *Sprachspiegel*, 34 (1978), S. 67–76.

Bernath, Csilla. „Phraseologische Neubildungen." *Beiträge zur Phraseologie des Ungarischen und des Deutschen.* Hrsg. von Regina Hessky. Budapest: Lorand-Eötvös-Universität, 1988, S. 39–49.

Besserer, Janet. „'Es heisst / zwischen den Zeilen / das Unsagbare / sagen': Sprichwörtliche Sprache in der Lyrik Rose Ausländers." *Proverbium*, 13 (1996), 1–23.

Braun, Peter. „Sprichwörter, Redensarten, Zitate, Titel: Oder die Tendenz der Abwandlung fester Formen." In ders., *Tendenzen in der deutschen Gegenwartssprache.* 3. Aufl. Stuttgart: W. Kohlhammer, 1993, S. 214–220.

Bülow, Ralf. „'Stell dir vor, es gibt einen Spruch ...'." *Der Sprachdienst*, 27 (1983), S. 97–100.

Burger, Harald. *Idiomatik des Deutschen.* Tübingen: Max Niemeyer, 1973.

Burger, Harald. „Kampf um Wörter [Klischee und Metapher]." In ders., *Das Gespräch in den Massenmedien.* Berlin: Walter de Gruyter, 1991, S. 144–167.

Burger, Harald, Annelies Buhofer u. Ambros Sialm. *Handbuch der Phraseologie.* Berlin: Walter de Gruyter, 1982.

Burger, Harald, u. Robert Zett (Hrsg.). *Aktuelle Probleme der Phraseologie.* Bern: Peter Lang, 1987.

Chlosta, Christoph, Peter Grzybek u. Elisabeth Piirainen (Hrsg.). *Sprachbilder zwischen Theorie und Praxis.* Bochum: Norbert Brockmeyer, 1994.

Coulmas, Florian. „Ein Stein des Anstoßes. Ausgewählte Probleme der Idiomatik." *Studium Linguistik,* 13 (1982), S. 17–37.

Daniels, Karlheinz. „Redensarten, Sprichwörter, Slogans, Parolen: Berichte über ein Forschungs- und Lehrprojekt zum Thema 'Schematismen des Sprachhandelns'." *Linguistik und Sprachunterricht. Beiträge zur curricularen Stellung der Linguistik im Sprachunterricht.* Hrsg. von Gert Henrici u. Reinhard Meyer-Hermann. Paderborn: Ferdinand Schöningh, 1976, S. 174–191.

Daniels, Karlheinz. „Erich Kästner als Sprach- und Gesellschaftskritiker dargestellt an seiner Verwendung sprachlicher Schematismen." *Wörter: Schätze, Fugen und Fächer des Wissens. Festgabe für Theodor Lewandowski.* Hrsg. von Hugo Aust. Tübingen: Gunter Narr, 1987, S. 191–206.

Dittgen, Andrea Maria. *Regeln für Abweichungen. Funktionale sprachspielerische Abweichungen in Zeitungsüberschriften, Werbeschlagzeilen, Wandsprüchen und Titeln.* Frankfurt am Main: Peter Lang, 1989.

Doane, Heike. „Zitat, Redensart und literarische Anspielung: Zur Funktion der gesprochenen Sprache in Martin Walsers Roman *Die Verteidigung der Kindheit.*" *Colloquia Germanica,* 25 (1992), S. 289–305.

Dobrovol'skij, Dmitrij. *Kognitive Aspekte der Idiom-Semantik: Studien zum Thesaurus deutscher Idiome.* Tübingen: Gunter Narr, 1995.

Dobrovol'skij, Dmitrij, u. Elisabeth Piirainen. *Symbole in Sprache und Kultur: Studien zur Phraseologie aus kultursemiotischer Perspektive.* Bochum: Norbert Brockmeyer, 1996.

Durčo, Peter. *Probleme der allgemeinen und kontrastiven Phraseologie.* Heidelberg: Julius Groos, 1994.

Eickmans, Heinz. „Idiom, Sprachspiel und Übersetzung." *Niederdeutsches Wort,* 35 (1995), S. 63–73.

Eismann, Wolfgang, u. Jürgen Petermann (Hrsg.). *Studia phraseologica et alia. Festschrift für Josip Matešić.* München: Otto Sagner, 1992.

Fernus, Claudia. „Blut ist nicht unbedingt dicker als Wasser! – Sprichwörtlich 'Verkehrtes' in Bertolt Brechts *Der kaukasische Kreidekreis.*" *Proverbium*, 14 (1997), 83–114.

Fix, Ulla. „Der Wandel der Muster – Der Wandel im Umgang mit den Mustern. Kommunikationskultur im institutionellen Sprachgebrauch der DDR am Beispiel von Losungen." *Deutsche Sprache*, H. 4 (1990), S. 332–347.

Fleischer, Wolfgang. *Phraseologie der deutschen Gegenwartssprache.* Leipzig: VEB Bibliographisches Institut, 1982.

Földes, Csaba (Hrsg.). *Deutsche Phraseologie in Sprachsystem und Sprachverwendung.* Wien: Edition Praesens, 1992.

Földes, Csaba. *Deutsche Phraseologie kontrastiv. Intra- und interlinguale Zugänge.* Heidelberg: Julius Groos, 1996.

Frackiewicz, Iwona. „Sprichwörtliche Aphorismen von Stanisław Jerzy Lec." *Proverbium*, 7 (1990), S. 77–88.

Fricke, Harald. *Aphorismus.* Stuttgart: Metzler, 1984.

Gautschi, Theres. *Bildhafte Phraseologismen in der Nationalratswahlpropaganda. Untersuchungen zum Vorkommen und zum Gebrauch von bildhaften Phraseologismen in der Nationalratswahlpropaganda der FDP, SVP und der SP des Kantons Bern von 1919–1979.* Bern: Peter Lang, 1982.

Gréciano, Gertrud (Hrsg.). *Europhras 88. Phraséologie Contrastive.* Strasbourg: Université des Sciences Humaines, 1989.

Grober-Glück, Gerda. *Motive und Motivationen in Redensarten und Meinungen.* 2 Bde. Marburg: N. G. Elwert, 1974.

Grosse, Siegfried. „Reklamedeutsch." *Wirkendes Wort*, 16 (1966), S. 89–104.

Grzybek, Peter. „Das Sprichwort im literarischen Text." *Sprichwörter und Redensarten im interkulturellen Vergleich.* Hrsg. von Annette Sabban u. Jan Wirrer. Opladen: Westdeutscher Verlag, 1991, S. 187–205.

Gutknecht, Christoph. *Lauter böhmische Dörfer: Wie die Wörter zu ihrer Bedeutung kamen.* München: C. H. Beck, 1995.

Gutknecht, Christoph. *Lauter spitze Zungen: Geflügelte Worte und ihre Geschichte.* München: C. H. Beck, 1996.

Hemmi, Andrea. *„Es muß wirksam werben, wer nicht will verderben." Kontrastive Analyse von Phraseologismen in Anzeigen-, Radio- und Fernsehwerbung.* Bern: Peter Lang, 1994.

Jhering, Herbert. „Die kleinen Redensarten." In ders., *Der Kampf um das Theater und andere Streitschriften 1918–1933.* Hrsg. von Ludwig Hoffmann. Berlin: Henschelverlag, 1974, S. 58–64. Auch in Wolfgang Mieder (Hrsg.), *Deutsche Sprichwörter und Redensarten.* Stuttgart: Reclam, 1979, S. 134–140.

Kann, Hans-Joachim. „Zu den Quellen von Spontisprüchen." *Der Sprachdienst,* 29 (1985), S. 75–79.

Klotz, Volker. „Slogans." *Sprache im technischen Zeitalter,* 7 (1963), S. 538–546.

Knopf, Jan. „Sprachformeln und eingreifende Sätze." In ders., *Geschichten zur Geschichte. Kritische Tradition des „Volkstümlichen" in den Kalendergeschichten Hebels und Brechts.* Stuttgart: Metzler, 1973, S. 186–211.

Koller, Werner. „Redensarten in Schlagzeilen." *Muttersprache,* 85 (1975), S. 400–408.

Koller, Werner. *Redensarten. Linguistische Aspekte, Vorkommensanalysen, Sprachspiel.* Tübingen: Max Niemeyer, 1977.

Kopperschmidt, Josef. „'Lieber theorielos als leblos': Anmerkungen zur Sprüchekultur." *Muttersprache,* 97 (1987), S. 129–144.

Korhonen, Jarmo (Hrsg.). *Beiträge zur allgemeinen und germanistischen Phraseologie.* Oulu: Oulun Yliopisto, 1987.

Korhonen, Jarmo (Hrsg.). *Untersuchungen zur Phraseologie des Deutschen und anderer Sprachen: einzelsprachspezifisch – kontrastiv – vergleichend.* Frankfurt am Main: Peter Lang, 1992.

Korhonen, Jarmo (Hrsg.). *Studien zur Phraseologie des Deutschen und Finnischen.* 2 Bde. Bochum: Norbert Brockmeyer, 1995–1996.

Korhonen, Jarmo. „Zur Rolle der Technik in der deutschen und finnischen Phraseologie." *Proverbium,* 14 (1997), S. 153–166.

Leonhard, Wilson F. „Volksdichtung der Intellektuellen." *Akzente,* 7 (1960), S. 82–95.

Liede, Alfred. *Dichtung als Spiel. Studien zur Unsinnspoesie an den Grenzen der Sprache.* 2 Bde. Berlin: Walter de Gruyter, 1963.

Mackensen, Lutz. „Geformte Wortblöcke." In ders., *Gutes Deutsch in Schrift und Rede.* Reinbek: Rowohlt, 1968, S. 90–115.

Matešić, Josip. *Phraseologie und ihre Aufgaben.* Heidelberg: Julius Groos, 1983.

Mautner, Franz Heinrich. „Das Wortspiel und seine Bedeutung." *Deutsche Vierteljahrsschrift für Literaturwissenschaft und Geistesgeschichte,* 9 (1931), S. 679–710.

Mieder, Wolfgang. „Das Sprichwort und die deutsche Literatur." *Fabula*, 13 (1972), S. 135–149. Erweit. Fassung in ders. (Hrsg.), *Ergebnisse der Sprichwörterforschung.* Bern: Peter Lang, 1978, S. 179–200.

Mieder, Wolfgang. „Günter Grass und das Sprichwort." *Muttersprache*, 83 (1973), S. 64–67. Auch in ders, *Sprichwort, Redensart, Zitat. Tradierte Formelsprache in der Moderne.* Bern: Peter Lang, 1985, S. 21–25.

Mieder, Wolfgang. *Das Sprichwort in unserer Zeit.* Frauenfeld: Huber, 1975.

Mieder, Wolfgang. „Sprichwörter im modernen Sprachgebrauch." *Muttersprache*, 85 (1975), S. 65–88. Auch in ders., *Deutsche Sprichwörter in Literatur, Politik, Presse und Werbung.* Hamburg: Helmut Buske, 1983, S. 53–76.

Mieder, Wolfgang. „Carl Zuckmayer und die [sprichwörtliche] Volkssprache." *Sprachspiegel*, 32 (1976), S. 163–166. Auch in ders., *Sprichwort, Redensart, Zitat. Tradierte Formelsprache in der Moderne.* Bern: Peter Lang, 1985, S. 15–19.

Mieder, Wolfgang (Hrsg.). *Ergebnisse der Sprichwörterforschung.* Bern: Peter Lang, 1978.

Mieder, Wolfgang. „Sprichwörtliche Schlagzeilen in der Wochenzeitung (Untersuchung der 'Zeit' für das Jahr 1977)." *Muttersprache*, 88 (1978), S. 93–105. Auch in ders., *Deutsche Sprichwörter in Literatur, Politik, Presse und Werbung.* Hamburg: Helmut Buske, 1983, S. 92–104.

Mieder, Wolfgang (Hrsg.). *Deutsche Sprichwörter und Redensarten.* Stuttgart: Reclam, 1979.

Mieder, Wolfgang. „Karl Kraus und der sprichwörtliche Aphorismus." *Muttersprache*, 89 (1979), 97–115. Auch in ders., *Deutsche Sprichwörter in Literatur, Politik, Presse und Werbung.* Hamburg: Helmut Buske, 1983, S. 113–131.

Mieder, Wolfgang. „Moderne deutsche Sprichwortgedichte." *Fabula*, 21 (1980), S. 247–260. Auch in ders., *Sprichwort, Redensart, Zitat. Tradierte Formelsprache in der Moderne.* Bern: Peter Lang, 1985, S. 73–90.

Mieder, Wolfgang. „'Ein Aphoristiker dreht oft das Sprichwort im Munde herum.' Zu den Aphorismen von Gerhard Uhlenbruck." *Sprachspiegel*, 37 (1981), S. 66–75. Auch in ders., *Sprichwort, Redensart, Zitat. Tradierte Formelsprache in der Moderne.* Bern: Peter Lang, 1985, S. 53–63.

Mieder, Wolfgang. „'Eine aphoristische Schwalbe macht schon einen halben Gedankensommer.' Zu den Aphorismen von Felix Renner." *Sprachspiegel*, 38 (1982), S. 162–167. Auch in ders., *Sprichwort, Redensart, Zitat. Tradierte Formelsprache in der Moderne.* Bern: Peter Lang, 1985, S. 65–71.

Mieder, Wolfgang. *Deutsche Sprichwörter in Literatur, Politik, Presse und Werbung.* Hamburg: Helmut Buske, 1983.

Mieder, Wolfgang. *Sprichwort, Redensart, Zitat. Tradierte Formelsprache in der Moderne.* Bern: Peter Lang, 1985.

Mieder, Wolfgang. „'Spaß muß sein', sagte der Spaßmacher, aber ... Zu den Sagwörtern von Markus M. Ronner." *Sprachspiegel*, 42 (1986), S. 162–170. Auch in ders., *Sprichwörtliches und Geflügeltes. Sprachstudien von Martin Luther bis Karl Marx.* Bochum: Norbert Brockmeyer, 1995. S. 51–61.

Mieder, Wolfgang. „'Gedanken sind zollfrei.' Zu Karl Friedrich Wilhelm Wanders *Politischem Sprichwörterbrevier* von 1872." *Einheit in der Vielfalt. Festschrift für Peter Lang.* Hrsg. von Gisela Quast. Bern: Peter Lang, 1988, S. 326–342. Auch in ders., *Sprichwort – Wahrwort!? Studien zur Geschichte, Bedeutung und Funktion deutscher Sprichwörter.* Frankfurt am Main: Peter Lang, 1992, S. 211–229.

Mieder, Wolfgang. „'Wahrheiten: Phantasmen aus Logik und Alltag.' Zu den sprichwörtlichen Aphorismen von Werner Mitsch." *Muttersprache*, 98 (1988), S. 121–132. Auch in ders., *Deutsche Redensarten, Sprichwörter und Zitate. Studien zu ihrer Herkunft, Überlieferung und Verwendung.* Wien: Edition Praesens, 1995, S. 127–138.

Mieder, Wolfgang. „'Ausnahmen können auch die Vorboten einer neuen Regel sein.' Zu den sprichwörtlichen Aphorismen von Marie von Ebner-Eschenbach." *Sprachspiegel*, 45 (1989), S. 66–73. Auch in ders., *Sprichwort – Wahrwort!? Studien zur Geschichte, Bedeutung und Funktion deutscher Sprichwörter.* Frankfurt am Main: Peter Lang, 1992, S. 159–167.

Mieder, Wolfgang. „Moderne Sprichwörterforschung zwischen Mündlichkeit und Schriftlichkeit." *Volksdichtung zwischen Mündlichkeit und Schriftlichkeit.* Hrsg. von Lutz Röhrich u. Erika Lindig. Tübingen: Gunter Narr, 1989, S. 187–208. Auch in W. Mieder, *Sprichwort – Wahrwort!? Studien zur Geschichte, Bedeutung und Funktion deutscher Sprichwörter.* Frankfurt am Main: Peter Lang, 1992, S. 13–36.

Mieder, Wolfgang. „'Wenige jedoch rudern gegen den Strom.' Zu den sprichwörtlichen Aphorismen von Hans Leopold Davi." *Sprachspiegel*, 46 (1990), S. 97–104. Auch in ders, *Sprichwörtliches und Geflügeltes. Sprachstudien von Martin Luther bis Karl Marx.* Bochum: Norbert Brockmeyer, 1995. S. 79–86.

Mieder, Wolfgang. „'Wir sitzen alle in einem Boot': Herkunft, Geschichte und Verwendung einer neueren deutschen Redensart." *Muttersprache*, 100 (1990), S. 18–37. Auch in ders., *Deutsche Redensarten, Sprichwörter und Zitate. Studien zu ihrer Herkunft, Überlieferung und Verwendung.* Wien: Edition Praesens, 1995, S. 140–159.

Mieder, Wolfgang. „'Eigener Unruheherd ist Goldes wert.' Zu den sprichwörtlichen Aphorismen von André Brie." *Sprachpflege und Sprachkultur*, 40 (1991), S. 8–11. Auch in ders., *Sprichwörtliches und Geflügeltes. Sprachstudien von Martin Luther bis Karl Marx.* Bochum: Norbert Brockmeyer, 1995. S. 103–110.

Mieder, Wolfgang. „'Gedankensplitter, die ins Auge gehen.' Zu den sprichwörtlichen Aphorismen von Gabriel Laub." *Wirkendes Wort*, 41 (1991), S. 228–239.

Mieder, Wolfgang. „'Das Kind mit dem Bade ausschütten': Ursprung, Überlieferung und Verwendung einer deutschen Redensart." *Muttersprache*, 102 (1992), S. 319–340. Auch in ders., *Deutsche Redensarten, Sprichwörter und Zitate. Studien zu ihrer Herkunft, Überlieferung und Verwendung.* Wien: Edition Praesens, 1995, S. 161–182.

Mieder, Wolfgang. *Sprichwort – Wahrwort!? Studien zur Geschichte, Bedeutung und Funktion deutscher Sprichwörter.* Frankfurt am Main: Peter Lang, 1992.

Mieder, Wolfgang. „'Alles in bester Unordnung.' Zu den sprichwörtlichen Aphorismen von Žarko Petan." *Sprachspiegel*, 49 (1993), S. 66–72. Auch in ders., *Sprichwörtliches und Geflügeltes. Sprachstudien von Martin Luther bis Karl Marx.* Bochum: Norbert Brockmeyer, 1995. S. 157–164.

Mieder, Wolfgang. „'Regeln-Krieg, Sprüchwörter-Krieg.' Zu den sprichwörtlichen Aphorismen von Georg Christoph Lichtenberg." *Lichtenberg.* Hrsg. von Charlotte Craig. New York: Peter Lang, 1993, S. 55–94.

Mieder, Wolfgang. „'Die falschesten Redensarten haben den größten Reiz.' Zu Elias Canettis Sprachaphorismen." *Der Sprachdienst*, 38 (1994), S. 173–180. Auch in ders., *Sprichwörtliches und Geflügeltes. Sprachstudien von Martin Luther bis Karl Marx.* Bochum: Norbert Brockmeyer, 1995. S. 175–186.

Mieder, Wolfgang. *Deutsche Redensarten, Sprichwörter und Zitate. Studien zu ihrer Herkunft, Überlieferung und Verwendung.* Wien: Edition Praesens, 1995.

Mieder, Wolfgang. „'Ein Sprichwort sagt mehr als tausend Worte.' Zur sprichwörtlichen Sprache der Massenmedien." *Proverbium*, 12 (1995), S. 195–238.

Mieder, Wolfgang. „'Jedem das Sein.' Zu den sprichwörtlichen Aphorismen von Hans-Horst Skupy." *Sprachspiegel*, 51 (1995), S. 137–144.

Mieder, Wolfgang. *Sprichwörtliches und Geflügeltes. Sprachstudien von Martin Luther bis Karl Marx.* Bochum: Norbert Brockmeyer, 1995.

Mieder, Wolfgang. „Geschichte des Sprichwortes und der Redensart im Deutschen." *Proverbium*, 13 (1996), S. 235–252.

Mieder, Wolfgang. „'Sprachliche Entfesselungskünste.' Zu den sprichwörtlichen Notizen des Leipzigers Horst Drescher." *Der Sprachdienst*, 40 (1996), S. 142–152.

Mieder, Wolfgang. „'Es scheint, das gute Gewissen wird überflüssig': Zu den sprichwörtlichen Aphorismen von Phia Rilke." *Sprachspiegel*, 53 (1997), S. 195-200.

Mieder, Wolfgang. „(Un)sinnige Phrasendrescherei: Sprichwörtliche Prosatexte als sprachsoziologische Zeichen." *Symbole: Zur Bedeutung der Zeichen in der Kultur.* Hrsg. von Rolf Wilhelm Brednich u. Heinz Schmitt. Münster: Waxmann, 1997, S. 145–162.

Mieder, Wolfgang, u. George B. Bryan. *Proverbs in World Literature: A Bibliography.* New York: Peter Lang, 1996.

Militz, Hans-Manfred. „Sprachspiele im phraseologischen Bereich." *Sprachpflege*, 33 (1984), S. 32–33.

Militz, Hans-Manfred. „Sprichwort, Aphorismus und Bedeutung." *Sprachpflege*, 36 (1987), S. 29–32.

Militz, Hans-Manfred. „Wo hat das Sprichwörtliche seine Grenzen?" *Sprachpflege*, 36 (1987), S. 159–163.

Militz, Hans-Manfred. „Das Antisprichwort als semantische Variante eines sprichwörtlichen Textes." *Proverbium*, 8 (1991), S. 107–111.

Minert, Roger. „Sprichwörter und Redewendungen [Fragebogen zur Bekanntheit]." *Unterrichtspraxis*, 28 (1995), S. 84–87.

Mlacek, Jozef. „Zur Frage des Verständnisses der Grenzen der Phraseologie." *Phraseologie und ihre Aufgaben.* Hrsg. von Josip Matešić. Heidelberg: Julius Groos, 1983, S. 132–146.

Möckelmann, Jochen, u. Sönke Zander. *Form und Funktion der Werbeslogans. Untersuchung der Sprache und werbepsychologischen Methoden in den Slogans.* Göppingen: Alfred Kümmerle, 1970.

Mokienko, Valerii M. „Die russische Geschichte des Amerikanismus 'Wir sitzen alle in einem Boot'." *Proverbium*, 14 (1997), S. 231–245.

Möller-Sahling, Folke-Christine. „'Tierischer Ernst': Zu Erich Frieds sprichwörtlicher Lyrik". *Proverbium*, 13 (1996), S. 267–280.

Mommsen, Katharina. „Zur Sammlung 'Sprichwörtlich'." In K. Mommsen, *Goethe und Diez. Quellenuntersuchungen zu Gedichten der Divan-Epoche.* Bern: Peter Lang, 1995, S. 86–104.

Neumann, Gerhard. *Der Aphorismus. Zur Geschichte, zu den Formen und Möglichkeiten einer literarischen Gattung.* Darmstadt: Wissenschaftliche Buchgesellschaft, 1976.

Neumann, Gerhard. *Ideenparadiese. Untersuchungen zur Aphoristik von Lichtenberg, Novalis, Friedrich Schlegel und Goethe.* München: C. H. Beck, 1976.

Neumann, Renate. *Das wilde Schreiben: Graffiti, Sprüche und Zeichen am Rand der Straße.* Essen: Verlag Die Blaue Eule, 1986.

Palm, Christine. „Die konnotative Potenz usueller und okkasioneller Phraseologismen und anderer festgeprägter Konstruktionen in Christa Wolfs Roman *Kindheitsmuster.*" *Europhras 89. Phraséologie Contrastive.* Hrsg. von Gertrud Gréciano. Strasbourg: Université des Sciences Humaines, 1989, S. 313–326.

Palm, Christine (Hrsg.). *Europhras 90. Akten der internationalen Tagung zur germanistischen Phraseologieforschung.* Uppsala: Acta Universitatis Upsaliensis, 1991.

Palm, Christine. „Fundgrube Kindheitsmuster und kein Ende. Zur semantischen Analyse einiger Phraseologismen im Text." *Europhras 90. Akten der internationalen Tagung zur germanistischen Phraseologieforschung.* Hrsg. von Ch. Palm. Uppsala: Acta Universitatis Upsaliensis, 1991, S. 163–179.

Palm, Christine. *Phraseologie. Eine Einführung.* Tübingen: Gunter Narr, 1995.

Pfeffer, J. Alan. „Das biblische Zitat im Volksmund der Germanen und Romanen." *Teilnahme und Spiegelung. Festschrift für Horst Rüdiger.* Hrsg. von Beda Allemann u. Erwin Koppen. Berlin: Walter de Gruyter, 1975, S. 99–111.

Pilz, Klaus Dieter. *Phraseologie. Versuch einer interdisziplinären Abgrenzung, Begriffsbestimmung und Systematisierung unter besonderer Berücksichtigung der deutschen Gegenwartssprache.* 2 Bde. Göppingen: Alfred Kümmerle, 1978.

Pilz, Klaus Dieter. *Redensartenforschung.* Stuttgart: Metzler, 1981.

Rahn, Fritz. „Die Redensart – ein Kapitel Sprachkunde." *Der Deutschunterricht,* 1, H. 4 (1948/49), S. 22–38.

Reger, Harald. *Metaphern und Idiome in szenischen Texten, in der Werbe- und Pressesprache.* Hamburg: Helmut Buske, 1980.

Reiher, Ruth. „'Wir sind das Volk': Sprachwissenschaftliche Überlegungen zu den Losungen des Herbstes 1989." *Sprache im Umbruch. Politischer Sprachwandel im Zeichen von „Wende" und „Vereinigung".* Hrsg. von Armin Burkhardt u. K. Peter Fritzsche. Berlin: Walter de Gruyter, 1992, S. 43–57.

Röhrich, Lutz. „Sprichwörtliche Redensarten aus Volkserzählungen." *Volk, Sprache, Dichtung. Festgabe für Kurt Wagner.* Hrsg. von Karl Bischoff u. L. Röhrich. Gießen: Wilhelm Schmitz, 1960, S. 247–275. Auch in *Ergebnisse der Sprichwörterforschung.* Hrsg. von Wolfgang Mieder. Bern: Peter Lang, 1978, S. 121–141.

Röhrich, Lutz. *Gebärde – Metapher – Parodie. Studien zur Sprache und Volksdichtung.* Düsseldorf: Schwann, 1967.

Röhrich, Lutz. „Die Bildwelt von Sprichwort und Redensart in der Sprache der politischen Karikatur." *Kontakte und Grenzen. Festschrift für Gerhard Heilfurth.* Hrsg. von Hans Friedrich Foltin. Göttingen: Otto Schwartz, 1969, S. 175–207.

Röhrich, Lutz. *Der Witz. Figuren, Formen, Funktionen.* Stuttgart: Metzler, 1977.

Röhrich, Lutz. „Anti-Sprichwörter. Zu einem neuen Buch von Wolfgang Mieder." *Muttersprache,* 93 (1983), S. 351–354.

Röhrich, Lutz. *Das große Lexikon der sprichwörtlichen Redensarten.* 3 Bde. Freiburg: Herder, 1991–1992.

Röhrich, Lutz, u. Wolfgang Mieder. *Sprichwort.* Stuttgart: Metzler, 1977.

Römer, Ruth. *Die Sprache der Anzeigenwerbung.* Düsseldorf: Schwann, 1968.

Rühmkorf, Peter. *Über das Volksvermögen. Exkurse in den literarischen Untergrund.* Reinbek: Rowohlt, 1969.

Sabban, Annette, u. Jan Wirrer (Hrsg.). *Sprichwörter und Redensarten im interkulturellen Vergleich.* Opladen: Westdeutscher Verlag, 1991.

Sandig, Barbara (Hrsg.). *Europhras 92. Tendenzen der Phraseologieforschung.* Bochum: Norbert Brockmeyer, 1994.

Schaffner, Emil. „Spiel mit Wortfügungen und Wendungen." In ders., *Es rumpelt und stilzt im Sprach-Spülkasten.* Frauenfeld: Huber, 1982, S. 92–99.

Schmidt-Hidding, Wolfgang. „Sprichwörtliche Redensarten. Abgrenzungen – Aufgaben der Forschung." *Rheinisches Jahrbuch für Volkskunde,* 7 (1956), S. 95–144. Auch in *Ergebnisse der Sprichwörterforschung.* Hrsg. von Wolfgang Mieder. Bern: Peter Lang, 1978, S. 27–65.

Schmidt-Hidding, Wolfgang. „Das Verhältnis von Idiomatik und Grammatik. Grundzüge einer Idiomatik." *Deutschunterricht,* 9, H. 3 (1957), S. 43–58.

Schneider, Angelika. „Verarbeitung von Zitaten und Redensarten." In dies., *Brecht-Dramen auf Russisch. Problematik der Dramenübersetzung.* Neuried: Hieronymus, 1984, S. 38–41 u. 59–72.

Schweizer, Blanche-Marie. *Sprachspiel mit Idiomen. Eine Untersuchung am Prosawerk von Günter Grass.* Zürich: Juris, 1978.

Seiler, Friedrich. *Deutsche Sprichwörterkunde.* München: C. H. Beck, 1922. Nachdr. ebd., 1967.

Stein, Stephan. *Formelhafte Sprache. Untersuchungen zu ihren pragmatischen und kognitiven Funktionen im gegenwärtigen Deutsch.* Frankfurt am Main: Peter Lang, 1995.

Sternkopf, Jochen. „Phraseologische Kontexte." *Informationen Deutsch als Fremdsprache*, 23 (1996), S. 705–714.

Stöger, Gabriele, u. Eva Sturm. „Kennst Du den Ausspruch: 'Ich wasche meine Hände in Unschuld.' Was bedeutet er?" *Neues Museum*, 4 (1990), S. 40–47.

Suter, Beat. „Verbale Sprache." In ders., *Graffiti. Rebellion der Zeichen.* Frankfurt am Main: Rita G. Fischer, 1988, S. 31–49.

Thun, Harald. *Probleme der Phraseologie.* Tübingen: Max Niemeyer, 1978.

Urban, Dieter. „Redensarten und Sprichwörter in der Werbesprache." In ders., *Pointierte Werbesprache. Geschriebene Texte – Gelesene Bilder.* Zürich: Orell Füssli, 1995, S. 165–187.

Wehse, Rainer. „Graffiti: Wandkritzeleien als Gegenstand der Volkskunde." *Zeitschrift für Volkskunde*, 80 (1984), S. 207–215.

Woods, Barbara Allen. „Perverted Proverbs in Brecht and 'Verfremdungssprache'." *Germanic Review*, 43 (1968), S. 100–108.

Woods, Barbara Allen. „The Function of Proverbs in Brecht." *Monatshefte*, 61 (1969), S. 49–57.

Wotjak, Barbara. „Der Gag heiligt die Mittel? Modifikationen und Vernetzungen von Sprichwörtern im Text." *Sprachpflege*, 38 (1989), S. 125–129.

Wotjak, Barbara. „Rede-'Wendungen' in 'Wende'-Reden." *Deutsch als Fremdsprache*, 28 (1991), S. 47–51.

Wotjak, Barbara. *Verbale Phraseolexeme in System und Text.* Tübingen: Max Niemeyer, 1992.

Zey, René. *Abwandlung feststehender Formeln.* Staatsexamensarbeit Univ. Essen, 1981.

Zinnecker, Jürgen. „Wandsprüche." *Jugend '81. Lebensentwürfe, Alltagskulturen, Zukunftsbilder.* Hrsg. von Arthur Fischer. 2 Bde. Hamburg: Jugendwerk der Deutschen Shell, 1981, Bd. 1, S. 430–476.